交通版高等学校交通工程专业系列教材

交通流理论与方法

张生瑞　周　备　主　编
邵春福　周　伟　主　审

人民交通出版社
北　京

内 容 提 要

本书共包括13章:第1章介绍交通流的发展历程以及它的理论体系和研究方法;第2章介绍交通流参数的基本特性;第3章介绍交通流的模型;第4章介绍驾驶人的交通特性;第5章介绍车辆跟驰理论;第6章介绍连续交通流模型;第7章介绍车辆换道模型;第8章介绍宏观交通流模型;第9章介绍排队理论及其应用;第10章介绍无信号交叉口交通流理论;第11章介绍信号交叉口交通流理论;第12章介绍行人和非机动车交通流理论;第13章介绍道路交通流的理论发展与展望。

本书可供高等院校交通工程类、交通运输类等专业的本科生、研究生使用,也可供交通系统学者、研究人员和交通运输行业的从业者等参考。

图书在版编目(CIP)数据

交通流理论与方法 / 张生瑞,周备主编. — 北京:人民交通出版社股份有限公司, 2024.11

ISBN 978-7-114-18480-2

Ⅰ.①交… Ⅱ.①张…②周… Ⅲ.①交通流—研究 Ⅳ.①U491.1

中国国家版本馆 CIP 数据核字(2023)第 005617 号

书　　名:	交通流理论与方法
著 作 者:	张生瑞　周　备
责任编辑:	郭红蕊　李　良
责任校对:	赵媛媛　卢　弦
责任印制:	刘高彤
出版发行:	人民交通出版社
地　　址:	(100011)北京市朝阳区安定门外外馆斜街3号
网　　址:	http://www.ccpcl.com.cn
销售电话:	(010)85285911
总 经 销:	人民交通出版社发行部
经　　销:	各地新华书店
印　　刷:	北京科印技术咨询服务有限公司数码印刷分部
开　　本:	787×1092　1/16
印　　张:	20
字　　数:	470千
版　　次:	2024年11月　第1版
印　　次:	2024年11月　第1次印刷
书　　号:	ISBN 978-7-114-18480-2
定　　价:	62.00元

(有印刷、装订质量问题的图书,由本社负责调换)

交通版高等学校交通工程专业系列教材编审委员会

主 任 委 员：徐建闽（华南理工大学）
副主任委员：（按姓氏笔画排序）
　　　　　　马健霄（南京林业大学）
　　　　　　王明生（石家庄铁道大学）
　　　　　　王建军（长安大学）
　　　　　　吴　芳（兰州交通大学）
　　　　　　李淑庆（重庆交通大学）
　　　　　　张卫华（合肥工业大学）
　　　　　　陈　峻（东南大学）
委　　　员：（按姓氏笔画排序）
　　　　　　马昌喜（兰州交通大学）
　　　　　　王卫杰（南京工业大学）
　　　　　　龙科军（长沙理工大学）
　　　　　　朱成明（河南理工大学）
　　　　　　刘廷新（山东交通学院）
　　　　　　刘博航（石家庄铁道大学）
　　　　　　杜胜品（武汉科技大学）
　　　　　　郑长江（河海大学）
　　　　　　胡启洲（南京理工大学）
　　　　　　常玉林（江苏大学）
　　　　　　梁国华（长安大学）
　　　　　　蒋阳升（西南交通大学）
　　　　　　蒋惠园（武汉理工大学）
　　　　　　韩宝睿（南京林业大学）
　　　　　　靳　露（山东科技大学）
秘 书 长：张征宇（人民交通出版社）

前 言

交通流理论是运用数学、物理学和力学的原理描述交通流特性的一门学科,是研究交通流随时间和空间变化规律的模型和方法体系,其目的是为了阐述交通现象形成的原理。它的应用能更好地解析交通现象及其本质,使道路发挥最大功效。作为交通工程学的基础理论,多年来交通流理论广泛应用于交通运输工程的许多研究领域,如交通规划、交通控制、道路与交通工程设施设计等方面。近年来,随着交通运输的迅猛发展和对智能交通系统(ITS)的研究、开发和应用,以及驾驶人信息诱导系统和车辆自动巡航系统的开发建立,交通流理论的研究内容逐步深化,研究范围不断扩充,理论体系日益完善,新技术、新方法不断涌现,理论支持的作用愈加明显。交通运输系统是一个复杂的大系统,随着经济发展及城市之间社会交往与经济贸易日渐频繁,交通拥堵已成为困扰城市发展的普遍问题。因此亟待需要发展有效的交通流理论来指导这一问题的解决。

交通流理论的不断发展和应用对本书的编写提出了新的要求,也提供了宝贵的素材和资料。在本书编写过程中,以传统的经典交通流理论为依据,结合最近几十年来发展过程中所出现的新的理论成果,认真吸收了现有教材的成功经验和先进的研究成果。根据课程教学大纲的要求和编者从事教学工作的实践,以研究生教学需求为主,并兼顾本科生教学的特点,本书力求通俗易懂,在内容安排上,全面细致地介绍了交通流的传统理论和新近的理论成果,形成了交通流的理论体系;安排了较多的例题,以便于对交通流理论的深入理解。其目的在于使学生系统、全面地掌握交通流的基本知识、理论、概念和方法,为学生以后深入学习、研究交通流以及从事交通方面实际工作奠定基础。

本书将交通流理论的研究内容分为13章,主要包括:第1章介绍交通流的发展历程以及其理论体系和研究方法;第2章介绍交通流参数的基本特性;第3章介绍交通流的模型;第4章介绍驾驶人的交通特性;第5章介绍车辆跟驰理论;第6章介绍连续交通流模型;第7章介绍车辆换道模型;第8章介绍宏观交通流模型;第9章介绍排队理论及其应用;第10章介绍无信号交叉口交通流理论;第11章介绍信号交叉口交通流理论;第12章介绍行人和非机动车交通流理论;第13章介绍道路交通流的理论发展与展望。

本书以交通运输工程专业的研究生、本科生为主要读者对象,教材内容可以根据教学学时、要求选用。本书还配有教学用PPT,有需要的教师,请与作者或出版社联系。作者真诚地希望本书对交通工程学科的研究人员和交通运输行业的从业者等有一定的帮助。

本书由张生瑞教授、周备副教授主编,李运、王剑坡、周正、焦帅阳、张蕾、张莹、李嘉璐、连江南、余洋、徐金凤、陈晗、杨小红、马凯伦、尹永一等在资料收集与整理、数据处理和绘图等方面做了大量工作,在此对他们表示感谢。全书由北京交通大学邵春福教授、长安大学周伟教授主审。

本书参阅了大量的文献资料,未能与原著者一一取得联系,借此向他们表示衷心感谢!引用及理解不当之处,敬请谅解。

限于作者的学识和水平,书中错误不当之处在所难免,恳请读者和专家批评指正。

编　者

2024 年 7 月于长安大学

目 录

第1章 绪论	1
1.1 交通流理论研究概述	1
1.2 交通流理论发展简史	2
1.3 交通流理论研究内容	4
1.4 交通流理论体系与研究方法	6
1.5 交通流理论的研究现状及发展趋势	8
习题	12
第2章 交通流特性	13
2.1 交通流的基本特性	13
2.2 交通流基本参数	15
2.3 交通流参数调查	26
2.4 交通流参数的统计分布特性	35
习题	43
第3章 交通流模型	45
3.1 交通流基本模型	45
3.2 速度-密度模型	46
3.3 流量-密度模型	47
3.4 速度-流量模型	51
3.5 三维模型	53
3.6 突变理论模型	54
3.7 调查地点对数据性质的重要影响	58
习题	59
第4章 驾驶人交通特性	60
4.1 驾驶人的基本特性	60
4.2 离散驾驶行为	67
4.3 连续驾驶模型	71
4.4 生态驾驶行为	76
4.5 驾驶人交通特性对交通流的影响	80

习题 ········· 84

第 5 章 车辆跟驰模型 ········· 85
5.1 概述 ········· 85
5.2 基本假设和车辆跟驰特性 ········· 86
5.3 线性跟驰模型 ········· 87
5.4 跟驰模型的稳定性 ········· 91
5.5 非线性车辆跟驰模型 ········· 96
5.6 车辆跟驰模型的发展 ········· 101
习题 ········· 114

第 6 章 连续交通流模型 ········· 115
6.1 概述 ········· 115
6.2 简单连续流模型 ········· 116
6.3 交通波理论 ········· 120
6.4 高阶连续流模型 ········· 130
习题 ········· 140

第 7 章 车辆换道模型 ········· 142
7.1 换道模型的分类 ········· 142
7.2 单向多车道元胞自动机换道模型 ········· 148
7.3 双向双车道换道模型 ········· 154
7.4 基于车辆跟驰的换道模型 ········· 157
7.5 间隙接受模型和加/减速度接受模型 ········· 159
习题 ········· 163

第 8 章 宏观交通流模型 ········· 164
8.1 出行时间模型 ········· 164
8.2 一般网络模型 ········· 167
8.3 二流理论 ········· 173
8.4 二流模型和网络交通流模型 ········· 179
8.5 基于二流理论的道路网络宏观交通特性评价模型 ········· 185
习题 ········· 187

第 9 章 排队理论及其应用 ········· 189
9.1 概述 ········· 189
9.2 排队过程的一般概念 ········· 189
9.3 排队过程分析 ········· 191
9.4 排队理论的应用 ········· 204
习题 ········· 208

第 10 章　无信号交叉口交通流理论 ·· 210
　10.1　无信号交叉口交通流特性 ·· 210
　10.2　无信号交叉口理论基础 ··· 211
　10.3　二路停车控制交叉口 ·· 218
　习题 ·· 238

第 11 章　信号交叉口交通流理论 ··· 239
　11.1　信号交叉口渠化设计与相位设计 ··· 239
　11.2　信号交叉口的交通特性 ··· 243
　11.3　单个信号交叉口延误分析 ·· 250
　11.4　稳态延误模型 ··· 251
　11.5　定数延误模型 ··· 258
　习题 ·· 265

第 12 章　行人和非机动车交通流理论 ·· 266
　12.1　行人交通流特性 ·· 266
　12.2　非机动车交通流特性 ·· 278
　习题 ·· 291

第 13 章　道路交通流的理论发展与展望 ··· 292
　13.1　三相交通流理论 ·· 292
　13.2　智能网联交通流 ·· 295
　13.3　ACC 交通系统的流量-密度关系 ·· 300
　13.4　交通流理论展望 ·· 302
　习题 ·· 305

参考文献 ·· 307

第1章 绪　　论

交通流理论是运用数学、物理学和力学的原理描述交通流特性的一门基础理论学科,是研究交通流随时间和空间变化规律的模型和方法体系,其目的是为了阐述交通现象形成的原理。它的应用能更好地解析交通现象及其本质,使道路发挥最大作用。作为交通工程学的基础理论,交通流理论广泛应用于交通运输工程的许多研究领域,如交通规划、交通控制、道路与交通工程设施设计等方面。近年来,随着交通运输的迅猛发展和智能交通系统(ITS)的研究、开发和应用,以及驾驶人信息诱导系统和车辆自动巡航系统的开发建立,交通流理论的研究内容逐步深化,研究范围不断扩充,理论体系日益完善,新技术、新方法不断涌现,理论支持的作用愈加明显。交通运输系统是一个复杂的大系统,随着经济发展及城市之间社会交往与经济贸易日渐频繁,交通拥堵已成为困扰城市发展的普遍问题。因此亟待发展有效的交通流理论来指导这一问题的解决。

➲ 1.1 交通流理论研究概述

最初,有关交通流的研究主要针对道路上行驶的机动车流的特性。20世纪90年代后,有关行人、自行车等其他交通方式的交通流特性研究也开始发展。道路机动车交通流始终是交通流理论最主要的研究对象。机动车交通流的特性与其行驶的道路类型密不可分。通常,道路设施可分为两类:连续流设施和间断流设施。连续流设施为机动车流提供了相对连续的运行环境,几乎没有强制性阻断干扰,因而在该类设施上机动车流能够连续不中断地行驶。连续流设施上行驶的机动车流称为连续流。典型的连续流设施包括高速公路、普通公路以及城市快速路等。间断流设施则对交通流的通行存在强制性阻断干扰,如平面交叉口、交通信号控制等。城市街道是典型的间断流设施,因而城市地面道路上行驶的车流是间断流。

连续流和间断流的特性不同,其研究方法也有所区别。连续流具有明显的类流体特征,流体内颗粒(车辆)间的相互作用、波动特性、系统平衡状态特性与非平衡态特性等是连续流交通特性研究中的核心内容,在方法论上多采用类似流体力学、质点系动力学等理论方法。间断流受到强制阻断干扰,流体的波动性易被打断。并且,间断流遇到的阻断干扰多为受控性干扰,因此间断流的研究重点集中在如何进行交通流通行权的控制以及分析不同控制方式下的交通流特性,在方法论上,常采用排队论、概率论、数学优化等理论方法。

研究交通流运行规律的重要作用是为交通设施的规划、设计、管理和控制提供理论支撑。应用交通流理论的模型和方法可以分析各类道路设施在不同服务水平下的通行能力,以及预测交通流在道路网络上的时空演化特征。前者是道路交通规划与设计所需的基本参数,后者为交通流实时预测与控制提供关键技术。因此,交通流理论是研究交通系统供给能力与特性的基础方法论工具,对交通学科的发展具有重要的意义。

1.2 交通流理论发展简史

"运用物理学与数学的定律来描述交通特性",可用作交通流理论的工作定义。到当前,如定义所指出的,还没有统一的交通流理论。更确切地说,只有几种假定的探讨,用来描述各种交通流现象。希望随着理论知识的增长与科学技术的进步,交通流理论将发展成为统一的理论。

随着概率论以及有关交通流量和车速的第一批模型的应用,交通流理论在20世纪30年代才开始发展起来。40年代期间,受第二次世界大战的影响,有关交通流理论的发展不多。50年代早期,交通流理论方面的研究主要集中于车辆跟驰模型、交通波理论(流体动力学模拟)和车辆排队理论。研究人员来自各种学科,包括理论物理学、应用数学、管理学、心理学、经济学、工程学等。20世纪90年代以后,随着计算机技术的发展,交通流理论研究在各方面都得到了快速的发展。

从20世纪30年代开始,交通流理论经历了从自由流到非自由流两个研究阶段。

20世纪30~40年代主要为自由流研究阶段,即研究交通密度低、各车之间的车头间距较大、车辆处于自由行驶状态下的交通流特征,这一阶段多采用概率论和数理统计的方法进行研究。1933年金蔡(Kinzer)首次论述了泊松分布应用于交通的可能性;随后在1936年,亚当斯(Adams W. F.)发表了数值例解,标志交通流理论研究的起步。

从20世纪50年代起,由于交通流中各种车辆的独立性越来越弱,交通流研究进入了非自由流理论研究阶段,即主要研究对象转变为密度较高、各车间距很小、车辆行驶受头车影响和限制的非自由交通流。1950年初,莱特希尔(Lighthill)和惠特汉(Whitham)论述了车流与密度的关系;两位学者又于1955年提出了流体动力学模拟理论;1950年,赫尔曼(Herman)博士运用动力学方法、并用数学模式加以表达提出了跟车理论;1953年派普斯(Pipes)发表了交通动力学的研究论文。1959年12月在美国底特律(Detroit)举行了首届国际交通流理论学术讨论会,成为较系统的现代交通流理论诞生的重要标志。1960年在通用汽车公司的支持下罗瑟瑞(Rothory)和他的同事一同进行了车流理论的扩展研究;这些研究标志着近代交通流理论研究的真正开始。这一时期的主要理论成果有车辆跟驰理论、流体动力学模拟理论、车辆排队理论。1964年美国公路研究委员会(Highway Research Board,HRB,后改名为TRB)组织编写了第1版的《交通流理论》(Gerlough, D. L. and D. G. Capelle, An Introduction to Traffic Flow Theory, HRB, Special Report 79,1964),对交通流理论作了初步介绍和理论总结。70年代,上述理论得到了进一步发展和完善,1975年美国运输研究委员会(Transportation

Research Board)组织编写了第 2 版《交通流理论》(Gerlough, D. L. and M. J. Huber, Traffic Flow Theory—A Monograph, TRB, Special Report 165, 1975),系统总结了全世界各国学者的优秀研究成果,初步建立了交通流理论体系。1990 年,美国加州大学学者阿道夫·梅(Adolf D. May)出版了《交通流基础》(Traffic Flow Fundamentals),阐述了交通流基础理论与方法。2001 年美国联邦公路管理局(Federal Highway Administration,简称 FHWA)组织编写了第 3 版《交通流理论》(Gartner, N. Carroll, J. Messer, and Ajay K. Rathi, Revised Monograph on Traffic Flow Theory: A State-of-the-Art Report, FHWA, 2001),对第 2 版本进行了理论体系的完善,纳入了新的研究成果,该书成为当时交通流理论的范本和代表,后续不断有学者在此基础上对交通流体系进行完善并发表专著。越来越多的学者开始对交通流体系展开系统性的研究并愈发关注其实际应用性,Daiheng Ni 于 2015 年发表专著《Traffic Flow Theory: Characteristics, Experimental Methods, and Numerical Techniques》,该书在完善交通流体系的基础上对交通流特征、实验模型和计算方法等进行系统性的介绍,并用实际案例来进行解释说明,进一步推动了交通流理论的发展。

新思想、新观点、新技术和新方法的不断涌现使交通流理论发展之路勃勃生机,模型和方法日臻完善,模型的适用范围越来越广,如信号交叉口的延误模型已从原来只适用于稳态流扩展到过饱和流。理论体系逐步形成,比较有代表性的有将交通流看成不可压缩流体的佩恩(Payne)模型(1971)、Papageorgiou 模型(1983),"与流体动力学相一致"的 Carlos. F. Daganzo 的元胞传输模型(Cell Transmission Model,1994)。从 20 世纪 90 年代开始,迅速发展的计算机技术使大规模计算机模拟有了发展的基础,交通流元胞自动机(Cellular Automata,简称 CA)模型可通过简单的微观局部规则揭示自然发生的宏观行为,并且特别适合大规模计算,因此备受世人瞩目,发展最快。第三版《交通流理论》中新增的宏观交通流模型的内容,预示着交通流理论向宏观理论方向发展。1996—2002 年德国学者德克·赫尔宾(Dirk Helbing)和鲍里斯·克纳(Boris Kerner)提出的三相交通流理论,其理论核心是有别于经典的基于基本图的交通流理论,将交通流划分为自由流和拥堵流两相的做法,借鉴物理学中相变的思想,提出"畅行相""同步相""堵塞相"三相概念来描述交通流状态,诠释高速公路上交通拥堵的物理原理以及拥堵交通流的性质,其理论成果体现在 2009 年出版的专著《Introduction to Modern Traffic Flow Theory and Control: the Long Road to Three-Phase Traffic Theory》中。交通流理论的发展也逐渐从理论层面偏向于实践层面,莉莉·埃莱夫特里亚多(Lily Elefteriadou)在 2014 年出版的《An Introduction to Traffic Flow Theory》中全面地介绍了交通流理论近些年的研究进展及其应用,列举了大量的应用实例,具有很高的实践参考价值。

近年来,随着智能网联车辆和自动驾驶车辆的普及,现有交通流的特性已发生变化,如交通流稳定性、基本图、交通流量、交通安全性以及排放等。诸多学者针对智能网联交通流理论已经展开研究,一方面是通过交通仿真或理论分析混合交通流的基本图模型,挖掘不同车辆所组成的交通流的速度-流量-密度关系图;另一方面是从数学建模的角度入手,对普通车辆、智能网联车辆和自动驾驶车辆的运动行为进行建模分析,探究由一种车辆组成的同质流过渡为至少由两种车辆组成的混合交通流的运行机理,进一步推动了智能网联环境下对混合交通流解析的进程。

交通流理论已经成为各种交通运输应用的理论支撑,广泛应用于交通运输系统的规划、设计和管理领域。然而,由于交通流现象的复杂性,交通流理论还很年轻,还有很多问题需要深入研究。例如:交通流研究中的瓶颈现象,目前的研究多聚焦于单个独立瓶颈,对于多瓶颈关联的交通流特征,有待进一步研究。

1.3　交通流理论研究内容

目前,对交通流理论的定义不尽相同,但归纳各种定义的主要思想,可以给交通流理论这样一个定义:交通流理论是研究在一定环境下交通流随时间和空间变化规律的模型和方法体系。交通流理论研究内容可以划分成两大类:一是交通流的生成规律,即科学地预测并描述从城市土地利用到居民分布,从居民分布到出行需求,从而产生交通流这一过程;二是交通流的运行机理,即通过运用模型和模拟的方法揭示路网点、线、面的交通流特性及其相互联系。本书重点介绍交通流的运行机理,交通流的生成规律是交通规划理论的基础,该方面知识读者可参阅有关交通规划图书。

交通流理论涉及的范围非常广泛,其研究内容很难一言以蔽之。参考各种文献与资料后,本书将交通流理论的研究内容分为以下 12 个部分:

1) 交通流特性(Traffic Flow Characteristics)

主要介绍交通流的基本特性、交通流参数的概念、基本公式及交通流参数调查的方法和特点。重点阐述交通流参数经常用到的两类统计分布,即:离散型分布和连续型分布,其中包括泊松分布、二项分布、爱尔朗分布等。

2) 交通流模型(Traffic Flow Models)

交通流模型主要是指速度-流量、速度-密度和流量-密度模型。交通流模型能实现交通流变量之间的转换,即能实现控制变量与交通性能指标之间的转换,从而在交通管理中可用于控制某个变量以使交通性能达到最优的目的。本部分主要介绍交通流的基本模型及相关公式与图像。

3) 驾驶人交通特性(Driver Traffic Characteristics)

主要介绍驾驶人的基本特性,即指驾驶人自身的特征,其中包括视觉特性、反应特性、心理特性、疲劳特性等。并对离散驾驶行为、连续驾驶模型和生态驾驶行为进行阐述,此外,驾驶人的交通特性对交通流的影响也是本部分的重点内容。

4) 车辆跟驰模型(Car Following Models)

交通流车辆跟驰理论是运用动力学方法,将交通流处理为分散的粒子组成,从微观角度探究在无法超车的单一车道上车辆列队行驶时,后车跟随前车的行驶状态,并用数学模式表达而加以分析阐明的一种理论。本部分介绍车辆的跟驰行为、跟驰模型的稳定性和各类跟驰模型的发展,通过对车辆跟驰现象的研究来提高对交通流特性的理解。

5) 连续交通流模型(Continuous Traffic Flow Models)

利用流体力学理论研究交通流三个参数之间的定量关系,对连续交通流模型进行阐述,并根据流量守恒原理研究交通波理论。本部分对简单连续流模型和高阶连续流模型进行介绍,并对其进行解析求解和数值求解,总结简单连续流理论的本质。

6) 车辆换道模型(Lane Change Models)

多车道交通流稳定性分析有利于更好地解决多车道交通流问题,从而为交通网络的构建提供理论支持。本部分针对车辆换道行为进行研究,分析多车道情况下适用的车辆换道模型,并针对各模型效果进行阐述。本部分将换道模型分为强制换道模型与自由换道模型两类,重点介绍单向多车道元胞自动机换道模型和双向双车道换道模型,并基于车辆跟驰行为的发生对车辆跟驰的换道模型进行分析。

7) 宏观交通流模型(Macro Traffic Flow Models)

本部分从宏观角度(网络尺度上)介绍流量、速度和密集度的关系,分析以城市商业中心区(Urban Central Business District,简称CBD)为中心的交通特性。在网络范围内建立一般网络模型,包括网络通行能力分析、速度-流量关系、网络模型及其参数,重点分析二流理论,并将二流理论与网络交通模型相结合,运用计算机模拟技术建立的模型体系。

8) 排队理论及其应用(Queuing Theory and Application)

排队论也称随机服务系统,是研究"服务"系统因"需求"拥挤而产生等待行列,即排队现象,以及合理协调"需求"与"服务"关系的一种数学理论,亦称"随机服务系统理论"。它将交叉口看成一个服务台,将车流看成是受服务的对象,车辆服从先到先服务原则。本部分主要介绍交通流排队理论、排队过程以及排队模型。

9) 无信号交叉口交通流理论(Traffic Flow Theory of Unsignalized Intersection)

无信号交叉口是最普遍的交叉口类型。虽然它的通行能力可能低于其他类型的交叉口,但是它在网络交通控制中起到了非常重要的作用。一个运行不良的无信号交叉口,可能会影响整个路网或者智能运输系统的运行。无信号交叉口理论是许多其他交叉口理论的基础,本部分主要利用数理统计分析无信号交叉口车流的可插车间隙。

10) 信号交叉口交通流理论(Traffic Flow Theory of Signalized Intersection)

不同于无信号交叉口,信号交叉口因信号的阻滞而有其独特的交通流运行规律及性能指标。本部分主要介绍信号交叉口的交通特性及延误模型,以及车辆在通过交叉口过程中的受阻滞、延误运行状况,交叉口的服务水平、运行分析等,其中重点阐述信号交叉口的稳态延误模型、定数延误模型。

11) 行人和非机动车交通流理论(Pedestrian and Non-motor Vehicle Traffic Flow Theory)

行人微观交通流模型主要可以分为连续型模型和离散型模型两类。连续型行人模型主要包括引力模型、气体动力学模型和社会力模型等。在微观建模中,一般都将非机动车作为一类特殊车辆进行考虑,采用类似机动车的跟驰换道模型进行建模。并考虑非机动车道并无明确的车道划分,因此模糊换道规则,有利于更加精确地描述非机动车的穿插运行特性。本部分主要介绍行人的交通流特性和非机动车的交通流特性,以及行人交通流模型及非机动车交通流模型,其中包括:行人连续模型和离散模型、非机动车连续模型和离散模型。

12) 道路交通流的理论发展与展望(Theoretical Development and Prospect of Road Traffic Flow)

交通流理论的发展经过众多学者的不断努力已经取得了巨大的成就,但其中更深的奥妙仍要留给后人去不断探索,本部分针对交通流未来的发展方向及趋势做了介绍,主要包括对三相交通流理论、智能网联交通流理论及微观、宏观交通流理论等的展望,对交通流理论的进一步发展提出了建议。

由于交通流理论范围较广,以上12部分并不是交通流理论的全部内容。近年来交通流理论的不断发展,出现了不少新内容和新方法,本书并未专门涉及,仅在部分章节作了简要说明。随着交通流体系的不断完善,将会有新的内容不断补充进来。本书只对上述12个较为成熟的部分进行重点介绍。

1.4 交通流理论体系与研究方法

1.4.1 交通流理论体系

关于交通流理论的专著较少。就理论体系而言,美国运输研究委员会(TRB)《交通流理论》(1975年)初步建立了交通流的理论体系。阿道夫·梅的《交通流基础》(1990年)划分了宏观交通流和微观交通流理论,但尚未将网络交通流理论归纳到宏观交通流理论中,重点关注单独车辆及车队的交通特性,如速度、密度、流量等。而《交通流理论》(2001年)强调宏观交通流的网络特性,但只把网络交通流理论列为宏观交通流理论,而且研究内容仅限于网络平均流量、平均速度、平均密度等。而后有众多学者在此基础上对交通流理论体系不断进行完善,区别化研究宏观和微观交通流理论的特点,淡化以单个车辆或单个系统组件(如路段或交叉口)来描述交通的微观观点,采用网络中交通流的宏观观点对其进行描述,并提出各种模型及其适用性的经验证据,将交通流理论拓展到网络层面。交通流理论的发展也逐渐从理论层面偏向于实践层面,莉莉·埃莱夫特里亚多(Lily Elefteriadou)在2014年出版的《An Introduction to Traffic Flow Theory》中全面地介绍了交通流理论近些年的研究进展及其应用,列举了大量的应用实例,具有很高的实践参考价值。Daiheng Ni 于2015年发表专著《Traffic Flow Theory: Characteristics, Experimental Methods, and Numerical Techniques》,该书对交通流特征、实验模型和计算方法等进行系统性的介绍,并引用实际案例来进行解释说明,进一步推动了交通流论的发展。近年来,国内学者也出版了许多交通流理论方面的著作,为交通流理论的发展和应用起到了推动作用。

根据交通流的定义,可以从时间和空间两个维度来认识交通流的量测尺度问题。从时间上可以把交通流划分为宏观、中观和微观,从空间上也可以把交通流划分为宏观、中观和微观。另外,交通流理论研究内容可以划分为两大类:一是交通流的生成规律,即科学地预测并描述从城市土地利用到居民分布,从居民分布到出行需求,从而产生交通流这一过程;二是交通流的运行机理,即通过运用模型和模拟的方法揭示路网点、线、面的交通流特性及其相互联系。

通常,从空间角度,把研究某一点或断面交通特性的交通流理论定义为微观交通流理论,把研究某一路段交通特性的交通流理论定义为中观交通流理论,而把研究路网交通流特性的交通流理论定义为宏观交通流理论;从时间角度,把研究较短时间范围内交通流规律的交通流理论定义为微观交通流理论,把研究较长时间范围内交通流规律的交通流理论定义为中观交通流理论,而把研究长时间范围内交通流规律的交通流理论定义为宏观交通流论。这样,归纳出的交通流理论体系如表1-1所示。

交通流理论体系 表1-1

时间	空间		
	点	路段	路网
短	微观	中观	宏观
较长	中观	中观	宏观
长	宏观	宏观	宏观

1.4.2 交通流理论的研究方法

真实交通流具有时间、空间两个变量,同时还受随机因素的影响,变化规律非常复杂。由于时间和空间可以无限分割,随机因素很难预测,导致不同时间和空间下的交通流状态很难相同,也就是说,精确的交通流规律很难找到。描述交通流真实状态的模型应该具备如下特点:

(1) 微分方程;
(2) 与时间和空间两个变量有关;
(3) 非线性;
(4) 随机性;
(5) 无穷性。

这样的交通流模型实际上是无法建立的,而且由于条件的苛刻和求解的复杂性,即便建立了这样的模型也不会具有实际意义。

在实际研究中,人们不得不根据实际需要建立抽象模型,即把真实交通流模型抽象成有穷维、时不变、确定性、线性的实用模型。至于抽象的程度,主要取决于应用的目的。

交通流理论是实践性很强的理论,建立交通流模型的目的是为了解释交通现象和解决交通问题,因此交通流模型的建立不能脱离实际需要而仅追求形式上的完整和数学上的完善,还应该充分注重模型结构建立和模型参数标定。不论是模型结构的建立还是模型参数的标定,简单和适用是第一原则。交通工程领域所应用的交通流模型,绝大多数都比较简单而且能解决实际问题。即便推导过程比较复杂的模型,其应用模型形式也比较简单,这样的形式有利于模型的推广。如著名的交通控制系统TRANSYT、SCATS和SCOOT中所应用的交通模型和参数优化模型都不是很复杂,但是适用,这些模型表现出了很强的生命力。

当然,推崇简单和适用并不等于拒绝复杂的交通流模型,实际上在研究复杂交通流现象时简单模型有时确实无能为力。例如,用于城市交通流诱导的实时动态交通分配模型,用于描述城市路网点、线、面交通流相互关系的模型等,很难用简单模型表述。随着计算机技术的发展,复杂交通流模型推广和应用的可能性越来越大。

1.5 交通流理论的研究现状及发展趋势

1.5.1 交通流理论的研究现状

交通流理论是一门运用力学、物理学和数学的方法来描述交通特性的边缘科学,是发展中的科学,目前还没有形成完整的理论体系。交通流研究的目标是要建立能描述实际交通一般特性的交通流模型,以揭示控制车辆行为的基本规律,从而更好地为交通工程部门规划、设计和完善交通网络与交通控制服务。

交通流理论发展的趋势是,在宏观和微观结合的基础上建立实用型交通流模型,并大力推广应用。基于现有模型及研究思想,必须建立完善的微观交通流模型,再过渡到宏观交通流模型,这样的模型更具有生命力。优秀的交通流模型应该只包含几个有直观意义的变量和参数,而且它们是容易测量的,相应的值是现实的。此外,若模型只能有选择地再现一部分交通现象,则是难以令人满意的,相反,一个好的交通流模型应该至少定性地再现交通流的所有已知特征,包括堵塞的局部形式和延伸形式、迟滞效应、各种自组织参数,如堵塞区的流出量等。一个好的模型还应在理论上前后一致,且能做出预测,同时,模型必须能够进行快速的数值模拟。简单而言,优秀的交通流模型必须有鲁棒性、现实性、一致性和简单性。

当前,统计物理、非线性科学以及计算机科学的发展为交通流这一复杂系统的研究打开了新的思路,交通流理论在智能交通运输系统中的应用已经在诸多发达国家中全面展开,相关的交通流理论研究也随之深入展开。与国外发达国家相比,我国在交通流研究方面投入较少,许多城市使用的交通信号控制系统基本上是"舶来品",由于交通环境、交通组成、道路设施等情况不同,这些软件应用效果较差。我国的低速混合城市交通流的现状不可能迅速改变,行人、非机动车和机动车的混合所造成的复杂性,远比国外交通情况复杂得多。建立符合我国国情的交通流理论模型,开发应用软件,用于指导工程实践是摆在我国面前的迫切问题。

我国现代交通流研究起步较晚,但目前已开始集结起一支很有活力的队伍。20 世纪 90 年代以来,部分力学界、物理学界学者投入到交通流的理论研究,他们在元胞自动机模型、流体力学模型和跟驰模型的研究中取得了一些好的成果,在国际上产生了一定的影响。近年来,国家自然科学基金委员会支持了一批交通流基础研究项目,越来越多的人开始关注和投入相关的研究。

近些年,交通流理论的研究取得了巨大的进展,本部分主要围绕交通流基本图模型、微观交通流理论及仿真、中观交通流理论及仿真、宏观交通流理论 4 个部分对现有研究成果进行介绍,具体内容如下。

1) 交通流基本图模型

近年来,随着交通流自动检测设施的大规模安装,基于实证数据的交通流运行特征经验分析取得了重要进展。部分学者开始关注交通流三参数关系的随机性特征,包括速度和流量的离散性。例如,许多学者基于 Greenshields 模型提出了一些修正模型,包括 Greenberg 模型、Underwood 模型、Northwestern 模型、Drew 模型、Pipesunjal 模型、Newell 模型、Del Castillo 模型、Edie 模型等。随着检测技术的进步和普及,部分学者开始关注交通流三参数关系的随机性特征,包括速度和流量的离散性,以此为切入点,做了大量试验及分析。2004 年形成的三相交通流理论体系,认为交通流有 3 个独立的交通相,分别为自由流、同步流和堵塞流。近些年,众多学者开始考虑抑制性对交通流量的影响,进一步排除交通流量中的影响因素。并且,随着交通流理论的不断深入和完善,交通流宏观基本图(Macroscopic Fundamental Diagram, MFD)关注道路网络层面上交通流三参数之间的关系和性质。2007 年,Daganzo 给出了 MFD 具体的模型并通过日本横滨的实测数据验证了其存在性与基本性质,MFD 由此引发学术界的广泛关注,并逐渐成为一个新的热点研究方向。

2) 微观交通流理论

微观交通流理论是针对个体车辆(或行人/非机动车)交通运行特性进行分析与建模的理论与方法,是解析、描述和预测交通流运行规律的重要手段之一。近些年,微观交通流理论中的跟驰模型、换道模型、元胞自动机模型、行人/非机动车模型、车路协同环境下的微观交通流模型、微观交通仿真系统等都获得了进一步的发展,已经有大量较为成熟的模型,并将人工智能逐步引入到各模型中,提高了模型的准确性和便捷性。中国在微观交通流理论方面的相关重要成果不少,但仅限于统计物理角度的理论模型,较少涉及微观驾驶行为数据的采集与分析以及微观交通仿真软件的开发。由于中国的交通状况、驾驶行为特性等都与国外有着较大的差异,因此,开展微观驾驶行为的基础数据研究就显得尤为迫切,通过建立较为先进、完善的微观驾驶行为轨迹数据库,可为建立适合中国交通流特性的微观交通流模型研究奠定基础。同时还需要坚持产学研相结合,开发适应中国道路交通特性的开源微观交通仿真软件。

3) 中观交通流理论

中观交通流理论通过建立宏观交通流参数和微观驾驶行为之间的关系,从中观层面描述交通流的随机性与不确定性,主要涉及交通流的建模与仿真,国内外相关研究主要集中于两大方面:中观交通流模型改进和中观交通流模型应用。在中观交通流模型改进方面,许多学者用由流体力学发展而来的气体动力学,通过考虑各种影响因素建立能够模拟真实交通流运行状况的数学模型。另一方面,很多学者从数据拟合角度探讨中观交通流特征参数车头时距和车头间距的分布模型及其与微观和宏观交通流现象之间的联系。在中观交通流模型应用方面,很多学者运用中观交通仿真软件或系统模拟真实路网交通流运行状况,也有学者对目前流行的各种中观交通仿真软件或系统进行功能介绍和对比分析。

4) 宏观交通流理论

宏观交通流理论包含空间角度上对路网交通流特性的研究和时间角度上对长时间范围内交通流规律的研究。近年来,在对宏观交通流理论研究的进程中,已经摒弃将宏观交通流理论定义为对车队的交通特性进行研究的传统观点,进一步强调宏观交通流理论的网络特性,对网络平均流量、平均速度、平均密度等展开研究,并重点关注于宏观交通流模型的研究。现有众多成熟的宏观交通流模型,如:出行时间模型、一般网络模型、二流理论模型等,并已展开对宏观模型离散化的研究,如:离散化高阶宏观交通流模型(METANET)模型等。宏观交通流模型是交通流研究中的重要组成部分,与基本图理论和微观交通流模型一起构建了交通流研究的核心,为交通状态估计和预测、交通管控和出行信息服务等提供方法论上的支持。随着自动驾驶技术的不断发展,宏观交通流研究也将会发生一定的改变,新的关于自动驾驶车辆的宏观交通流模型将引领该领域新的发展。

1.5.2 发展趋势

交通流理论的研究就是要构建能描述实际交通一般特性的交通流模型,以揭示控制交通流动的基本规律,从而为交通部门规划、设计和完善其交通网络与交通控制系统提供服务。

随着科学的进步,特别是计算机技术的发展,交通流理论的内容也在不断更新和充实。在传统交通流理论的基础上,出现了现代交通流理论。所谓现代交通流理论,就是利用计算机等现代化科学技术、理论和方法(如人工智能、模糊控制等)对交通流特性进行更深入的研究。与现代交通流理论相比,传统交通流理论已经基本趋于成熟,而现代交通流理论正在逐步发展。就目前的应用来看,传统的交通流理论仍居主导地位,其方法相对较容易实现。值得说明的是,现代交通流理论与传统交通流理论并不是彼此独立的,现代交通流理论以传统交通流理论为基础,只是其所应用的研究工具和手段与以前相比得到了很大改善,因而可以从更广阔的领域对交通流理论进行研究。总之,现代交通流理论方法与经典交通流理论方法相结合,将使交通流理论研究焕发勃勃生机。

近些年来,国际上交通流理论又有了新突破,一些新观念、新概念的提出,催生了交通管理和监控系统的开发与应用,其在交通流预测、交通流仿真等方面的突破,大大推动了交通流理论成果的应用发展。然而,尽管交通流理论在不断发展完善,但现有的交通流理论体系还远未达到成熟,交通流理论研究仍有很长的路要走。

从研究内容看,宏观交通流理论是未来的研究重点。首先,目前我国的城市化水平仍处在不断上升中,随着城镇化建设步伐的加快,未来几十年内城市的急剧外延发展和内涵改造已成必然,这就需要对未来的城市进行科学的规划,需要探索新的城市交通规划理论,而宏观交通流理论是交通规划的基础理论,必须对其进行重点研究,尤其要研究城市土地利用对交通的生成、流量、流向的影响。其次,现代城市交通管理与控制的重点已经从微观管理(单个交叉口和路段的管理)转移到宏观管理(整个城市交通系统协调管理),需要开展路网可靠性、鲁棒性和脆弱性等交通流理论研究,揭示路网点、线、面交通流特性的相互联系及交通流状态的演化规律。

从研究手段来看,交通流理论研究正朝着智能化、数字化方向发展,尤其是随着大数据时代的到来,如何在交通流理论中开展大数据技术应用研究,是当前和未来交通流理论研究新的发展趋势。目前,我国不少城市建设已进入转型期,实施和谐、可持续的综合交通系统战略,建成与城市发展、土地开发资源利用、经济增长及环境保护相协调,各种交通方式相衔接,各类交通设施发展相均衡,各种交通运输服务相配合,各个交通职能部门管理相统一的综合交通系统十分迫切。实施基于"互联网+"的交通运营智能化战略,站在"互联网+"风口上,把握大数据时代机遇,按照数据共享、服务共建原则,发挥政府数据、互联网企业技术、科研院所科研优势,依托百度交通云、阿里云平台,整合居民出行、交通运营及管理数据,完善城市道路交通监管、出行信息服务、应急救援、公交调度、物流监控等系统,进而驱动智能型综合交通运输体系建设,是当前城市发展的迫切需求。新的发展形势给交通流理论发展带来了新的机遇和挑战。交通流理论研究亟须现代理论方法与技术的支撑和引领,未来计算机网络技术、人工智能、神经网络、模糊控制、元胞自动机等理论和方法在交通流理论研究中的应用将越来越广泛。

此外,交通流理论近些年有关研究进展表明,未来的交通流理论将由普适性的基础理论向更加实用的交通流模型研究发展。

(1)不同交通状态下交通流参数动态关系。对于传统的交通流模型,目前的研究大都集中于宏观模型、微观模型和其他交通流模型。然而,大多数研究只是通过数据散点来观察参数的变化趋势,难以解释速度-密度关系的变化趋势。

(2)针对潮汐交通流的信号控制策略优化。目前,研究主要是结合单点交叉口配时方法以及考虑受车辆排队影响的相位差算法,采用分段绿波控制方式,实现干线绿波协调控制系统。未来,研究将结合 ITS 技术对道路运行状态进行分时段实时有效控制,形成特有的针对潮汐交通流的 ITS-干线绿波控制系统。

(3)考虑极端天气情况下的交通流模型。越来越多的研究将气候因素考虑传统交通流模型中,包括冰雪天气、强降雨天气等,结合极端天气情况下的交通流数据,对传统交通流模型进行修正,多采用增加模型参数或引入修正系数的方式,但对极端天气条件下交通流的动态影响缺乏深入研究。

(4)考虑超车需求的交通流中观模型。目前主要是利用期望速度对 Prigogine-Herman 模型的超车概率公式进行改进,提出新的非线性超车概率公式,并建立相应的交通流中观模型,使得交通流中观模型更加符合实际,但对 Prigogine-Herman 模型中的瞬间加减速假设还有待改进。

(5)离散交通流模型的反馈线性化与拥堵控制。目前的研究主要通过离散交通流模型进行精确线性化,使原本难处理的非线性系统转化为线性系统,但在控制算法上仍有一定局限性。

(6)利用智能车辆探究智能交通反馈策略。基于现有对实时信息交通流动力学的研究,逐步展开对信息预测反馈策略、加权阻塞系数反馈策略等多种智能车辆选择策略的研究,并将其应用于双通道和多通道选择交通系统。

(7)进一步完善三相交通流理论。开展三相交通流模型中自由流到同步流的非连续相变与相邻车辆之间相互作用关系的研究,并根据车头间距、车辆速度等交通特性进行三相交通流模型的构建及完善。

解决交通难题的根本出路在于发展交通科学技术及其基础理论。与发达国家相比,我国大中城市的交通由于行人、非机动车和机动车混行所造成的交通复杂性,远比国外复杂得多。国外应用成熟的交通流模型,往往不一定适合我国的交通实情。因此,结合国情深入研究我国城市交通现象和交通问题,研究适合我国交通特点的交通流的模型是未来研究中亟待解决的重要课题。借助交通流理论体系挖掘现有交通设施潜力,疏通拥堵交通流,以科学的理论来指导交通规划、控制和管理,以缓解失衡的交通供求关系,是交通流理论发展中需要解决的最终问题。

习题

1. 简述交通流理论的发展过程,分析其在不同的历史阶段对交通起到了怎样的作用?
2. 交通流理论主要研究哪些内容? 与交通工程学其他分支的研究内容相比较有哪些差别?
3. 交通流理论研究内容的性质和特点是什么? 你是如何理解的?
4. 根据你的理解,交通流的研究对于解决我国当前各种交通问题有什么作用?
5. 就交通流的发展现状而言,都取得了什么成就? 会对交通强国产生怎样的影响?
6. 根据自己的理解,你认为交通流理论为适应智能交通的发展应做出哪些调整?

第2章 交通流特性

交通流具有很强的随机性,因此早期的研究主要集中在交通流的统计特性,研究交通流随时间、空间和交通方式的变化规律,从而建立交通流的统计分布模型。交通流特性的研究可以从宏观和微观两个角度进行。宏观研究是将一定范围的交通流作为一个整体,研究它随时间、空间和方式的变化规律;微观研究是对组成交通流的各车辆的运动规律及车辆之间相互关系的研究。

2.1 交通流的基本特性

随着对交通流研究的不断深入,交通流特性也日趋明显。从现象上看,交通流本身可以看成一种流体,具有粒子的流动性,同时可以通过检测手段得到一系列的时间序列数据,但进一步研究发现,交通流还具有不同于流体的特点及性质,因此,在交通流理论的研究过程中,对交通流基本性质的分析有着非常重要的指导作用。总而言之,交通流具有如下特性:不确定性、时变性、需求的不可预知性及自组织特性。

2.1.1 交通流的不确定性

在实际的交通系统中,交通流的运行被许多不确定因素制约着,如车辆的特性、驾驶人的心理因素、天气变化等,因此交通流也体现出不确定性,且随着预测时间的缩短,其不确定性逐渐增强。交通流中各种不确定因素的综合作用导致交通流中无序及阻塞现象的发生。引起交通流不确定性的因素是复杂的,可以从构成交通流的人(驾驶人和乘客)、车辆和道路三要素进行分析。

1) 驾驶人的交通特性

在交通流要素中,驾驶人具有特别重要的作用。在车辆的行驶过程中,起控制作用的是驾驶人的驾驶技术以及驾驶特征,如激进型的驾驶人与保守型的驾驶人对同一种驾驶环境的反应是有很大差别的;在驾驶人的反应操作过程中,起控制作用的是驾驶人的生理、心理素质和反应特性,而不同驾驶人之间的基本生理素质千差万别。同时,对每一个驾驶人来说,在下一时刻面临的选择也是不确定的,前车的运行状态将直接影响到他的驾驶情况。驾驶人作为影响交通流的最主要的主观因素之一,存在着许多不可预测性与不确定性。

2) 乘客的交通特性

人们总是为某种目的而出行的,不同乘客有不同的乘车目的,而同一乘客在不同时间的乘车目的也会有变化,这种变化包括计划内变化和临时变化,乘客在何时有何种乘车目的是无法预测的。

3) 车辆交通特性

不同车辆在外观和性能方面有很大差别,而影响交通流的主要因素是超车加速时间、最高车速等性能指标,驾驶人会根据自己或乘客的乘车目的随时改变车辆速度,而车辆的性能无疑给驾驶人的驾驶带来很多限制。

4) 道路交通特性

道路是交通的基础及支撑物。衡量道路的指标主要有路网密度、道路结构、道路线形、道路网布局等。没有两个道路的结构是完全相同的,而乘客在面临多种道路选择时,天气、个人喜好等都是影响其决定的因素,哪条道路会被选中是无法预测的。

从以上道路交通系统各基本要素的自身特性可以看出,影响交通流的每一个因素都存在着不确定性,而决定一辆车在路上运动状态的往往是以上各种因素相互作用的结果。什么时间、什么驾驶人驾驶着什么样的车辆、以什么样的运动状态进入道路是不可预知的,进入道路后,车辆的运动状态又会受到前车的运动状态以及道路的拥挤程度等不同因素的影响,而这些因素如何变化也是不可预知的。同时,人们的出行目的、驾驶人的喜好等都有可能随时变化。因此,交通流中不仅存在着不确定性,而且这种不确定性不仅受到客观条件与环境的影响,还受到人的影响,根本无规律可循,所以它属于本质不确定性。

2.1.2 交通流的时变性

道路设施、出行者的主导行为以及相关社会因素,经常使交通流高峰期发生时变。也就是说,交通拥挤会发生在不同的时间和地点,如上下班的高峰时期出现的拥挤,在正常时间段内不会出现,而且,拥挤会随着车流的不断移动而出现移动,使拥挤现象像一个运动的瓶颈出现时空上的变化。交通流的时变性体现了交通流状态的多样性。

2.1.3 交通流需求的不可预知性

从统计的意义上来说,交通流需求确实具有一定的规律,但是交通流控制与诱导的实时性要求是以分钟甚至秒为度量单位的,这时候瞬间交通流需求表现出强烈的波动性,而且交通系统是以人为主体的主动系统,它不同于物质流的控制系统,交通管理者无法强迫出行者提供他们的出行去向和出行时间,也就是说交通流需求根本就是不可预知的。

2.1.4 交通流的自组织特性

系统有序结构的形成与完善称为自组织,一般主要由系统内部决定。构成交通流的车辆或者行人会以一种聪明的方式来选择他们的群体行动方式,系统中涨落因素的广泛存在,使得交通流能够实验各种集体行为。结果,那种能以最有效的方式完成交通疏导任务的集体行为(组态)将随时间增长(该组态对应了序参量),而其他集体行为即便产生也将很快衰亡(这些组态对应了衰减模式)。所以,宏观上交通流的演化存在着自组织现象。另外,交通流的主体行为是一种理性驾驶,其中人—车个体的追求目标是一致的或者相近的,即达到安全、快速、通畅的出行目的。因此人与人、车与车之间均存在相互合作、协同的关系,其中每个人—车个体追求的目标是一致的或者相近的,均为安全、快速、通畅,因此存在相互合作、协同,并在宏观上具有形成一种有序结构的可能性,这种内在约定是交通流中形成自组织现象的主要成因之一。

除此之外,交通流还具备网状特性、长程相关性等不同的性质。以上这些特性说明交通流是一个相互联系、相互影响的不断变化的复杂整体,交通流的任何变化都绝非偶然,而是其相互影响的必然结果,都可能对下一时刻的短时交通流的变化起到决定性作用。所以任何一个交通流数据都不能当作无用的干扰信号而舍弃,交通流的时空特性、不可预知性、不确定性等进一步说明了交通流的复杂性,也从本质上说明了交通流信号体现出的频率成分复杂、变化速度快的原因。因此交通系统是个复杂的巨系统,系统中各种交通现象的多样性,涉及各学科知识的广泛性,都给交通流理论的发展设置了很大的障碍。

2.2 交通流基本参数

道路上的行人或运行的车辆构成行人流或车流,行人流和车流统称交通流。没有特指时,交通流一般指机动车流。交通流运行状态的定性、定量特征称为交通流特性,用以描述交通流特性的一些物理量称为交通流参数,参数的变化规律即反映了交通流的基本性质。交通流的基本参数包括交通量、速度和密度。描述宏观交通流特性的是交通量、速度和密度;描述微观交通流特性的是车头时距、地点车速和车头间距。

2.2.1 交通量

1) 交通量的基本概念

交通量(Traffic Volume)又称交通流量或流量,是指在单位时间内,通过道路某一点、某一断面或某一条车道的交通实体数(对于机动车而言就是车辆数),以 q 表示。

$$q = \frac{N}{T} \tag{2-1}$$

式中:T——观测时间;

N——T 时间内通过的交通实体数(车辆数)。

由于车辆大小不同,性能各异,因此混合计数时,须按一定换算方法统一单位计量,如城市道路统计交通量以小客车为标准车型,其他车型和混行的非机动车分别采用一定的折算系数转换成当量小客车数。

交通量的计时单位一般为小时或日。以小时为计时单位时称为小时交通量(Hourly Volume,HV)。以日为计时单位时称为日交通量(Daily Traffic,DT)。公路交通量统计中常采用日交通量。一年的总交通量除以当年的天数得到年平均日交通量(AADT)。一个月的总交通量除以当月的天数得到月平均日交通量(MADT)。一年内的同一个周的日交通量平均值为某周平均日交通量(WADT)。

在交通调查与分析中,通常采用更小的时间单位如 5min、15min 统计交通量,分别称为

5min 交通量和 15min 交通量。在给定的不足 1h 的时间间隔内，通常为 15min，车辆通过一条车道或道路某一点或某一路段的当量小时流量，称为流率。流率是在不足 1h 内观测的车辆数，除以观测时间（单位为小时）。例如，在 15min 内观测到 100 辆车，则流率为 100 辆/0.25h 或 400 辆/h。

2）车头时距

车头时距（Time Headway）是指相邻车辆的车头经过同一地点的时间差，以 h 表示。车头时距由两部分组成：前车从车头到达观测地点到车尾驶离观测地点之间的时间即车辆本身占用时间，和前车车尾驶离观测地点到后车车头到达观测地点之间的时间即车辆之间时间间隙（Time Gap）。车头时距是交通流的重要变量之一。车头时距大小影响车辆运行安全、道路服务水平、驾驶行为和道路通行能力。车辆之间必须保持一定的车头时距，以确保行车安全；车头时距的分布情况决定超车、合流和穿行机会；道路通行能力决定最小车头时距和车头时距分布。因此在道路设计、交通管理时需要了解车头时距及其分布特性。

由定义可以看出，总观测时间 T 由所有车头时距的总和构成：

$$T = \sum_{i=1}^{N} h_i \tag{2-2}$$

式中：h_i——第 $i-1$ 辆车与第 i 辆车的车头时距。

将式（2-2）代入式（2-1），就可以得到流量和平均车头时距的倒数关系：

$$q = \frac{N}{T} = \frac{N}{\sum_{i=1}^{N} h_i} = \frac{1}{\frac{1}{N}\sum_{i=1}^{N} h_i} = \frac{1}{\bar{h}} \tag{2-3}$$

式中：$\bar{h}$——平均车头时距。

3）交通量的时间统计特性

交通量是随时间变化而变化的随机变量。交通量的时间统计特性按照统计时间的长短，可分为年变、月变、周变和时变。研究交通量随时间变化的特点，有助于把握交通量的变化规律，从而制订有效的规划、设计和管理方案。

（1）月变化

月变化是一年内 12 个月的交通量变化情况。月变化经常采用月变系数（或称月不均衡系数、月换算系数）研究，月变系数是年平均日交通量 $AADT$ 与月平均日变化量 $MADT$ 之比，用 $K_月$ 表示，即道路功能不同，其变化规律也不同。

$$K_月 = \frac{AADT}{MADT} \tag{2-4}$$

表 2-1 给出郑州至少林寺高速公路唐庄站某年交通量的相关数据，据此计算出 $MADT$ 和 $K_月$。从表中可以看出，2 月份的交通量最小，月变化系数最大，为 1.90，说明气候寒冷和春节对出行影响较大。并以月份为横坐标，月变系数的倒数为纵坐标绘出月交通量变化图，如图 2-1 所示。

郑少高速公路唐庄站月变系数计算表 表 2-1

月份	1	2	3	4	5	6	7	8	9	10	11	12
全月交通量	85500	50339	105713	93969	87712	78361	94983	111242	118912	134542	145439	138822
MADT	2758	1798	3410	3132	2829	2612	3064	3588	3964	4340	4848	4478
$K_{月}$	1.24	1.90	1.00	1.09	1.21	1.31	1.11	0.95	0.86	0.79	0.70	0.76
$1/K_{月}$	0.81	0.53	1.00	0.92	0.83	0.77	0.90	1.05	1.16	1.27	1.42	1.32

全年交通量为 1245534 辆，$AADT=3412$ 辆/天

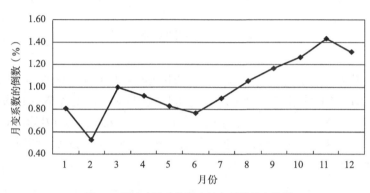

图 2-1 郑少高速公路唐庄站交通量月变化图

(2) 周变化

周变化是一周内 7d 的交通量变化情况。对于一定的城市道路或者路段，交通量的周变化存在一定规律。一般地，对于城市道路，工作日交通量变化一般不大，节假日和休息日变化显著，交通量一般都要小一些。对于公路，一周内交通量变化程度较城市小。

周变化采用周变系数（或称周日交通量不均匀系数）$K_{周}$ 研究。周变系数定义算式为：

$$K_{周} = \frac{AADT}{ADT} \tag{2-5}$$

式中：ADT——全年中某周日交通量之和除以此年某周日的总天数。

表 2-2 给出了某观测站的观测数据，据此计算可得 ADT 和 $K_{周}$，并以周日为横坐标，周变系数的倒数为纵坐标绘出周交通量变化图，如图 2-2 所示。

周变系数计算表 表 2-2

周日	星期日	星期一	星期二	星期三	星期四	星期五	星期六
全年该周日的交通量总和	296764	345176	352248	342160	347521	339612	336076
全年该周日的总天数	52	52	52	52	53	52	52
ADT	5707	6638	6774	6580	6557	6531	6463
$K_{周}$	1.13	0.97	0.95	0.98	0.99	0.99	1.00
$1/K_{周}$	0.88	1.03	1.05	1.02	1.01	1.01	1.00

全年合计交通量 2359557 辆，$AADT=6465$ 辆/天

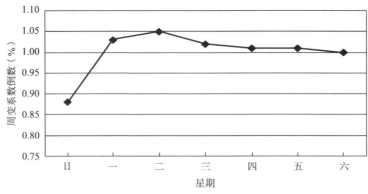

图 2-2　某观测站周交通量变化图

(3) 时变化

时变化是一天 24h 的交通量变化情况。小时交通量表示各小时交通量变化的曲线,称为交通量的时变图,亦可采用直方图表示。也可以用某一小时或者某一时段交通量与全日交通量之比表示交通量的时变规律,常用的有 16h(6 时到 22 时)或 12h(6 时到 18 时),亦有用 18h(4 时到 22 时)交通量占全日交通量之比。图 2-3 所示就是某道路某日以各小时交通量占全日交通量之比表示的交通量时变图。

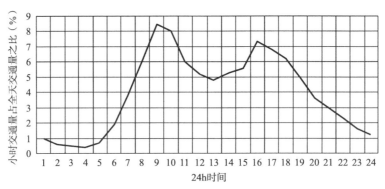

图 2-3　交通量时变图

在城市道路上,交通量时变图一般呈马鞍形,上下午各有一个高峰,在交通量呈现高峰的那个小时,称为高峰小时。高峰小时内的交通量称为高峰小时交通量。

高峰小时交通量占该天全天交通量之比称为高峰小时流量比(以%表示),它反映高峰小时交通量的集中程度,并可供高峰小时交通量和日交通量之间相互换算之用。

一天中的交通高峰是交通分析的重点。高峰小时交通量和高峰流率(在给定不足一小时的时间间隔内(通常是 15min),车辆通过一条车道或道路的指定点或指定断面的时间间隔内最大的当量小时流率,以辆/h 为单位)分别描述高峰小时交通量的整体和局部情况,两者的比值称为高峰小时系数(PHF),即:

$$PHF = \frac{高峰小时交通量}{高峰流率} \tag{2-6}$$

高峰小时系数刻画了高峰小时内的流量波动情况。显然,$0 < PHF < 1$。PHF 越接近 1,

说明高峰小时内的流量越均匀,这往往发生在交通比较拥挤的时候。据美国《道路通行能力手册》(2016 版),城市道路中,高峰小时系数一般为 0.8~0.98。

4) 交通量的空间统计特性

道路上不同地点或断面的交通量不同。交通量的空间变化主要研究方向变化、车道变化、城乡分布和路段分布等。

(1) 交通量的方向变化

交通量的方向变化特点体现了城市的土地利用布局和居民出行规律。主要车流方向交通量和双向交通量的比值,称作方向性系数,此系数值介于 0.5~1 之间;也可用流向比描述上下行两个方向交通量分布不均衡程度,其值等于主要车流方向与次要车流方向交通量的比值。图 2-4 给出了某条路上行及下行方向的交通量占双向交通量的比例。

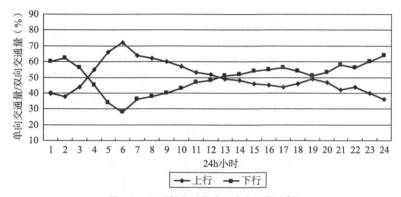

图 2-4 上下行交通量占双向交通量比例

上下行交通量的不均衡性导致了道路使用的浪费,因此在交通管理中应采取有效措施加以避免,例如,当某道路的流向比大于 2 时,可以将原来的双向行驶改为单向行驶道路。

(2) 交通量的车道分布

对于多车道道路,交通量在各个车道上的分布变化很大。交通量的车道分布取决于交通规则、交通组成、车速和交通量、道路出入口的位置和数量、驾驶人出行的起讫点模式以及驾驶人的习惯等因素。由于这些影响因素,所以没有典型的车道分布。

(3) 交通量的城乡分布

由于城乡之间经济发展、生产、生活和文化活动对交通的需求不同,以及人口密度和机动车拥有量的差别,城乡道路上的交通量分布呈现明显差别。一般是城市道路交通量高于郊区道路,近郊高于远郊,乡镇农村的交通量最低。

(4) 交通量的路网分布

了解交通量在区域路网中的分布,有助于制订区域交通管理和交通流疏导措施。一般说来,城市中心区尤其是商业中心(CBD)的道路交通量较大。城市外围地区主干道承担大量的区间交通和出入境交通运输任务,交通负荷较大。

对于路网中的不同道路,依其等级、功能和所处位置的不同,交通量分布有明显差别。同一条道路上的不同路段,交通量也不同,距离城市中心不同的路段上的交通量呈现明显的不同,离城越近的路段交通量越大。

(5)交通量的流向分布

交叉口各进口流向的交通量分布是不同的。调查分析流向分布对于交通信号配时、交叉口渠化和进口车道布置是极为必要的。图 2-5 给出的是某时段内西安市凤城七路与未央路交叉口交通量的流向分布。

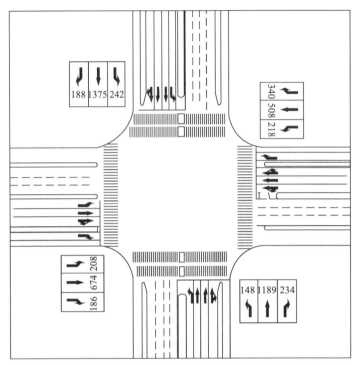

图 2-5　凤城七路与未央路交叉口高峰小时交通量(单位:pcu/h)流向分布

2.2.2　速度

车速有微观和宏观之含义。微观车速是指某个特定车辆或某个特定地点的车速,称为地点车速;宏观车速是指在一定的空间或时间范围内车速的总体情况,称为平均车速。地点车速多用于交通安全分析和道路限速方案制订,平均车速在交通评价和理论研究中具有重要作用。

1)地点车速(也称为即时速度,或瞬时速度)

地点车速(Spot Speed)是指一辆车通过某一地点或短路段的瞬时车速。单一车辆的速度调查需要观测时间和距离。单个车辆的瞬时速度可定义为:

$$u = \frac{dx}{dt} = \lim_{(t_2 - t_1) \to 0} \frac{x_2 - x_1}{t_2 - t_1} \tag{2-7}$$

式中:x_1、x_2——分别为时刻t_1和t_2的车辆位置。

雷达和微波调查得到的速度非常接近于此定义的速度,但是它们也是基于运动的车辆,尽管走过的距离和花费的时间可能会很短,但仍然是发生在有限的区间和时间上。车辆的速度也可以通过小距离调查得到,如利用两个放置的很近(6m)的感应线圈测得的不是车辆的瞬时速度而是它的一个近似值(除非存在快速加速和减速过程)。

同一车辆在不同地点的车速不同;不同车辆在同一地点的车速也不同。地点车速研究车速在某个地点或路段上的分布规律及运动趋势。下面给出三种情形的地点车速变化特点,从中可以了解地点车速的变化规律和产生的影响。

(1)信号交叉口:由于控制设施的作用,地点车速变化会造成运行时间的损失。比较下面两种情形,一种是车辆在上游行驶速度为50km/h,接近交叉口时逐渐减速,直到最终停止;绿灯点亮后,再逐渐加速到50km/h。另一种是车辆不停止,而能以50km/h的速度通过交叉口。即使不考虑红灯时刻的停车时间,前一种情况与后一种情况相比,损失时间约14s。

(2)超车:以时速100km/h运行的车辆超越时速60km/h的慢车时,首先需减速行驶约4s,然后再加速到100km/h进入相邻车道,行驶10s运行300m后返回原车道。超车过程比正常速度行驶会损失4s。

(3)坡道:在平直道路上运行车速为90km/h的货车,在+3%的上坡路段速度减为60km/h,在+5%的坡道上速度下降到40km/h,而在+7%的上坡路段仅能达到30km/h。

2)平均速度

平均车速是指一定时间或空间范围内所有车辆速度的平均值。包括时间平均车速和空间平均车速。

(1)时间平均车速(Time Mean Speed)$\bar{u}_t$,就是观测时间内通过某个断面所有车辆地点速度的算术平均值:

$$\bar{u}_t = \frac{1}{N}\sum_{i=1}^{N} u_i \tag{2-8}$$

式中:u_i——第i辆车的地点速度;

N——观测的车辆数。

(2)空间平均车速(Space Mean Speed)$\bar{u}_s$,有两种定义形式。一种定义是车辆行驶一定距离D与该距离对应的平均行驶时间的比值:

$$\bar{u}_s = \frac{D}{\frac{1}{N}\sum_{i=1}^{N} t_i} \tag{2-9}$$

式中:t_i——车辆i通过距离D所用的时间。

$$t_i = \frac{D}{u_i} \tag{2-10}$$

式中:u_i——车辆i行驶距离D的速度。

式(2-9)中分母的求和指所有通过整个路段D的车辆花费的时间总和。式(2-9)适用于交通量较小的情况,所观察的车辆应具有随机性。

对式(2-9)进行等价变形:

$$\bar{u}_s = \frac{D}{\frac{1}{N}\sum_{i=1}^{N} t_i} = \frac{D}{\frac{1}{N}\sum_{i=1}^{N} \frac{D}{u_i}} = \frac{1}{\frac{1}{N}\sum_{i=1}^{N} \frac{1}{u_i}} \tag{2-11}$$

上式表明空间平均速度可以通过一段时间内定点速度的调和平均值来计算。对于速度不随地点变化的情况均可采用定点调查。但是如果速度沿着路段长度不断变化,空间一点的调和平均速度和空间平均速度之间就会有差异。

空间平均车速也可用行程时间和行程速度进行定义和计算。行驶时间和行程时间的区别在于行驶时间不包括车辆的停车延误时间,而行程时间包括停车时间,为车辆通过距离 D 的总时间。行驶速度和行程速度则分别为对应于行驶时间和行程时间的速度。

空间平均速度的另一种定义是某一时刻路段上所有车辆地点车速的平均值。它可以通过沿路段长度调查法得到:即以很短的时间间隔 Δt 对路段进行两次(或多次)航空摄像,据此得到所有车辆的地点速度(近似值)和空间平均速度,公式如下:

$$u_i = \frac{S_i}{\Delta t} \tag{2-12}$$

$$u_s = \frac{1}{N}\sum_{i=1}^{N}\frac{S_i}{\Delta t} = \frac{1}{N\Delta t}\sum_{i=1}^{N}S_i \tag{2-13}$$

式中:S_i——某一时刻第 i 辆车与第 $i+1$ 辆车之间的空间距离。

(3)时间平均速度和空间平均速度的关系。尽管对于空间平均速度曾有各种不同的定义,所有专家都认为在平均速度的计算理论上正确的条件下,有必要保证调查的结果是空间平均速度而不是时间平均速度。在时停时走的交通条件下,例如设有信号控制的街道或者交通阻塞严重的道路行驶时,区分这两个速度非常重要。而对于自由流交通条件,区分两者意义不大。

Wardrop 通过给定空间平均速度方差的系数表示了两个平均速度之间的差异:

$$\begin{cases} \bar{u}_t = \bar{u}_s + \dfrac{\sigma_s^2}{\bar{u}_s} \\ \sigma_s^2 = \sum_{i=1}^{N} k_i (u_i - \bar{u}_s)^2 / K \end{cases} \tag{2-14}$$

式中:k_i——第 i 股交通流的密度;

K——交通流的整体密度。

可以看出,在非拥挤的自由流条件下,两个速度之间的差别很小。大部分车辆以相似的速度前进,则 σ_s^2 较小,此时 $\bar{u}_s$ 相远大于 σ_s^2,即 $\sigma_s^2/\bar{u}_s$ 趋近于 0。因此,即使在阻塞道路上,速度的算术平均值和调和平均值区别也不会很大。

3)延误

延误是指由于交通阻滞和交通控制所引起的行程时间损失。在路段中,由于横向和纵向交通阻滞以及交通干扰,车辆不能按畅行速度行驶;在交叉路口,由于交通控制,车辆必须等待本方向的通行时间,从而造成延误。车辆在路段中受到延误时一般有减速、低速运行和加速三个阶段,其延误称为运行延误(Operational Delay);车辆在交叉路口受到延误时经历减速、停车、时走时停、加速等过程,由信号或者其他人为控制所引起,因而称为控制延误(Control Delay),其中的停车时间称为停车延误(Stopped Delay)。

延误是交叉路口服务水平评价指标。在干道分析、交通管制方案效果评价等方面均需要延误数据。延误数据有两个来源:调查和模型估计。

2.2.3 密集度

密集度(Concentration)是交通流的重要宏观变量。人们在出行之前以及车辆运行过程中都会关注行驶路线上是否发生了交通拥堵,最直接的体验就是密度的大小。因此密度是体现交通流疏密程度的量,是从道路使用者的角度评价道路交通状况的性能指标。美国《道路通行能力手册》(2016版)就是以密度作为划分道路服务水平等级的主要依据。

密集度可以从宏观和微观两个角度描述。宏观变量包括密度(Density)和占有率(Occupancy)。密度是指单位道路长度内车辆的多少;占有率是指道路上某点或短路段被车辆占用的时间百分比。微观上的密集度称为车头间距,车头间距大小关系道路交通安全、通行能力以及服务水平。早期的通行能力研究就是从研究车头间距开始的,作为交通流经典理论之一的跟车理论也来源于车头间距的研究。

1)车头间距

对应于车头时距,一列车流中相邻两辆车车头之间的距离称为车头间距(Distance Headway)。

车头间距由车辆长度和车辆间距两部分构成。可由式(2-15)表示:

$$h_{d,n+1} = L_n + g_{n+1} \tag{2-15}$$

式中:$h_{d,n+1}$——第 n 辆与第 $n+1$ 辆车的车头间距;

L_n——第 n 辆车车长;

g_{n+1}——第 n 辆车车尾与第 $n+1$ 辆车车头之间的间隔。

车头间距大小关系到交通安全、道路通行能力以及服务水平。车辆之间保持多大间距,首先决定于车辆运行安全,当前面车辆突然减速时,后面车辆的驾驶人需要一段反应时间才能实施制动。因此车辆间距至少应大于驾驶人的反应时间内行驶的距离。另外,还要考虑到停车后与前车应保持一定的安全距离,以及两辆车的制动距离之差。当然车速越快,所需要的车头间距也越大。

早期研究得出的平均车头间距和车速 u 关系如下:

$$\bar{h}_d = \alpha u^2 + \beta u + \gamma \tag{2-16}$$

式中:α——与制动减速度有关的常量;

β——常量;

γ——停车时的车头间距。

车头间距大小影响道路通行能力。最早的通行能力研究就是从车头间距开始的,认为一个车道的道路通行能力可由下式计算:

$$C = \frac{1000u}{\bar{h}_d} \tag{2-17}$$

式中:C——单车道通行能力,辆/h;

u——车速,km/h;

$\bar{h}_d$——平均车头间距,m。

实际上,式(2-17)只适用于车辆为匀速行驶的情形,没有考虑车辆的加速或减速的影响。

另外,车头间距与服务水平密切相关。车头间距大,驾驶自由度大,服务水平高。相反,如果车头间距小,驾驶人需要小心驾驶,势必影响车辆运行速度,从而导致服务水平下降。当然只要车头间距大于某个临界值,较小的车头间距往往会对应较大的通行能力。

2) 密度

密度(Density) k 代表车辆的空间密集度,就是某一瞬间单位道路长度上存在的车辆数。长度单位一般取 1km,车辆数一般指单车道,此时度量单位是辆/km/ln。有时指多车道,度量单位是 veh/km。可由式(2-18)计算：

$$k = \frac{N}{L} \tag{2-18}$$

式中：N——路段内的车辆数,辆；
L——路段长度,km。

密度与平均车头间距的关系：

$$k = \frac{1000}{\bar{h}_d} \tag{2-19}$$

传统的交通工程中用下面的关系来计算密度：

$$k = \frac{q}{u_s} \tag{2-20}$$

此方程最初是 Wardrop 在 1952 年建立的。他的推导过程如下：首先假设交通流由一系列子流构成,每个子流中的车辆都以同样的速度行驶,形成一个随机系列。由于车辆之间位置的随机性,同时各子流中所有车辆有恒定的速度,所以子流中车辆的空间位置将不会改变。

对于流量为 q_i,速度为 u_i 的子流,车辆的平均时间间隔为 $1/q_i$,这段时间内驶过的距离为 u_i/q_i,因为交通流密度为任意时刻单位路段长度上的车辆数(此处距离 u_i/q_i 内有 1 辆),所以这个子流的交通流密度：

$$k_i = \frac{q_i}{u_i} \quad i = 1,2\cdots \tag{2-21}$$

下一步是基于总密度的分量来计算总空间平均速度：

$$\bar{u}_s = \frac{\sum_{i=1}^{N} k_i u_i}{k} = \frac{\sum_{i=1}^{N} q_i}{k} = \frac{q}{k} \tag{2-22}$$

尽管方程(2-21)被称为基本密度方程或交通流基本方程,它的使用常常超过了潜在的假设。对非拥挤车流(流量为 300～2200 辆/h 时),此假设近似成立,这时各车辆运行顺畅。尽管随着流量增加,恒定间隔的假设更加准确,但是在很大范围内并不成立。对于阻塞的情况,甚至不满足恒定流的假设。换句话说,仅在可操作的范围内用速度和流量来计算密度才是精确的。

3) 占有率

占有率(Occupancy) o 代表车辆的时间密集度,就是指道路上某点或短路段被车辆占用的时间百分比。在经典交通流理论中普遍使用密度的概念,占有率是由于存在型检测器的大量使用而引入的概念。

在实际应用中,占有率指车辆通过检测器的时间与总观测时间的比率。对一特定时间间隔 T,占有率是各个车辆通过检测器的时间总和除以 T。对于单个车辆,车辆经过检测器花费的时间与车辆的速度 u_i、车长 L_i 和检测器本身的长度 d 有关。也就是说,检测器从车辆

前保险杠穿过检测区起受到感应,直到后保险杠离开检测区为止。即:

$$o = \frac{\sum_{i=1}^{N}(L_i + d)}{T} = \frac{1}{T}\sum_{i=1}^{N}\frac{L_i}{u_i} + \frac{d}{T}\sum_{i=1}^{N}\frac{1}{u_i} \tag{2-23}$$

将式第二部分乘以 $N \times \frac{1}{N}$,有:

$$o = \frac{1}{T}\sum_{i=1}^{N}\frac{L_i}{u_i} + d \times \frac{N}{T} \times \frac{1}{N}\sum_{i=1}^{N}\frac{1}{u_i} = \frac{1}{T}\sum_{i=1}^{N}\frac{L_i}{u_i} + d \times \frac{q}{u_s} \tag{2-24}$$

假设"基本方程"(2-21)成立,即:

$$q = \bar{u}_s k \tag{2-25}$$

式(2-24)将变为:

$$o = \frac{1}{T}\sum_{i=1}^{N}\frac{L_i}{u_i} + d \times k \tag{2-26}$$

注意到 T 是各个车辆车头时距的总和,并且给上式等号右边第一项分子分母同乘以 $1/N$:

$$O = \frac{1}{T}\sum_{i=1}^{N}\frac{L_i}{u_i} + d \times k = \frac{\frac{1}{N}\sum_{i=1}^{N}\frac{L_i}{u_i}}{\frac{1}{N}\sum h_i} + d \times k = \frac{\frac{1}{N}\sum_{i=1}^{N}\frac{L_i}{u_i}}{\bar{h}} + d \times k \tag{2-27}$$

为了进一步化简,假设各个车辆的车长相等,将会使方程简化为:

$$o = \frac{\frac{1}{N}\sum_{i=1}^{N}\frac{L_i}{u_i}}{\bar{h}} + d \times k = \frac{1}{\bar{h}} \times L \times \frac{1}{N}\sum_{i=1}^{N}\frac{1}{u_i} + d \times k$$

$$= L \times \frac{q}{u_s} + d \times k = (L+d)k = c_k k \tag{2-28}$$

式中:c_k——车长 L 与检测器长度 d 之和。

因为检测器的长度 d 不变,此方程意味着占有率是密度的常数倍(在车长不变的假设下)。因此速度可以用下式来计算:

$$\bar{u}_s = \frac{q \times c_k}{o} \tag{2-29}$$

式(2-28)的结果非常有用,如果车长不同而速度恒定,将 L 理解为车长的平均值,式(2-29)仍然成立,如果车长和速度都发生变化,就不能将式(2-27)变到式(2-28)和式(2-29)的简单形式;同时,速度、流量和占有率之间的关系也将不会这样明确。

目前,大多数人仍然热衷于使用密度,但是有些学者提出在理论研究中占有率应该代替密度,这种观点的存在有两个原因:首先,理论研究和实践工作应该保持一致,如果交通管理部门广泛使用在理论研究中被忽视的变量(占有率),理论研究就失去意义;其次,密度不能反映车身长度和交通组成的影响,而占有率可以直接反映这两个因素的影响,因此占有率可以给出路段内车辆数的更可靠的表示,更加准确地说明了车辆对道路的利用程度。

2.3 交通流参数调查

在道路系统的选定点或选定路段,为了收集有关车辆(或行人)运行情况的数据而进行的调查分析工作称为交通调查。交通调查的对象,主要是交通流现象的各参数,在调查过程中,首先要根据要求,确定所需调查的交通流各参数(如交通量、车速、密度等)的单位及精度,然后制订具体的调查方案。

在交通流方面用来取得交通数据的调查方法,多年来发生了很大改变,特别是在高速公路迅速发展的最近几十年里。事实上,调查方法仍在不断的变化。本节将讨论以下五种调查方法:

(1)定点调查;
(2)小距离调查(距离小于10m);
(3)沿路段长度调查(路段长度至少为500m);
(4)浮动车调查;
(5)ITS区域调查(一定范围内对一定数量车辆同步进行的区域调查,作为智能运输系统(ITS)的一部分)。

调查的类型可通过图2-6所示的距离-时间坐标图来说明。图中纵坐标表示车辆在行驶方向上距离任意选定的始发点的长度,横坐标表示时间。每一条斜线表示车辆沿公路行驶的运行轨迹,斜率代表车速,直线相交表示较快的车辆超过了慢车(即这两辆车不会在同一时间占据同一个点)。穿过车辆运行轨迹的水平直线代表定点调查;两条非常接近的水平平行直线代表小距离调查;一条竖直直线代表在一个瞬间的沿路段长度调查,就像路上的单拍快照(如航空拍摄);浮动观测调查可由一条车辆轨迹线表示,ITS区域调查类似于在不同地点、不同时间进行的大量浮动观测调查。

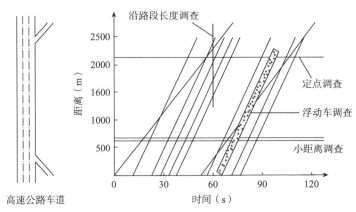

图2-6 4种获取交通流数据的方法

2.3.1 定点调查

定点调查包括人工调查和机械调查,是最早运用于收集交通数据的一种方法。

人工调查机动灵活,易于掌握,可精确记录车种、车型、数量、流向等,但人力多,劳动强度大,适用于短期的交通量调查。现阶段我国大城市的大规模交通调查也有用到这种调查方法。

机械调查技术的发展,已经从在路段上设置真空管过渡到使用定点检测器。最常用的定点检测器是基于电磁感应技术的,其他的方法则分别应用了微波、雷达、光电管、超声波以及摄像技术。这种方法能够比较方便地直接获得流量、流率、精确的车头时距。环形线圈检测器是目前国内外广泛使用的车辆检测器。这种检测器一般由环形线圈和信号检测处理单元构成。线圈部分埋设在要检测的车道路面下,线圈通电时产生磁场,车辆存在和通过就会引起场强变化,由此形成不同的信号,以此判断是否有车辆存在或者通过。摄像调查法一般是将摄像机安装在观测点附近的高处,镜头对准观测点,每隔一定的时间,自动拍照一次,根据照片上车辆位置的变化,再结合计数器、时钟等设备即可获得交通量、平均车速、占有率等数据。

目前各种检测技术日趋成熟,可靠性也有了显著的提高。机械调查不受天气影响,几乎适用于各种交通条件,唯一的缺点是设备投资及施工费用高。这种调查方法适用于长期连续性调查的路段。

除了停止的情况,车辆的地点车速只能靠雷达或微波检测器来测得,它们的发射频率满足在速度检测中车辆仅移动1cm的情况。对于行驶中的车辆,如果缺乏这些设施,要想获得其速度,必须再设一个观测点,用小距离调查的方法来测得。

由于定点调查中没有涉及路段长度,所以密度对于定点调查没有任何意义。但在车速可测得的情况下,可通过定点调查计算出密度,但是人们会对计算值作为一点处密度的意义产生疑问。理论上可以考虑定点调查的占有率,但是在实际中道路占有率通常通过小距离调查来测得的。因此定点测量只能直接测出流量(或流率)、车头时距和速度。

2.3.2 小距离调查

小距离调查适用于距离小于10m的调查路段,其既有的测量技术包括如下方面。

1)手动计数器(Hand Tallies)

如图2-7所示,它是以人站在路侧,手动累积按压计数器的方式测量车辆通过某参考线的交通量。通常一个人同时操作手动计数器的有效数量为4,可以计数4个车道或4车种的通过量。

2)气压管(Pneumatic Tube)

气压管检测系统是一种较为传统而又可靠的交通流检测技术,其作为便携式交通资料搜集设施,适合短期交通工程研究。

图2-7 手动计数器

以直径1cm的气压管横向埋设在道路各车道上,当车辆压过时累积测量其车轴数;如布设双管,也可以测量车速。典型的就是MetroCount 5600,由MC5600路旁单元及安装套件MTE3.18交通数据分析管理软件组成,如图2-8所示。其安装示意图如图2-9所示。

3)微波雷达(Microwave)

雷达检测技术在交通工程领域早期被用于测量单车车速,图2-10a)所示为手持式雷达测速仪。近年来,微波车辆检测器被用于国内的高速公路,目前主要以国外产品为主,最常用的雷达检测器之一是 RTMS SS105。它能同时检测双向多条车道的车流量、车速及车型，并提供车头时距和车道占有率的统计数据，其分型方式按车长来划分。从检测单元出来的数据可以通过 RS232 串口传输到管理计算机，可以实现数据实时上传。它可以测量微波投影区域内目标的距离，通过距离来实现对多车道的静止车辆和行驶车辆的检测。图 2-10b) 为高速公路上使用的微波(雷达)车辆检测器，用于监测行驶车辆是否超速。

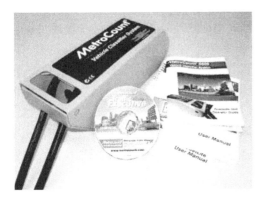

图 2-8　MetroCount 5600

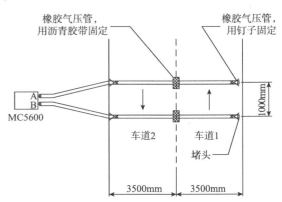

图 2-9　双车道单台设备安装示意图

a) 手持式雷达测速仪

b) 安装在高速公路上的车辆检测器

图 2-10　微波雷达检测器

4) 红外线(Infrared)

红外线检测是通过线性排列的红外光发射和接收来实现对车辆的同步扫描，并将光信号转换为电信号，从而实现对车辆数据的综合检测。红外线检测器是波束检测装置的一种，分主动式和被动式两种，可以用于交通管理。红外线检测器布设示意图如图 2-11 所示。

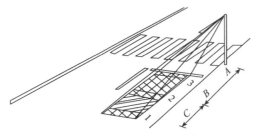

图 2-11　红外线检测器布设示意图

5) 视频车辆检测(Video Vehicle Detection，VVD)

视频车辆检测是一种结合视频图像和计算机化模式识别的技术，是目前高速公路车流检测较先进的技术之一。通过软件可在视频图像界面上按车道设置虚拟车道检测器,当车辆通过虚拟车道检测器时,就会产生一个检测信号,再经过软件数字化处理并计算得到所需的交通数据,如车型、车流量、车速、车距、占有率等。另外,监控人员还可以通过界面上的视频图像实时观察检测范围内的车辆行驶状况,得到所需的交通数据。视频检测器安装示意图和检测区域如图 2-12 所示。

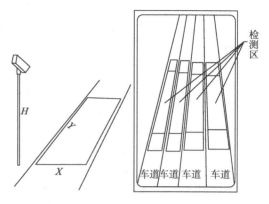

a) 安装示意　　　　　　　　　　　　b) 检测区域

图 2-12　视频检测器安装及检测区域

6) 无线射频(Radio Frequency Identification,RFID)

无线射频是目前用于车辆辨识的核心技术,可用于收费站进行自动收费,目前我国高速公路 ETC 收费即采用该技术。RFID 是利用无线电波来交换贴于车上电子标签(Electronic Tag)与设于路侧读写器(Reader)之间的信息。当贴有电子标签的车辆通过检测点时,路侧读写器即辨识其唯一的身份(ID)并记录时间,如图 2-13 所示。除用于收费、计算流率外,追踪其 ID 可掌握每辆车使用公路的起讫点(Origin-destination,OD),利用车辆在各区间的行驶时间则可估算各区间的区间平均速度。

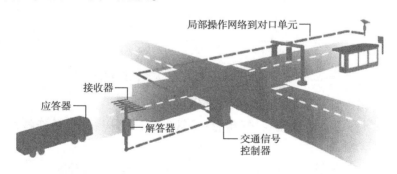

图 2-13　RFID 布设示意图

7) 磁感应线圈(Inductive Loop)

它是以埋设于道路铺面上的线圈,以磁感应的方式检测通过的车辆,可取得流率、速度(双组布设)、占有率等信息,如图 2-14 所示。

如同时布设两组磁感应线圈检测器,可精确测量出速度及车长,后者可用以辨识车种。其测量速度与车长的方法如图 2-15 所示,图中 O_{t_1}、O_{t_2} 分别表示车辆占有上、下游检测器的时间(被磁感应到的时间,从车前端接触检测器最上端开始,至车后端离开检测器最下端为止);d 表示检测器的宽度;D 表示两检测器最下端的间隔;L 表示车长;t_1、t_2 分别表示车辆被上、下游检测器检测到的最早时间。则速度与车长的公式为:

速度

$$u = \frac{D}{t_2 - t_1} \tag{2-30}$$

车长

$$L + d = u \times \frac{O_{t_2} - O_{t_1}}{2} \tag{2-31}$$

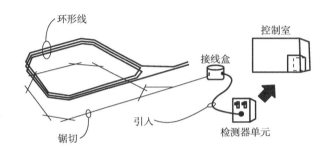

图 2-14 磁感应线圈检测器布设示意图

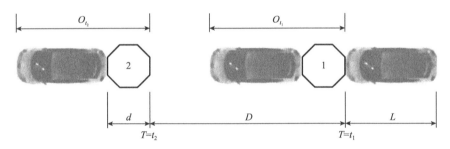

图 2-15 两组磁感应线圈速度与车长示意图

综上,小距离调查可获得的交通流参数及说明如下:

(1)流率:最早使用手动计数器、气压管;最常使用磁感应线圈;最新技术,录像处理系统、微波、红外线、无线射频。

(2)速度:气压管、磁感应线圈(2 组)、录像处理系统、微波、红外线。

(3)密度:小距离调查不能取得密度资料,一般借由交通量等于速度乘以密度($q = k \times u$)这一理论公式,在取得交通量与速度(平均值)后转换而得。

(4)占有率:磁感应线圈、录像处理系统、微波等均可获得占有率。占有率可以说是时间上的密度,但是因为与密度的定义不尽相符,故只有在符合某些条件下(如介质均匀),占有率与密度方有对应关系,才具有密度的代表性。

例题 2-1 图 2-16 为某路段两个环形线圈的检测示意图,试分析其检测原理。

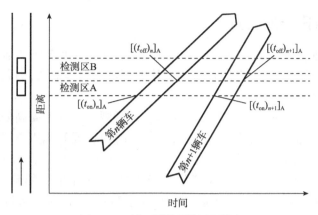

图 2-16 两个环形线圈检测器图示

解:

(1) 流量

$$q = \frac{N}{T}$$

式中: T——观测时间;

N——T 时间内通过的车辆数。

(2) 地点车速

$$u = \frac{D}{[(t_{on})_n]_B - [(t_{on})_n]_A}$$

式中: D——两检测线圈的距离, m;

$[(t_{on})_n]_A$——车辆 n 被 A 检测器检测到的起始时刻;

$[(t_{on})_n]_B$——车辆 n 被 B 检测器检测到的起始时刻。

(3) 车头时距

$$h_{t,n+1} = [(t_{on})_{n+1}]_A - [(t_{on})_n]_A$$

或者 $\quad h_{t,n+1} = [(t_{on})_{n+1}]_B - [(t_{on})_n]_B$

式中: $h_{t,n+1}$——$(n+1)$ 车与 n 车的车头时距;

$[(t_{on})_n]_A$、$[(t_{on})_n]_B$——车辆 n 被 A、B 检测器检测到的起始时刻;

$[(t_{on})_{n+1}]_A$、$[(t_{on})_{n+1}]_B$——车辆 $n+1$ 被 A、B 检测器检测到的起始时刻。

平均车头时距

$$\bar{h}_t = \frac{1}{N}\sum_{i=1}^{N} h_{t,i}$$

(4) 占有率

$$o = \frac{\sum_{i=1}^{N}\{[(t_{off})_i]_A - [(t_{on})_i]_A\}}{T} \times 100\%$$

式中: $[(t_{on})_i]_A$、$[(t_{off})_i]_A$——车辆 i 被 A 检测器检测到的起始时刻、终止时刻;

T——选取的时间段;

N——T 时间段内测得的车辆数。

2.3.3 沿路段长度调查

沿路段长度调查主要是指摄像调查法,适用于500m以上的较长路段。摄像调查法首先对观测路段进行连续照相,然后在所拍摄的照片上直接点数车辆数,因此这种方法是调查密度的最准确方法。

摄像调查法包括地面高处摄影观测法和航空摄影观测法。地面高处摄影观测法用动态录像仪在高处进行摄影,测定区间的长度视测定区内的状况和周围条件而定,一般取50~100m。摄影的时间间隔依测定区间长度而异。当区间长为50~100m时,摄影的间隔可取每5~10s出现1幅画面。如果需要详细分析交通流时,为了取得精确的观测值,须缩短摄影间隔,一般取每1s 1幅画面。在高速公路上,由于车速高,这时可取每1s 2幅画面。在测定密度时,在道路上要标明每台录像机所摄范围的道路区间长度,一般有两处作标记即可。如果容许精度稍低时,可利用车道分隔线的段数,护栏支柱数或电杆参照物代替。

航空摄影观测是利用普通飞机或直升机从空中向下摄影,后者具有低速且在某种程度上能停在空中的性能,因此被广泛采用。

航空摄影的缩小比例尺,一般可按式(2-32)求得:

$$\text{摄影缩小比例尺} = \frac{\text{透镜的焦距}}{\text{摄影高度}} \tag{2-32}$$

航测所使用的缩小比例尺,考虑到放大照片的限制一般取1/10000~1/12000。由于航摄法采用在固定的路段航片上直接数出行驶的车辆数,与常规方法不同之处在于观测点是在空中沿路线纵断面方向移动的。需指出的是:在某一时刻拍摄到的全路段影像中,与飞机同向的车辆将有一部分驶出影像范围,故车流量密度应分同向与反向来考虑,如图2-17所示。

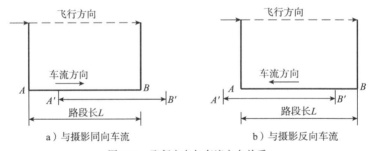

图2-17 飞行方向与车流方向关系

A-B为首片曝光时的车流位置;A'-B'为末片曝光时车流位置;B-B'为末片曝光时车流溢出航段长度;A'-B与航向通向车流在航片上留有影响的长度。A'-B'为末片曝光时车流位置;B-B'为末片曝光时车流溢出航段长度;A'-B与航向同向车流在航片上留有影像的长度。

因此应用普通飞机进行调查时,求解道路车流密度必须分流向求解,设K_1、K_2分别为相片中某路段顺、逆航向车流密度(辆/km),则有:

$$K_1 = \frac{N_1}{L - u_{s1} \cdot t_L} \tag{2-33}$$

$$K_2 = \frac{N_2}{L - u_{s2} \cdot t_L} \tag{2-34}$$

式中：N_1、N_2——相片立体模型中某路段顺,逆航向车道上的车辆数；

u_{s1}、u_{s2}——相片立体模型中某路段顺,逆航向车流空间平均车速,km/h；

L——路段长,m；

t_L——首尾航片曝光间隔时间,h。

双向车流密度 K 值可采用 $K = K_1 + K_2$ 计算。

这种方法能够测得密度,但由于调查中没有给出时间刻度,因此不能得到流量和速度。

2.3.4 浮动车调查

浮动车观测调查是利用浮动车记录速度和行程时间,将浮动车的记录速度和行程时间分别考虑成运行时间和沿路段位置的函数关系。调查时,浮动车以车流的平均速度行驶。该方法无需精密的仪器或设备就能十分有效地获得大量有关高速公路车流的信息,但是不能获得精确的平均速度。

这种方法需要有一辆测试车,小型面包车或工具车最好,越野车或小客车也可以,座位足够容纳调查人员为宜,但尽量不要使用警车等有特殊标志的车,以免引人注意。调查人员需一人记录与测试车对向开来的车辆数,一人记录与测试车同向行驶的车辆,被测试车超越的车辆数和超越测试车的车辆数,另一人报告和记录行驶时间及停车时间,行驶距离应已知或由里程碑、地图读取,或自有关单位获取,如不得已则亲自丈量。调查过程中,测试车需在调查线路上往返行驶(一般需6~8个来回)。总的行驶时间,根据美国国家城市运输委员会的规定,主要道路为每英里30min,次要道路为每英里20min。

根据所调查的数据,可分别按下列公式计算：

$$q = \frac{x + y}{t_a + t_w} \tag{2-35}$$

$$t = t_w - \frac{y}{q} \tag{2-36}$$

式中：q——道路上待测方向的估计交通量；

x——测试车逆测定方向行驶时,测试车对向行驶(即顺测定方向)的车辆数；

y——测试车沿测定方向行驶时的净超车数(即超越测试车的车辆数减去被测试车辆超越的车辆数)；

t_a——测试车与待测定车流方向反向行驶的行程时间；

t_w——测试车沿待测定车流方向行驶的行程时间；

t——测试车沿待测定车流方向行驶时的平均行程时间估计值。

这种调查方法得到的结果存在误差,不过这种误差在实践中不是非常显著,并且可以消除。另外,使用这种调查方法,转弯处的交通量(离开和进入)会扰乱调查结果。因此进行这种调查选择的路段时应尽量避开主要进出口。

2.3.5 ITS 区域调查

1)传统的 ITS 区域调查

智能运输系统实质上是将先进的信息技术、计算机技术、数据通信技术等学科成果综合运用于交通运输领域,以充分提高运输系统的准确性及高效性,被广泛应用于交通流参数的调查中。利用 ITS 进行交通流区域调查时,应同时具备特殊设备车辆与中枢系统的通信技术,尽管不同通信系统的技术特点存在差异,但其均可提供车辆的速度信息。目前应用在交通流区域调查中的通信系统大致分为三类。

第一类系统能够提供由双线圈探测器获得的数据并进行比较。虽然该类系统存在抽样率不高的缺点,但也存在两处优势:一是这种系统的维修和保养(如修复环路)花费较低;二是其与现有环路比较,能更加广泛地建立检测站点,有很好的覆盖率(高速公路除外)。

第二类系统能够获得路段上的车速,但会导致较大的人力和财力消耗。鉴于行程时间是 ITS 线路导航系统测算中的一个关键变量,精确的信息有助于达到调查目的,因此该系统所获的车速信息对交通流理论研究十分有益。

第三类系统能够获取真正广泛区域内的速度信息,而不是仅局限于选定的测定点。该系统运行中的难点主要集中在怎样获取精确的车辆定位信息。全球定位系统(GNSS)基本可以满足这一需求,但是需要大量的资金投入。

以上三类系统都存在一定缺陷,实际上它们只能提供车辆的速度信息,而无法确定一辆行驶中的车辆所在路段的流率和密度。理论上可以为被测车辆配以适当的传感器,使其能够发送车头时距和车头间距的信息,考虑到大量的样本数据是计算精准的流量(车头时距的倒数)和密度(车头间距的倒数)的支撑,调查往往需要大量样本,样本数据甚至会超出测量总数,造成巨大损耗,因此,仍需结合先进技术,不断探索获取流量和密度信息的新方法。

2)基于 GNSS 的区域调查

近年来,随着 GNSS 技术的发展及 GNSS 设备的普及应用,已有成熟的研究成果将 GNSS 技术应用于行程车速的调查。基于 GNSS 技术浮动车的行程车速采集技术在设备维护成本、时空覆盖率等方面的优势正随着 GNSS 技术的运用变得越来越显著,能很好地满足用户对交通信息的质量要求,该采集技术正逐渐成为智能交通系统的重要数据来源之一。

第一类是将 GNSS 技术应用于时间平均车速的调查。

在一条待测道路上,将 n 辆试验车装上 GNSS 设备,令试验车在道路上行驶,计算机终端时刻记录每辆车的运动状态,根据记录可以算出每辆车的运行速度。设每辆车的平均速度为 $\bar{u}_i (i=1,2,3,\cdots,n)$,则所有车辆总平均速度为:

$$\bar{u}_{i总} = \frac{\sum_{i=1}^{n} \bar{u}_i}{n} \tag{2-37}$$

为提高精确度,可对 GNSS 设备读取的多个速度数据进行拟合,再对函数积分求解每辆车的平均车速 $\bar{u}_i$,将 $\bar{u}_i$ 代入式(2-37)即可求得时间平均车速 $\bar{u}_{i总}$。

第二类是将 GNSS 技术应用于区间平均车速的调查。

求区间平均车速,需要提前知道所测量道路的长度、两端路口的经纬度等信息。GIS 是一种先进的信息处理与管理系统,可方便地存储有关道路信息,通过软件,GNSS 可以很方便地与 GIS 结合。因此可以将道路的经纬度、长度等信息储存在 GIS 中,这样根据 GNSS 显示的经纬度就可以知道车辆不同时刻位置。设所测区间总长度为 s,第 i 辆车的行程时间为 $t_i (i=1,2,3,\cdots,n)$,则车辆的区间平均车速为:

$$\bar{u}_s = \frac{ns}{\sum_{i=1}^{n} t_i} \tag{2-38}$$

随着我国物联网工程的推广以及由我国自主开发的北斗(BDS)全球卫星定位系统的构建,基于 GNSS 技术浮动车的行程车速采集与估计技术会得到越来越多的应用,将对缓解交通拥堵、改善交通安全、降低交通资源消耗、建设低碳环保的可持续交通系统产生重要的理论和现实意义。

例题 2-2 交通行为是一种典型的时空现象,正确地认识其时空变化特性是解决交通问题的关键。试分析图 2-18,回答以下问题。

(1) 1、2、3 分别为三辆车的行驶轨迹,试比较其车速的大小,比较 t_3、t_6 时刻的时间平均车速大小。

(2) 试阐述 t_3 时刻 A 点的交通含义,以及 t_3 时刻以后 1、3 两辆车辆行驶特点。

(3) 试分析 $t_5 \sim t_8$ 时间段内,车辆 2、3 的车头间距是如何变化的。

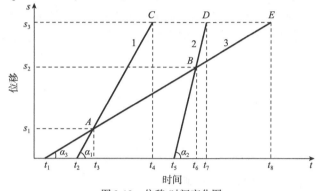

图 2-18 位移-时间变化图

解:

(1) 三辆车均做匀速直线行驶,车速即为三条直线的斜率,因为,$\alpha_2 > \alpha_1 > \alpha_3$,所以,$u_2 > u_1 > u_3$。

t_3 时刻的时间平均车速:$u_{t_3} = \frac{1}{2}(u_1 + u_3)$。

t_6 时刻的时间平均车速:$u_{t_6} = \frac{1}{2}(u_2 + u_3)$。

(2) 因为 $u_2 > u_1$,所以 $u_{t_6} > u_{t_3}$。

(3) A 点的含义是:在 t_3 时刻,车辆 1 和车辆 3 行驶的位移相同,都是 s_1,即两车相遇。t_3 时刻以后,1、3 两车继续匀速行驶,由于车辆 1 的速度偏大,车辆 1 超过车辆 3,直至 t_4 时刻,车辆 1 先到达 $s_3(C)$ 点;车辆 3 在 t_8 时刻到达 $s_3(E)$ 点。

(4) 车头间距是指在同向行驶的一列车队中,相邻两辆车的车头之间的距离。根据图中所示的位移-时间关系,$t_5 \sim t_6$ 时间段内,车辆 2 和车辆 3 之间的车头间距逐渐减小,到 t_6 时刻两车相遇,车辆 2 超车,此时车头间距为零,$t_6 \sim t_7$ 又逐渐增大,至 t_7 时刻车辆 2 到达 $s_3(D)$ 点,此时车头间距最大;车辆 3 继续匀速行驶,在 t_8 时到达 $s_3(E)$ 点。

2.4 交通流参数的统计分布特性

在设计新的交通设施或管制方案时,需要预测某些具体的交通特性,并且希望能使用现有的数据或假设的数据进行预测。统计分布模型可以使交通调查人员用少量的资料得出确切的预测结果。

车辆的到达在某种程度上具有随机性,描述这种随机性分布规律的方法有两种:一种是以概率论中描述可数事件统计特性的离散型分布为工具,考察在一段固定长度的时间或距离内到达某场所的交通数量的波动性;另一种是以连续型分布为工具,研究车辆间隔时间、车速、可穿越空档等交通流参数的统计分布特性。本节将详细讨论泊松分布(Poisson)分布、二项分布及负二项分布等离散型分布,以及负指数分布、移位负指数分布、韦布尔(Weibull)分布及爱尔朗(Erlang)分布等几种连续型分布。

2.4.1 离散型分布

离散型分布常用于描述一定的时间间隔内事件的发生数,如某交叉口引道入口一个周期内到达的车辆数、某路段一年内发生的交通事故数等。常用的离散型分布主要有三种:泊松分布、二项分布和负二项分布。

1) 泊松(Poisson)分布

泊松分布的分布函数可用式(2-39)表示:

$$P(x) = \frac{(\lambda t)^x e^{-\lambda t}}{x!} \quad x = 0,1,2\cdots \tag{2-39}$$

式中:$P(x)$——在计数间隔t内到达x辆车的概率;

λ——单位间隔内平均到达率,辆/s 或辆/m;

t——计数间隔,s 或 m;

e——自然对数的底数,取 2.718280。

若记$m = \lambda t$,则m为计数时间t内平均到达的车辆数,式(2-39)可写为:

$$P(x) = \frac{m^x e^{-m}}{x!} \quad x = 0,1,2\cdots \tag{2-40}$$

如果m已知,则由式(2-39)可计算时间t内恰好到达x辆车的概率。同样,可计算以下的概率值。

时间t内到达车辆数小于等于k的概率:

$$P(x \leq k) = \sum_{i=0}^{k} \frac{m^i e^{-m}}{i!} \tag{2-41}$$

时间t内到达车辆数大于k的概率:

$$P(x > k) = 1 - P(x \leq k) = 1 - \sum_{i=0}^{k} \frac{m^i e^{-m}}{i!} \tag{2-42}$$

时间t内到达车辆数大于j但不超过k的概率:

$$P(j < x \leq k) = \sum_{i=j+1}^{k} \frac{m^i e^{-m}}{i!} \tag{2-43}$$

由概率论知识可知x的期望$E(x)$和方差$var(x)$分别为:

$$E(x) = \sum_{x=0}^{\infty} x \frac{m^x e^{-m}}{x!} = m \sum_{x=1}^{\infty} \frac{m^{x-1} e^{-m}}{(x-1)!} = m \tag{2-44}$$

$$var(X) = \sum_{x=1}^{\infty} (x-m)^2 \frac{m^x e^{-m}}{x!} = m \tag{2-45}$$

在实际应用中,均值$E(x)$和方差$var(x)$可分别由其样本均值$\overline{m}$和样本方差S^2分别进行估计:

$$m = \frac{观测的总车辆数}{总计间隔数} = \frac{\sum_{i=1}^{n} x_i f_i}{\sum_{i=1}^{n} f_i} = \frac{\sum_{i=1}^{n} x_i f_i}{N} \tag{2-46}$$

$$S^2 = \frac{1}{N-1} \sum_{j=1}^{N} (x_j - m)^2 = \frac{1}{N-1} \sum_{i=1}^{n} (x_i - m)^2 f_i \tag{2-47}$$

式中:n——观测数据的分组数;

f_i——计数间隔t内到达x_i辆车这一事件发生的频数;

x_i——计数间隔t内车辆的到达数或者各组的中值;

N——观测的间隔总数。

因为泊松分布的均值$E(x)$和方差$var(x)$是相等的,并且样本均值$\overline{m}$和样本方差S^2分别为其无偏估计,所以,当$\frac{S^2}{m}$显著不等于1时,则意味着泊松分布拟合不合适,实际应用中,常用此作为能否应用泊松分布拟合观测数据分布的初始判据。

下面给出实际计算中,常用以下递推公式:

当$x = 0$时,

$$P(0) = e^{-m} \tag{2-48}$$

当$x \geq 1$时,

$$P(x+1) = \frac{m}{x+1} P(x) \tag{2-49}$$

在交通工程中,泊松分布最早用于描述一定时间内到达车辆数的分布规律。当交通量不大且没有交通信号干扰时,基本上可用泊松分布拟合观测数据;当交通拥挤时车辆之间的干扰较大时,泊松分布不再适合。

例题 2-3 设有 60 辆车随机分布在 5km 长的道路上,服从泊松分布,求任意 500m 长路段有 4 辆车的概率。

解:

由题意可知,车辆平均到达率$\lambda = \frac{60}{5000} = 0.012$ 辆/m,计数间隔$t = 500$m,则

$$m = \lambda t = 6 \text{ 辆}$$

$$P(4) = \frac{m^x e^{-m}}{x!} = \frac{6^4 e^{-6}}{4!} = 0.1339$$

即任意 500m 路段上有 4 辆车的概率为 0.1339。

2) 二项(Binomial)分布

在交通工程中,描述计数时间内事件发生次数的另一个常用分布是二项分布。分布函数为

$$P(x) = C_n^x p^x (1-p)^{n-x} \qquad x = 0, 1, 2 \cdots, n \tag{2-50}$$

式中:p——二项分布参数,$0 < p < 1$,n为正整数;

$$C_n^x = \frac{n!}{x!(n-x)!}$$

在描述车辆到达事件中,$p = \dfrac{\lambda t}{n}$,式中符号定义同前。则有:

t 时间内车辆到达数小于 k 的概率:

$$P(x < k) = \sum_{i=0}^{k-1} C_n^i p^i (1-p)^{n-i} \tag{2-51}$$

t 时间内车辆到达数大于 k 的概率:

$$P(x > k) = 1 - \sum_{i=0}^{k} C_n^i p^i (1-p)^{n-i} \tag{2-52}$$

由概率论的知识可知,当事件 x 服从二项分布时,其均值 $E(x) = np$ 和方差 $var(x) = np(1-p)$。则有:

$$\dfrac{var(X)}{E(X)} = \dfrac{np(1-p)}{np} = 1 - p < 1 \tag{2-53}$$

在实际应用中,p 和 n 可分别由观测数据的样本均值 $\overline{m}$ 和样本方差 S^2 分别进行估计(n 的计算结果取整数):

$$\hat{p} = \dfrac{\overline{m} - S^2}{\overline{m}} \tag{2-54}$$

$$\hat{n} = \dfrac{\overline{m}}{\hat{p}} = \dfrac{\overline{m}^2}{\overline{m} - S^2} \tag{2-55}$$

式中,$\overline{m}$、S^2 可由给定的观测数据分别计算。

实际计算时,常用下面递推公式:

当 $x = 0$ 时,

$$P(0) = (1-p)^n \tag{2-56}$$

当 $x > 0$ 时,

$$P(x+1) = \dfrac{n-x}{x+1} \times \dfrac{p}{1-p} P(x) \tag{2-57}$$

对于拥挤的交通流,车辆自由行驶机会减少,可考虑采用二项分布描述车辆到达分布。由于样本均值 $\overline{m}$、方差 S^2 分别为总体分布均值和方差的无偏估计,因此,可计算 $\dfrac{S^2}{\overline{m}}$ 值,由式(2-54)可知,当观测数据服从二项分布时,应有 $\dfrac{S^2}{\overline{m}} < 1$,由此可以通过 $\dfrac{S^2}{\overline{m}}$ 的值,初步判定能否应用二项分布。

例题 2-4 一个具有左转车道的交叉口进口道,设置了专供左转弯的信号相位。每一个周期内平均到达车辆数为 20 辆,其中 25%要向左转向。问某一周期内无车辆左转的概率是多少?

解:

由题意可知,$n = 20, x = 0, p = 0.25$,则

$$P(0) = C_n^x p^x (1-p)^{n-x} = C_{20}^0 0.25^0 (1-0.25)^{20} = 0.0032$$

即某一周期内无车辆左转的概率为 0.0032。

3) 负二项(Negative Binomial)分布

负二项分布的分布函数为:

$$P(x) = C_{x+\beta-1}^{\beta-1} p^\beta (1-p)^x \tag{2-58}$$

式中：p、β——负二项分布参数，$0<p<1$，β 为正整数，其余符号意义同前。

同样地，计数时间 t 内到达车辆数小于 k 的概率为：

$$P(x<k) = \sum_{i=0}^{k-1} C_{i+\beta-1}^{\beta-1} p^\beta (1-p)^i \tag{2-59}$$

计数时间 t 内到达车辆数大于 k 的概率为：

$$P(x>k) = 1 - \sum_{i=0}^{k} C_{i+\beta-1}^{\beta-1} p^\beta (1-p)^i \tag{2-60}$$

由概率论知识可知，负二项分布的期望 $E(x) = \beta(1-p)$ 和方差 $var(x) = \dfrac{\beta(1-p)}{p^2}$。在实际应用中，$p$ 和 k 可由观测数据的样本均值 $\overline{m}$ 和样本方差 S^2 分别进行估计（k 的结果取整数）：

$$\hat{p} = \dfrac{\overline{m}}{S^2} \tag{2-61}$$

$$\hat{k} = \dfrac{\overline{m}^2}{S^2 - \overline{m}} \tag{2-62}$$

式中，$\overline{m}$、S^2 可由给定的观测数据分别计算。

下面给出负二项分布计算递推公式：

当 $x=0$ 时，

$$P(0) = p^\beta \tag{2-63}$$

当 $x \geq 1$ 时，

$$P(x) = \dfrac{x+\beta-1}{x}(1-p)P(x-1) \tag{2-64}$$

研究表明，在观测到达车辆数据方差很大时，特别是当计数过程包括高峰期和非高峰期时，车流波动性很大，用负二项分布描述车辆的到达是个很好的选择。当计数间隔较小时，也会出现大流量时段与小流量时段，也可用负二项分布拟合观测数据。此外，由于 $\dfrac{var(x)}{E(x)} = \dfrac{1}{p} > 1$，因此 $\dfrac{S^2}{\overline{m}} > 1$ 时，可考虑使用负二项分布拟合观测数据。若 $\dfrac{S^2}{\overline{m}}$ 显著小于 1 时，就不适合使用负二项分布拟合观测数据。

2.4.2 连续型分布

另一个用于描述车辆到达随机特性的变量就是车头时距的分布。常用分布有负指数分布、移位的负指数分布、韦布尔分布和爱尔朗分布。

1）负指数（Negative Exponential）分布

若车辆到达符合泊松分布，则车头时距就是负指数分布。由泊松分布可知，在计数间隔内若没有车辆到达（$x=0$）的概率为：

$$P(0) = e^{-\lambda t} \tag{2-65}$$

式（2-65）表明，在时间间隔 t 内，如果没有车辆到达，则上次车和下次车到达之间车头时距至少为 t（单位为 s），换句话说，$P(0)$ 就是车头时距等于或大于 t 的概率，于是：

$$P(h_t \geq t) = e^{-\lambda t} \qquad (2\text{-}66)$$

而车头时距小于 t 的概率为：

$$P(h_t < t) = 1 - e^{-\lambda t} \qquad (2\text{-}67)$$

若用 Q 表示小时交通量,则 $\lambda = Q/3600$(辆/s),式(2-66)可写成：

$$P(h_t \geq t) = e^{-\frac{Qt}{3600}} \qquad (2\text{-}68)$$

式中, $Qt/3600$ 是到达车辆数概率分布的平均值。

由概率论知识可知,负指数分布的期望 $E(x) = \dfrac{1}{\lambda}$ 和方差 $var(x) = \dfrac{1}{\lambda^2}$。实际计算中,用实测数据的样本均值 m 代替 $E(x)$、样本方差 S^2 代替 $var(x)$,即可算出负指数分布的参数 λ。图 2-19 和图 2-20 分别为式(2-66)和式(2-67)的图示。

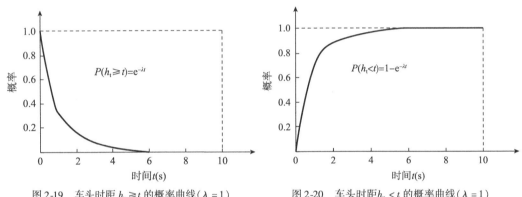

图 2-19　车头时距 $h_t \geq t$ 的概率曲线($\lambda = 1$)　　图 2-20　车头时距 $h_t < t$ 的概率曲线($\lambda = 1$)

负指数分布适用于车流到达时随机的、有充分超车机会的单列车流和密度不大的多列车流的情况。通常认为当每小时每车道的不间断车流量等于或小于 500 辆时,用负指数分布拟合车头时距是符合实际的。

另外,由概率论知识可知负指数分布的概率密度函数为 $P(t) = \lambda e^{-\lambda t}$,容易发现这是一个单调递减函数,说明车头时距越短,其出现的概率越大。这种情形在不能超车的单列车流中是不可能出现的,因为车头间距至少应为一个车身长,所以车头时距必有一个大于零的最小值 τ,这就是负指数分布的局限性。

例题 2-5　假设某一无信号交叉口,次要道路上的车辆为能横穿主要车流,需要主要车流出现 6s 的车间时距。如果主要车流的流量为 1200 辆/h,问车间时距等于或大于 6s 的概率为多少？(车间时距符合负指数分布)

解：

由题意可知, $\lambda = 1200$ 辆/h $= 1/3$ 辆/s, $t = 6$s,则

$$P(h \geq 6) = e^{-\lambda t} = e^{-(1/3) \times 6} = e^{-2} = 0.135$$

即约有 13.5% 的车间时距等于或大于 6s。

2)移位负指数(Shift Negative Exponential)分布

为了克服负指数分布的车头时距越趋于零,其出现概率越大这一缺点,可将负指数分布曲线从原点 O 沿 t 轴向右移一个最小的时间间隔 τ,得到移位负指数分布曲线。τ 值根据调查数据确定,一般为 $1 \sim 1.5$s。

移位负指数分布的分布函数为：
$$P(h_t < t) = 1 - e^{-\lambda'(t-\tau)} \qquad t \geq \tau \tag{2-69}$$

此即车头时距小于t的概率。式中$\lambda' = \dfrac{1}{\bar{t} - \tau}$，$\bar{t}$为平均车头时距。

相应地，车头时距大于等于t的概率为：
$$P(h_t \geq t) = -e^{-\lambda'(t-\tau)} \qquad t \geq \tau \tag{2-70}$$

移位负指数分布的概率密度函数为：
$$p(t) = \begin{cases} \lambda' e^{-\lambda'(t-\tau)} & t \geq \tau \\ 0 & t < \tau \end{cases} \tag{2-71}$$

由概率论知识可知，移位负指数分布的期望$E(x) = \dfrac{1}{\lambda'} + \tau$，方差$var(x) = \dfrac{1}{\lambda'^2}$。实际计算中，用实测数据的样本均值$m$代替$E(x)$，样本方差$S^2$代替$var(x)$，即可算出移位负指数分布的参数$\lambda'$和$\tau$。图2-21为移位负指数的曲线图。

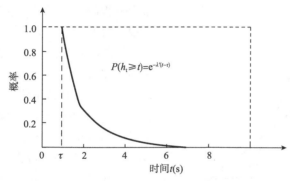

图2-21 车头时$h_t \geq t$的移位负指数概率曲线($\tau = 1$)

移位负指数分布适合描述限制超车的单列车流车头时距分布和低流量的多列车流的车头时距分布。

例题2-6 在例题2-5中，如果最小车间时距为1s，则大于或等于6s的车间时距的概率为多少？

解：

由题意可知，$\tau = 1.0\text{s}$，$t = 6\text{s}$，$\lambda = 1/3$辆/s，$\bar{t} = \dfrac{1}{\lambda} = 3\text{s}$，则
$$\lambda' = \frac{1}{\bar{t} - \tau} = \frac{1}{3-1} = 0.5$$
$$P(h \geq 6) = e^{-\lambda'(t-\tau)} = e^{-0.5 \times (6-1)} = e^{-2.5} = 0.082$$

即根据移位负指数分布，约有8.2%的车间时距大于或等于6s。

移位负指数分布的概率密度曲线是单调递减的，即服从移位负指数分布的车头时距，越接近τ其出现的概率越大。这在一般情况下不符合驾驶人的心理习惯和行车规律。从统计角度看，具有中等反应强度的驾驶人占大多数，他们行车时是在安全条件下保持较短的车间距离，只有少部分反应特别灵敏或者较冒失的驾驶人才会不顾安全地追求更短的车间距离。因此，车头时距的概率密度函数一般应该是先升后降。

为了克服移位负指数分布的这种缺点,可选用更通用的连续型分布模型,如韦布尔分布、爱尔朗分布、皮尔逊Ⅲ型分布、对数正态分布、复合指数分布等。

3) 韦布尔(Weibull)分布

韦布尔分布的基本公式是:

$$P(h_t \geq t) = \exp\left(-\left(\frac{t-\gamma}{\beta-\gamma}\right)^\alpha\right) \quad \gamma \leq t \leq \infty \tag{2-72}$$

式中,α 称为形状参数,β 为尺度参数,γ 为起点参数,它们全部取正值,且 $\beta > \gamma$。显然,负指数分布和移位负指数分布是韦布尔分布的特例。

韦布尔分布的概率密度函数为:

$$p(t) = \frac{d[1-P(h_t \geq t)]}{dt} = \frac{1}{\beta-\gamma}\left(\frac{t-\gamma}{\beta-\gamma}\right)^{\alpha-1}\exp\left(-\left(\frac{t-\gamma}{\beta-\gamma}\right)^\alpha\right) \tag{2-73}$$

图2-22 为 $\gamma=0$、$\beta=1$ 的韦布尔分布概率密度曲线,曲线形状随着参数 α 的改变而变化,可见韦布尔分布适用的范围还是很广泛的。当 $\alpha=1$ 时即为负指数分布,$\alpha=3$ 时,其与正态分布十分相似。应用韦布尔分布拟合数据时,可根据观测数据查阅相关的韦布尔分布拟合表,得到3个参数的估计值,然后确定所要用的韦布尔分布的具体形式。

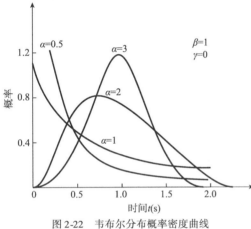

图2-22 韦布尔分布概率密度曲线

韦布尔分布适用范围较广,交通流中的车头时距分布、速度分布等一般都可以用韦布尔分布来描述。韦布尔分布随机数产生简便,拟合步骤也不复杂,其分布函数也相对较简单,因此,当使用最简单的负指数分布和移位负指数分布不能拟合实测数据时,选用韦布尔分布来拟合是最好的方法之一。

4) 爱尔朗(Erlang)分布

爱尔朗分布也是较为通用的描述车头时距分布、速度分布等交通流参数分布的概率分布模型,累积的爱尔朗分布可以写成以下形式:

$$P(h_t \geq t) = \sum_{i=0}^{l-1}(\lambda l t)^i \frac{e^{-\lambda/t}}{i!} \tag{2-74}$$

当 $l=1$ 时,此式可简化成负指数分布;当 $l=\infty$ 时,此式将产生均一的车头时距。这说明爱尔朗分布中,参数 l 可以反映畅行车流和拥挤车流之间的各种车流条件。l 越大,说明车流越拥挤,驾驶人自由行车越困难,车流运行的随机性越差。因此,l 值是非随机性程度的粗略表示,非随机性程度随着 l 值的增加而增加。实际应用中,l 值可由观测数据的样本均值 m 和样本方差 S^2 用下式估计(计算结果取整数):

$$l = \frac{m^2}{S^2} \tag{2-75}$$

爱尔朗分布的概率密度函数为:

$$p(t) = \lambda e^{-\lambda t}\frac{(\lambda t)^{l-1}}{(l-1)!} \quad l=1,2,3\cdots \tag{2-76}$$

图 2-23 为 $l=1,2,4$ 时的概率密度曲线。

5) 移位爱尔朗(Shift Erlang)分布

如果考虑车头时距不能小于最小车头时距的限制,可类似引入移位 Erlang 分布(也称为 Diaplaced Erlang Distribution),其密度函数为:

$$f(t) = \lambda^l e^{-\lambda(t-\tau)} \frac{(t-\tau)^{l-1}}{(l-1)!} \quad h \geq \tau, l=1,2,3\cdots \quad (2\text{-}77)$$

移位 Erlang 分布条件下车头时距的均值和方差分别为:

$$E(t) = \frac{l}{\lambda} + \tau = l(\bar{t} - \tau) + \tau \quad (2\text{-}78)$$

$$var(t) = \frac{l}{\lambda^2} = l(\bar{t} - \tau)^2 \quad (2\text{-}79)$$

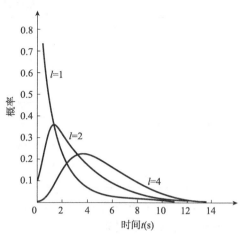

图 2-23 λ 固定时不同 l 值对应的爱尔朗分布密度曲线

移位 Erlang 分布的模型参数 $\bar{t}$ 和 τ 估计公式为:

$$\hat{\bar{t}} = \frac{1}{nl}\sum_{i=1}^{n}(t_i - \hat{\tau}) + \hat{\tau} \quad (2\text{-}80)$$

$$\hat{\tau} = \min\{t_1, t_2, \cdots, t_n\} \quad (2\text{-}81)$$

6) 对数正态(Log-normal)分布

对数正态分布是目前最为常用的单分布车头时距模型,已被证明能广泛应用于高速路和城市路网等多种不同场景下的交通流数据建模。其密度函数为:

$$f(t) = \frac{1}{t \cdot \sigma \sqrt{2\pi}} e^{-\frac{(\ln t - \mu)^2}{2\sigma^2}} \quad (2\text{-}82)$$

式中 μ 和 σ 分别为模型参数。

该分布条件下车头时距的均值和方差没有显式解,一般采用下面的近似公式

$$E(t) = e^{\frac{\sigma}{2}} \quad (2\text{-}83)$$

$$var(t) = (e^{\sigma^2} - 1) e^{2\sigma^2} \quad (2\text{-}84)$$

而参数 μ 和 σ 的估计公式为:

$$\mu = \left(\prod_{i=1}^{n} t_i\right)^{\frac{1}{n}} \quad (2\text{-}85)$$

$$\sigma = e^{\left[\frac{1}{n-1}\prod_{i=1}^{n}\left(\ln\frac{t_i}{\mu}\right)^2\right]^{\frac{1}{2}}} \quad (2\text{-}86)$$

习题

1. 交通流有哪些特性?研究这些特性有什么意义?
2. 交通流参数的分布特征有哪几类,具体包括哪些分布模型?
3. 在一条单向四车道的高速公路上空,以 10s 的时间间隔对路段上的一队车辆进行两次航空拍摄。试根据照片处理后的数据,求出该道路的交通量、密度和速度。数据见表 2-3。

航空拍摄的车辆位置数据表　　　　　　　　　表 2-3

车辆标号	在第一张照片上的位置（m）	在第二张照片上的位置（m）
1	0	200
2	100	280
3	160	400
4	250	450
5	300	490
6	360	550

4. 已知在某条道路上，车流量大小为 60 辆/h，试求在任意 10min 内，刚好有 6 辆和至少有 6 辆的概率分别是多少？

5. 在某一条道路上进行浮动车调查试验，调查中观测车以 70km/h 的稳定车速随车流行驶 5km。在行驶期间有 30 辆超越观测车，13 辆被观测车超越，当观测车以同样的车速行驶 5km 时，迎面相遇的车辆数为 303 辆，试求：

(1) 道路上车流的平均流量(辆/h)；

(2) 道路上车流的平均行程时间(h)；

(3) 道路上车流的平均车速(km/h)。

6. 设行人从两车间安全穿越辆车道的马路的时间间隙为 4s，某单行道上随机车流的平均流量为每小时 600 辆。假设辆车到达时间间隙 t 的分布服从负指数分布，其概率密度为：

$$f(t) = \begin{cases} \lambda e^{-\lambda t} & t > 0 \\ 0 & t < 0 \end{cases}$$

试求：

(1) 行人不能马上穿越马路的概率；

(2) 由于车辆是有长度的，试修正上述模型；

(3) 试上述模型推广到两车道的情形。

7. 在某个信号交叉口，设置了左转弯信号相位，经研究来车符合二项分布，每一周期平均来车 30 辆，其中有 30% 的左转车辆，试求：

(1) 到达的 5 辆中，有 2 辆左转的概率；

(2) 到达的 5 辆中，少于 2 辆左转的概率；

(3) 到达的 10 辆中，少于 2 辆左转的概率；

(4) 某一信号周期内没有左转车辆的概率。

第3章 交通流模型

第2章介绍了交通量、速度和密集度的概念以及统计分布特性,本章将主要研究这些变量之间的相互变化关系。交通流模型(Traffic Flow Models)是描述连续流状态下交通流宏观变量(即交通量、平均车速和密集度)之间关系的数学模型。这些模型包括:速度-流量模型,速度-密集度模型,流量-密集度模型,其中一些是基于数学推导建立的,另一些是根据实践经验建立的。在建模过程中,获得相关数据的调查方法以及调查位置非常重要。

3.1 交通流基本模型

第2章介绍密集度时,已经给出了交通流基本模型的方程及其变化形式。下面介绍基本方程的推导过程。

首先,介绍研究单位时间内通过道路某断面的车辆数的方法。取相距为$\bar{u}_s$(只取其数值)的两个断面A与B,则速度为$\bar{u}_s$的车辆(如图3-1中的车辆P)通过两个断面之间路段所用时间正好是单位时间。如果从车辆P在B断面时开始计时,直到车辆P到达断面A时为止,通过断面A的车辆有初始时路段AB内的车辆,加上超越车辆P的车辆,再减去被车辆P超过的车辆。

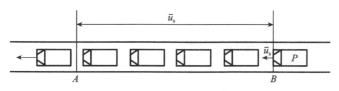

图3-1 交通流基本模型图示

假定超越车辆P的车辆数等于被车辆P超过的车辆数,则单位时间内通过断面A车辆数就是初始时路段内的车辆数。若交通量为q,密度为k,则路段内的车辆数为$\bar{u}_s k$,故有式(3-1)成立:

$$q = \bar{u}_s k \tag{3-1}$$

该式表明了交通流的流量、速度和密度三者之间的关系,称为交通流基本模型。

3.2 速度-密度模型

3.2.1 格林希尔兹(Greenshields)线性模型

最早的速度-密度模型是由格林希尔兹于 1935 年提出的。他通过对观测数据的统计研究,得出速度和密度之间呈线性关系的结论。

从而得出下面的速度-密度关系模型:

$$u = u_f \left(1 - \frac{k}{k_j}\right) \tag{3-2}$$

如图 3-2 所示,当 $k=0$ 时,u 值可达理论最高速度即自由流速度 u_f。直线上任意一点的纵坐标、横坐标与原点所围成的面积即为交通流量。线性模型由于形式简单,得到了广泛应用,至今仍是一种非常重要的模型。直接使用该模型需要知道自由流速度 u_f 和阻塞密度 k_j。前者较容易获得,一般介于道路限速和设计车速之间;后者由于路段上交通流很少有停止状态而不易调查,一般为 115~155 辆/km。

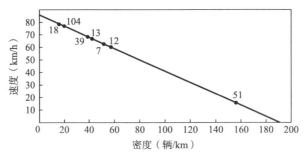

图 3-2 格林希尔兹的速度-密度曲线和数据(1935 年)

尽管线性模型简单易用,但在建模过程中所搜集的样本仍然存在缺陷。观察图 3-2 可以看出(图中数字为样本数量),流量小(直线两端)的部分样本少,尤其是接近通行能力(直线中部)的部分没有数据。因此格林希尔兹模型还不完善,速度-密度模型还有待进一步研究。

3.2.2 格林伯(Greenberg)模型

格林伯模型即对数模型:

$$u = u_m \ln\left(\frac{k_j}{k}\right) \tag{3-3}$$

式中:u_m——流量最大时对应的车速,称为最佳车速。

格林伯发现此模型和交通流拥挤的数据相符合,因此,适用于较大密度的交通条件,如图 3-3 所示;当交通密度较小时,这一模型不适用,这可以从式(3-3)中令 $k \to 0$ 看出。

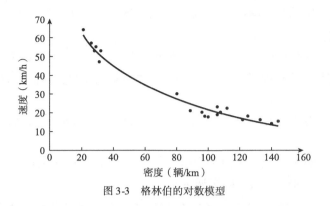

图 3-3 格林伯的对数模型

3.2.3 安德伍德(Underwood)模型

安德伍德模型即指数模型:

$$u = u_f \exp\left(-\frac{k}{k_m}\right) \tag{3-4}$$

式中: k_m——流量最大时对应的密度,称为最佳密度, u_f 为自由流车速。

其中自由流车速容易得到,但最佳密度随道路的不同而不同。该模型的缺点是速度不可能为零,否则阻塞密度为无穷大。公式适用于较小密度的交通条件,如图3-4所示,其中 r^2 是相关系数。

3.2.4 伊迪(Edie)模型(组合模型)

鉴于格林伯模型和安德伍德模型分别适用于阻塞流和自由流,伊迪将两者组合在一起,构成一个分段的组合模型,两个模型的曲线在中部位置相交。阻塞流部分(交点左侧)采用对数模型;自由流部分(交点右侧)采用指数模型,如图3-5所示。

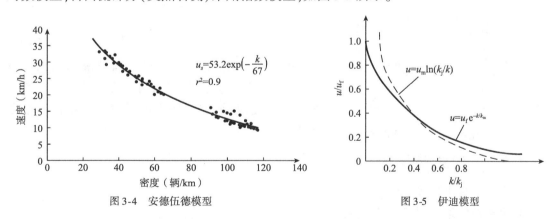

图 3-4 安德伍德模型　　　　　　图 3-5 伊迪模型

3.3 流量-密度模型

尽管速度-密度模型具有理论研究上的优点,但对于交通分析、交通控制却不太直观。流量-密度曲线能反映流量、密度、速度、车头时距、波速等大多数交通参数,因而广泛用于道路通行能力分析、交通控制、交通波分析等方面,也有人将其称之为交通流的基本图形。

流量-密度关系曲线具有如下特点:

(1)如果道路上没有车辆,密度为0,流量也为0,所以曲线通过坐标原点。

(2)当交通流处于阻塞状态时,车辆停止,密度为阻塞密度k_j,流量为0,曲线与横轴存在第二个交点。

(3)在两个流量为0的点之间一定存在一个或几个流量最大的点,对应的密度是最佳密度。

(4)由坐标原点到曲线上某个点的射线的斜率是该点所对应交通流状态的车速,原点处的车速是自由流车速,曲线终点处的车速为0。

(5)曲线上某个点切线的斜率代表交通流微小变化(波动)的传播速度,称为波速。

(6)由于流量和车头时距存在倒数关系,因此曲线上的每个点对应的车头时距也能在图中有很直观的体现。

(7)流量-密度曲线不一定是连续的。

3.3.1 抛物线形的流量-密度模型

如果采用格林希尔兹速度-密度模型,那么可以推导出如下的抛物线形流量-密度模型:

$$q = ku = k\,u_f\left(1 - \frac{k}{k_j}\right) = u_f k - \frac{u_f k^2}{k_j} \tag{3-5}$$

为求最大流量,可令$\dfrac{\mathrm{d}q}{\mathrm{d}k}=0$,并定义$q_m$为最大流量或最佳流量,$k_m$为最大流量时的密度即最佳密度,$u_m$为最大流量时的速度即最佳速度,于是可得:

$$k_m = \frac{k_j}{2} \tag{3-6}$$

$$u_m = \frac{u_f}{2} \tag{3-7}$$

$$q_m = \frac{u_f k_j}{4} = \frac{u_m k_j}{2} \tag{3-8}$$

图3-6所示为抛物线形的交通量-密度模型。图中曲线上任意一点的矢径的斜率表示该区段上的空间平均速度,切线的斜率表示流量微小变化的速度分布。

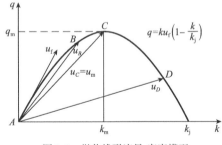

图3-6 抛物线形流量-密度模型

3.3.2 对数模型

1)适用于较大密度的模型

采用格林伯速度-密度模型时可以推出下式:

$$q = ku = ku_m \ln\left(\frac{k_j}{k}\right) \tag{3-9}$$

并可求出:

$$k_m = \frac{k_j}{e} \tag{3-10}$$

$$q_m = \frac{u_m k_j}{e} \tag{3-11}$$

图 3-7 为调查数据拟合的模型,图中 $u_m = 27.7 \text{km/h}$, $k_j = 142$ 辆/km。

2) 适用于较小密度的模型

如果采用安德伍德模型时可推导出式(3-12):

$$q = k u_f e^{\frac{-k}{k_m}} \tag{3-12}$$

并求出:

$$q_m = \frac{k_m u_f}{e} \tag{3-13}$$

$$u_m = \frac{u_f}{e} \tag{3-14}$$

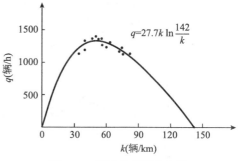

图 3-7 对数流量-密度曲线图

3.3.3 非连续流曲线模型

由于大密度交通和小密度交通两种不同的 u-k 模型,导出两条不同的交通量-密度曲线(图 3-8),两条曲线可能会不连续,此种情况可在瓶颈路段见到。图 3-8 为根据实际观测数据绘制的曲线。

3.3.4 特殊流量-密度关系模型

大多数交通流模型只是用于描述单一车道的交通流量,然而高速公路一般都有两条以上的同向车道,于是需要有描述高速公路几条同向车道总交通流量的模型。图 3-9 描述了依据实测数据绘制的三车道高速公路流量-密度模型,这里的密度表示三车道的总密度。

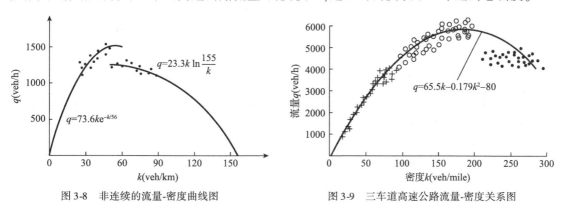

图 3-8 非连续的流量-密度曲线图   图 3-9 三车道高速公路流量-密度关系图

3.3.5 流量-时间占有率跟踪曲线

大多数流量-密度模型来源于对速度-密度曲线形状的假定。这部分主要集中在处理流量-密集度之间的直接关系上。这部分内容包括使用密度或占有率来度量密集度。

图 3-10 为距主要瓶颈上游 4km 的同一位置不同 4d 的调查结果。数据来自于道路上的快速车道或超车车道,时间间隔是 5min。轨迹中第一个点出现在数据记录系统启动后的 5min 内。可以清楚地看出,图 3-10d) 已经打破了以前记录的数据规律。图 3-10c) 或许是人

们最感兴趣的:流量明显低于最大流量时,有较高的占有率(拥挤度)。图 3-10a)和图 3-10b)可以证实很多交通工程研究者认为在拥挤之前已经达到了最大通行能力的隐含假设,但是图 3-10c)给出了明确的暗示表明这种现象不会经常发生。更重要的是,图 3-10 中的 4 个子图都表明从拥挤到非拥挤状态的过程中不会再出现流量等于通行能力的状态。状态可能会从一个分支"跳"到另一个分支,即流量曲线存在跃变。

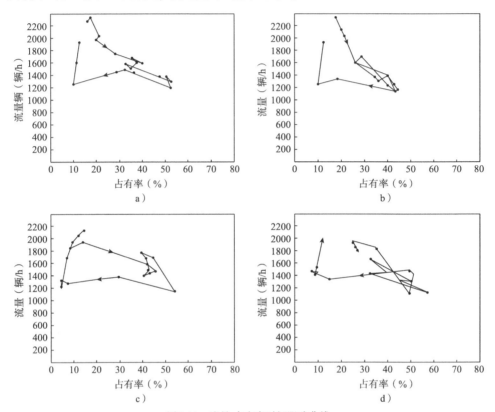

图 3-10　流量-占有率时间跟踪曲线

例题 3-1　某一路段上车辆平均长度为 6.1m,在阻塞密度时,车辆间的平均距离为 1.95m,试结合图 3-6 求解以下问题:

(1) 求阻塞密度 k_j;

(2) 假定 $\bar{h}_t = 1.5s$,求车流的最大流量对应下的 u_m。

解:

(1) 由题意知:

车流阻塞时,车辆之间的平均车头间距:$\bar{h}_d = 6.1 + 1.95 = 8.05m$。

由车头间距与密度的关系得,$k_j = 1000/\bar{h}_d = 1000/8.05 = 124$ 辆/km。

(2) 由车头时距和流量的关系可得:

最大流量 $q_m = 3600/\bar{h}_t = 3600/1.5 = 2400$ 辆/h。

此时最佳密度为:$k_m = \dfrac{k_j}{2} = 62$ 辆/km。

因此,$u_m = 2400/62 = 38.7$ km/h。

3.4 速度-流量模型

3.4.1 格林希尔兹抛物线模型

该速度-流量抛物线模型是在格林希尔兹速度-密度的线性模型基础上得到的,是速度-流量关系的最早研究。其公式如下:

$$q = k_j \left(u - \frac{u^2}{u_f} \right) \tag{3-15}$$

式中:u_f——自由流速度;

k_j——阻塞密度。

图 3-11 为该模型的图示,图中的数字为被观测车组(100 辆为一组)的数量,曲线表示单向两车道的速度-流量关系。从图中可以看到,速度和流量呈抛物线关系。通过最大流量点作一条水平线,直线上方为不拥挤区域,下方则为拥挤区域。在流量达到最大值前,速度随流量的增加而下降;达到最大流量之后,速度和流量同时下降。

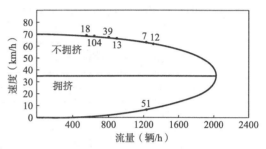

图 3-11 格林希尔兹速度-流量模型(1935 年)

格林希尔兹抛物线模型最初是在一条双向双车道的道路上观测得到的,每 100 辆为一组,每隔 10 辆开始新一组的记录,因此相邻两组的车辆 90% 是相互重叠的,各组之间不是相互独立的。对所测数据进行分组,分组的距离为 200 辆/h,用每组的平均值进行绘图。从图中共有 51 组数据在阻塞点。它们是在整个调查路段的不同地点、不同交叉路段、不同车道,且都不是在一天之中观测得到的。

从目前来看,尽管格林希尔兹模型在这个领域起到了主导作用,但它至少存在三大问题。首先,该模型并非是利用高速公路的数据来研究的,而被不少研究者直接应用于高速公路;其次,根据现代分析数据的标准,该模型将观测数据重叠分组以及取平均值绘图的方法是不合理的;第三,该模型所做的交通调查是在节假日进行的,不具备广泛的代表性。

另外,格林希尔兹模型还存在另一个缺陷。格林希尔兹是根据速度和流量计算密度,然后确定速度与密度之间的线性关系,再从这种线性关系导出速度-流量关系。所以该模型与直接利用实际数据得出的速度-流量关系存在一定的偏差。

尽管如此,格林希尔兹模型还是具有开创性意义的。它提出的速度-流量抛物线关系基本上反映了这两个参数的变化趋势,多年来一直被广泛采用,包括美国《道路通行能力手册》(2016 版)。该模型还提出了一种重要思想:只要确定一个速度-密度模型之后,速度-流量模型也可相应确定,这也是交通流理论相关研究的主要思路。

3.4.2 其他速度-流量模型及曲线

鉴于格林希尔兹抛物线模型本身存在的一些问题,不少研究者直接根据观测数据来研

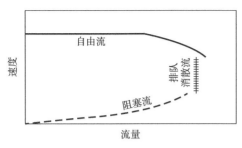

图 3-12　由浩尔(Hall)、黑道尔(Hurdle)及班克斯(Banks)构建的速度-流量曲线大致图形

究速度-流量间的关系。浩尔(Hall,1922)等提出了如图 3-12 所示的速度-流量关系曲线一般图示。交通流分为自由流、排队消散流和阻塞流三种状态,不同状态曲线不同。自由流的曲线接近水平线,排队消散流近似垂直线,阻塞流的曲线与排队消散流有所错开。这一曲线图示得到了普遍认可,与实际交通流比较吻合,缺点是难以建立模型。

图 3-13 为美国《道路通行能力手册》(2016版)中所采用的速度和流量的关系曲线,该图反映了当流量由零开始增加时,速度保持不变;当流量接近通行能力的二分之一或三分之二时,速度值才有一个很小程度的下降。图 3-14 中的曲线虽然不能通过确切的数学模型来描述,但还是可以从中清晰地归纳出流量和车速两参数之间的关系。

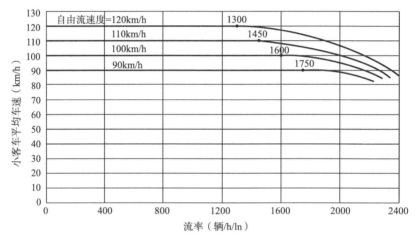

图 3-13　高速公路基本路段速度-流率曲线图

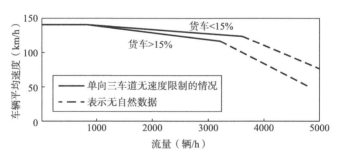

图 3-14　德国研究得出的速度-流量曲线图

德国进行的经验性研究也支持图 3-13 反映的规律,而且研究发现,曲线的上部是分段的折线,而不是连续曲线,如图 3-14 所示。不过该图主要是小于等于 1700 辆/h/ln 的交通量,而且仅有单向三车道的数据,因此不能表示流量接近通行能力时的情况。

英国的数据和研究得出的速度-流量曲线(15% 为货车),如图 3-15 所示。

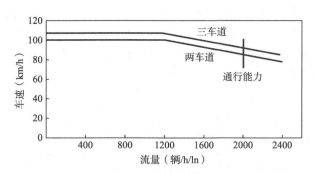

图 3-15　英国速度-流量曲线图（COBA，1981 年）

3.5　三维模型

在第一节中,交通流基本模型为 $q = \bar{u}_s k$。该公式中的车速是空间平均车速,因此,下面如果没有特别说明,所用的车速均为空间平均车速,公式简写为 $q = uk$。根据实地观测,对于单个交通流宏观变量之间的关系有以下结论：

当密度很低时（$k \to 0$）,速度接近自由流速度（$u \to u_f$）,流量接近零（$q \to 0$）；随着密度逐渐增大,车速降低,流量却增加。

当密度达到最佳密度时（$k = k_m$）,流量达到最大（$q = q_m$）,此时的速度为最佳速度（$u = u_m$）；随着密度进一步增大,速度降低,流量逐步减小；直到密度接近阻塞密度时（$k \to k_j$）,速度趋于零（$u \to 0$）,此时流量也趋于零（$q \to 0$）。

三者之间的关系可由一条三维曲线描述（图 3-16）。为方便起见,将这一曲线向三个平面投影就得到三个二维关系曲线,见图 3-17。该图可反映出交通流特性的一些特征变量。

（1）最大流量 q_m：q-u 曲线图上的峰值。
（2）临界速度 u_m：流量达到 q_m 时的速度。
（3）最佳密度 k_m：流量达到 q_m 时的密度。
（4）阻塞密度 k_j：车流密集到所有车辆无法移动,u 趋于 0 时的密度。
（5）自由流速度 u_f：车流密度趋于 0、车辆可以自由行驶时的最大速度。

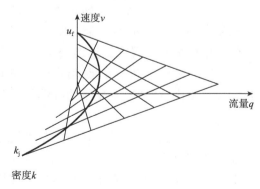

图 3-16　流量-速度-密度关系三维图

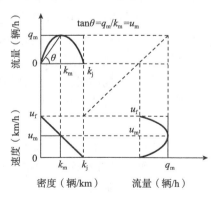

图 3-17　流量-速度-密度关系三维图

用时间跟踪法得到的三维曲线如图 3-18 所示,黑色和白色交替代表五种不同的速度范围,A 区包含速度超过 80km/h 的数据,B 区(白线)包含速度为 70~80km/h 的数据,C 区(黑线)包含速度为 60~70km/h 的数据;D 区(白线)包含速度为 50~60km/h 的数据,E 区包含速度低于 50km/h 的数据。

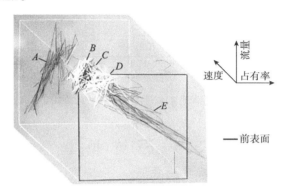

图 3-18　三维关系上的二维透视图

3.6　突变理论模型

突变理论是 20 世纪 70 年代发展起来的一个新的数学分支。一种状态由渐变、量变发展为突变、质变的过程,就是突变,这是微积分不能描述的。这种理论与传统跟驰理论的建模方法完全不同,理论中第一次提出可以用"交点突变"的思想来解释和描述交通流参数的不连续性,解决传统跟驰理论的不足。初步的研究表明,这一理论在交通流分析的应用具备可行性。

1) 突变理论原理和特性

法国数学家汤姆(Thom)于 1972 年发表的《结构稳定性和形态发生学——建模一般理论概要》奠定了突变理论(Catastrophe Theory)的基础。突变理论试图从数学方面讨论微分动力体系中状态发生跳跃性变化的现象,主要研究光滑动力体系中稳定平衡的分叉问题。

一个系统具有突变特性主要表现在下列 5 个方面。

(1) 突变性:就理想延迟(基本突变约定之一:系统留在原来的稳定平衡位置上,直到这个稳定平衡位置消失)而言,系统从一个极小值位置跳跃到全局极小或者局部极小位置,其位势的变化是不连续的;就 Maxwell 约定(基本突变约定之二:系统总是转移到使它的势全局极小的稳定平衡位置)而言,其位势是连续变化的,但其导数是不连续变化的。

(2) 分叉性:控制变量的有限变化会导致状态变量在平衡位置时数值的变化,在一般情况下控制变量的微小扰动可能只会引起状态变量初值和终值的微小变化,但在临界点附近控制变量的微小扰动可能会导致状态变量发生很大的变化,这种控制变量的扰动的不稳定性称为分叉性。

(3) 不可达性:系统若具有一个不稳定但平衡的位置,此位置所处的状态就是系统不可能达到的,即可连续又可不连续。此性质称为系统的不可达性。

(4) 多模态:当控制变量固定一个值时,在一定的范围内,系统的状态变量可能存在两个或多个,控制变量与状态变量并不是一一对应的线性关系。因此,依据尖点突变理论,系统中可能存在两个或多个不同的状态,即多模态性。

(5)滞后性:滞后性是指系统状态由局部极小跳跃到另一个局部极小(或与其相反)的过程中其控制变量的位置不同。若遵循理想延迟约定,系统可能存在滞后性,但若遵循 Maxwell 约定,则系统不存在滞后现象。

2)用突变理论解释交通流特性

一个系统是否具有突变特性主要是看该系统有无突变特征。当把速度、流量和密度(或车道占有率)作为一个系统来研究时,它就是一个具有突变特性的系统。

从图 3-19 可以看出,一个流量值对应有两个速度值:其中一个处于非拥挤状态,另一个处于拥挤状态,这与尖点突变理论的双模态特征(Bimodality)相一致;图中还可看出,多数情况下,交通流状态不是处于非拥挤流状态就是处于拥挤流状态,由非拥挤流状态向拥挤流状态或由拥挤流状态向非拥挤流状态过渡不是一个渐进过程,而是一种飞跃,一种突变,因此,交通流系统具有突变性(Catastrophe)。从实测数据散点图还可以发现,某些区域的点非常少或根本就没有(出现空白)。从交通心理角度分析和经济利益驱动考虑,这是因为有一种时间利益在驱动驾驶人不能在这些区域停留,即尽量减少延误和减少运行时间(除非出现机械故障)。于是在某些区域出现不可达域,因此,系统具有不可达性(Inaccessible Behavior)。此外,当交通流系统达到通行能力时,系统处于临界平衡状态,但这种平衡状态是理想化的,只在瞬间存在,属于不稳定平衡,一旦遇到外界因素的扰动就可能破坏这种平衡。因此系统可能偏向拥挤状态也可能偏向非拥挤状态。这与突变理论的分叉特征相吻合,即系统具有分叉性(Divergence)。系统的滞后性(Hysteresis)只有在遵循理想延迟约定时才存在,若系统遵循 Maxwell 约定时则不存在。

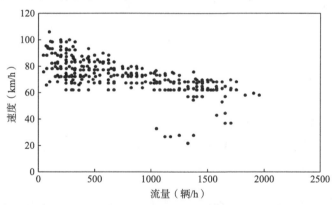

图 3-19 实测的高速公路速度-流量散点图

综上所述,交通流具有突变特性,利用突变理论来解释交通流行为是可行的。

3)基于突变理论的交通流模型

当系统出现上述突变特性时,就可以建立一个突变理论模型来描述该系统。根据浩尔(Hall)等人提出的观点,突变理论的基本模型为:

势函数

$$W(X) = aX^4 + bYX^2 + cZX \tag{3-16}$$

突变流形

$$4aX^3 + 2bX + cZ = 0 \tag{3-17}$$

分叉集
$$8b^3Y^3 + 27ac^2Z^2 = 0 \tag{3-18}$$

式中：X——状态变量；

Y、Z——控制变量，在交通流参数中，速度、流量和车道占有率分别对应于状态变量 X、控制变量 Y 和 Z；

a、b、c——参数。

研究发现，为满足 Maxwell 约定，尖点突变理论用于交通流分析须先进行一些变换。首次变换变量分配如下：X_0 为速度；Y_0 为流量；Z_0 为车道占有率。

(1) 坐标平移

坐标轴平移的目的是为了划分非拥挤状态和拥挤状态。坐标变换如下：

$$X_1 = X_0 - U_m \tag{3-19}$$
$$Y_1 = Y_0 - Q_m \tag{3-20}$$
$$Z_1 = Z_0 - O_m \tag{3-21}$$

式中：U_m——最大流量时最大车道占有率对应的最小速度；

Q_m——最大流量值；

O_m——最大流量时的最大车道占有率。

(2) 坐标旋转

坐标平移后，由于 Y-Z 平面上的 Y 轴与 Maxwell 约定的垂直面（区分拥挤和非拥挤状态区域或尖点突变曲面上下平面界限）重叠，因此，可将 Y 轴定义为区分非拥挤与拥挤状态的界限，使非拥挤区域和拥挤区域分别处于 Y 轴的两侧，这样就满足了尖点突变理论模型的基础理论——分叉理论的要求。因此有必要旋转 Y 轴和 Z 轴：

$$X_2 = X_1 \tag{3-22}$$
$$Y_2 = Y_1\cos\theta - m Z_1\sin\theta \tag{3-23}$$
$$Z_2 = Z_1\sin\theta + m Z_1\sin\theta \tag{3-24}$$

式中：$m = Q_m/O_m$——图形因子；

θ——旋转角度。

经数据处理变换后，突变流形方程可简化为：

$$X_2^3 + a Y_2 X_2 + b Z_2 = 0 \tag{3-25}$$

分叉集方程为：

$$4a^3Y_2^3 + 27b^2Z_2^2 = 0 \tag{3-26}$$

于是，可利用统计软件对上述突变模型进行标定，确定参数 a、b 的最佳值。根据标定好的模型，利用所观测到的经过变换的流量和车道占有率计算出 X_2 值，可以推算出预测速度 V_p，其大小为：

$$V_p = X_2 + U_m \tag{3-27}$$

为了检验尖点突变理论模型的好坏，下面给出三个检验参数：

相关系数

$$R^2 = \frac{[\sum_{i=1}^{n}(U_{io} - \overline{U}_o)(U_{ip} - \overline{U}_p)]^2}{\sum_{i=1}^{n}(U_{io} - \overline{U}_o)\sum_{i=1}^{n}(U_{ip} - \overline{U}_p)^2} \tag{3-28}$$

均差

$$M = \sum_{i=1}^{n} \frac{(U_{io} - U_{ip})}{n} \quad (3-29)$$

均方差

$$D = \sqrt{\frac{1}{n-1} \sum_{i=1}^{n} (U_{ip} - \overline{U}_p)^2} \quad (3-30)$$

式中：U_{io}——观测速度；

$\overline{U}_o$——观测速度均值；

U_{ip}——预测速度；

$\overline{U}_p$——预测速度均值。

4）模拟应用

在突变理论中，大多数被模拟的变量是连续变量，但至少有一个变量存在突变。由交通流变量形成多维空间中的平面，其特点是当三个变量中的两个变量（控制变量）发生平滑变化时，第三个变量（状态变量）会在原值基础上发生一个突变，速度就是这个经历突变的变量，而流量和占有率是控制变量。图3-20是基于突变理论的可视化模型。

突变理论模型通过重复测量速度而得到了证实。除了可以直观感觉到之外，它还有另外两个优点。首先，在平面上解释了高速公路的运行不一定必须停留在曲线上（如速度-流量图）；可能会出现从一个分支到另一个分支的跳跃，当发生跳跃时，速度就会突然发生变化。第二，它也解释了如下事实：不同地点会产生不同类型的数据，其中某些地点的数据将会不连续，而其他数据会直接通过不连续区域。突变理论模型提供了一致的解释方法。

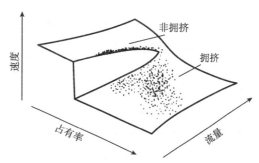

图3-20　基于突变理论的三维模型

5）研究现状及发展趋势

最近几年，无论是国外学者，还是国内专家，都开始将关注焦点转移至突变原理探究上，用它对交通流突变情况进行解释，并解析突变经过。纵观国内，在交通流体系中，基于突变原理的适用性探究并不多见：从三维空间分析交通流三参数的关系，对交通流进行预测；以突变原理为基础，解析交通流模型的临界情况；考虑混合机动车流下交通高峰时段的具体情况，为道路交通管理和控制提供决策依据；分析拥挤状态附近的突变现象，进而提出缓解城市交叉口拥挤的方案，从而优化控制交通拥堵；基于突变理论提出一种动态系数的人车碰撞风险实时预警模型。关于突变理论在交通流的应用分析中，大多讨论如何防止出现突变，而没有分析突变后交通流拥挤演化规律，对突变的交通流进行拥挤控制。

交通流理论是交通运输领域研究的一个重要问题，对于交通流突变现象，突变理论尤其是尖点突变能够从三维空间对交通流进行合理解释并进行分析。就目前国内外应用突变理论进行交通流研究的现状来看，交通流状态可用多个参数描述，不同的道路形式、交通环境等都可能影响模型中的参数。因此，所得到的模型参数有一定的局限性，突变理论模型变量和交通流参数的对应关系还需要进一步研究。突变理论可以帮助人从理论上认识系统的突变规律，从而帮助人从控制的角度防范突变的出现,更好地预测突变发生的时间、地点和结果。总体来看,将突变理论合理地应用到交通领域,对交通流控制具有重要理论意义和实际价值。

3.7 调查地点对数据性质的重要影响

交通流模型主要有两个来源:其一是调查数据的回归分析;其二是理论推导。前者直接采用调查数据,后者是在已经确定模型形式的基础上使用调查数据进行标定和检验。因此调查数据对于交通模型至关重要,不同的调查数据会导致不同的研究结果。

交通流模型是描述交通流宏观变量的关系模型,关系曲线上的一个点代表一种交通流状态。比如说速度-密度曲线上的一个点(u_i,k_i)表示所研究道路位置在某个时刻的速度为u_i对应的密度为k_i。换而言之,如果该道路位置的交通流模型确定了,只要测得该时刻的速度u_i,就可以根据交通流模型计算出k_i。这在实际应用中有很多好处,比如在高速公路的交通控制中有了流量-密度模型,就可以通过调整进口匝道的流率控制交通流密度的范围,使其达到预定的服务水平。

交通流模型在图形上是一条连续、完整的曲线(当然对于分段模型有间断点,是分段连续曲线),在性质上是一条状态曲线,而不是趋势曲线。曲线上的相邻点并不代表对应交通流状态出现的时间顺序关系,某个交通流状态出现的时间和频率是不确定的。有的状态经常出现,有的状态可能永远也不出现。因此在建立交通流模型时,为了使模型准确及获得的曲线完整,需要大量的、长期的调查数据。不仅如此,对于一条均匀路段,尽管各个位置的交通流模型相同,但各个地点出现各种交通流状态的频率却往往是不同的。因此要获得完整的交通流模型关系曲线,调查地点的选取非常重要,下面举例说明之。

考虑图 3-21 是同一路段三个不同调查位置得到的速度-流量曲线的简单表示。我们假定这三个位置的基本关系曲线是相同的。假设在位置 A 和 B 之间有一入口匝道使得该路段的交通流量增加。如果入口匝道驶入流量很大,位置 B 达到路段的通行能力就会造成干线阻塞,从而导致位置 A 形成间歇流。此时位置 A 的车流可以看成是车队,必须等待一段时间后才能驶过入口匝道下游的交通瓶颈。根据位置 A 对应的散点图,可知直到入口匝道的驶入流量对干线造成阻塞时位置 A 才达到通行能力。并且图形很好地体现了从非拥挤(在曲线的上部)到拥挤(集中在曲线的下部)的数据变化范围,位置 A 的流量即为位置 B 的流量与入口匝道驶入流量之差。

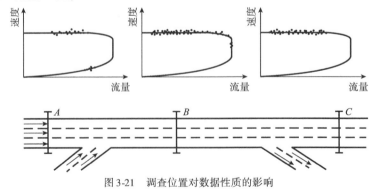

图 3-21 调查位置对数据性质的影响

在位置 B 可以观测到非拥挤状态或者接近通行能力时的交通流的变化范围,由于经历了间歇流状态,该位置不会形成堵塞。尽管如此,该位置在上游拥挤时的行驶速度还是要低于非拥挤时。因为驾驶人开车到达排队前端时行驶得非常缓慢,从这一点开始,在离开这个瓶颈时则会加速。速度-流量曲线上的这一段,称为排队消散流。而在位置 B 观测到的具体速度值取决于观测点离排队前端的远近。因此,在位置 B 观测到的数据点主要集中在曲线上部和车队消散时的具体速度。

位置 B 与位置 C 之间的出口匝道有大量的车流驶出,这使得位置 C 的流量不会达到位置 B 的值。如果位置 C 的下游没有类似于 A 与 B 之间的入口匝道,位置 C 就不会出现拥挤堵塞状况,其观测数据将如图 3-21 所示。这些位置当中,没有一个能够单独提供确定整个速度-流量曲线的数据。位置 C 可以确定非拥挤状态的曲线,但是无法确定达到通行能力时和堵塞时的交通流。位置 B 可以提供非拥挤时以及达到通行能力时的信息。

从以上分析可以看到,A、B、C 三个位置中没有哪一个可以单独来拟合整个的速度-流量关系曲线,必须相互结合。位置 A 可以观测到拥挤时的交通状况,但不适合作通行能力研究;位置 B 能够得到非拥挤时特别是有关通行能力方面的数据;位置 C 则可以获得非拥挤时的交通数据。由此可见,调查地点对交通数据的影响是不容忽视的,它在一定程度上决定模型的精确程度。

总之,不同的调查地点出现交通流状态的范围和频率不同,因此为了获取完整的交通流曲线,对调查地点的选取非常重要。在基于调查数据建立交通流模型时需要注意两点:其一,调查地点限制了流量、速度和密度的取值范围,反之给定了某个地点足够的调查数据便可以判断该地点所处的位置(是瓶颈地点,还是其上游或下游);其二,调查地点不同,获取的数据范围不同,因此导致建立的交通流模型不同,这也是为什么会出现各种形式交通流模型的主要原因。

习题

1. 简述交通流基本模型的推导过程。

2. 在交通流模型中,假定流速 u 与密度 k 之间的关系式为 $u = a(1-bk)^2$,试依据两个边界条件,确定系数 a、b 值,并导出速度与流量以及流量与密度的关系式。

3. 简述 Greenshields 模型、Greenberg 模型、Underwood 模型的基本形式、特点及其使用条件。

4. 已知某公路上畅行速度 $v_f = 80 \text{km/h}$,阻塞密度 $k_j = 105$ 辆/km,速度-密度用直线关系式,求:(1)在该路段上期望得到的最大流量是多少?(2)此时所对应的车速是多少?

5. 简述流量-密度关系曲线的特点。

6. 根据图 3-22 所示关系图描述交通流中各特征变量之间的关系。

7. 简述调查地点是如何影响数据性质。

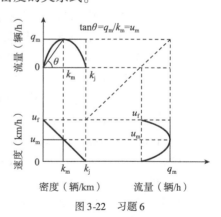

图 3-22 习题 6

第4章 驾驶人交通特性

4.1 驾驶人的基本特性

本小节先介绍驾驶人的一些基本特性,然后在分析驾驶任务的基础上,研究驾驶人的离散交通特性,主要集中于个体行为的基本参数,包括感觉-反应时间,动作时间,对交通信号、标志、标线的反应,其他车辆的动态特性,道路危险处理等。并考虑驾驶行为的个体差异,用基本控制函数描述车辆跟驰中的驾驶、制动、车速控制等操作,探讨这些原理在道路设计、交叉口渠化等方面的应用,包括超车、可插车间隙、停车视距和交叉口视距中的速度错觉、信息干扰和实时信息等。

4.1.1 驾驶人的驾驶任务

驾驶人的驾驶任务可以分为三个层次:控制、引导和导驶。控制水平包括驾驶人和驾驶人之间的所有信息交换和控制活动。它是在控制界面上实现的,需要指出的是,大多数的控制活动都是自动的、无意识的。

驾驶人的主要责任是保证车辆以一定的速度在道路上安全行驶。一旦驾驶人学会初步控制车辆,则车辆的控制水平就是在驾驶规则的基础上进行相应的引导。人车系统所得到的信息来自道路条件、交通条件、交通环境等,这些信息在行驶过程中是持续变化的。

引导和控制这两个层次的车辆操作对于交通流建模都是非常重要的。第三个层次是导驶水平,这也是最高层次。导驶水平是基于驾车知识的一种驾驶行为,驾驶人是独立的管理者,负责路径的计划选择、地图上交通线路的引导以及标志标线的解读等。本章仅讨论一般公路环境中的驾驶人行为,不涉及智能交通系统(ITS)条件下驾驶人的驾驶行为。

随着车辆动力和控制水平的发展,机动车驾驶人已逐渐从一个必不可少的提供动力的操作者,转变为一个简单的信息处理者。20世纪40年代辅助动力和自动传输的发展以及20世纪50年代速度控制器的出现,使得驾驶人在系统中的定位更加趋于管理者。对严重残疾的驾驶人来说可以采用自适应控制器,以此来减少实际操作过程中驾驶人所需的动作和体力。但是,基本控制任务依然不变。

图4-1是驾驶任务图,它为驾驶人离散驾驶行为和连续驾驶行为的研究奠定了基础。由图可知,道路交通系统是由参与交通的人、车辆和交通环境三个要素组成的相互关联又相

互影响的复杂系统。高效、安全、舒适是系统的整体实现目标,而每一位参与交通的人、车辆及其相关的道路环境均为一个子系统。驾驶人不仅是驾驶行为的控制者,其经验技能、精神状态以及紧张性刺激(如因为拥挤的交通而导致迟到)等都会直接或间接地影响控制行为,而管理知识和驾驶规则会影响驾驶人的决策和驾驶人的精神活动。驾驶人在行驶过程中必须随时掌握车辆、道路及交通的变化特征,不断作出正确的判断与反应,通过加速踏板、制动踏板和转向盘,操纵方向,控制行车速度,以适应该系统的动态运行过程,实现对车辆的控制。同时,在驾驶人控制车辆按预定目标,遵守交通规则运行的动态过程中,车辆也会受道路和环境状况的影响。车辆动态特性和车辆干扰动态特性决定了车辆的最终路径。分析图 4-1 可知,道路交通系统中,有人、有物,相互联系,彼此渗透,互为因果;有动、有静,既受客观规律的制约,又受人的主观意识所左右。导致失调的因素很多,其中主要的是人的因素,也有车的因素和路的因素,只要在一个环节上出了问题,就可能发生道路交通事故。

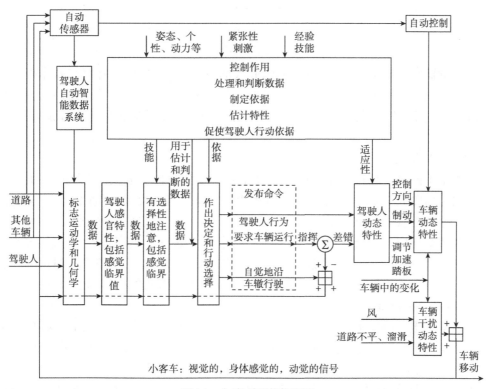

图 4-1 人-车-路系统作用图

4.1.2 驾驶人的信息处理过程

车辆在行驶过程中,驾驶人先通过视、听、触觉等器官从交通环境中获取信息,经过大脑处理,做出判断、反应,再支配手脚(运动器官)操纵汽车,使其按驾驶人的意志在道路上行驶,这就是信息处理过程,如图 4-2 所示。

在这一过程中,驾驶人会受到生理、心理等因素的制约和外部条件的影响,如果在信息的采集、判断和处理中的任何一个环节上发生差错,都会危及交通安全以及干扰到道路的畅通运行。因此,有必要对信息处理的各个环节以及它们之间的联系做一下简要的介绍。

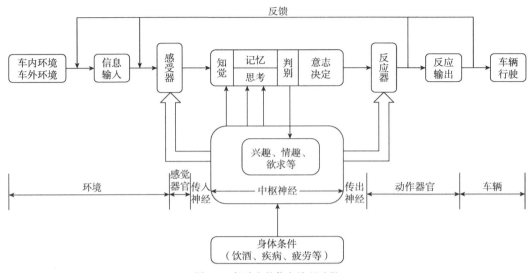

图 4-2 驾驶人的信息处理过程

人的感觉器官可以接收各种刺激,如驾驶人的眼睛可以看见车内的仪表、车外的道路、车辆、行人、交通信号和标志,耳朵可以听见发动机和喇叭的声音,鼻子可以闻到异常气味,手脚可以感觉到振动等。所有这些可以被人直接或间接感知到的各种刺激都是这里所说的信息。

1) 信息感知阶段

信息感知阶段也就是收集并理解信息的阶段。所谓感知就是感觉器官获取的信息在头脑中的反映。驾驶人主要通过视觉、听觉和触觉等来感知道路交通环境因素和车辆性能、状态等因素。这一阶段主要由感觉器官完成。其具体过程是:信息先由感觉器官接收,再经传入神经传到大脑皮层,产生相应的映象。一般来说,这一过程的速度是极快的。如果因某种原因使得这一过程变慢,就会造成感知迟缓;如果在大脑中产生的映象出现错误,就会造成感知错误。由感知方面的原因造成的事故约占驾驶人责任事故的一半以上。在信息感知阶段,最重要的是要能敏捷而准确。

发生感知迟缓或感知错误的原因,除了刺激方面的原因(如有些信息过于突然、隐蔽、刺激强度过于微弱等)以外,还有驾驶人心理和生理方面的原因。心理方面主要是注意力不集中、注意的范围过小、注意转移和分配能力差等。生理方面主要是感觉器官和大脑机能不健全或不正常,比如有视觉障碍(色盲、近视)、酒精中毒、驾驶疲劳等。这两方面的原因都会造成感官和大脑迟钝,使感知缓慢甚至错误。

2) 分析判断阶段

一般来说,驾驶人会根据获取信息的不同,进行不同的操作,而不同的驾驶人在获取相同信息的情况下,也会做出不同的决策,并且同一个驾驶人在不同条件下获取相同的信息也可能做出不同的决策。驾驶人在决定采取何种操作时,不仅依据感知到的信息,同时还依赖于过去的经验、技能、认知能力、知识、动机及当时生理心理状态,也与道路交通规则和教育有一定的关系。驾驶人在感知信息的基础上,把感知到的情况与自己的知识经验进行对照、分析,然后判断出道路的宽窄、软硬,前后车的速度、距离,行人的年龄、动向等,确定采取什么相应的措施。这些判断项目中,任何一项判断不准,都容易导致行车事故。

在驾驶人的判断中,距离信息非常重要。在驾驶过程中,经常涉及超车、会车现象。会车时要判断两车侧向间隙的大小,超车时要判断前车的车速、本车与前车的距离。当对面有来车时,还要判断与对面来车的距离及来车的车速等。如果低估了车速和距离,就会导致行车的安全问题。

3)操作反应阶段

驾驶人处理信息的最后阶段,是肢体的操作反应阶段,即手脚按大脑决策后的指令进行具体操作,并产生效果。驾驶人依据判断决策来操纵车辆或者通过车辆信号传递给其他道路使用者,包括起步、熄火、变速、转向、制动、超车、开灯等。驾驶人对车辆的控制操作分为两类:一类是通过加速、减速及制动来控制车辆的纵向运动;另一类通过转向来控制车辆的横向运动。

以上介绍了驾驶人信息处理过程的各个阶段。在实际驾驶过程中,感知、判断、操作是有机地结合在一起的。感知是判断的前提,为判断提供材料,是分析判断的源泉。分析判断又为操作反应提供指令。操作是感知、判断的结果,同时操作的结果又反馈到感觉器官,对操作进行修正、调整。如果没有这一反馈,就不知道操作的结果。感知、判断、操作三位一体,构成驾驶人的信息处理过程,其中任何一项错误,都将导致整个信息处理过程的失败,这一信息处理过程通过反馈,循环往复地进行。所以整个驾驶过程实质上就是不断地进行信息处理的循环过程。

驾驶行为不仅是信息感知、判断决策和动作三阶段不间断地多次串联组合,而且也是三者连锁反应的综合。所以,道路交通系统中驾驶行为(B)可看作驾驶人(D)、汽车(A)、道路环境(R)和交通环境(T)相互作用的函数,即:

$$B = f(D, A, R, T) \tag{4-1}$$

由此可见,驾驶行为不仅受汽车仪器仪表显示、运行工况和道路环境等的直接影响,而且也与驾驶人的经验、技能、认知能力、知识、生理、心理机能等有关,体现在三者的相互制约上。

4.1.3 驾驶人的视觉特性

在行车过程中,与驾驶任务密切相关的视觉因素的总结如表4-1所示。下面就分别对视力、视野、视觉适应、眩目、色彩感觉、行车环境的视觉感知进行详细叙述。

驾驶任务中的视觉因素 表4-1

视觉因素	定义	相关的驾驶任务
视角	被看物尺寸范围的两端点光线射入眼球的相交角度	从看仪表盘到看路面
静视力	静止时辨识物体形状的能力	识读远处交通标志
动视力	在运动中观察物体的能力	行驶过程中识别交通标志
临界视力	在视野边缘物体的感知	看到边侧自行车、行人靠近
眼动	眼球自由转动,改变注视方向	观察道路环境躲避危害
视觉适应	对不同光亮程度的感受适应过程	进入隧道时适应光线变化

续上表

视觉因素	定义	相关的驾驶任务
景深直觉与景深移动	判断物体的距离,感知视觉图像的大小变化	判断接近自己的车辆的速度
色彩感觉	识别不同颜色的能力	识别信号灯、交通标志的颜色
对比色灵敏度	识别与背景亮度相近的对象的能力	夜间辨认穿着深色衣服的行人
眩光敏感度	对眩光的恢复能力	夜间对向车灯眩光下完全会车

1)视力

视力可以分为动视力和静视力。静视力即人体静止时的视力,在我国,申请大型客车、牵引车、城市公交车、中型客车、大型货车、无轨电车或者有轨电车准驾车型的驾驶人,两眼裸视力或者矫正视力应达到对数视力表中的 5.0 以上;申请其他准驾车型的,两眼裸视力或者矫正视力应达到对数视力表中的 4.9 以上,且无红、绿色盲。动视力是汽车运动过程中驾驶人的视力。动视力随速度的增大而降低,同时和驾驶人的年龄有关,年龄越大,动视力越差。

视力还和亮度、色彩等因素有关,视力从暗到亮或从亮到暗都要有一个适应过程。高速公路上要设置必要的防眩设施,在隧道进出口都要认真考虑视力的这一渐变过程,而采取相应的措施。

2)视野

两眼注视某一目标,注视点两侧可以看到的范围称为视野。视野受视力、速度、颜色、驾驶人体质等各种因素限制。静视野范围最大。随着车速的增大,驾驶人的视野会明显变窄,注视点也会随之远移,两侧景物变模糊,具体见表 4-2。

驾驶人视野与行车速度的对应关系　　表 4-2

行车速度(km/h)	注视点在车辆前方距离(m)	视野(°)
40	180	90~100
70	360	60~80
105	610	<40

3)视觉适应

视觉适应是眼睛对光亮程度突然变化(光线由亮到暗或者由暗到亮)而引起的感觉性适应过程。当汽车由明亮处驶入暗处时,驾驶人通常至少需要 6s 才能适应,看清周围情况。汽车由暗处驶入明处时,视力恢复一般需要 3s。

对于不同年龄的驾驶人,视觉适应也有明显的不同,研究结果表明:20~30 岁,由明亮处驶入暗处的视觉适应能力不断地提高,40 岁以后逐渐下降,60 岁以后的视觉适应能力仅为 20 岁时的 1/8。了解驾驶人视觉适应的变化特点,对预防交通事故十分必要。

4)眩目

强光照射使驾驶人产生眩目,视力明显下降。夜间行车,对向车辆车头灯强光照射,最易使驾驶人产生眩目现象。强光照射中断后,视力从眩光影响中恢复过来需要时间,视力恢复时间的长短与刺激光的亮度、持续时间、受刺激人的年龄有关,一般为 3~6s。

与眩光有关的另一种现象是消失现象,即当某一物体(例如行人)因同时受到对象车辆的车灯照射,在某一相对距离内完全看不清该物,呈消失状态。站在路中心线的行人,当双向车辆距行人约 50m,车灯照射时,呈现消失现象,驾驶人会辨认不出行人。

5) 色彩感觉

可见光的波长为 400~700nm,可见的基本色有红、橙、黄、绿、青、蓝、紫。其中,红色刺激性强,使人强烈兴奋起来,波长最长,传播最远,易见性最高;黄色有最高的明亮度,反射光的强度最大;绿色给人的心理和生理效果是温柔、平静、有安全感。交通工程中利用颜色的物理特性及人对色彩的感觉,把红色光作为交通信号中的禁行信号,绿色光作为通行信号,黄色作为警告信号。

6) 行车环境的视觉感知

通过采集驾驶人在道路空间和停车场的视觉感知图像,发现驾驶人视觉感知的城市交通空间可概括为三类。第一类,地下停车库及地面停车场。驾驶人在地下停车库内看见的事物以汽车、停车标识、停车位周边的墙体、柱子为主,在地面停车场上以低矮灌木、植被以及 2m 以下的乔木的树干部分为主。第二类,十字路口信号灯等待区。十字路口是驾驶人路途内主要的停留场所,驾驶人的视觉感知内容主要包括信号灯、过街天桥、人行斑马线、行人以及十字路口周围建筑物上的大型广告牌等。相交道路宽度小于 25m 时,驾驶人能看清路口周边行人的言谈举止、建筑物底层的建筑材料、门窗风格样式以及商店橱窗内展示的物品;当相交道路宽度大于 25m 时,以上所能获得的信息随着道路宽度的增加而减少和弱化。第三类,车辆行驶过程中及堵车时的道路空间。车辆以大于 30km/h 的速度行驶时,可以辨认道路两旁的树木,但很难辨认低矮的花卉和灌木的叶子。堵车时,驾驶人视野内的主要事物包括周围车道上的汽车、道路识别系统和车辆行驶前方远处的高层建筑物顶部楼层轮廓。

4.1.4 驾驶人的疲劳特性

驾驶人的疲劳主要是指神经系统的疲劳和感觉器官的疲劳。驾驶人长时间开车会发生疲劳,这时感觉、知觉、判断、意志决定、运动等都会受到影响。统计表明,因疲劳产生的交通事故的次数,约占总事故次数的 1%~1.5%。但实际上由于难以判断疲劳驾驶,实际上因疲劳发生的事故远比上述数字要大得多。实验发现,驾驶人以 100km/h 的速度行进,30~40min 之后就出现抑制高级神经活动的信号,表现出欲睡、主动性下降。2h 后,生理机能进入睡眠状态。在一般情况下,驾驶人一天的开车时间长短、连续行驶距离、睡眠都应进行管理。

1) 疲劳的原因和种类

驾驶人在连续驾驶车辆后,出现生理、心理等机能的下降和驾驶操作效能下降的现象即为驾驶疲劳。

驾驶人长时间坐在固定的座位上,要从复杂的环境中不断获取交通信息并迅速处理,这种紧张状况时刻都在增加驾驶人的心理负担。由于驾驶工作的连续性,在行车中还常常因遇到交通堵塞或信号灯信号而停车,以致心情烦躁,加重心理负担,因而容易疲劳。在一些景物单调的道路上长距离行车,也容易产生疲劳。

疲劳一般分为身体疲劳和精神疲劳两种。前者由于体力劳动所致,表现在身体方面;后者由于脑力劳动所致,表现在精神方面。从疲劳恢复的时间来看,可以把疲劳分为一次性疲劳、积蓄疲劳和慢性疲劳。一次性疲劳是指经过短期的休息,比如睡一觉就可以恢复的疲劳。这是一种由于日常的劳动所引起的疲劳,正常驾驶疲劳就是属于这一种。积蓄疲劳不能用短时间的睡眠来恢复,睡一夜觉后,第二天还是疲劳,这是长时间积累起来的疲劳。要恢复这种疲劳必须长时间休养和保持十分充足的睡眠。否则,这种积蓄疲劳会发展成为慢性疲劳。慢性疲劳是一种病态疲劳,一般来说是由长时期处于疲劳状态引起的。这种疲劳使劳动质量下降,影响身心健康。积蓄疲劳严重者也和慢性疲劳者相似,都不宜驾驶车辆。

2) 疲劳对安全行车的影响

疲劳会使驾驶人的驾驶机能失调、下降,对安全行车带来不利的影响。

(1) 反应时间显著增长

据国外研究,工作一天以后,不同年龄的驾驶人,对红色信号的反应时间都增长了,对复杂刺激的反应时间也增长了,有的甚至增长至两倍,具体见表4-3。

不同年龄组驾驶人疲劳前后的简单反应时间 表4-3

年龄组(岁)	疲劳前的反应时间(ms)	疲劳后的反应时间(ms)
20~24	480~560	600~630
25~34	580~650	630~710
35~44	690~750	740~810
45~60	780~800	640~890

(2) 操作能力下降

疲劳之后,动作准确性下降,有时会发生反常的反应(对于较强的刺激出现弱反应,对于较弱的刺激出现强反应)。动作的协调性也受到破坏,以致反应不及时,有的动作过分急促,有的动作又过分迟缓。有时,做出的动作并没有错误,但不合时机。这在制动转向方面表现得最为明显。

(3) 判断失误增多

疲劳以后,判断错误和驾驶错误都远比平时增多。驾驶人疲劳严重时,会出现行车中打瞌睡的现象,极易引发重大的交通事故。根据交通事故统计资料显示,疲劳驾驶是交通死亡事故的主要原因之一。从交通事故现场来看,凡是在交通事故发生之前,在事故现场没有留下任何制动措施的印痕或者道路路面上只有车辆轮胎的压痕印,而没有制动减速轮胎拖印的,很多都可认定为是驾驶人疲劳过度打瞌睡造成的。

驾驶疲劳的原因,可以从驾驶人本身和驾驶的客观条件中去寻找,导致驾驶疲劳的因素大致可以归纳成如表4-4所示的几种。

影响驾驶人疲劳的各种因素 表4-4

生活情况	睡眠	睡眠时刻:几点开始睡眠 睡眠时间:几小时睡眠	睡眠环境:能否熟睡
	生活环境	居住环境:上班路程远近 家庭环境:婚否、家庭和睦情况	业余时间:下班后时间的利用
行车环境	车内环境	车内温度:温度是否合适 车内湿度:湿度是否合适 噪声及振动:是否太大	车内仪表:是否易于观察 座椅:乘坐是否舒适 与同乘者的关系:融洽或紧张

续上表

行车环境	行车环境	行车时间:白天、黄昏、夜间 气候:晴、雨、雪、雾	道路条件:道路线性、坡度以及位于市区、郊区、山区等 交通条件:通常或拥挤
	行驶条件	运行条件:长距离行车或短距离行车	时间限制:到达目的地的时间是否充裕
本人情况		身体条件:体力与健康状况 经验条件:技术是否熟练 年龄:青年、中年、老年	性别:男、女 性别:内向或外向

当今,出于安全的考虑,人们对于禁止酒后驾车行为的呼声越来越大,国家也对于酒后驾车行为采取了十分严厉的制裁措施。饮酒后,由于酒精的麻痹作用,导致驾驶人的反应缓慢,同时有些驾驶人由于酒精的作用还会开快车、乱开车,给正常的交通秩序带来危害,使得交通事故的危险程度进一步加大,给驾驶人、家人以及社会带来十分严重的后果。因此和疲劳驾驶一样,要严禁酒后驾驶行为。

4.2 离散驾驶行为

驾驶人的制动反应时间由两部分组成,感觉-反应时间(PRT)和移动时间(MT)。

4.2.1 感觉-反应时间(PRT)

反应是由外界因素的刺激而产生的感觉-行为过程。它包括驾驶人从视觉产生认识后,将信息传到大脑知觉中枢,经判断后,再由运动中枢给手脚发出命令,开始动作。感觉-反应时间(从刺激到反应之间的距离)是控制汽车行驶性能最重要的因素,具体过程如图 4-3 所示。

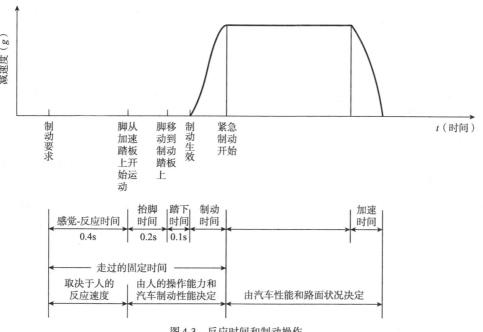

图 4-3 反应时间和制动操作

驾驶人开始制动前至少需要反应 0.4s,产生制动效果需 0.3s 时间,共计 0.7s。根据美国各州公路和运输工作者协会规定,判断时间为 1.5s,作用时间为 1s,故从感知、判断、开始制动导致发生效力全部时间通常按 2.5～3s 计算。

相对于一些物理或化学过程,人对刺激的反应实际上是非常慢的。人的机体从接受刺激,到认识这种刺激,并尽快作出反应所需要的时间,称为反应时间 t。它并不是指执行反应所用的时间,而是指刺激和反应之间的时间间隔,早期信息视觉理论中的反应时间模型为:

$$t = a + bH \tag{4-2}$$

式中:t——反应时间,s;

H——信息量(bit),如果 N 是等概率事件,$H = \log_2 N$;

a——对刺激进行感觉和注意,使信号经传入神经传入至大脑,由中枢神经进行编码后,经传出神经至效应器官引起反应的整个过程所需的时间,也就是外围复合过程的时间;

b——中枢神经系统进行辨别、选择、决策的时间,也可以理解为信息加工速率,即每增加一比特信息,中枢神经系统进行处理必须消耗的时间,约为 0.13s。

式(4-2)是描述反应时间的海曼(Hick-Hyman)定律,依据海曼定律,感觉-反应时间由两部分组成:一部分是固定相,决定于刺激、观测、选取、识别的总时间,对于所有驾驶人差别不大;另一部分是随机项,它与信息内容等因素有关。

表 4-5 中是关于影响制动反应时间的因素,表中的数值包括了驾驶人将脚从加速踏板转移到制动踏板的时间,是根据经验得出的置信水平为 85% 的制动反应时间。1.5s 是大多数驾驶人感觉-反应时间的上限值,并且根据统计分析表明:感觉-反应时间概率并不是正态分布的,而是对数正态分布的。

感觉-反应时间(s) 表 4-5

因素	时间(s)	累计时间(s)
感觉-反应时间	0.31	0.31
眼睛移动时间	0.09	0.4
目标选择	0.6	1
识别	0.5	1.5
开始制动	1.24	2.74

图 4-4 表示实际的分布曲线,用对数正态分布进行了拟合。如果驾驶人在开始时就没有对信号的反应时间,那么由于该图形没有包含驾驶人的思维反应时间,使得该分布具有明显的不对称性。当样本容量大于 50 或更大时,这些数据的自然对数可以假定逼近正态分布。对数正态分布可以通过查表得到。对数正态分布的概率密度函数 $f(t)$ 如式(4-3)所示。

$$f(t) = \frac{1}{\sqrt{2\pi}\xi \cdot t} \exp\left(\left(\frac{\ln t - \lambda}{\xi}\right)^2\right) \tag{4-3}$$

图 4-4 中,横坐标表示感觉-反应时间,纵坐标表示概率密度函数 $f(t)$。

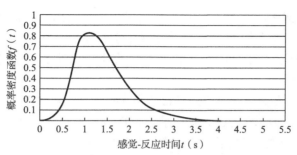

图 4-4 感觉-反应时间的对数正态分布

图 4-4 中决定形状的两个主要参数是 λ 和 ξ，可以看出这两个参数跟样本数据的平均值 μ 和标准偏差 σ 有关，以预期反应时间为例，具体公式为：

$$\xi^2 = \ln\left(1 + \frac{\sigma^2}{\mu^2}\right) \tag{4-4}$$

其中，参数 λ 可以体现出正常标准变量的值（相当于概率）与这些参数（数据的平均值和标准偏差 σ）有关，具体方程如下：

$$\lambda = \ln\left(\frac{\mu}{\sqrt{1+\sigma^2/\mu^2}}\right) \tag{4-5}$$

$$\Phi\left(\frac{\ln t - \lambda}{\xi}\right) = 0.5, 0.85\cdots \tag{4-6}$$

与 λ 相关的标准值计算如下：

$$\Phi\left(\frac{\ln t - \lambda}{\xi}\right) = Z \tag{4-7}$$

因此，可以通过用 0.00、1.04、1.65 和 2.33 替换式(4-7)中的 Z，求解 $\ln t$ 的 50%（中位数）、85%、95%、99% 等的值以及 t 的值。当观测样本很大（大于 50 或者更大）时，为了更好地适应一般情况，应该考虑将数据转换为百分值的正态近似数。当观测数据样本较少时，可以通过估计区间逼近到近似的百分点。

勒纳（Lerner）等人从广泛的研究中总结了制动感觉-反应时间（包括制动开始），分析了两个类型的反应：①驾驶人不知道什么时候开始制动，甚至不知道是否制动；②驾驶人被告知制动信号将会发生，但不知道确切的时间。将这些数据通过自然对数正态分布进行转化，具体得到的数值见表4-6。

制动感觉-反应时间   表 4-6

类型	事先未知	事先已知，但不确定何时
均值	1.31	0.54
标准差	0.61	0.1
λ	0.17	-0.63
ε	0.44	0.18
50%	1.18	0.53
85%	1.87	0.64
95%	2.45	0.72
99%	3.31	0.82

对事先未知情况,根据表4-6得知95%的驾驶人的制动感觉-反应时间在2.45s内,根据美国各州公路和运输工作者协会的设计建议值,对所有车速安全停车距离的反应时间为2.5s。于是2.5s的安全停车距离反应时间被广泛应用于高速公路上的所有情况,包括停车视距和其他各种视觉距离。

对于在高速公路上距离驾驶人近10km以外的喇叭声,对322名驾驶人的调查情况表明,他们的平均感觉-反应时间是0.75s,标准差是0.28s,转换为对数正态分布结果为:

50%感觉-反应时间在0.84s内;85%感觉-反应时间在1.02s内;

95%感觉-反应时间在1.27s内;99%感觉-反应时间在1.71s内。

该表可能无法充分估计在紧急时刻(如:观察时间突然增加)的感觉-反应时间。例:当没有车灯的汽车在黑暗中突然驶入一个车道,或者遇到了其他事物,都会使感觉-反应时间增加。

表4-7为凡波(Fambro)等人的研究,这些数据可以作为驾驶人对意外事件的感觉-反应时间的估计值。

意外物体感觉-反应时间的百分比估计(s)　　　表4-7

百分比	测试车辆、封闭道路	私人汽车、封闭道路	私人汽车、开放道路
50%	0.82	1.09	1.11
75%	1.02	1.54	1.40
90%	1.15	1.81	1.57
95%	1.23	1.98	1.68
99%	1.39	2.31	1.90

对于不同类型的道路,随着客观情况复杂程度的增加,感觉-反应时间从交通量较低的道路上到交通量较高的城市快速路上也由1.5s增加到3.0s。更多的交通信息量、每一单位时间需要作出比低交通量道路更多的决定,这些增加的因素延长了感觉-反应时间。

另外,反应时间的长短也取决于驾驶人自身的个性、年龄、对反应的准备程度,信息的强弱、刺激时间的长短、刺激次数的多寡,驾驶人饮酒、疲劳情况以及驾驶的车辆、道路情况、设计车速等因素。

4.2.2 移动时间

移动时间表示驾驶人在反应后,移动手/脚所需要的时间。以紧急制动为例,制动反应时间表示为驾驶人从发现紧急情况到把脚移动到制动踏板上所需要的时间。

费茨(Fitts)在1954年首次用模型对各种移动时间(MT)进行了标定,公式为:

$$MT = a + b\log_2\left(\frac{2A}{W}\right) \tag{4-8}$$

式中: a——最小的反应时间滞后,没有运动;

b——参数,取决于经验,随个体不同而变化,s;

A——运动起点到终点的距离,m;

W——车辆宽度(肢体移动方向),m;

$\log_2\left(\dfrac{2A}{W}\right)$——难度指数。

研究表明,费茨公式与脚的移动规律能够显著结合,即人的所有肢体移动都可以用费茨公式通过适当调整参数 a、b 来模型化,参数 a、b 与驾驶人年龄、驾驶条件、工作量大小、危险程度、时间的紧迫性、事前准备等因素有关。

但是,一些研究员很快地发现费茨公式并不能很好地模拟某些控制运动,比如不适用于反应时间小于 180ms 的精确快速移动。对于简短迅速的移动(小于 180ms),与车辆的宽度 W 无关,因此提出了不同的公式:

$$MT = a + b\sqrt{A} \tag{4-9}$$

在加速踏板与制动踏板之间的垂直间距及踏板间隔的研究中,当踏板的间隔为 10~15cm,有很小或者没有垂直间距时,控制移动时间将会为 0.15~0.17s。当制动踏板高于加速踏板 5cm 以上时,时间会显著延长。如果踏板间隔(费茨公式中的 A)改变,踏板规格不变时,平均移动时间(MT)是 0.22s,标准差是 0.2s。

在 1991 年,霍弗曼(Hoffman)总结了许多已有知识并且进行了研究,发现踏板的垂直距离对移动时间有很大的影响,而参数 A 的变化对移动时间的影响相对较小。在垂直间隔为 0 的情况下,移动时间最小值是 0.2s;当垂直间隔(制动踏板比加速踏板高)高达 7cm 时,移动时间就会增至 0.26s。制动踏板高于加速踏板 15cm 与制动踏板和加速踏板在同一水平面的布置相比较,脚由加速踏板移到制动踏板上的时间对比见表 4-8。

脚由加速踏板移到制动踏板的时间(s) 表 4-8

座位高度(cm)	制动踏板与加速踏板高度差	
	15cm	平齐
43	0.3059	0.194
50	0.337	0.183

感觉-反应时间(PRT)和移动时间无关,也就是说感觉-反应时间长,而移动反应时间却不一定长。应当指出,反应时间不单指快慢,而且还要保证驾驶人动作的正确性。驾驶人不应为了避免撞车而不考虑采取的措施是否正确,一味地求快,这样会导致更为严重的后果。在混合交通条件下,能在最危险的情况下正确、冷静、迅速地作出反应是驾驶人的必备品质,特别是当面对防护能力较差的行人时,更是如此。

4.3 连续驾驶模型

上一节介绍了交通流中有关驾驶人的离散行为特征。然而,驾驶活动是一个连续的动态过程,驾驶人通过操纵车辆,根据前方状况来确定即将行驶的路径。车辆位移的一、二阶导数(速度、加速度)也是通过对加速踏板和制动踏板的控制连续变化的。

4.3.1 驾驶行为

在人机操作系统中,驾驶人可近似看作一个线性的闭环控制系统(闭环控制是根据控制对象输出反馈来进行校正的控制方式,在实际与计划发生偏差时,按一定规则对系统进行调整),通过微分方程在跟踪情况下加以模拟,例如可以利用传递函数来进行模拟。

1) 驾驶传递函数

驾驶可以认为是普通跟踪模型中的一个特例,驾驶活动中有两个输入(两者结合产生修正信号)分别是:

(1) 驾驶人根据车道状况、视野变化和其他信息感觉到的期望路线;

(2) 车辆当前行驶方向和路线。

图 4-5 是驾驶人-车辆反馈系统,驾驶人通过分析两个输入,期望输入函数 $R(t)$(道路和驾驶人去的目的地)和系统误差函数 $E(t)$(道路走向与车辆运动方向 $C(t)$ 的偏差)进行分析。驾驶人能向道路前方观察(引导),并进行预测,纠正在路径中觉察到的错误。这两种驾驶人的预测功能和修正功能结合在一起作为控制车辆行驶方向的输入,而车辆行驶方向的改变也会反馈到驾驶人的下一轮预测中。驾驶人的操作处理与输出结果对控制的反馈相结合,形成一个闭环系统。

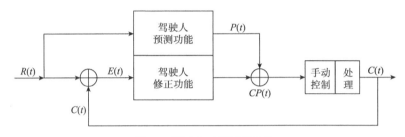

图 4-5 驾驶人-车辆反馈系统

在数学上,上图的模型可用下面的拉普拉斯传递函数表述,为:

$$g(s) = \frac{K e^{-ts}(1 + T_L s)}{(1 + T_I s)(1 + T_N s)} + R \tag{4-10}$$

式中: $g(s)$——转向输出;

K——驾驶人的操纵增益,模型常数;

e^{-ts}——反应时间,s,取 0.12 ~ 0.3s;

s——拉普拉斯算子,时间函数;

T_L——引导时间参数,0 ~ 2s;

T_I——延迟参数,0.0005 ~ 25s;

T_N——神经肌肉延迟参数,0 ~ 0.67s;

R——余项,弥补输入输出的非线性关系,减少误差。

式(4-10)为拉普拉斯传递函数,该式表现了建立驾驶人转向驾驶行为的基本建模方法(跟踪驾驶模式)。在该函数中,响应 $g(s)$ 表示对于一定的输入系统将作出多少回应,是最容易变化的参数。K 是驾驶人操作敏感条件,在 -12 ~ +35dB 之间改变。指数 e^{-ts} 是反应时间,取值范围为 0.12 ~ 0.3s,其中 s 为拉普拉斯算子。这种延迟主要受人对快速变化情况的适应能力所限制。参数 T 必须在一个给定的控制状况下通过实验得出。实验结果表明,一般 T_L(引导)在 0 ~ 2s 之间变化,T_I(延迟)在 0.0005 ~ 25s 间变化,T_N(神经肌肉时间延迟)在 0 ~

0.67s 的变化。变量 R 用来弥补输入和输出的非线性关系,减少输入输出误差。

式(4-10)是建立驾驶人驾驶行为模型的基本方法,不同的模型有不同的形式,初级驾驶人一般采用修正的跟踪模式模型驾驶,他们主要注意各种差别,比如车辆中心和人行道边缘之间的距离。并且驾驶人会在一些固定的视觉角度保持这种距离,当他们的技术熟练时会更加追求跟踪驾驶。表 4-9 是交通流建模者对相关驾驶行为的驾驶人的控制模式操纵分类表。

基于模型建立的驾驶人控制模式操纵分类表　　表 4-9

操纵	驾驶人控制模式		
	修正	跟车	有预见性
标准公路车道	1		
精确路线控制	2	1	
转向:坡道口、入口	2	1	
车道变化	2		1
追赶、超越	2	1	
躲避车道变化	2		1

表 4-9 中,表中的数字表明了驾驶人在控制模式下跟车转移的顺序。比如对于一个转向运动,驾驶人根据交叉口交通标线,以跟车模式驶入适当的车道,然后再按照修正模型作出车道位置调整。在紧急情况下,驾驶人可以通过紧急制动,使用补偿跟踪驾驶在新的车道上调整车辆的行驶方向。

2)基于模型的行为特性

(1)研究表明,当模型函数的输入频率大于 0.5Hz 时,从传递函数输出的振幅将很快地接近于零。如当行驶中遇到的障碍频率(如阵风、路障)高于每 2s 一个周期时,驾驶人以更快的频率进行修正。

(2)根据模型可知,输入和输出的延误随着输入频率增大而增加。当输入频率为 0.5Hz 时,输入输出延误接近 100ms;当输入频率为 2.4Hz 时,输入输出延误几乎增加一倍,达到 180ms。驾驶人可接受的正常频率是 1~2Hz。如果驾驶人对驾驶环境比较熟悉,则驾驶人可以通过有预见性的控制来提高驾驶操作。试验表明,当行驶速度在 57km/h 以下时,50% 置信水平下偏差是 15cm,标准差为 3.2cm;90% 置信水平在 90% 和 99% 情况下的偏差分别是 21cm 和 23cm。因此,在实际驾驶中,车辆大约会在车道 ±23cm 或 46cm 的横向区间内运动。当车辆驶过弯道时,驾驶人操作的精确性会下降,振动也会加强。因此对该过程可以有如下的描述:在转向动作开始后这个预见性控制行为很快结束;然后从稳态曲线驾驶阶段开始,这时驾驶人开始进行驾驶修正,车辆恢复向前行驶直到转向结束。下面公式解释了道路曲率(感觉)和车辆速度是如何确定的初始化驾驶输入:

$$g_s = \frac{SRl(1 + F_s u^2) C_r}{1000} \tag{4-11}$$

式中:C_r——车道曲率,m^{-1};

SR——单位输入驾驶人的反应;

F_s——稳定性参数;

l——轴距,m;

u——速度,m/s;

g_s——转向盘角度,rad。

驾驶输入的标准差大约是g_s的9%。因为比较弯曲的道路需要更大的转向盘角度,所以对于较弯曲的道路,误差将相应地增大,并且在修正阶段也将引起更多的曲线振动。

4.3.2 制动

驾驶人的操作是制动和加速等基本控制输入的完整结合,作为连续的制动控制过程,当驾驶人在经历了感觉-反应时间之后,其所驾驶的车辆开始减速或者制动。

1) 开环制动(即没有反馈系统)

所谓开环制动就是为了使车辆在行驶过程中以适当的减速度降低速度直至停车,保证行驶的安全性,车辆上装有行车制动器,在车辆制动防抱死装置出现之前,所使用的都是开环制动系统,其特点是制动器制动矩的大小仅与驾驶人的操纵力、制动力的分配调节以及制动器的尺寸和形式有关。由于没有车轮运动状态的反馈信号,无法测得制动过程中车轮的运动状态,因此就不能据此调节轮缸或者气室制动压力的大小。这样在紧急制动时,不可避免地出现车轮在地面上抱死侧滑的现象。当车轮抱死时,地面的侧向附着性能很差,所能提供的侧向附着力很小,当车辆所受到种种干扰外力作用下就会出现方向失稳问题,容易发生交通事故。在潮湿路面或者冰面上制动时,这种方向失稳现象更常发生。

对于开环制动,最简单的制动方式是驾驶人踏制动踏板到最大制动力,近似瞬间地对车辆给予制动输入。这种情况超出了本章的讨论范围,但是可以将此情况简单描述为会导致一个或多个车轮被抱死。当踩制动踏板进行制动的速度超过32km/h时,可能会出现制动失灵的情况,除非该车装有自动防抱死制动系统(ABS)。这样一个制动模型中,制动距离公式被假定为:

$$d = \frac{u^2}{257.9f} \tag{4-12}$$

式中:d——制动距离,m;

u——汽车制动开始时的速度,km/h;

f——轮胎与道路表面的摩擦系数,约等于以重力加速度g为单位的减速度。

图4-6是一个实际的制动过程,试验车辆是以64km/h的速度在一个干燥的直线路段上行驶,在"非计划性的"情况下(驾驶人不知道当何时或是否需要制动),车辆为一辆无ABS装备的标准客车。可以看出减速度急剧上升到最大约为0.9g,然后稳定在大约0.7g并使车辆停止,制动距离是65m。同时也应该注意到,在车辆完全停止后,延迟的反弹引起了一个特有的振动。

图4-7反映了相同的驾驶人和车辆情况下在潮湿表面上的制动。注意到在减速度在0.4g后有一段稳定的减速度。从建模观点出发,驾驶人对车辆的开环制动输入近似一个"阶跃"信号输入。

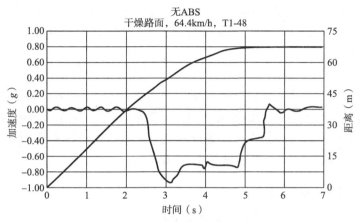

图 4-6 干燥路面驾驶人制动曲线

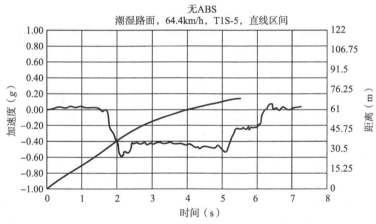

图 4-7 潮湿路面驾驶人制动曲线

2）闭环制动

车辆制动防抱死装置的基本功能是可感知制动轮每一瞬间的运行状态，并根据其运动状态相应地调节制动器制动力矩的大小，避免出现车轮的抱死现象，是一个闭环制动系统。

当装有防抱死装置的车辆在道路上行驶时，在碰到意外或者未知障碍物，不知道何时进行制动时，对于这种制动反应，表 4-10 提供了由经验数据得出的一些稳态值。

稳定状态减速的百分比估计　　　　　　　　　　　　　　　表 4-10

类型	意外减速	预期减速
均值	$-0.55g$	$-0.45g$
标准差	$0.07g$	$0.09g$
75%	$-0.43g$	$-0.36g$
90%	$-0.37g$	$-0.31g$
95%	$-0.32g$	$-0.27g$
99%	$-0.24g$	$-0.21g$

由表 4-10 可知,在同样的道路条件下,意外与预期的闭环制动减速度比大约是 1.22。道路摩擦力(无冰)对驾驶人的制动减速度影响很小,稳态下在潮湿道路和干燥道路上的减速度差别大约是 $0.05g \sim 0.1g$。

3) 最佳减速度

由于在交叉口或者交通控制设备前驾驶人可能需要停车,这些设备必须在车辆开始减速前被识别。驾驶人对于一个计划好的制动输入近似于一个线性减函数,其斜率由到期望停车点的距离或者稳态被超越情况下的速度决定。驾驶人通过踩制动踏板直到获得期望的减速度,通常公认的最大"舒适"减速度是 $0.3g$ 左右,或者 $3m/s^2$。

4.3.3 速度与加速度

驾驶人主要通过加速踏板或者其他设备来控制和改变车辆的速度和发动机每分钟的转数。

1) 稳态速度控制

在稳态交通条件下,驾驶人的主要任务是根据速度表显示,利用加速踏板作为控制输入实现驾驶任务。误差大小取决于许多因素:工作量、期望速度和当前显示速度之间的关系、速度表的位置与设计以及影响驾驶人瞬间行为的个人情况等。在交通拥挤的情况下,驾驶人根据在交通流中相对于其他车辆的位置作为主要依据完成驾驶任务。变车道时,驾驶人通常会降低速度。研究发现,期望速度与实际速度之间的误差改变在 $0.3 \sim 0.8 m/s$ 之间。在交通流的稳定阶段,速度误差范围可以不超过 $±1.5 m/s$,这主要通过正弦曲线来模拟。毫无疑问,智能运输系统将使交通流速度波动减少一半或者更多。

2) 加速度控制

车辆可以加速到多少直接受驾驶人的行为特征限制,实际的加速度,尤其是在交通流中(相对于起动),通常要比车辆的性能低很多,尤其是客车。在 48 km/h 或更高的速度下,舒适的加速度范围是 $0.6 \sim 0.7 m/s^2$。驾驶人在自由流下愿意使用的加速度大约是车辆最大加速度的 65%,即加速度 $a = 1 m/s^2$。如果驾驶人松开加速踏板(或相同的控制输入),在 100 km/h 或更高的速度下减速度大约是 $1 m/s^2$。相对于客车或轻型货车,重型货车更加受到车辆性能的限制。

4.4 生态驾驶行为

道路交通发展带来的能源消耗和空气污染问题已经成为交通领域研究的热点,生态驾驶由于其见效快、成本低等的特点受到国内外众多学者的关注。生态驾驶是一种以保护环境为原则的方式来驾驶汽车的行为,它杜绝突然加速与减速行为、飙车与发动机长时间空转。生态驾驶不仅可以减少空气污染与二氧化碳排放,而且还能节约成本与提高行驶的安全性。据日本经济产业省资源能源厅介绍,从对实施生态驾驶前后的测试结果来看,燃油消耗和尾气排放可减少 20%~40%。随着道路交通的发展,该理念已成为道路交通节能减排的重要措施。

对于生态驾驶,欧洲各国提出了生态驾驶"五大黄金法则",即交通流状态、平稳驾驶、及早换挡、常检查胎压和不必要的燃油消耗等;日本提出了"生态驾驶十法",其具体驾驶内容为:平稳起步,保持稳定的行驶速度;减少急加速、急减速次数;减少车辆附属部件的使用;及时检查维护车辆;提前预测交通流,选择最佳行驶路径;长时间怠速时熄火等日常驾驶操作。生态驾驶虽是一些驾车的简单小技能,长期坚持则可以赢得经济、环境与舒适"三赢"的局面。

4.4.1 生态驾驶影响因素

影响汽车节能减排的因素众多,不论是生态驾驶"五大黄金法则",还是"生态驾驶十法",其都是经过大量验证试验,认为每项法则对节能减排真实有效才提出。生态驾驶的影响因素归结起来有驾驶人个性特征、外界刺激信息、道路交通状况、行驶参数、车辆自身特征等方面,如图 4-8 所示。

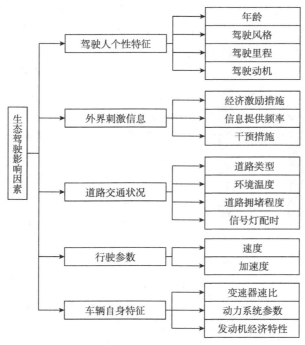

图 4-8 生态驾驶因素

(1)驾驶人个性特征包括年龄、驾驶风格、驾驶里程、驾驶动机等。驾驶人个性特性是影响驾驶人生态驾驶行为的重要因素,它与驾驶人的性格、经验、动机等决定。据研究表明,通过改变驾驶风格,可以引起不同类型驾驶人燃油消耗量不同程度的变化。有研究者检测了驾驶人在临界距离行驶时的生态驾驶行为,发现参与者在临界范围情况下明显使用更多不同的生态驾驶策略,表明驾驶人的生态驾驶与驾驶动机密切相关。

(2)外界刺激信息包含生态驾驶促进信息提供的频率、经济激励措施、干预措施等。生态驾驶促进信息包括行程开始、行程结束、平均行驶速度、急加速、急减速及操纵次数等信息,合适的信息提供频率可以使驾驶人保持长久的生态驾驶状态。有研究显示,对于经济激励措施,有形的非货币激励措施比货币激励措施更加有效。

(3)道路状况及交通条件包含道路类型、环境温度、道路拥堵程度、信号灯配时等。在不同道路类型上,生态驾驶行为的效果也不尽相同,对轻型车而言,在城市道路工况(即内燃机在标定功率及相应转速运转时的工作状况)中不同驾驶风格可以引起30%的燃油消耗变化,高速公路工况中则可以引起20%的燃油消耗变化。

(4)速度、加速度等行驶参数也是影响生态驾驶的重要因素。驾驶人在不同的行驶速度下产生的燃油消耗是不同的,一般来说,燃油车的能源消耗率最佳的速度范围比电动汽车的高。

(5)此外,变速器速比、动力系统参数、发动机经济特性等车辆自身特征也会影响车辆的燃油消耗。Holdstock等人分析了传动系统拓扑结构对电动汽车能耗的影响。对比四速变速器系统和单速、双速变速器发现电动汽车的性能和效率显著提高。

4.4.2 生态驾驶效果分析

汽车燃油消耗所产生的尾气是空气污染物的重要来源之一。因此众多学者对于如何减轻污染进行了众多的研究,生态驾驶也是研究的热点话题,也取得了丰硕的成果。

(1)汽车在平路起步时,驾驶人反复多次不同程度地操控加速踏板并连续换挡,使车辆从静止状态加速到40km/h,其油耗情况如图4-9所示。

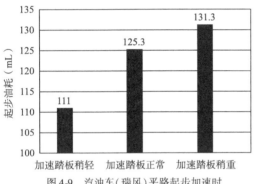

图4-9 汽油车(瑞风)平路起步加速时加速踏板控制对油耗的影响

由图可知,驾驶人稍微轻踩加速踏板时的燃油消耗量最少。因此,汽车起步时,要做到发动机既不熄火又能节油,关键在于驾驶人正确掌握离合器踏板和加速踏板的配合操作要领,做好"油离配合",尤其是要注意在起步时采取"轻踩缓抬"加速踏板的操作。

(2)换挡变速是行车中的常见操作,虽然车辆在不同的挡位下都能行驶,但是其耗油差别很大,选择合适的行驶挡位和换挡时机对提高汽车的行驶经济型至关重要。

汽油车在40km/h、60km/h、80km/h和100km/h不同的速度下,驾驶人分别使用4挡和5挡进行等速行驶的油耗试验,试验结果如图4-10所示。由图可以看出,使用5挡行驶比4挡油耗要低。也就是说,为了节省燃油消耗,行车中应及早换入高速挡,并在条件允许时尽量使用高速挡行驶。

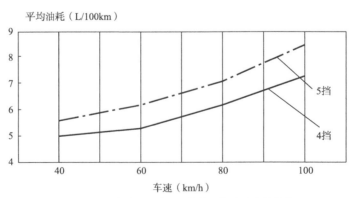

图4-10 桑塔纳用4挡和5挡等速行驶的油耗曲线

车辆行驶时还须根据行驶车速和路况选择最佳的换挡时机变换挡位,做到高挡不缓行,低挡不高速,否则,超前或滞后换挡都会增加燃油消耗。

除此之外,众多学者对生态驾驶的节能潜力也进行了研究,其节能效果见表4-11。

生态驾驶节能效果　　　　　　　　　　　　　表4-11

学者(时间)	研究方法	效果
Holdstock(霍)(2015)	30~45min的生态驾驶培训+实车实践	生态驾驶可以使燃料消耗和碳排放量的减少达10%以上
Conder(康德)(2011)	借助智能驾驶人反馈系统	对于攻击型驾驶人,生态驾驶可以降低20%的燃油消耗,对于性格温和的驾驶人,生态驾驶可以降低5%~10%的燃油消耗
Schall(沙尔)(2017)	提供货币和非货币激励的实车对比试验	有形的非货币激励,料消耗平均降低5%
Barth(巴斯)(2009)	在驾驶行程中提供动态驾驶建议	生态驾驶动态建议可以减少10%~20%的燃料消耗和CO_2排放,并不会对整个行程时间造成太大影响,节省的百分比还取决于拥堵水平,在自由流下,收效甚微,拥堵情况下,节省可观
靳秋思(2015)	模拟仿真生态驾驶轨迹优化算法	生态驾驶使CO_2、CO、NO_x、HC这4种车辆排放物分别减少30.1%、24.9%、23.6%、21.5%
Bingham(宾厄姆)(2012)	实车采集驾驶行为数据	驾驶行为可以引起电动汽车30%行驶里程的变化

从表4-11可以看出,对于燃油汽车,生态驾驶对于单个车辆可以减少5%~10%的燃油消耗量,对于电动汽车,甚至可以引起30%的行驶里程的变化。近年来生态驾驶在宏观层面上对整个交通流的影响,也激发了广大研究者的兴趣。由研究可知:

(1)在不同交通流下,生态驾驶的效果不同,且目前的研究结果存在矛盾,有学者认为生态驾驶的效果会随着交通流密度的增加而减少,在拥堵状态下生态驾驶对节能减排甚至有负面影响,但也有少数研究的结论与之相反。

(2)生态驾驶会影响行程时间,据初步研究,交通量较小时,实施生态驾驶会增加车均行驶时间,交通量高时,会降低车均行驶时间。

(3)国外对交通系统生态驾驶的研究多以理想仿真环境为主,鲜以实际交通流为研究对象,而目前国内外对生态驾驶的影响多以单车的节能效果为主,考虑整个交通流影响的研究甚少,车辆始终是长期处于运动的交通流下,单车的节能效果甚微,且随着智慧城市、智慧交通的不断发展,将单车生态驾驶推广到整个交通系统节能将会具有更重要的社会经济价值。

(4)以往研究多以对比试验的手段研究实施生态驾驶策略前、后的节能减排效果,却忽视了生态驾驶对节能减排的长期影响的研究,人的记忆会随着时间的推移不断衰减,生态驾驶培训策略的效果也会有一定的时效性,如何将生态驾驶的效果保持更长久将会具有很好的研究意义。

4.5 驾驶人交通特性对交通流的影响

前面简要讨论了交通流中与驾驶人-车辆系统建模相关的驾驶人行为基本理论,下面进一步讨论其在交通中的应用。

4.5.1 交通流中的追赶与超车

通常驾驶人以较大加速度追赶和超越其他车辆。公路交通中超过另外一辆车(客车)的加速度大约是 $1m/s^2$。式(4-13)是陡坡上坡时的加速度近似计算式:

$$a_{GV} \approx a_{LV} - \frac{Gg}{100} \tag{4-13}$$

式中:a_{GV}——最大斜坡加速度,m/s^2;

a_{LV}——最大水平加速度,m/s^2;

G——坡度,%;

g——重力加速度,取 $9.8m/s^2$。

客车在从零到稳态速度的变化过程中,其最大加速度从 $3m/s^2$ 左右减少到 $2m/s^2$ 以下。在高速情况下,一些微型汽车的加速度可以小到 $1m/s^2$。式(4-13)中,追赶加速度必须达到最大加速度的 65%。大型货车或带拖车的拖拉机在标准起动时,在水平道路上的最大加速度不会超过 $0.4m/s^2$,$100km/h$ 时的加速度为 $0.1m/s^2$。这种情况下的超车,驾驶人必须用力踩加速踏板以发挥车辆最大加速性能。

美国各州公路与运输工作者协会《道路几何线形设计准则》认为 $56km/h$ 时的合理加速度为 $0.63m/s^2$,$70km/h$ 时为 $0.64m/s^2$,$100km/h$ 时为 $0.66m/s^2$。这些设计显得比较保守,但是在灵敏度分析中,学者希望使用较高的值来进行分析研究。

4.5.2 可插车间隙与合流

1) 可插车间隙

驾驶人进入或穿越交通流必须判断潜在的冲突车辆与自己车辆之间的距离,并做出决策是否进入或穿过。连续车辆到达某一点的时间间隔就是间隙,临界间隙就是驾驶人试图汇入或者通过连续车流时间间隙的最小值,有五种不同的可插车间隙情况,它们分别是:

(1)左转通过对向交通,无交通控制;

(2)左转通过对向交通,有交通控制(绿灯);

(3)从停车或让路控制交叉口左转到横向车流;

(4)从停车或让路控制交叉口穿过横向车流;

(5)从停车或让路控制交叉口右转到横向车流。

根据《道路通行能力手册》(2016 年版本),表 4-12 提供了这些情况下的设计数据。表中列出了各种情况下可插车间隙时间,从最小的 4s 到 8.5s。因此,在一个以 $50km/h$($14m/s$)行驶的车队中,车间距离为 $56 \sim 119m$;$90km/h$($25m/s$)时为 $100 \sim 213m$。

无信号交叉口临界间隙时间值(单位:s)　　　　　　　　　表 4-12

操作	控制	平均行驶速度			
		50km/h		90km/h	
		干道车道数			
		2	4	2	4
1	无	5.0	5.5	5.5	6.0
2	绿灯	5.0	5.5	5.5	6.0
3	停车	6.5	7.0	8.0	8.5
3	让路	6.0	6.5	7.0	7.5
4	停车	6.0	6.5	7.5	8.0
4	让路	5.5	6.0	6.5	7.0
5*	停车	5.5	5.5	6.5	6.5
5*	让路	5.0	5.0	5.5	5.5

注:* 如果半径大于 15m,或者转动角度小于 60°,减去 0.5s。如果有加速车道,减去 1.0s。时间是以秒为单位的。所有的操作:如果人口数大于 250000,减去 0.5s。如果限制视距,加 1.0s;最多减去 1.0s,最大临界间隔小于或等于 8.5s。

2)合流

在高速公路或同等设施的公路上,通过加速汇入交通流时,对于一个以 90km/h 行驶有 1s 加速时间的 4 车道的交通状况,情况⑤"从停车或让路控制交叉口右转到横向车流"提供了一个可接受间隙的估计:4.5s。理论上,如果车辆以相同或大于相同的速度行驶,当它们先从一个车道汇合到另外一个车道时,大约 3 辆车的长度(14m)是可以接受的最小间隙。

4.5.3 停车视距(SSD)

驾驶人在行驶过程中,看到同一车道上的障碍物时,从开始制动至到达障碍物前安全停车的最短距离,称为停车视距。停车视距由三部分距离组成,即驾驶人在反应时间内车辆行驶的距离(l_1)、开始制动至停车的制动距离($l_{制}$)和安全距离(l_0),如图 4-11 所示。

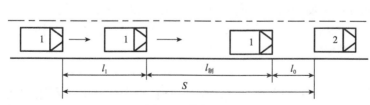

图 4-11　停车视距

根据美国各州公路及运输工作者协会《道路几何线形设计准则》,道路上的最小视距应该保证以设计速度行驶的车辆在到达其前方的"固定物体"之前能够停车。视距至少满足"平均水平以下"的驾驶人或车辆在这个距离内能够停车。

通常，设计人员使用"最坏情形"来对停车视距研究进行设计分析。很明显，90%置信水平的感觉-反应时间和制动距离将结合为较保守的99%的置信水平的感觉-反应时间和制动距离，基本可以视为每个人的停车视距将等于或小于这个距离。因此，对于停车视距，最不利的情况是：感觉-反应时间：1.57s；制动减速度：0.37g。例如，在干燥的水平路面上以88km/h的速度行驶，计算停车视距为：

感觉-反应距离

$$1.57 \times 88/3.6 = 38.4 \text{m}$$

制动距离

$$88^2/(257.9 \times 0.37) = 81.2 \text{m}$$

停车视距

$$38.4 + 81.2 = 119.6 \text{m}$$

比较美国各州公路及运输工作者协会（感觉-反应时间为2.5s），在干燥的水平路面上用$f=0.65$作为摩擦系数，停车视距将是：

感觉-反应距离

$$2.50 \times 88/3.6 = 61.1 \text{m}$$

制动距离

$$88^2/(257.9 \times 0.65) = 46.2 \text{m}$$

停车视距

$$61.1 + 46.2 = 107.3 \text{m}$$

当然也可以假定其他相同或不同的置信水平组合来加以估计。

4.5.4 交叉口视距

为了保证交叉口的行车安全，驾驶人在交叉口前的一段距离内，必须能看清交叉道路上的交通情况，以便顺利地驶过交叉口或者及时停车。这一距离必须大于或者等于停车视距，美国各州公路及运输工作者协会《道路几何线形设计准则》定了4种情况下的交叉口视距。由于信号交叉口已经讨论过，这里只分析前3种情况。

1）无控制

对于居民区或工业区内部的交叉口，由于车速不高，驾驶人对本地区情况熟悉，可以不设管制。驾驶人开始加速或者减速是根据自己看到交叉口交通流中的间隙决定的。这种情况的感觉-反应时间和简单反应时间相同，可以应用停车视距原理。美国各州公路及运输工作者协会建议在确定交叉口视距时，用2s。实际上因人而异，总的反应时间一般为0.5~0.4s，在这种情况显得非常保守。

2）让路控制

让路控制是要求道路上的车辆在进入交叉口时，预先估计能否利用空档来通过交叉口。这是一种复杂的状况，没有可靠的数据来估计感觉-反应时间，可以将感觉-反应时间看做从让路标志初次被视认清楚到驾驶人开始减速操作或者在横向交通前加速通过交叉口之间的时间。由于存在对标志的事先反应，而不是对前方的交通状况的反应，驾驶人往往在距离交叉口300m或更远的地方就开始减速。

3）二路停车控制

为保证主干道通畅,支路车辆停下来等待主路车流有空隙时穿过。对于大多数有合理停车视距的交叉口来说,驾驶人在到达停车线前已经完成了对横向道路的观察。这时感觉-反应时间包括三种情况(表4-13):①车辆停止;②排队车流中第一辆车在停车线处开始移动;③最近车辆开始转向左移动或向最近距离行驶。尽管从不同的起点开始,但都以开始加速或减速终止。

交叉口感觉-反应时间(s)　　　　　　　　　　表4-13

情况类型	平交路口		T形交叉口	
	均值	85%	均值	85%
情况①	2.2	2.7	2.8	3.1
情况②	1.8	2.6	1.9	2.8
情况③	1.6	2.5	1.8	2.5

因此,对于大多数驾驶人来说,感觉-反应时间的保守估计略大于3s。

4.5.5 其他驾驶人行为特征

1）速度错觉

有经验的驾驶人不看速度表就能相当准确地调整汽车的速度,但是持续高速行车之后往往会对速度的适时降低会估计不足。例如驾驶人以112km/h的速度行驶32km后,当要求"速度减半"时,平均速度比要求(64km/h)的高20%。从城外干道驶入城市的入口道路上,很多驾驶人不能及时根据变化的交通条件改变速度,因此造成在郊区的交通事故数量比在市中心区的街道上的事故数大。当驾驶人从低速到达高速时,他们也会对速度估计不足,实际速度比要求的低10%~20%。驾驶人重新调整并适应一般需要几分钟时间。

速度估算的准确性随着工作年龄增加而增加,但是年老的驾驶人趋向于低估,而年轻的驾驶人趋于高估。此外,周围条件对判断速度也有影响,如有经验的驾驶人在四车道道路上行车,车速为100~110km/h,其感受会与在有道旁树的两车道道路上行车车速为60~70km/h时的感觉相同。

2）信息干扰

驾驶人通过事故发生地、商业区、活动区、建筑维修工地等时,会遇到与驾驶无关却会转移注意力的事件,这会增加对驾驶人的视觉干扰,应尽力避免。在路上或路边的这些干扰是暂时的。由于缺乏详细而精确的关于驾驶人暂时干扰方面的数据,可以通过增加一个加速度项来对驾驶人的注意力分散加以研究。这种干扰通常来自以前进方向为中心的30°锥体内区域内,它也可能导致车道偏移振幅的增加。

3）实时信息

智能交通运输系统(ITS)的发展,使得驾驶人依据信息处理设施及时调整自己的驾驶行为具有了现实可能性。未来的车辆中可以安装信息屏、冲突避免显示器以及更多的其他设备。一些文章显示研究人员已经开始从事实时信息对驾驶人驾驶行为影响的研究。事实上,驾驶人处理信息的能力是有限的,信息处理工作量的增加会影响驾驶行为的精度。当驾驶人被分配的任务增多时,其部分任务的效率和精确性会降低。当相互竞争的任务使用相同的感官(如视觉)和相似的大脑资源时,错误就会显著增加。随着任务复杂性的增加,比如在非常拥挤的城市高速公路条件下,任何额外的任务都会影响驾驶行为,对于老年驾驶人更是如此。在驾驶过程中使用手机、听车载音乐也被认为会对驾驶行为构成潜在的干扰。

习题

1. 驾驶人的交通行为及心理特性是什么?
2. 驾驶人的疲劳特性会对安全行车产生哪些影响?
3. 驾驶人对交通流的影响体现在哪些方面?
4. 解释名词:视觉,动视力,暗适应,反应时间,疲劳驾驶。
5. 描述驾驶人生理、心理特性在道路交通工程中的应用。

第5章 车辆跟驰模型

5.1 概 述

跟驰行为的研究开始于20世纪50年代初,之后有关跟驰行为的研究逐渐成为交通流领域的热点课题,尤其是近年来跟驰行为的研究得到了快速发展。跟驰理论着重讨论非自由行驶状态下的交通流特性,并用数学模式加以分析阐明,对现代交通的模拟、评价及管理控制有着重要的意义。

车辆跟驰模型(Car-Following Model)将交通中的车辆看成分散的、存在相互作用的粒子,在假设没有超车的情况下,通过研究后车跟随前车的动力学过程,进而分析单车道上交通流的演化特性。车辆跟驰理论将整个交通系统视为一种质点系动力学系统。它假设车队中的每辆车必须与前车保持一定的距离以免碰撞,通过考虑跟驰车辆对车头间距、速度差等刺激因素的反应,建立描述车辆运动规律的微分方程,进而通过求解微分方程就可以确定车流的演化过程。

车辆跟驰模型作为描述微观交通流特征的重要方法之一,近年来一直受到学者们广泛的关注和重视。车辆跟驰行为研究侧重于从微观角度研究驾驶人和车辆的行为特征,涉及交通工程学、系统工程、心理学、车辆工程、物理学和自动控制等学科的知识,充分理解跟驰行为对交通管理与控制、交通安全、交通运营、通行能力和服务水平等方面的分析具有重要意义。车辆跟驰理论的发展加深了人们对交通流特性的认识,同时也克服了早期交通流理论无法解决的问题,如车辆的动力学特性和宏观交通流的波动特性,在理论分析和工程应用中都得到了广泛关注和认可。其中最典型的案例就是道路通行能力的计算方法。在对速度-间距关系的研究中,单车道道路的通行能力估计都基于下面的公式:

$$C = 1000V/S \tag{5-1}$$

式中:C——单车道的通行能力,辆/h;

V——平均速度,km/h;

S——平均车头间距,m。

大量研究表明,平均车头间距S可以根据假定的车辆跟驰特性确定。考虑这样的情景:初始时两车以平均速度V稳定行驶,平均车头间距为S,假定前车遇到紧急情况突然制动,为了避免碰撞事故发生,平均车头间距S至少应满足如下条件:

$$S = \alpha + \beta V + \gamma V^2 \tag{5-2}$$

式中：α——车辆长度；

β——反应时间；

γ——跟随车辆两倍最大减速度的倒数。

式(5-2)的附加项 γV^2 保证了足够大的车头间距，从而可以避免由于前车突然制动而造成追尾事故。γ 的经验值约为 $0.075 s^2/m$。实际上，γ 的值通常为非线性的，可以通过式(5-3)来计算：

$$\gamma = 0.5(a_f^{-1} - a_l^{-1}) \tag{5-3}$$

式中：a_f、a_l——跟驰车和头车的最大减速度。

从上述模型的假设条件可以看出，该模型只适用于交通流中各车速度均相同的稳定状态，并且每辆跟驰车试图保持稳定的车头间距。之后，罗伊舍尔(Reuschel)和派普斯(Pipes)分别独立提出了数学描述的车辆跟驰模型，同时，也有学者基于运筹学理论研究车辆跟驰模型。

5.2 基本假设和车辆跟驰特性

5.2.1 基本假设

车辆跟驰模型建立的基础是对实际驾驶行为的认知和逻辑抽象，进而构建描述车辆运行过程的数学模型。本节主要介绍基本的单车道车辆跟驰模型，该类模型的基本假设条件如下：

(1)道路平直，无交叉口或匝道，不允许超车；

(2)当前方车辆较远时，车辆自由行驶；当车头间距在 100~200m 时，车辆间存在相互影响，后车处于跟驰行驶状态；

(3)在跟驰行驶时，后方车辆根据前方车辆的运行状态来调整本车的运动状态；

(4)驾驶人根据当前时刻之前的信息进行判断，不能采取违反因果律的行为；

(5)驾驶人可以有不同的驾驶习惯，其行为不一定总是及时、精确或正确的。

车辆跟驰模型主要关注跟驰行驶状态下驾驶人的行为特征和车辆运动特征的模型描述。通常，可以将跟驰车辆驾驶人的反应归纳为如下三个阶段：

①感知阶段：驾驶人通过视觉搜集交通环境和车辆状态信息，包括车头间距、前车速度、加速度和速度差等。

②决策阶段：驾驶人对获得的信息进行分析，决定驾驶策略。

③控制阶段：驾驶人根据自己的决策对车辆进行操纵控制。

5.2.2 车辆跟驰特性

假设在道路上，当交通流的密度很大时，车辆间距较小，车队中任一辆车的车速都受前车速度的制约，驾驶人只能按前车提供的信息采用相应的车速，这种状态称为非自由运行状态。跟驰理论只研究非自由行驶状态下车队的特性，一般包含制约性、延迟性和传递性。

1) 制约性

在一队车辆中,驾驶人总不愿意落后,而是紧随前车前进,这就是"紧随要求"。同时,后车的车速不能长时间地大于前车车速。只能在前车车速附近变动,否则会发生碰撞,这就是"车速条件"。此外,前后车之间必须保持一个安全距离,在前车制动后,两车之间有足够的距离,从而有足够的时间供后车驾驶人做出反应,采取制动措施,这就是"间距条件"。显然,车速高时,制动距离大,安全距离也加大。

紧随要求、车速条件和间距条件构成了一队车辆跟驰行驶的制约性,即前车车速制约着后车车速和两车间距。

2) 延迟性

从跟驰车队的制约性可知,前车改变运行状态后,后车也要改变,但前后车运行状态的改变不是同步的,后车运行的状态改变滞后于前车。因为驾驶人对前车运行状态的改变要有一个反应过程,需要反应时间。假设反应时间为 T,那么前车在 t 时刻的动作,后车在 $t+T$ 时刻才能做出相应的动作,这就是延迟性。

3) 传递性

由制约性可知,第 1 辆车的运行状态制约着第 2 辆车的运行状态,第 2 辆车又制约着第 3 辆,……,第 n 辆制约着第 $n+1$ 辆。一旦第一辆车改变运行状态,它的效应将会一辆接一辆地向后传递,直至车队的最后一辆,这就是传递性。而这种运行状态的传递又具有延迟性。这种具有延迟性的向后传递的信息不是平滑连续的,而是像脉冲一样间断连续的。

制约性、延迟性和传递性构成了车辆跟驰行驶的基本特征,同时也是车辆跟驰模型建立的理论基础。

5.3 线性跟驰模型

车辆跟驰模型是在对驾驶人反应特性深入分析的基础上,经过简化抽象得到关于刺激-反应的关系式:

$$反应 = \lambda \times 刺激 \tag{5-4}$$

式中:λ——驾驶人对刺激的反应系数,称为灵敏度或灵敏系数。

驾驶人接受的刺激是指其前面引导车的加速或减速行为以及随之产生的两车之间的速度差或车间距离的变化;驾驶人对刺激的反应是指根据前车所做的加速或减速运动而对车辆进行的相应操纵及其效果。

线性车辆跟驰模型就是基于上述刺激-反应关系原理而建立的最简单的模型形式。图 5-1 为线性跟驰模型原理示意图。图 5-1 中,$x_{n-1}(t)$ 和 $x_n(t)$ 分别表示 t 时刻车辆 $n-1$ 和其跟随车 n 的位置,$S(t) = x_{n-1}(t) - x_n(t)$ 为 t 时刻车辆间的车头间距,T 表示驾驶人的反应时间,$d_1 = T \cdot v_n(t)$ 表示驾驶人在反应时间 T 内车辆 n 行驶的距离,d_2 表示车辆 n 的制动距离,d_3 表示车辆 $n-1$ 的制动距离,L 表示停车安全距离。

根据图 5-1,可以得到如下基本关系式:

$$S(t) = x_{n-1}(t) - x_n(t) = d_1 + d_2 + L - d_3 \tag{5-5}$$

$$d_1 = T \cdot v_n(t) = T \cdot v_n(t+T) = T \cdot \dot{x}_n(t+T) \tag{5-6}$$

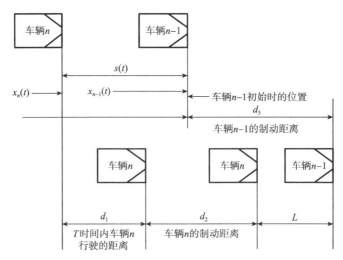

图 5-1 线性跟驰模型示意图

假设两车的制动距离相等,即 $d_2 = d_3$,则有:

$$S(t) = x_{n-1}(t) - x_n(t) = d_1 + L \tag{5-7}$$

由式(5-6)和式(5-7)可得:

$$x_{n-1}(t) - x_n(t) = T \cdot \dot{x}_n(t+T) + L \tag{5-8}$$

在式(5-8)两边对 t 求导,得到:

$$\dot{x}_{n-1}(t) - \dot{x}_n(t) = T \cdot \ddot{x}_n(t+T) \tag{5-9}$$

令 $\lambda = 1/T$,将式(5-9)整理为如下形式:

$$\ddot{x}_n(t+T) = \lambda \left[\dot{x}_{n-1}(t) - \dot{x}_n(t) \right] \tag{5-10}$$

或写成:

$$\ddot{x}_n(t) = \lambda \left[\dot{x}_{n-1}(t-T) - \dot{x}_n(t-T) \right] \tag{5-11}$$

与式(5-4)对比,可以看出式(5-10)是对刺激-反应方程的近似表示:刺激为两车的相对速度;反应为跟驰车辆的加速度。考虑一般的情况,可以将 λ 视为驾驶人对刺激反应强度的系数,而不局限于取值为 $\lambda = 1/T$,只是其量纲仍为 s^{-1}。

实际中,车辆跟驰的行为是非常复杂的,式(5-10)仅是车辆跟驰过程的一个近似线性数学方程描述,因此该类模型也称为线性车辆跟驰模型。即便如此,模型也能在一定程度上描述车辆的动力学过程,同时,模型的提出为描述跟驰行为提供了基本的方法。图 5-2 给出了车辆跟驰一般过程的理论框架图。可以看出,车辆跟驰过程包括三个部分:信息输入、驾驶人的反应和控制、状态输出。首先,输入前车运行状态,通常包括前车的速度、加速度及车头间距等;其次,驾驶人感知前车的状态信息并进行分析判断,进而做出决策并控制车辆状态;最后,车辆根据驾驶人的控制而跟随前车运行,输出跟驰车的运行状态。在这个过程中,还存在一个反馈过程,即车辆运行的动力学特性会反过来影响驾驶人的信息感知和决策控制过程。完善的跟驰模型应包括一系列以便于建模描述车辆及道路的动态特性、驾驶人的生理心理特性和车辆间的配合,但不包括侧向控制、交通状况和紧急情况。

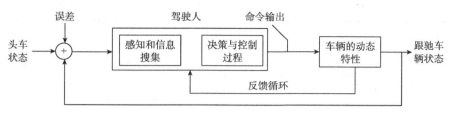

图 5-2 车辆跟驰模型框架图

考虑两辆车的情形,停止状态时的车头间距为 7.5m。前车的运行分为三部分,先从停止状态开始均匀加速行驶,加速度为 1m/s^2;当速度达到 13m/s(46.8km/h)时,匀速行驶 8s;然后以 1.3m/s^2 的减速度行驶,直到停止。后车紧跟前车行驶,与前车始终保持最小安全车头间距。

下面给出车辆的速度、距离计算公式。对于非匀加速运动,速度的计算公式可以用下面近似式:

$$\dot{x}_n(t+\Delta t) = \dot{x}_n(t) + \left[\frac{\ddot{x}_n(t) + \ddot{x}_n(t+\Delta t)}{2}\right]\Delta t \tag{5-12}$$

取时间间隔 $\Delta t = 1\text{s}$,则前车的速度计算公式为:

$$\dot{x}_1(t+1) = \dot{x}_1(t) + \frac{\ddot{x}_1(t) + \ddot{x}_1(t+1)}{2} \tag{5-13}$$

距离计算公式为:

$$x_1(t+\Delta t) = x_1(t) + \dot{x}_1(t)\Delta t + \left[\frac{\ddot{x}_1(t) + \ddot{x}_1(t+\Delta t)}{2}\right]\frac{\Delta t^2}{2} \tag{5-14}$$

则前车的距离计算公式简化为:

$$x_1(t+1) = x_1(t) + \dot{x}_1(t) + \frac{\ddot{x}_1(t)}{2} \tag{5-15}$$

根据线性跟驰模型:

$$\ddot{x}_{n+1}(t+T) = \lambda[\dot{x}_n(t) - \dot{x}_{n+1}(t)] \tag{5-16}$$

给定后车驾驶人的反应时间 T 为 1s,敏感度系数 λ 值取 0.5,则后车的加速度由下式确定:

$$\ddot{x}_2(t+1) = 0.5[\dot{x}_1(t) - \dot{x}_2(t)] \tag{5-17}$$

后车速度计算公式为:

$$\dot{x}_2(t+1) = \dot{x}_2(t) + \frac{\ddot{x}_2(t) + \ddot{x}_2(t+1)}{2} \tag{5-18}$$

距离计算公式:

$$x_2(t+1) = x_2(t) + \dot{x}_2(t) + \frac{\ddot{x}_2(t) + \ddot{x}_2(t+1)}{4} \tag{5-19}$$

计算结果见表 5-1。

车辆跟驰数据 表 5-1

反应时间 (s)	前车			后车			相对差	
	加速度 (m/s²)	速度 (m/s)	距离 (m)	加速度 (m/s²)	速度 (m/s)	距离 (m)	速度 (m/s)	车头间距 (m)
s	$\ddot{x}_1$	$\dot{x}_1$	x_1	$\ddot{x}_2$	$\dot{x}_2$	x_2	$\dot{x}_1 - \dot{x}_2$	$x_1 - x_2$
0	1.0	0.0	0.0	0.00	0.00	-7.5	0.00	7.5
1	1.0	1.0	0.5	0.00	0.00	-7.5	1.00	8.0
2	1.0	2.0	2.0	0.50	0.25	-7.4	1.75	9.4
3	1.0	3.0	4.5	0.88	0.94	-6.8	2.06	11.3
4	1.0	4.0	8.0	1.03	1.89	-5.4	2.11	13.4
5	1.0	5.0	12.5	1.05	2.93	-3.0	2.07	15.5
6	1.0	6.0	18.0	1.03	3.98	0.5	2.02	17.5
7	1.0	7.0	24.5	1.01	5.00	5.0	2.00	19.5
8	1.0	8.0	32.0	1.00	6.01	10.5	1.99	21.5
9	1.0	9.0	40.5	1.00	7.00	17.0	2.00	23.5
10	1.0	10.0	50.0	1.00	8.00	24.5	2.00	25.5
11	1.0	11.0	60.5	1.00	9.00	33.0	2.00	27.5
12	1.0	12.0	72.0	1.00	10.00	42.5	2.00	29.5
13	0.0	13.0	84.5	1.00	11.00	53.0	2.00	31.5
14	0.0	13.0	97.5	1.00	12.00	64.5	1.00	33.0
15	0.0	13.0	110.5	0.50	12.75	76.9	0.25	33.6
16	0.0	13.0	123.5	0.13	13.06	89.8	-0.06	33.7
17	0.0	13.0	136.5	-0.03	13.11	102.9	-0.11	33.6
18	0.0	13.0	149.5	-0.05	13.07	116.0	-0.07	33.5
19	0.0	13.0	162.5	-0.03	13.02	129.0	-0.02	33.5
20	0.0	13.0	175.5	-0.01	13.00	142.0	0.00	33.5
21	-1.3	13.0	188.5	0.00	12.99	155.0	0.01	33.5
22	-1.3	11.7	200.9	0.00	13.00	168.0	-1.30	32.8
23	-1.3	10.4	211.9	-0.65	12.67	180.8	-2.27	31.1
24	-1.3	9.1	221.7	-1.14	11.78	193.1	-2.68	28.6
25	-1.3	7.8	230.1	-1.34	10.54	204.2	-2.74	25.9
26	-1.3	6.5	237.3	-1.37	9.19	214.1	-2.69	23.2
27	-1.3	5.2	243.1	-1.34	7.83	222.6	-2.63	20.5
28	-1.3	3.9	247.7	-1.31	6.50	229.8	-2.60	17.9
29	-1.3	2.6	250.9	-1.30	5.19	235.6	-2.59	15.3
30	-1.3	1.3	252.9	-1.30	3.89	240.2	-2.59	12.7
31	-1.3	0.0	253.5	-1.30	2.60	243.4	-2.60	10.1
32	0.0	0.0	252.9	-1.30	1.30	245.3	-1.30	7.5

从计算结果看出,在加速行驶的前8s,后车的加速度经历了小于前车、大于前车的变化,最后稳定在与前车一致。在匀速行驶和减速行驶阶段也出现类似的情形。说明前车的加减速变化对后车产生影响。后车的加减速变化相比前车滞后了1s,而且其速度在前车的速度值附近摇摆(速度差时大时小)。在加速、匀速、减速三个阶段中,两车的车头间距从开始随着速度的加快而增大,逐渐稳定在33.5m,继而随着速度的减慢而减小,直至停止时的7.5m,如图5-3所示。按第一节的公式计算,此时的单车道通行能力为1400veh/h,比通常的单车道通行能力要低。其原因在于本例中所选择的参数(反应时间和敏感度系数)偏于安全,车头间距较大,从而导致通行能力降低。当选择的参数不同时,车辆之间的车头间距会出现忽大忽小的情况,当车头间距小于最小安全车头间距时就会发生车辆之间的尾撞,即下一节将要讨论的稳定性问题。

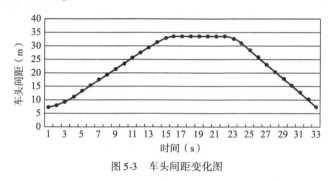

图5-3 车头间距变化图

5.4 跟驰模型的稳定性

交通流的稳定性是考察当处于平衡状态的车辆受到扰动后交通流状态最终是否会演化到初始的平衡状态。如果系统是不稳定的,小扰动会沿着车流向上游传播,逐渐使畅行车流演化为交通阻塞。如果系统是稳定的,小扰动在传播过程中会逐渐缩小并消失或最终控制在一定的小范围内,使得系统中的车辆仍然能够畅行。显然,交通阻塞现象可以视为交通流的失稳现象。

对于道路上的一个车队按照相同的车头间距和相同的车速行驶,假定这种均匀的车流状态就是车队系统的平衡态,当车队的头车或其中间某辆车改变一个驾车动作时,信号就形成了,这个信号向后传递时可能被放大也可能被缩小。

从微观车辆的角度来说,交通流稳定性研究就是要弄清楚当一个"干扰信号"从一辆车传递到另一辆车时会引起什么后果。如果交通流系统是不稳定的,干扰信号将会引起道路上的车辆车速的波动,随后这种波动的幅度会逐渐增加,直至最后演化为交通拥堵;反之干扰在初期会引起一些波动,随着时间的推移,这种波动会逐渐变小,而在一定时间后波动完全消失,系统会恢复到平衡态。

车辆跟驰模型通过微分方程描述单个车辆的运行,进而展现整体交通流的宏观特性,因此适合分析交通流的稳定性。赫尔曼(Herman)等人最早研究了线性车辆跟驰模型的稳定性,提出了车辆跟驰模型稳定性的两种基本类型:

(1) 局部稳定性(Local Stability)：主要研究跟驰车辆对前车速度波动的反应,关注的是两辆车之间的局部行为。

(2) 渐近稳定性(Asymptotic Stability)：主要研究车队的整体动态特性随头车速度波动的变化,关注的是车队中波动在所有车之间的传播过程。

公式(5-10)为一个复杂的二阶微分方程,求解需用拉普拉斯变换。赫尔曼利用IBM704计算机求解该微分方程,并推导出如下关系式：$C = \lambda T$。式中：C 表示两车间距摆动特性的数值。C 越大,间距值的摆动越大；C 值越小,间距的摆动则趋近于零。λ 为灵敏系数。其值大,则表示反应过分强烈。T 为时间延迟,即反应时间(s)。

5.4.1 局部稳定性

基于式(5-10)的线性车辆跟驰模型,Herman等人给出了如下的局部稳定性条件：

(1) 当 $0 \leq (C = \lambda T) \leq \frac{1}{e}$ 时,车头间距不产生振荡($e \approx 2.7183$, $\frac{1}{e} \approx 0.368$)；

(2) 当 $\frac{1}{e} < (C = \lambda T) < \frac{\pi}{2}$ 时,车头间距产生振荡,但振幅呈指数衰减；

(3) 当 $(C = \lambda T) = \frac{\pi}{2}$ 时,车头间距产生振荡,且振幅不变；

(4) 当 $(C = \lambda T) > \frac{\pi}{2}$ 时,车头间距产生振荡,且振幅逐渐增大。

根据局部稳定性条件,随着 C 值的增加,跟驰车辆逐渐由稳定状态转变为不稳定状态,即车辆之间车头间距由稳定状态转变为振幅逐渐增加的状态。

对于 $C = \frac{1}{e}$ 的情况,利用计算机模拟的方法给出了相关运动参数的变化曲线(其中反应时间 $T = 1.5\text{s}$, $C = \frac{1}{e} \approx 0.368$),如图5-4所示。模拟过程中假定头车的加速和减速性能是理想的,头车采取恒定的加速度和减速度。图中实线代表头车运动参数的变化,虚线代表跟驰车辆运动参数的变化,其中的"速度变化"是指头车和跟驰车辆分别相对于初始速度的变化值,即每一时刻的速度与初始速度之差。

图5-5给出了四种不同 C 值下车头间距的变化过程,分别对应于不振荡、减幅振荡、等幅振荡和增幅振荡的情况。从图中可以看出参数 C 对车辆状态的影响。

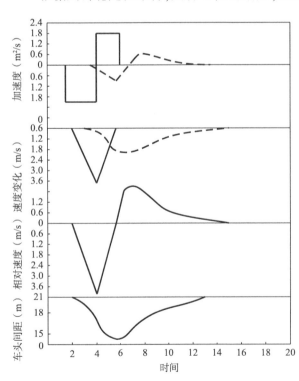

图5-4 头车加速度波动方式及对两车运动的影响

考虑一般的跟驰现象,假定跟驰车辆的初始速度和最终速度分别为v_1和v_2,则有:

$$\int_0^\infty \ddot{x}_f(t+T)\mathrm{d}t = v_2 - v_1 \tag{5-20}$$

式中:$\ddot{x}_f(t+T)$——跟驰车辆的加速度。

由式(5-10)可得:

$$\lambda \int_0^\infty (\dot{x}_l(t) - \dot{x}_f(t))\mathrm{d}t = \lambda \Delta s \tag{5-21}$$

即:

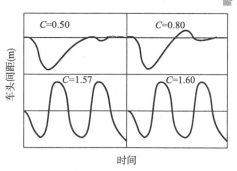

图 5-5 不同 C 值对应的车头间距变化

$$\Delta s = \int_0^\infty (\dot{x}_l(t) - \dot{x}_f(t))\mathrm{d}t = \frac{v_2 - v_1}{\lambda} \tag{5-22}$$

式中:　Δs——车头间距的变化量;
$\dot{x}_l(t)$、$\dot{x}_f(t)$——头车和跟驰车辆的速度。

当 $C < 1/e$ 时,车头间距以非波动的形式变化。从式(5-14)可知,车速从v_1变化到v_2,车头间距的变化量为 Δs。如果头车停止,则最终速度$v_2 = 0$,车头间距的变化量 $\Delta s = -v_1/\lambda$,因此为了避免碰撞,车辆之间的最小间距应为 $-v_1/\lambda$。为了使车辆间距尽可能小,λ 应取尽可能大的值。理想状态下,λ 的最佳取值为$(eT)^{-1}$。

5.4.2　渐进稳定性

本节以线性车辆跟驰模型公式(5-10)为例,介绍渐近稳定性分析的方法。Chandler 等人(1958)最早研究了车辆跟驰模型的渐近稳定性条件。在他们的研究中,对稳定车队中头车的速度施加 Fourier 扰动,之后分析扰动在车队中的演化状态。

考虑由 N 辆车组成的车队,每辆车的运动方程如下:

$$\ddot{x}_n(t+T) = \lambda[\dot{x}_{n-1}(t) - \dot{x}_n(t)], n = 1,2,\cdots,N \tag{5-23}$$

这些方程的任何解都取决于头车的速度v_0,以及两个参数 λ 和 T。对于任何车头间距的扰动,都可能在车队中传播;在此过程中,车头间距扰动的振幅可能增大、也可能减小,或者保持不变。渐近稳定性分析的目的就是判断振幅变化趋势的参数条件。

通常,车辆速度的任何模式都可以表达为傅立叶分析单频部分的线性组合,因此,头车的速度可以表示为如下形式:

$$v_0(t) = a_0 + A_0 \mathrm{e}^{i\omega t} \tag{5-24}$$

式中:a_0——常数;
A_0——头车单频振荡的振幅;
ω——频率。

第 n 辆车的速度可以表示为频率和振幅的线形组合,即:

$$v_n(t) = a_0 + A_n \mathrm{e}^{i\omega t} \tag{5-25}$$

式中:$A_n(n=1,2,\cdots,N)$——第 n 车单频振荡的振幅。

将式(5-24)和式(5-25)代入式(5-23),可得第 n 辆车的速度:

$$v_n(t) = a_0 + F(\omega,\lambda,T,n)\mathrm{e}^{i\Omega(\omega,\lambda,T,n)} \tag{5-26}$$

式中

$$F(\omega,\lambda,T,n) = \left[1 + \left(\frac{\omega}{\lambda}\right)^2 + 2\left(\frac{\omega}{\lambda}\right)\sin(\omega T)\right]^{-\frac{n}{2}} \quad (5\text{-}27)$$

如果 $1 + \left(\frac{\omega}{\lambda}\right)^2 + 2\left(\frac{\omega}{\lambda}\right)\sin(\omega T) > 1$，也就是说如果 $\frac{\omega}{\lambda} > 2\sin(\omega T)$，则 F 随着 n 的增大而减小。因此得到稳定性条件如下：

$$\lambda T < \frac{1}{2}\lim_{\omega \to 0}\left(\frac{\omega T}{\sin(\omega T)}\right) \quad (5\text{-}28)$$

根据理论分析的结果式(5-28)，一列行驶的车队仅当 $C = \lambda T < 0.50$（通常满足 $C = \lambda T < 0.50 \sim 0.52$ 即可）时，模型是渐近稳定的，即车队中车头间距波动的振幅是逐渐减小的。渐近稳定性的判定条件将参数空间 (λ, T) 划分为稳定和不稳定两个区域，如图 5-6 所示。对比局部稳定性和渐近稳定性的条件可知，满足局部稳定性的条件 $C = \lambda T \leq 1/e$ 的同时也保证了模型的渐近稳定性。领头车运行中的波动是以 λ^{-1}（s/辆）的速率沿队列向后传播的。

为了检验理论分析的结果，进一步通过数值模拟进行检验。图 5-7 给出了 8 辆车组成车队中相邻车辆车头间距随时间的变化关系，其中参数 C 的值分别为 0.368、0.5 和 0.75。模拟中，头车的速度首先缓慢减小，之后逐渐加速直至达到初始时的速度值，其中加速度值为常数。初始时，车头间距均为 21 m。首先，当 $C = 0.368$ 时，车流处于稳定状态，车头间距振荡的幅度逐渐减小。其次，当 $C = 0.5$ 时，车流处于渐近稳定的临界状态，即使如此，车头间距振荡的幅度也逐渐减小。最后，当 $C = 0.75$ 时，车流处于不稳定状态，车头间距振荡的幅度逐渐增大。

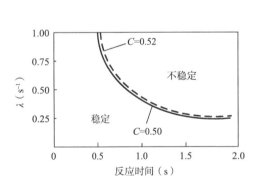

图 5-6 渐进稳定性

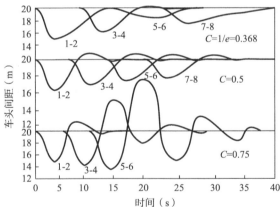

图 5-7 线性跟驰模型车队中车头间距随时间的变化
注：图中 C 取 3 个不同值，$t = 0$ 时，车头间距为 21 m。

图 5-8 给出了 9 辆车组成车队中每辆车的运动轨迹。初始时，所有车辆都以速度 v_0 行驶，车头间距为 12 m。头车从初始时刻 $t = 0$ 起，以 1.11 m/s^2 的减速度减速 2 s 之后，转而加速至初始速度 v_0。其中参数 $C = 0.8$，根据渐近稳定性的判断条件可知，车队处于不稳定状态，车头间距的振幅在车队传播过程中逐渐增大。从图中可以看出，第 7 辆与第 8 辆车在 24 s 时的车头间距变为零，表明发生了碰撞事故。

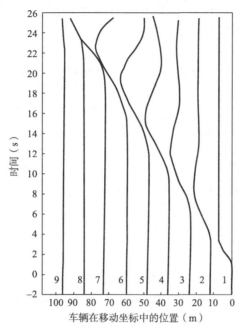

图 5-8　9 辆车车队的渐进稳定性（$C=0.80$）

5.4.3　次最近车辆的影响

在前述的跟驰模型中，一列车队中每一辆车的运动仅由它最前面的那辆车决定。然而，次最近车辆的影响也应该被考虑（例如，一辆车前除了它最前面的那辆车外还有一辆车）。这种影响也可以列入模型中，那么跟驰模型可以写成：

$$\ddot{x}_{n+2}(t+T) = \lambda_1[\dot{x}_{n+1}(t) - \dot{x}_{n+2}(t)] + \lambda_2[\dot{x}_{n+1}(t) - \dot{x}_{n+2}(t)] \tag{5-29}$$

式中：λ_1、λ_2——跟驰车辆驾驶人对最近车辆和次最近车辆刺激的反应强度系数。

$$(\lambda_1 + \lambda_2)T < \frac{1}{2} \times \frac{\omega T}{\sin(\omega T)} \tag{5-30}$$

当 ω 趋于 0 时，有：

$$(\lambda_1 + \lambda_2)T < \frac{1}{2} \tag{5-31}$$

由方程可以看出，次最近车辆的影响主要是将 λ_1 增加到 $\lambda_1 + \lambda_2$。这降低了 λ_1 的作用，而且仍然可以保持渐进稳定。

为了确定次最近车辆的影响程度，研究人员专门做了三车跟驰实验。通过对实验结果的分析，认为在车辆跟驰行驶过程当中，只有最近车辆对跟驰车辆有明显的影响，次最近车辆的影响可以忽略不计。

5.4.4　扰动的传播

赫尔曼和伯兹（Potts）为研究扰动在车队中往后传播的方式而设计了一组三项试验。11 辆车成一列沿着试验跑道以约 40mile/h 行驶。前头车辆紧急制动，并记录领头车和第 6 车之间以及领头车和第 11 车之间出现制动信号灯所经过的时间 t_6 与 t_{11}。在试验 A 中，指令驾驶人只对直接在他前面的汽车制动信号灯起反应;在试验 B 中,驾驶人对任何制动刺激起反应;在试验 C 中,制动信号灯除第一和最后一辆车外全部截断。其结果汇总于表 5-2 中。

扰动通过车队往下传播所用的时间(s)　　　　　　　　　表 5-2

抽样数	试验 A		试验 B		试验 C
	t_6	t_{11}	t_6	t_{11}	t_{11}
1	3.00	5.96	2.33	5.70	10.90
2	3.00	6.05	1.49	6.85	9.95
3	3.05	5.75	2.68	6.50	12.00
4	3.44	6.75	1.68	6.10	10.20
5	2.73	7.80	2.66	3.72	9.35
6	—	—	—	—	8.30
每辆车之平均值	0.61	0.65	0.43	0.58	1.01

最短的传播时间出现在试验 B 中;最长的传播时间(约 1.0s/辆)出现在实验 C 中。试验 A 和试验 C 之间在时间上的差别表示制动信号灯的时间长短,可作为传递减速指令的一种手段。早前指出传播率为 λ^{-1}s/辆。

5.5 非线性车辆跟驰模型

线性车辆跟驰模型假定敏感度系数 λ 为常数,也就是说,驾驶人对速度差的反应强度是恒定的。而实际交通中,驾驶人的反应强度受到车头间距和当前车速度等因素的影响。因此,为了更合理地描述实际驾驶行为,将敏感度系数 λ 表示为车头间距和当前车速度的函数,从而将线性车辆跟驰模型发展为非线性车辆跟驰模型。

5.5.1 非线性车辆跟驰模型的起源和发展

非线性车辆跟驰模型的研究起源于对线性车辆跟驰模型稳态流特性的分析。线性车辆跟驰模型提出之后,一些学者研究了模型的稳态流特性,并由此推导稳态流条件下的流量-密度和速度-密度关系。下面首先介绍基于线性车辆跟驰模型的稳态流分析方法,并由此推演非线性车辆跟驰模型的发展历程。

式(5-10)表示的线性车辆跟驰模型描述车辆 $n+1$ 在 $t+T$ 时刻的加速度。为了得到车辆 n 的速度表达式,对式(5-10)两边积分,可得:

$$\dot{x}_n(t+T) = \lambda[x_{n-1}(t) - x_n(t)] + c \tag{5-32}$$

式中:c——积分常数。

在稳定状态下,车辆在 $t+T$ 时刻的速度与 t 时刻的速度是相同的,因此,可以忽略时间因素,对式(5-32)进行整理,得到:

$$\dot{x}_n = v = \lambda[x_{n-1} - x_n] + c = \lambda s + c \tag{5-33}$$

式中，$s = x_{n-1} - x_n$ 为车辆之间的平均车头间距。车辆的平均密度可以表示为 $k = 1/s$。为了求解方程，需要确定积分常数 c。对于停止的交通流，车流的速度为 $v = 0$，相应的车头间距 s 由车辆长度和车辆间的间距构成，通常称为车辆的有效长度（或称为停车安全距离），对应于停止车流的密度 k_j，称为阻塞密度。从而可以得到：

$$0 = \lambda \left(\frac{1}{k_j} \right) + c \tag{5-34}$$

整理式（5-34），可得：

$$c = -\frac{\lambda}{k_j} \tag{5-35}$$

将式（5-35）代入式（5-33），结合 $k = 1/s$，可得速度-密度关系式如下：

$$v = \lambda \left(\frac{1}{k} - \frac{1}{k_j} \right) \tag{5-36}$$

将式（5-36）代入流量、密度和速度的基本关系式 $q = kv$ 中，可得流量-密度关系如下：

$$q = k\lambda \left(\frac{1}{k} - \frac{1}{k_j} \right) \tag{5-37}$$

由于模型是线性的，并不能很合理地描述交通流量和速度两个基本参数的变化特征。1959 年，Gazis 等人利用格林伯（Greenberg）提供的数据对式（5-37）进行拟合，结果如图 5-9 所示。为了使结果更加直观，对图 5-9 的坐标进行标准化处理，即将横坐标采用实际密度与最大密度（阻塞密度）的比值表示，$k_n = k/k_j$；而纵坐标采用实际流量与最大流量之比表示，$q_n = q/q_m$。从而可以得到标准流量与标准密度的关系，如图 5-10 所示。从图 5-9 和图 5-10 可以看出，式（5-37）不能解释实际流量和密度的变化关系，从而引出了对线性车辆跟驰模型的修改。

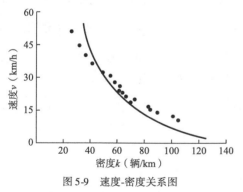

图 5-9 速度-密度关系图   图 5-10 标准流量与标准密度关系

为了克服线性跟驰模型的缺陷，考虑敏感度系数与车头间距成反比，即：

$$\lambda = \frac{\lambda_1}{x_{n-1}(t) - x_n(t)} \tag{5-38}$$

式中：λ_1——常数。

将式（5-38）代入式（5-10），可得如下车辆跟驰模型：

$$\ddot{x}_n(t+T) = \frac{\lambda_1}{x_{n-1}(t) - x_n(t)} [\dot{x}_{n-1}(t) - \dot{x}_n(t)] \qquad n = 1, 2, 3 \cdots \tag{5-39}$$

在此模型中,由于变量之间存在乘积关系,因此称为非线性车辆跟驰模型。

采用与前面相似的方法,对式(5-39)处理,可得速度-密度关系式如下:

$$v = \lambda_1 \ln\left(\frac{k_j}{k}\right) \tag{5-40}$$

进而考虑流量、密度和速度的基本关系式,可得流量-密度关系如下:

$$q = \lambda_1 k \ln\left(\frac{k_j}{k}\right) \tag{5-41}$$

采用图5-9和图5-10的实测数据,结合式(5-40)和式(5-41),用最小二乘法对数据进行拟合,得到λ_1和k_j的值分别为27.7km/h和142辆/km,拟合曲线如图5-11和图5-12所示。经推导,密度为$e^{-1}k_j$时,流量达到最大值$\lambda_1 e^{-1} k_j$,该最大流量即为单车道路段的通行能力,代入拟合得到的参数值,可得此条件下的通行能力近似为1400辆/h。

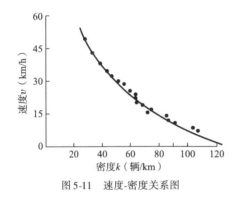
图5-11 速度-密度关系图

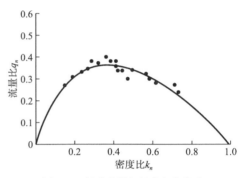
图5-12 标准流量与标准密度关系

在图5-11和图5-12中,拟合曲线能够较好地解释实测数据的定性性质。然而,分析式(5-41),发现当$k=0$时,$\dfrac{\mathrm{d}q}{\mathrm{d}k}$趋于无穷大(从图5-12中也可以看出),这是不合理的。实际上,低密度情况下的车头间距很大,车辆之间的跟驰现象十分微弱。为了解决这一问题,进一步考虑敏感度系数与车头间距的平方成反比,与当前车速度成正比,即:

$$\lambda = \frac{\lambda_2 \dot{x}_n(t)}{[x_{n-1}(t) - x_n(t)]^2} \tag{5-42}$$

式中:λ_2——常数。

从而可以得到如下的模型方程:

$$\ddot{x}_n(t+T) = \frac{\lambda_2 \dot{x}_n(t)}{[x_{n-1}(t) - x_n(t)]^2} [\dot{x}_{n-1}(t) - \dot{x}_n(t)] \qquad n = 1,2,3\cdots \tag{5-43}$$

相应地,可以得到如下的稳态速度-密度关系和流量-密度关系:

$$v = v_f \mathrm{e}^{-\frac{k}{k_m}} \tag{5-44}$$

$$q = v_f k \mathrm{e}^{-\frac{k}{k_m}} \tag{5-45}$$

式中:v_f——自由流速度;
$\quad\;\; k_m$——最大流量时的密度。

为了更完整地说明交通流在低密度状态下的特征,可以将速度-密度关系表示为分段函数的形式:

$$v = \begin{cases} v_f & 0 \leq k \leq k_f \\ v_f e^{-\left(\frac{k-k_f}{k_m}\right)} & k > k_f \end{cases} \tag{5-46}$$

式中:k_f——车辆间刚要产生相互影响的密度。

超过此密度值,交通流的速度会随着密度的增加而减小。

5.5.2 非线性车辆跟驰模型的一般表达式

总结以上线性车辆跟驰模型和非线性车辆跟驰模型,可以得到敏感度系数的一般表达式:

$$\lambda = a_{l,m} \frac{\dot{x}_n^m(t)}{[x_{n-1}(t) - x_n(t)]^l} \tag{5-47}$$

式中:$a_{l,m}$——常数,通常由实验确定;$l \geq 0$ 和 $m \geq 0$ 为参数。

从而可以得到车辆跟驰模型的一般表达式如下:

$$\ddot{x}_n(t+T) = a_{l,m} \frac{\dot{x}_n^m(t)}{[x_{n-1}(t) - x_n(t)]^l}[\dot{x}_{n-1}(t) - \dot{x}_n(t)] \quad n=1,2,3\cdots \tag{5-48}$$

在式(5-48)中,通过设置不同的 l 和 m,可以得到前面提出的线性车辆跟驰模型和各种表达的非线性车辆跟驰模型。具有式(5-48)表达式的特征的车辆跟驰模型通常称为经典车辆跟驰模型或 GHR 模型(Gazis、Herman 和 Rothery 引入了"反应 = 灵敏度 × 刺激"的心理学公式,并对灵敏度项进行改进,增加了车间距和本车速度两个影响因素,构成如式(5-48)的非线性跟车模型,常被称为 GHR 模型)。

相对于线性车辆跟驰模型,非线性车辆跟驰模型式(5-48)增加了驾驶人对本车和前车车头间距的考虑,对驾驶行为的建模更加合理和准确。不仅如此,还可以进一步考虑驾驶人在需要加速、减速、制动或者平稳驾驶时可能具有不同的驾驶动作特性。表 5-3 列出了不同地区学者的模型拟合结果。

不同地区学者的模型拟合结果 表 5-3

模型出处	m		l	
Chandler 等(1958)	0		0	
Herman,Potts(1959)	0		1	
Helly(1959)	1		1	
Gazis,Herman,Potts(1959)	0~2		1~2	
Edie(1961)	1		2	
May,Keller(1967)	0.8		2.8	
Heyes,Ashworth(1972)	−0.8		1.2	
Hoefs(1972)	减速	1.5	减速	0.9
	制动	0.2	制动	0.9
	加速	0.6	加速	3.2

续上表

模型出处	m		l	
Treiterer, Myers(1974)	减速	0.7	减速	2.5
	加速	0.2	加速	1.6
Ceder, May(1976)	0.6		2.4	
Aron(1988)	减速	2.5	减速	0.7
	平稳	2.7	平稳	0.3
	加速	2.5	加速	0.1
Ozaki(1993)	减速	0.9	减速	1
	加速	-0.2	加速	0.2

5.5.3 基于车辆跟驰模型的交通流基本关系式

Gazis 等人对车辆跟驰模型的一般表达式进行了解析。将方程式(5-48)对时间积分，可得：

$$f_m(v) = af_l(s) + b \tag{5-49}$$

式中：a、b——积分常数；
v——稳态交通流速度；
s——稳态时的平均车头间距。

选取函数 $f_p(x)$（$p = m$ 或 l）的表达式如下：

$$f_p(x) = \begin{cases} x^{1-p} & p \neq 1 \\ \ln(x) & p = 1 \end{cases} \tag{5-50}$$

积分常数的确定取决于参数 m 和 l 的取值；同时，还需要明确模型的边界条件。实际中通常考虑如下两个边界条件：

(1) 当 $s \to \infty$ 时，$v = v_f$，v_f 为自由流速度，通常也指车辆的最大速度。

(2) 当 $s = L$ 时，$v = 0$，L 表示停车安全距离。

根据以上分析，下面分四种情况分别讨论积分常数的取值。

(1) $l > 1, 0 \leq m < 1$ 时，两个边界条件均满足，积分常数 a 和 b 可以分别由下面两式求得：

$$a = \frac{f_m(v_f)}{f_l(L)} \tag{5-51}$$

$$b = f_m(v_f) \tag{5-52}$$

(2) $l > 1, m \geq 1$ 时，仅有边界条件(1)满足，从而通过式(5-52)得到积分常数 b 而积分常数 a 的值可以通过具体的实验数据拟合得到。

(3) $l \leq 1, 0 \leq m < 1$ 时，仅有边界条件(2)满足，积分常数 a 和 b 符合如下关系：

$$b = -af_l(L) \tag{5-53}$$

同样，a 和 b 的值可以通过具体的实验数据拟合得到。

(4) $l \leq 1, m \geq 1$ 时，边界条件(1)和(2)均不满足，积分常数 a 和 b 只能通过具体实验数据拟合求得。

基于式(5-49)~式(5-53)及稳态流特性,可以得到速度、密度和流量之间的关系。图5-13和图5-14中给出了一些不同 l 和 m 值对应的流量-密度关系曲线,同图5-10和图5-12的方法,流量和密度通过 $q_n = q/q_{max}$ 和 $k_n = k/k_j$ 进行标准化处理。

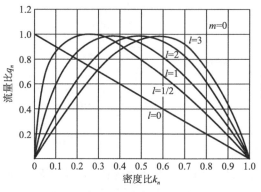

图5-13 标准流量与标准密度关系1

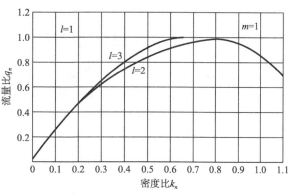

图5-14 标准流量与标准密度关系2

从图5-13和图5-14中,发现这些模型对稳态流的描述在定性上是一致的,通过选择适当的模型参数,都可以用来拟合图5-9和图5-10中的数据。需要说明的是,模型中参数 l 和 m 也可以取非整数的形式。

5.5.4 经典车辆跟驰模型的局限性

经典跟驰模型从微观角度考察车辆的动力学特征,在已知前车运动状态的情况下,以描述跟驰车辆的运动规律;另外,它还为从直观方法建立交通流微观描述和宏观描述的联系搭起了桥梁。然而,由于经典跟驰模型只考虑了速度差因素对跟随车的作用,存在一定的局限性。

(1)当跟驰车和前车速度相等时,跟驰车保持当前的运动状态,而不考虑其与前车的实际间距影响,这与实际情况相违背。

(2)经典跟驰模型不能描述单个车辆的动力学行为,即当某辆车的前方没有车辆时,此时车头间距为无穷大,从而车辆的加速度为零,而实际情形是车辆以期望速度自由行驶。

(3)经典车辆跟驰模型假定车辆加速度和减速度的绝对值相等,这与实际不符。实际上,大多数车辆的减速性能优于加速性能,并且在交通比较拥挤时,跟驰车辆的驾驶人对前车减速的反应强度大于加速的反应强度。总之,经典车辆跟驰模型不能描述车辆反应的不对称性。

(4)由经典车辆跟驰模型推导的流量-密度关系是连续的,而实测研究发现,流量-密度关系曲线在最大流量附近存在明显的间断,流量突然下降。

5.6 车辆跟驰模型的发展

前面介绍的经典车辆跟驰模型都属于刺激-反应车辆跟驰模型。本节进一步介绍刺激反应车辆跟驰模型、安全距离模型、心理-生理学模型、优化速度模型及其拓展、元胞自动机模型、智能驾驶人模型和基于人工智能的模型等模型的发展历程。此外,在最新研究中,板东(Bando)等人提出的优化速度模型(Optimal Velocity Model)得到了广泛关注。从模型表达式看,优化速度模型形式与刺激-反应模型明显不同;而其提出的平衡状态速度-密度关系和交通波模型有着密切的联系。鉴于其重要性,本节将另外介绍优化速度模型及其扩展模型。

5.6.1 刺激-反应模型的发展

线性车辆跟驰模型建立了两条被广泛认可的基本假设。
(1)驾驶人会考虑本车和前车的速度差来调节车速。
(2)驾驶人存在反应延迟。
之后提出的非线性车辆跟驰模型则进一步考虑第三条假设:
(3)驾驶人会考虑本车和前车的间距来调节车速。
为了更准确地描述跟驰车辆的动态行为,研究者还提出了很多其他刺激-反应车辆跟驰模型,例如 Chandler 等人于 1958 年提出的模型:

$$\ddot{x}_n(t+T) = \lambda[\Delta x_{n,n-1}(t) - l_c - T_l \Delta \dot{x}_{n,n-1}(t)] \tag{5-54}$$

式中: l_c——车辆长度;

      T_l——安全车头时距;

$\Delta x_{n,n-1}(t) = x_{n-1} - x_n$——前车 $n-1$ 和跟随车 n 之间的车头间距,为了符合人们的表述习惯,本节采用 Δx 替换前面小节的 s ;

$\Delta \dot{x}_{n,n-1}(t) = \dot{x}_{n-1} - \dot{x}_n$——前车和跟随车的速度差。

在经典非线性车辆跟驰模型中,敏感系数与车头间距成反比如式(5-48)。1961 年,Newell 指出加速度不应该与车头间距倒数的某次幂成正比,而应与车辆间距的某次幂成正比。因此提出了如下模型:

$$\ddot{x}_n(t+T) = \lambda[\Delta x_{n,n-1}(t)]^l \tag{5-55}$$

Bierley 同样认为加速度应与车辆间距的某次幂成正比,但还应同时以线性加权的方式考虑车辆速度差的影响,提出了如下模型:

$$\ddot{x}_n(t+T) = \alpha \Delta \dot{x}_{n,n-1}(t) + \beta [\Delta x_{n,n-1}(t)]^l \tag{5-56}$$

式中:α、β——待定线性加权参数。

Sultan 等人考虑了更为完备的模型形式:

$$\ddot{x}_n(t+T) = \alpha \dot{x}_n^m(t) \frac{\Delta \dot{x}_{n,n-1}(t)}{[\Delta x_{n,n-1}(t)]^l} + k_1 \ddot{x}_{n-1}(t) + k_2 \ddot{x}_n(t) \tag{5-57}$$

式中:k_1、k_2——待定参数。

1959 年,Herman 等人提出了驾驶人不仅考虑最邻近的前车,而通常同时考虑两辆乃至两辆以上前车运行状态的变化。这就是著名的多车跟随假设。因此他们提出了如下的跟驰模型:

$$\ddot{x}_n(t+T) = \alpha \Delta \dot{x}_{n,n-1}(t-T_1) + \beta \Delta \dot{x}_{n,n-2}(t-T_2) \tag{5-58}$$

式中:T_1、T_2——驾驶人对最邻近前车和次邻近前车的延迟时间。

该思想很快得到了不少研究者的支持,例如 Fox 和 Lehman 提出了双前车型 GHR 模型:

$$\ddot{x}_n(t+T) = \alpha \Delta \dot{x}_{n,n-1}(t) \frac{[\dot{x}_n(t)]^m}{[\Delta \dot{x}_{n,n-1}(t)]^l} + \beta \Delta \dot{x}_{n,n-2}(t) \frac{[\dot{x}_n(t)]^m}{[\Delta \dot{x}_{n,n-2}(t)]^l} \tag{5-59}$$

其他类似的模型还有 Bekey 等通过实际数据辨识得到的考虑双前车的模型：

$$\ddot{x}_n(t+T) = \alpha \Delta \dot{x}_{n,n-1}(t) \frac{[\dot{x}_n(t)]^m}{[\Delta \dot{x}_{n,n-1}(t)]^l} + \beta \Delta \dot{x}_{n,n-2}(t) \frac{[\dot{x}_n(t)]^m}{[\Delta \dot{x}_{n,n-2}(t)]^l} \tag{5-60}$$

式中：α、β——待定参数。

刺激-反应车辆跟驰模型形式简单，物理意义明确，具有重要的理论和现实意义。但是随着对这一领域的深入研究，其模型精度不能令人满意。因此，研究者提出了许多更加复杂的改进模型。

5.6.2 安全距离模型的发展

最早的安全距离跟驰模型是由米谷（Kometani）和佐佐木（Sasaki）提出的。其基本假设是驾驶人应在不能完全预判前车运动的情况下，保持合理的安全车头间距以避免碰撞，其模型方程为：

$$\Delta x(t-T) = \alpha \dot{x}_n^2(t-T) + \beta_1 \dot{x}_{n+1}^2(t) + \beta_2 \dot{x}_{n+1}(t) + b_0 \tag{5-61}$$

式中：α、β_1、β_2、b_0——待定参数。

20 世纪 70 年代以后，研究者提出了很多更为复杂的安全车距模型。其中比较有代表性的是 PITT 跟驰模型、INTRAS（1980—1990 年用于高速公路的匝道控制和事故研究）跟驰模型和 FRESIM（1990—2000 年仿真软件）跟驰模型，它们的基本思想是：在仿真中让后车与前车始终保持一定的间距。

最简单的形式为：对车辆 n，车头间距 $G(t)$ 应满足

$$G(t) \geq l_c + \eta v_n(t) + 10 \tag{5-62}$$

式中：$v_n(t)$——车辆 n 在 t 时刻的速度；

η——驾驶人敏感系数。

式（5-62）最后一项 10 为附加的缓冲距离，单位为 m。

若进一步考虑前车的运动，则 $G(t)$ 应满足

$$G(t) \geq l_c + \eta v_n(t) + 10 + b\eta[v_{n-1}(t) - v_n(t)] \tag{5-63}$$

式中：b——待定系数，当 $v_{n-1}(t) - v_n(t) \leq 10 \text{m/s}$ 时，常取 0.1；$v_{n-1}(t) - v_n(t) > 10 \text{m/s}$ 时，一般取 0。

作为一体化交通仿真软件系统 TSIS 中微观交通流仿真的组成部分而受到广泛关注的 NETSIM 跟驰模型，将跟驰距离要求放宽为：仅考虑紧急制动时能够有效地防止碰撞。在此基础上建立的 CARSIM 模型则进一步考虑了拥挤和非拥挤条件下驾驶人反应时间的不同和采用的最大减速度的差异。

1981 年，Gipps 提出了另一种目前较为常见的安全距离模型。该模型假定车辆速度由当前理想速度、所允许的最大加/减速度和安全制动距离共同决定，在时间段 $[t, t+T]$ 内，车辆速度是达到理想速度的加速度和维持安全距离的减速度中的较小者。对于车辆 n，其在 $t+T$ 时刻的速度表示为：

$$v_n(t+T) = \min\{v_n^a(t+T), v_n^b(t+T)\} \tag{5-64}$$

式中：$v_n^a(t+T)$——t 时刻驾驶人期望追近理想速度而加速达到的速度；

$v_n^b(t+T)$——t 时刻驾驶人为了保持足够的安全车头间距而减速所达到的速度。

它们的具体形式为：

$$v_n^a(t+T) = v_n(t) + 2.5\, a_{em} T \left[1 - \frac{v_n(t)}{v_n(t)^{\text{desired}}}\right] \sqrt{0.025 + \frac{v_n(t)}{v_n(t)^{\text{desired}}}} \quad (5\text{-}65)$$

$$v_n^d(t+T) = d_{em} \cdot T + \sqrt{(d_{em} \cdot T)^2 - d_{em}\left[2 g_n - v_n(t) \cdot T - \frac{v_{n-1}^2(t)}{\hat{d}_{em}}\right]} \quad (5\text{-}66)$$

式中：$v_n(t)^{\text{desired}}$——车辆 n 在 t 时刻期望达到的速度；

a_{em}——车辆 n 可能达到的最大加速度；g_n 表示有效车头间距，通常定义为：

$$g_n = x_{n-1}(t) - l_{c,n-1} - x_n(t) - s_{\text{stop}} \quad (5\text{-}67)$$

式中：s_{stop}——静态制动距离（Stationary Stoppage Allowance），即车队完全停止时前车车尾和后车车头之间保留的距离。实际交通中，s_{stop} 为 0.5~2m 不等；

$l_{c,n-1}$——车辆 $n-1$ 的长度，而 $l_{c,n-1} + s_{\text{stop}} = x_{n-1}(t) - x_n(t)$ 常被称为等效车长。

d_{em}——前车可能达到的最大减速度；

$\hat{d}_{em}$——前车可能采取的最大减速度。

对此，可以采取不同的估计方式，例如一种常见的方式是假设：

$$\hat{d}_{em}(t+T) = d(t) \quad (5\text{-}68)$$

式中：$d(t)$——前车在 t 时刻的减速值。

或者令：

$$\hat{d}_{em}(t+T) = \frac{d(t) + d(t-T)}{2} \quad (5\text{-}69)$$

式中：$d(t-T)$——前车在 $t-T$ 时刻的减速值。

需要指出的是，在实际的交通流运行环境中，驾驶人较少采用"挡墙式"制动。这是因为驾驶人往往不仅观察其紧随的前车，而且还同时观察前方其他车辆以及远方信号灯等多种交通信息，因此能在综合判断这些信息的基础上，及时对前车的速度变化做出反应。故而实际中，驾驶人在很多情况下并没有保持安全距离行驶。因此，安全间距跟驰模型难以与实际最大交通量吻合。尽管如此，安全间距模型仍不失为一种简单实用的跟驰模型，被很多优秀的仿真软件所采用。

5.6.3 心理-生理学模型的发展

20 世纪 60 年代开始，研究者开始关注驾驶人心理反应的研究。其基本假设是：驾驶人按前后车之间的相对运动，包括速度和距离的变化来调节跟随速度。但是这些刺激只有超过特定阈值才能被驾驶人感知并做出反应。

在心理-生理学模型中，视觉心理假说最易被人接受：在跟驰驾驶中，驾驶人通过视觉感知与前车的距离，以及前车后部面积在视野中的大小变化来判断与前车接近或是离开，通过接收这一刺激并做出判断，进而实施操纵以达到安全紧随前车行驶的状态。

在心理-生理学模型中,通常使用($\Delta v_{n,n-1}, \Delta x_{n,n-1}$)相平面图来划分特定的驾驶状态和相应的阈值。图 5-15 给出了驾驶状态空间常见的分类。

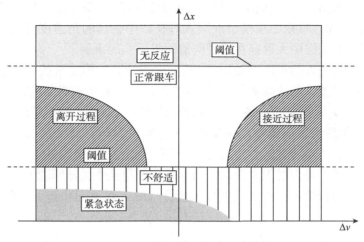

图 5-15　驾驶心理跟车模型的阈值示意图

(1) 自由驾驶状态(Free Driving Mode):当跟驰车和最近的前车距离大于最大相互作用距离的情况下,车辆处于自由驾驶状态,即图 5-15 中最上方的区域。在此区域,驾驶人尽力达到可能的最大速度。

(2) 接近状态(Approaching Mode):当跟驰车和最邻近的前车距离小于最大相互作用距离且大于制动距离,并且跟驰车速度远大于前车速度的情况下,车辆处于接近状态,即图 5-15 中右侧扇形的区域。此状态描述驾驶人从自由驾驶状态转入跟随状态的过程。一般而言,驾驶人会一方面尽快缩小与前车的距离,一方面逐步减速使得其速度和前车一致。

(3) 离开状态(Leaving Mode):当跟驰车和最近的前车距离小于最大相互作用距离且大于制动距离,并且跟驰车速度远小于前车速度的情况下,车辆处于离开状态,即图 5-15 中左侧扇形的区域。此状态描述驾驶人从跟随驾驶状态转入自由驾驶状态的过程。

(4) 跟随驾驶状态(Following Mode):当跟驰车和最近的前车距离小于最大相互作用距离且大于制动距离,并且跟驰车速度接近前车速度的情况下,车辆处于跟随驾驶状态即图 5-15 中的中间区域。此状态描述驾驶人紧随前车驾驶,依照前车的速度和两车头间距的变化而不断调整跟驰车速度的过程。

(5) 制动状态(Braking Mode):当跟驰车和最近的前车距离小于制动距离时,或者当跟驰车和最近的前车距离小于根据当前速度差计算出的安全制动距离时,车辆处于制动状态,即图 5-15 中最下方的区域。此状态描述由于突发情况,驾驶人紧急制动,以最大制动速度减速的过程。

对于处在模型核心的跟随驾驶状态,可以采用不同类型的模型进行描述,包括上述的各种刺激-反应模型和安全距离模型。研究者也根据驾驶人的生理和心理特性提出了一些新型的模型。例如 Leutzbach 和 Wiedemann 提出的模型:

$$\ddot{x}_n(t+T) = \frac{[\dot{x}_{n,n-1}(t)]^2}{2[S - \Delta x_{n,n-1}(t)]} + \ddot{x}_{n-1}(t) \qquad (5\text{-}70)$$

式中:S——期望中的最小安全跟随距离;

T——驾驶人的反应时间。

早期心理模型采用固定的阈值。其缺点在于各种阈值都可能随交通环境的不同而不同,难以调查确定。而且早期心理模型根据人对视野中物体的角速度变化的最小可感知值来确定阈值。而实测数据中大量存在超过阈值而未反应的事例。

为了描述不同驾驶人的不同驾驶特性,现在流行的心理模型常按一定的统计分布规律随机产生划分各种驾驶状态的阈值,以期得到更符合实际的交通流随机特性。但是,驾驶人的驾驶特性包括很多方面,如驾驶稳定性、驾驶的倾向性、对驾驶安全感的需求、感知交通环境变化的能力、对刺激的反应灵敏度和反应时间(延迟时间)、最大加/减速度的耐受值等。目前的心理模型尚无法对所有特性进行分析建模。常见的模型主要集中在感知阈值、制动过程中驾驶人行为及驾驶人对于安全车头间距的选择等几个关键问题上。

仿真实验表明心理学跟驰模型能更好地区分驾驶人在不同状态下的驾驶行为,从而提高了仿真的精度。

5.6.4 优化速度模型及其扩展模型

1995 年,Bando 等提出了优化速度(Optimal Velocity,OV)模型,解决了 Newell 模型存在的问题。其模型方程如下:

$$\ddot{x}_n(t) = a\left[V\left(\Delta x_n(t)\right) - \dot{x}_n(t)\right] \tag{5-71}$$

其中,为描述简便,这里采用 a 表示敏感度系数;$V(.)$ 为优化速度函数,采用的优化速度函数形式为:

$$V(\Delta x_n(t)) = \frac{v_{\max}}{2}\left[\tanh\left(\Delta x_n(t) - h_c\right) + \tanh(h_c)\right] \tag{5-72}$$

式中:$v_{\max}$——车辆的最大速度;

h_c——安全车头间距。

优化速度模型提出后,引起了广泛的关注,一些学者对此模型做了大量的解析分析和数值模拟,结果表明应用该模型可以模拟实际交通流的许多非线性特征,如交通失稳、阻塞演化、走走停停等。

1998 年,Helbing 和 Tilch 利用实测数据对优化速度模型进行了辨识,结果显示优化速度模型会产生过高的加速度以及不切实际的减速度,并且可能会出现撞车。为此,他们提出了广义力模型:

$$\ddot{x}_n(t) = a\left[V\left(\Delta x_n(t)\right) - \dot{x}_n(t)\right] + \kappa H\left(-\Delta \dot{x}_n(t)\right)\dot{x}_n(t) \tag{5-73}$$

式中:$H(\cdot)$——Heaviside 单位阶跃函数;

κ——待标定系数;

$\Delta \dot{x}_n(t)$——速度差。

广义力模型考虑了速度差因素的影响,模拟结果显示其比优化速度模型更符合实际交通数据。广义力模型解决了加速度过大的问题,然而,进一步的研究表明该模型存在着运动延迟时间过长和启动波速过小的问题。

姜锐等人认为,广义力模型的问题是由于没有考虑正的速度差对车辆动力学的影响。因此,他们提出了全速度差模型,模型方程如下:

$$\ddot{x}_n(t) = a\left[V\left(\Delta x_n(t)\right) - \dot{x}_n(t)\right] + \kappa \Delta \dot{x}_n(t) \tag{5-74}$$

与优化速度模型和广义力模型相比,全速度差模型在模拟车辆运动延迟时间和车辆起动波速时,与实际观测到的结果更为符合。在以上模型的基础上,一些学者考虑更多车辆动力学因素的影响,提出了大量扩展模型。

5.6.5 元胞自动机模型的发展

1) 经典元胞自动机的构成和定义

元胞自动机由元胞、元胞空间、邻域规则及演化规则四部分组成。

(1) 元胞。元胞又称单元或基元,是元胞自动机最基本的组成部分。元胞分布在离散的一维、二维或多维欧几里得空间的晶格点上。一般假定这些晶格的形状是完全相同的。也就是说,元胞类似于国际象棋中的棋子,位于假想的格子中心;而非中国象棋或围棋中的棋子,位于假想的交叉线上。

(2) 元胞空间。允许元胞分布的空间网格所组成的集合即元胞空间。理论上,元胞空间可以由任意维数的欧几里得空间规则划分而成。不过目前的研究多集中在一维和二维元胞自动机上。

(3) 邻域规则。元胞及元胞空间只表示了元胞自动机系统的"静态"成分。为了将"动态"引入系统,就必须描述系统的演化规则。而在元胞自动机中,演化规则在局部的时间空间范围内起作用,即一个元胞下一时刻的状态仅决定于其本身和它邻居元胞此时刻的状态。在一维元胞自动机中,通常以半径 r 来确定邻域,和某个元胞距离小于 r 的所有元胞均被认为是该元胞的邻居。而二维元胞自动机的邻域规则较为复杂。

(4) 演化规则。演化规则可以理解为根据元胞当前状态及其邻域状态确定下一时刻该元胞状态的动力学函数;或更简单讲,就是系统状态转移函数。也可以将一个元胞的所有可能状态连同负责该元胞的状态变换的演化规则一起称为一个变换函数。这个函数构造了一种简单的离散时空局部物理系统。

理论上,元胞空间通常在各维向上无限延展,这有利于数学推理。但是在实际应用过程中无法在计算机上实现这一理想条件,因此需要定义不同的边界条件。归纳起来,边界条件主要有下述四种类型:①周期型,指相对边界连接起来的元胞空间;②反射型,指在边界外邻域的元胞状态是以边界为轴的镜面反射;③定值型,指所有边界外元胞均取某一固定常量,如 0 或 1 等;④随机型,即在边界实时产生随机值。

元胞自动机在时间维上的变化是离散的,即时间 t 只取整数值,而且连续等间距。构形是在某个时刻,元胞空间上所有元胞状态的空间分布组合,在数学上也可以表示为一个多维的整数矩阵。

总之,元胞自动机可以视为由一个元胞空间和定义于该空间的变换函数所组成。简而言之,"时空间格化 + 局部演化规则 = 元胞自动机"。

2) 常见的元胞自动机模型及其特点

初等元胞自动机一般指一维元胞自动机,尤其特指状态集 S 只有两个元素 $\{S_1, S_2\}$,邻

域半径 $r=1$ 的一维元胞自动机。这里 $\{S_1,S_2\}$ 可以是静止/运动、黑/白、生/死等。因为邻居个数为 2，其局部映射可记为

$$S_i^{t+1}=f(S_{i-1}^{t+1},S_i^{t+1},S_{i+1}^{t+1}) \tag{5-75}$$

式中：S_i^{t+1}——第 i 个元胞在第 $t+1$ 时刻的状态。由于式中有三个变量，每个变量取两个状态值，从而有 8 种组合。

只要给出这 8 个变量组合对应的映射值，映射 $f(\cdot)$ 就完全确定了。因此，它是最简单的元胞自动机模型。例如，图 5-16 所示用 3 位二进制数表示的映射即为一种演化规则。这也可以表示为图 5-17 所示的规则，其中黑色方块代表 1，白色方块代表 0；上部为邻居及其本身现在的状态，下部为未来的状态。

t	111	110	101	100	011	010	001	000
$t+1$	1	0	0	1	0	0	0	1

图 5-16 用 3 位二进制数表示的 145 号规则

图 5-17 用方块表示的 145 号规则

对于任何一个一维 0/1 序列，应用给定规则，即可以产生下一时刻的相应 0/1 序列。由于以上 8 种组合分别对应 0 或 1，所以这样的组合共有 $2^8=256$ 种。Wolfram 定义由上述 8 种构形产生的 8 个结果依次排列组成一个二进制数，然后计算它的十进制值 R，并定义 R 为初等元胞自动机的标号。显然 $R\in[0,255]$。例如对于元胞自动机模型 10010001，其编号就是 145，即：

$$R=\sum_{i=0}^{7}S_i2^i=128+16+1=145 \tag{5-76}$$

Wolfram 对这 256 种模型详细深入的研究表明：尽管初等元胞自动机如此简单，但随着初始状态和演化规则的不同，却有可能表现出各种各样的构形。由此，Wolfram 将所有元胞自动机的动力学行为归纳为四类：

（1）平稳型：自任何初始状态开始，经过一定时间运行后，元胞空间趋于一个平稳的空间构形，每个元胞处于不随时间变化的固定状态。

（2）周期型：自任何初始状态开始，经过一定时间运行后，元胞空间趋于一系列简单的固定结构（Stable Patterns）或周期结构（Periodical Patterns）。

（3）混沌型：自任何初始状态开始，经过一定时间运行后，元胞自动机表现出混沌的非周期行为，但所生成空间结构的统计特征不发生变化（通常表现为分形分维特征）。Wolfram 计算了所有混沌型初等元胞自动机，得到它们构形的分形维数在 1.59～1.69 之间。

（4）复杂型：自任何初始状态开始，经过一定时间运行后，元胞自动机出现复杂的局部结构，或者说是局部的混沌，其中有些会不断地传播。需要指出的是邻域半径 $r=1$ 的 256 种初等元胞自动机中没有一种属于该型。

3）经典元胞自动机的一般特征

从上述各种元胞自动机的构成及其演化规则上可以看出，经典元胞自动机的一般特

征为:

(1) 同质性:元胞空间内的每个元胞的变化都服从相同的演化规则。

(2) 齐性:元胞的分布方式相同,大小、形状相同,元胞空间划分整齐。

(3) 并行性:各个元胞状态变化相对独立,相互影响局部化,因此特别适合于并行仿真。

(4) 时空局部性:每一时刻每个元胞仅与其周围少数邻居相互影响,因此元胞自动机中信息传递速度有限。很多情况下,信息传递范围也有限。

(5) 维数高:在动力系统中一般将变量的个数视为维数。如果将每个元胞的状态视为整个系统中的变量,则元胞自动机是一类高维甚至无穷维动力系统。

(6) 复杂性:简单的元胞自动机演化规则往往可以产生极为复杂的构形,这为实际复杂系统的仿真分析提供了基础。

在上述特性中,局部性是元胞自动机的核心特性,任何对元胞自动机的扩展都应当尽量保持局部性特征。这也是自组织临界性和缓慢驱动下,相互作用的阈值决定理论带给我们的启示。

5.6.6 智能驾驶人模型的发展

从2000年起,特雷伯(Treiber)、海尔宾(Helbing)和凯斯汀(Kesting)等逐渐总结提出了一个只需要少数有明确意义的参数来拟合观测数据,且易于标定的智能驾驶人模型(Intelligent Driver Model,IDM),并试图用该模型统一描述从自由流到完全拥堵流的不同状态。其形式为:

$$a_n(t) = a\left(1 - \left[\frac{v_n(t)}{v_0}\right]^\delta - \left\{\frac{s_n^*[v_n(t),\Delta v_{n,n-1}(t)]}{s_a}\right\}^2\right) \quad (5\text{-}77)$$

式中:

$$s_n^*\left(v_n(t),\Delta v_{n,n-1}(t)\right) = s_0 + \max\left\{0, v_n(t)T + \frac{v_n(t)\Delta v_{n,n-1}(t)}{2\sqrt{ab}}\right\} \quad (5\text{-}78)$$

$v_n(t)$——第 n 辆车在 t 时刻的速度;

v_0——理想驾驶速度;

$\Delta v_{n,n-1}(t)$——第 n 辆车与第 $n-1$ 辆车的速度差;

s_n^*——当前状态下驾驶人的期望间距;

s_0——静止安全距离;

T——驾驶人反应时间;

a——理想的舒适加速度;

b——舒适减速度;

δ——加速度指数,$\delta > 0$。

当交通流密度非常小,也即车头间距 s_a 非常大时,$\dfrac{s_n^*\left(v_n(t),\Delta v_{n,n-1}(t)\right)}{s_a} \to 0$,车辆进入自由驾驶状态。此时 IDM 模型退化为:

$$a_n(t) = a\left\{1 - \left[\frac{v_n(t)}{v_0}\right]^\delta\right\} \quad (5\text{-}79)$$

表明车辆以加速度 a 开始加速,速度逐渐增加直到达到自由流速度。可见,模型能够很自然地描述交通流密度较小的自由流状态,其中参数 δ 控制车辆的加速度随速度的变化模式:当 $\delta \to \infty$ 时,车辆以恒定加速度 a 加速到理想速度 v_0;否则,车辆加速行为将由松弛时间 $\tau = v/a$ 决定。此时,模型和 Helbing 提出的非局部气体动力论模型的行为类似。

模型的"智能"二字体现在期望距离随着不同的交通状况而改变上。当 $\Delta v_{n,n-1} > 0$ 的时候,表示后车正接近前车,此时驾驶人需要一个较大的车头间距;当 $\Delta v_{n,n-1} < 0$ 时,表示后车远离前车,驾驶人可以接受一个较小的车头间距。此外,与 OV 模型相比,IDM 中不显含优化速度函数,但通过求解稳态过程,即令加速度差和速度差为零,可以得到优化速度函数。

5.6.7 人工智能模型的发展

20 世纪 90 年代,人工智能领域的各种方法开始在驾驶人行为建模研究中得以应用。其中,模糊理论(Fuzzy Theory)和人工神经网络方法(Artificial Neural Networks)应用得最多。这是因为在跟车过程中,驾驶人多被视为一个复杂的非线性系统,根据交通环境、前车及当前车的状态等诸多信息,控制车辆跟随前车行驶。用传统的微分方程模型不能很好地描述驾驶人的感觉、理解、判断、决定等一系列心理、生理的不确定性和不一致性。由于模糊理论和人工神经网络方法在处理复杂非线性问题上具有一定简单易行的优势,同时具备较强的对数据样本的学习能力,因此被尝试用于更准确地模拟驾驶人的行为特性。

1)基于模糊理论的跟驰模型

基于模糊理论的驾驶行为描述方法主要通过模糊推理(Fuzzy Inference)来刻画驾驶人的逻辑状态和驾驶行为。简言之,模糊推理是从不精确的前提集合中得出不精确结论的推理过程。这种推理过程在人类思维中比比皆是。Zadel 首先提出了模糊推理的合成规则和把条件语句"若 x 为 A,则 y 为 B"转换为模糊关系的规则。其后,模糊理论又不断被修正和改进。

在跟车模型中使用模糊推理的好处在于能够以人类语言来直接表述车辆跟驰规则。例如,常见的驾驶经验可大致表述为如下的规则。

……

"当两车的车头间距足够大时,自由行驶"

"当两车的车头间距较小且后车速度大于前车速度时,减速"

"当两车的车头间距较小且后车速度远大于前车速度时,制动"

……

运用模糊理论,可以首先将确定的观测输入间距和前车速度映射为对应的模糊形容词,然后进行模糊推理,选择合适的控制规则进行控制。

虽然人们的驾驶经验大致一样,但仍可以通过设置不同的模糊形容词和其对应的模糊化规则来模拟不同人的驾驶特性。最早将模糊逻辑推理用来描述车辆跟驰行为的是菊池(Kikuct)和 Chakroborty。在他们的模型中,将传统跟车模型中的车头间距、速度差和加速度模糊化作为输入集。其中每个模糊集分为 6 个等级,三个模糊集之间彼此相关。其模型形式如下:

如果 $\Delta x_{n,n-1}$ 足够大,则

$$\ddot{x}_n(t) = \frac{\Delta \dot{x}_{n,n-1}(t) + \ddot{x}_{n-1}(t)T}{\gamma} \tag{5-80}$$

式中：γ——驾驶人期望跟上前车所需的期望时间；

T 通常取 2.5s。

从输入输出映射的角度来看，基于模糊推理的车辆跟驰模型同样实现了从各种刺激信号到控制动作的非线性映射。实验表明，模糊推理既能以统一的语言规则描述驾驶人的驾驶共性，又能以不同参数设置较好地拟合驾驶人的驾驶行为差异。

2) 基于人工神经网络的跟驰模型

人工神经网络方法的应用方法变化较多，这里仅以最容易理解的前馈神经网络方法（Feed-Forward Neural Networks）为例进行简要介绍。

前馈神经网络是一种人工神经网络的典型结构。其结构如图 5-18 所示，分为输入层（Input Layer）、中间层（Middle Layer）（又称隐层，Hidden Layer）和输出层（Output Layer）。其中输入层和输出层仅有一层，而中间层可以不止一层。

前馈神经网络每一层可以有一个或多个节点，节点之间可能存在连接。每个节点有不同的转换函数，将输入信号进行线性/非线性变换后输出到下一层。数据/信号从输入层进入前馈神经网络，经过中间层非线性变换后输出到输出层离开网络。顾名思义，前馈神经网络仅存在输入层节点到中间层、中间层到输出层的节点连接。因此，输入的信号是单向的。

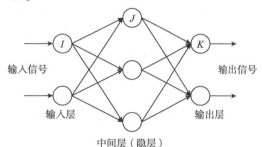

图 5-18　前馈神经网络的结构示意图

若以 in_i 表示从第 i 个输入层节点输入的信号，in_j 表示从第 j 个中间层节点输入的信号，out_j 表示第 j 个中间层节点输出的信号，而 out_k 表示第 k 个输出层节点输出的信号，I、J 和 K 分别为输入层、中间层和输出层节点数量。

一般定义输入层节点不做任何处理，直接将信号传输入相连接的中间层节点。而第 j 个中间层节点输入的信号常定义为输入层节点输入各信号的加权和：

$$in_j = \sum_{i=1}^{I} w_{ij} in_i \tag{5-81}$$

式中：w_{ij}——待定的从第 i 个输入层节点到第 j 个中间层节点的信号传输加权系数。

第 j 个中间层节点的非线性变化方式常选为

$$out_j = f(in_j + b_j) = f(\sum_{i=1}^{I} w_{ij} in_i + b_j) \tag{5-82}$$

式中：$f(\cdot)$——特定的非线性映射函数；

b_j——随机设置的阈值信号（Bias，又称 Offset）。

第 k 个中间层节点输出的信号常定义为中间层节点输入各信号的加权和：

$$out_k = \sum_{j=1}^{J} w_{jk} out_j = \sum_{j=1}^{J} w_{jk} f(\sum_{i=1}^{I} w_{ij} in_i + b_j) \tag{5-83}$$

式中：w_{jk}——待定的从第 j 个中间层节点到第 k 个输出层节点的信号传输加权系数。

理论上已经证明：如果中间层节点足够多，仅需要一层中间层参数合理设置的前馈神经网络就可以拟合任意光滑的非线性函数。在给定非线性映射函数 $f(\cdot)$ 和预偏置信号 b_j 的情况下，一般常采用经典的误差反传播修正算法（Back Propagation Algorithm）来找到合适的

w_{ij}和w_{jk}。这一过程被称为人工神经网络的训练(Training)。

由于驾驶人对跟车状态的感知和控制是一个非常复杂的过程,目前的研究还很难确定地给出影响驾驶人感知判断的因素。因此,已有的模型中一般仅以车头间距、速度、速度差及这些量的变化率等信息作为前馈神经网络的输入。实验表明,经过训练的神经网络能够较好地拟合驾驶人的非线性驾驶特性。

人工智能跟车模型的缺点在于有些模型物理意义不明确,难以进行相应的交通流稳定性分析。目前这方面的研究还在继续深入中。

3)基于支持向量回归的跟驰模型

在数据驱动类模型中,支持向量回归(Support Vector Regression,SVR)模型是一种基于统计学习理论的小样本机器学习算法。支持向量回归遵循最小化结构风险原则而非最小化经验原则,其具有全局收敛和泛化能力强的特点,因此使其在理论上比人工神经网络更适用于车辆跟驰行为建模。在利用支持向量回归进行车辆跟驰模型建模时,不同研究的差异主要是具体的输入和输出变量根据建模思路的不同会有所差异,支持向量机回归原理的跟驰模型结构示意图如图5-19所示。

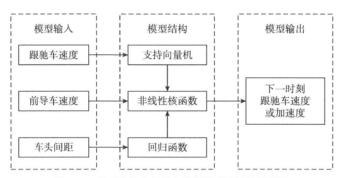

图5-19 基于支持向量回归的跟驰模型结构示意图

一般情况下,在运用支持向量机回归描述跟驰行为时,输入变量通常选择跟驰车速度、前车速度和车头间距,输出变量通常为下一时刻跟驰车速度,有些研究也将加速度作为输出变量。关于输入变量的确定,更多是通过相关性分析进行确定,如常见的统计检验、灰色关联分析等;输出变量的确定主要取决于建模目的,可根据实际情况灵活选择。

使用支持向量机回归对跟驰行为建模的主要优势在于,通过车辆轨迹数据训练模型,能够研究车辆跟驰过程中的非对称性驾驶行为及其对交通流演化的影响。此外,可根据数据采集位置的不同相应地建立描述不同跟驰特性的模型,使其可移植性较强。因此,当前以支持向量机为基础模型,利用高精度的车辆轨迹数据加以训练成为跟驰领域的一种建模思路。由于建模思路不同,以支持向量机为基础而衍生的改进模型较多,这里不再赘述。

4)基于深度学习的跟驰模型

近些年,深度学习模型取得了巨大成功,因此逐渐成为机器学习领域一个独立分支。典型的深度学习模型一般指具有多层隐藏层的神经网络。换言之,相较于传统神经网络模型,深度学习模型通常具有多个隐层(通常有5~6层,甚至10多层的隐层节点)以及相应的数量巨大的神经元连接权、阈值等参数。常见的深度学习方法有:卷积神经网络、深度信念神经网络、递归神经网络和长短期记忆神经网络等。除了上述模型,深度强化学习和生成对抗模仿网络等更新、更先进的深度学习模型已应用到跟驰模型中。与浅层神经网络类似,深度神经网络也能够为复杂非线性系统提供建模,但多出的层次为模型提供了更高的抽象层次,因而提高了模型的能力。

深度神经网络(Deep Neural Networks,DNN)是一种判别模型,可以使用反向传播算法进行训练。权重更新可以使用下式进行随机梯度下降法求解:

$$\Delta w_{ij}(t-1) = \Delta w_{ij}(t) + \eta \frac{\partial C}{\partial w_{ij}} \tag{5-84}$$

式中:η——学习率;
　　C——代价函数。

这一函数的选择与学习的类型(例如监督学习、无监督学习、增强学习)以及激活函数相关。

例如,为了在一个多分类问题上进行监督学习,通常的选择是使用 ReLU 作为激活函数,而使用交叉熵作为代价函数。Softmax 函数定义为:

$$p_j = \frac{e^{x_j}}{\sum_{k=1}^{k} e^{x_k}} \tag{5-85}$$

式中:p_j——类别 j 的概率;
　　k——输出节点个数,即分类类别个数;
　　x_j、x_k——节点 j 和 k 的输出值。

交叉熵定义为:

$$C = -\sum_{j=1}^{k} d_j \log(p_j) \tag{5-86}$$

式中:d_j——输出单元 j 的目标概率;
　　p_j——应用了激活函数后对单元 j 的概率输出。

与其他神经网络模型类似,如果仅是简单地训练,深度神经网络可能会存在很多问题,常见的两类问题是过拟合和过长的运算时间。对此,权重递减(l_2 正规化)或者稀疏(l_1 正规化)等方法可以利用在训练过程中以减小过拟合现象。在模型训练中,反向传播算法和梯度下降法由于其实现简单,与其他方法相比能够收敛到更好的局部最优值而成为神经网络训练的通行方法。但是,这些方法的计算代价很高,尤其是在训练深度神经网络时,因为深度神经网络的规模(即层数和每层的节点数)、学习率、初始权重等众多参数都需要考虑。扫描所有参数由于时间代价的原因并不可行,因而小批量训练,即将多个训练样本组合进行训练而不是每次只使用一个样本进行训练常被用于加速模型训练,但使用大规模集群进行深度神经网络训练仍然存在困难。

受限于深度神经网络本身的局限性,深度神经网络跟驰模型往往存在泛化能力差(即对于数据库中不存在状态,往往无法准确估计)等问题。另一方面,受限于数学公式本身有限的表达能力,传统模型驱动跟驰模型通常无法准确刻画驾驶人行为等复杂因素。为了取长补短,当前已有学者将两者融合,提出兼具两者优点的混合驱动跟驰模型。总而言之,一类是将传统的跟驰模型与人工智能方法或优化算法结合,建立新的混合驱动模型。另一类则是选择人工智能方法和优化算法结合,而不考虑传统的跟驰模型。这些研究结果均表明采用混合驱动模型可显著提升模型的预测性能,且能够融合多模型的优势特征。

习题

1. 试分析如何从车辆轨迹数据中筛选出跟驰数据,并简要分析影响跟驰行为的主要因素。
2. 试讨论经典车辆跟驰模型建模思路之间的异同点。
3. 试求解优化速度跟驰模型的线性稳定性解析解。
4. 试通过编程建立简单的支持向量机回归的跟驰模型。
5. 试通过编程建立简单的人工神经网络跟驰模型,并与经典跟驰模型进行对比分析。

第6章 连续交通流模型

6.1 概　　述

1955年,英国学者莱特希尔(Lighthill)和惠特汉(Whitham)将交通流比拟为一种流体,对一条很长的公路隧道,研究了车流密度较高情况下的交通流规律,提出了流体动力学模拟理论,被称为L-W理论。该理论运用流体动力学的基本原理,模拟流体的连续性方程,建立车流的连续性方程。把车流密度的疏密变化比拟成水波的起伏而抽象为车流波。当车流因道路或交通状况的改变而引起密度的改变时,在车流中产生车流波的传播。通过分析车流波的传播速度,以寻求车流流量和密度、速度之间的关系,并描述车流的拥挤与消散过程。因此,该理论又可称为车流波动理论。

道路上行驶不因外界因素干扰而停车的车流称为连续流。本章主要介绍连续流的简单模型和高阶模型,并对其解析求解和数值求解;总结简单连续流理论的本质,阐述和分析该理论如何应用于模型和现实生活环境中。

6.2节中提出了简单连续流的守恒方程。对于一个连续路段,如果该路段上没有出入口,那么就存在一个"输入"和"输出"车流量的守恒关系。通过建立一个距离和时间的函数,引用流量和密度的守恒方程作为距离和时间的函数,并附带一个状态方程(速度-密度或流量-密度关系式),那么就形成一个输入和输出的恒等关系式组,以此就能获知任一路段任何时间内的速度、流量和密度。通过对这些基本交通流变量的认识,就可以了解交通系统的状态,而且可以使工程师获得衡量系统运营效果的有效办法,如延误的中断、总的行程、总的行程时间等。

6.3节对交通波理论进行了介绍。交通波表示流量或密度的不连续性,比如当列队行驶车辆在信号灯交叉口遇到红灯后,陆续停车排队而集结成密度高的列队;绿灯亮后,排队的车辆又陆续起动而疏散成一列具有适当密度的车队,在车流中因前部的动作改变而造成对后部的连锁性反应,就是交通波。对这种现象的研究,可以得出连续车辆运行的始末状态情况,从而为道路设计、交通管理或是车辆本身的改善提供一定的思路。

6.4节中则是对高阶连续流模型的相关知识进行介绍。由于简单连续流模型未考虑加速度和惯性的影响,因而没能如实反映非平衡状态交通流的动力特性,于是研究人员引进了高阶连续介质模型。

6.2 简单连续流模型

流体力学模拟理论假定车流中各单个车辆的行驶状态与它前面的车辆完全一样,这与实际是不相符的。但是,该理论在"流"的状态较为明显的场合,如在分析瓶颈路段的车辆拥挤问题时,有其独特的用途。交通流与流体的比较见表6-1。

交通流与流体的比较表　　　　表6-1

物理特性	流体动力学系统	交通流系统
连续体	单向不可压缩流体	单车道不可压缩车流
离散元素	分子	车辆
变量	质量 m	密度 k
	速度 v	车速 u
	压力 p	流量 q
动量	mv	ku
状态方程	$p = cmT$	$q = ku$
连续性方程	$\dfrac{\partial m}{\partial t} + \dfrac{\partial (mv)}{\partial x} = 0$	$\dfrac{\partial k}{\partial t} + \dfrac{\partial (ku)}{\partial x} = 0$
运动方程	$\dfrac{du}{dt} + \dfrac{c^2}{m}\dfrac{\partial m}{\partial x} = 0$	$\dfrac{du}{dt} + k\left(\dfrac{du}{dk}\right)^2 \dfrac{\partial k}{\partial x} = 0$

流体满足两个基本假设:

假设一,流量守恒;

假设二,速度与密度对应。

对于交通流,第一个假设使用守恒方程或连续性方程来表示;而第二个假设的成立具有一定的限制性,限制条件为速度(或流量)是密度函数,但只适用于平衡状态,由于平衡状态只能在实际应用中得出,满意的速度-密度关系式很难得出,该关系式通常通过假设或理论推断得出。

守恒方程作为距离和时间的函数,用来表示流量和密度,在实际应用中连续模型用于输入-输出模型。另外,由于流量被假设成密度函数,连续模型具有了第二个主要的优点(即可压缩性)。简单连续流模型由守恒方程和状态方程(速度-密度或流量-密度关系式)组成。如果将这些方程和基本的交通流方程(即交通流量等于密度乘以速度)相结合,可以获得某一路段任何时间内的速度、流量和密度。通过对这些基本交通流变量的认识,可以了解交通系统的状态,而且还可以获得衡量系统运营效果的有效方法,如延误的中断、总的行程、总的行程时间等。

6.2.1 守恒方程的建立

守恒方程很容易推导出来。在设有两个交通计数点的单向连续路段(两个计数点分别设在上游和下游)(图6-1),两点间的距离为 Δx,在 Δx 间距内没有出口和进口(即两站之间没有交通流的产生或离去)。

设N_i是在Δt时间内通过断面i的车辆数，q_i是时间Δt内的交通量。Δt是断面1和断面2同时开始计数所持续的时间。设$N_1 > N_2$，由于在间距Δx内没有车辆的减少，在断面1和断面2间会产生车辆的聚集。

设$N_2 - N_1 = \Delta N$，则车辆聚集数为负值。基于这样的定义可以得出：

$\frac{N_1}{\Delta t} = q_1$为断面1的交通量；$\frac{N_2}{\Delta t} = q_2$为断面2的交通量，且

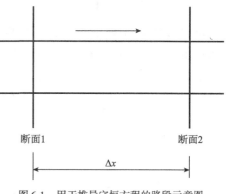

图6-1 用于推导守恒方程的路段示意图

$$\frac{\Delta N}{\Delta t} = \Delta q \Rightarrow \Delta N = \Delta q \cdot \Delta t \tag{6-1}$$

ΔN表示在时间Δt内两断面间的车辆聚集数。如果Δx足够短，使得该路段内的密度k保持一致，那么Δt内断面1与断面2之间的密度增量Δk可以表示如下：

$$\Delta k = \frac{-(N_2 - N_1)}{\Delta x} = \frac{-\Delta N}{\Delta x} \tag{6-2}$$

即车辆聚集数为：

$$-\Delta N = \Delta k \Delta x \tag{6-3}$$

因此

$$-\Delta q \Delta t = \Delta k \Delta x \Rightarrow \frac{\Delta q}{\Delta x} + \frac{\Delta k}{\Delta t} = 0 \tag{6-4}$$

假设两站间的车流连续，且允许有限的增量为无穷小，则取极限可得：

$$\frac{\partial q}{\partial x} + \frac{\partial k}{\partial t} = 0 \tag{6-5}$$

方程(6-5)描述了交通流的守恒规律，该方程就是有名的守恒方程或连续性方程。这个方程与流体力学的方程有相似的形式。如果在路段内有车辆的产生和离去，则守恒方程将采用如下一般的形式：

$$\frac{\partial q}{\partial x} + \frac{\partial k}{\partial t} = g(x, t) \tag{6-6}$$

这里$g(x,t)$是指车辆的产生(离去)率(单位时间、单位长度内车辆产生或离去数)。在实际中，当交通流受到干扰时就会考虑车辆的产生或离去(例如，交叉口的进口、出口)。

6.2.2 守恒方程解析解法

方程(6-6)可以用来确定道路上任意路段的交通流状态，它把两个相互依赖的基本变量(密度k和流率q)与两个相互独立的变量(间距x和时间t)联系起来。但是如果没有另外的附加方程或假设条件，方程(6-6)是无法求解的。通常会采用以下方法：第一种方法是使用动量方程；第二种方法是改进连续流模型。为此，在平衡状态下把流率q表示成密度k的函数，即$q = f(x)$，相应地，可以合理地假设$u = f(k)$。

在公式(6-6)中考虑最基本的关系：

$$q = ku \tag{6-7}$$

可以很容易知道,如果 $u = f(k)$,则公式(6-6)中就是只有一个未知量的方程,可以对其解析求解。若只考虑没有交通产生或离去的影响,即 $g(x,t) = 0$ 的情况,守恒方程可以写为如下形式:

$$\frac{\partial(ku)}{\partial x} + \frac{\partial k}{\partial t} = \frac{\partial[kf(k)]}{\partial x} + \frac{\partial k}{\partial t} = f(k)\frac{\partial k}{\partial x} + k\frac{\mathrm{d}f}{\mathrm{d}k}\frac{\partial k}{\partial x} + \frac{\partial k}{\partial t} = 0 \tag{6-8}$$

或

$$\left(f(k) + k\frac{\mathrm{d}f}{\mathrm{d}k}\right)\frac{\partial k}{\partial x} + \frac{\partial k}{\partial t} = 0 \tag{6-9}$$

此处 $f(k)$ 是任意的函数。例如,采用格林希尔兹提出的速度-密度线性模型,则公式(6-9)变形为:

$$\left(u_\mathrm{f} - 2u_\mathrm{f}\frac{k}{k_\mathrm{j}}\right)\frac{\partial k}{\partial x} + \frac{\partial k}{\partial t} = 0 \tag{6-10}$$

式中:u_f——自由流速度;

k_j——阻塞密度。

公式(6-10)是一阶线性偏微分方程,可以通过特征线法求解。通常条件下,方程(6-10)包含有以下结果:

(1)密度 k 是波状曲线上的常量,交通波曲线表示流量和密度沿道路的变化。

(2)交通特性曲线是基于定义和边界条件,从时空分布中散发出来的直线。

(3)交通特性曲线的斜率为:

$$\frac{\mathrm{d}x}{\mathrm{d}t} = f(k) + k\left(\frac{\mathrm{d}f}{\mathrm{d}k}\right) = \frac{\mathrm{d}q}{\mathrm{d}k} \tag{6-11}$$

它表示交通特性曲线的斜率等于在流量—密度曲线上从流量边界点散发出来的特性曲线的切线斜率。

(4)在空间分布中任何一点 (x,t) 的密度由通过该点的时空特性曲线得出。

(5)当两条交通特性曲线相交时,该点密度会有两个值,这是不符合实际的。这种差异可以通过交通波的产生进行解释。简而言之,两条交通特性线相交,将会产生交通波,特性曲线终止。一个交通波表示 k,q 或 u 的突然改变。

解析法的优点在于真实地描述出上游对下游的干扰,它反映出排队和阻塞在高速公路和干线道路时空分布中的形成和消散,更进一步地说,它可以论证模型中排队的形成和消散存在着内在的联系。解析法的缺点是推导过程中要求的条件过于简单,这包括简单的初始交通流条件,车辆的到达和离开模型、没有出入口、简单的流率、密度关系等。更重要的是,在真实条件下经常遇到很复杂的情况,如存在转向车道和高速公路出入口匝道等,要想求得精确的解析解是非常困难的。从而引入另外一种解法——数值解法。

6.2.3 守恒方程的数值解法

通常对于可压缩流体的类似问题,可以通过对状态方程进行数值求解来解决。该方法考虑的情况包括在实际中可能遇到的复杂情况,即对真实到达和离开模型的处理、更复杂的 u-k 模型以及实验条件等。

数值计算思路为:把所要考虑的道路离散成若干微小的路段 Δx,并按连续时间增量 Δt 来更新离散化网络中每一节点的交通流参数值。

如图 6-2 所示,首先从空间上对路段进行离散化处理,然后再将时间离散,即:

$$T = n\Delta t \tag{6-12}$$

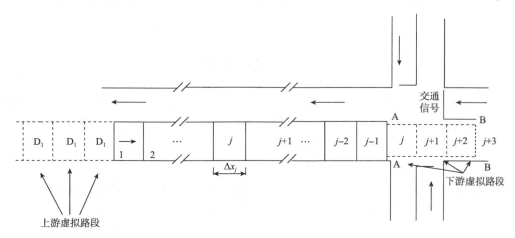

图 6-2 道路空间离散实例

T 为观测周期。对式(6-6)离散化,得:

$$\frac{k_j^{n+1} - \frac{1}{2}(k_{j+1}^n + k_{j-1}^n)}{\Delta t} + \frac{\frac{1}{2}(q_{j+1}^n - q_{j-1}^n)}{\Delta x} = \frac{1}{2}(g_{j+1}^n + g_{j-1}^n) \tag{6-13}$$

式中:Δt、Δx——时间和空间的增量,要求 $\Delta x/\Delta t$ 大于自由流状态的平均速度;

k_j^n、q_j^n——在 j 路段,$t = t_0 + n\Delta t$ 时刻的阻塞密度、流量;

g_j^n——路段 j 在 $t = t_0 + n\Delta t$ 的净流率;

t_0——初始时刻。

整理上式可得下面方程:

$$k_j^{n+1} = \frac{1}{2}(k_{j+1}^n + k_{j-1}^n) - \frac{\Delta t}{2\Delta x}(q_{j+1}^n - q_{j-1}^n) + \frac{\Delta t}{2}(g_{j+1}^n + g_{j-1}^n) \tag{6-14}$$

如果密度确定,在 $t_0 + (n+1)\Delta t$ 时刻的速度由平衡态速度-密度关系中的平衡速度 $u_e(k)$ 获得,即:

$$u_j^{n+1} = u_e(k_j^{n+1}) \tag{6-15}$$

例如,对于格林希尔兹线性模型,有:

$$u_j^{n+1} = u_f\left(1 - \frac{k_j^{n+1}}{k_j}\right) \tag{6-16}$$

式中:u_f——自由流速率;

k_j——阻塞密度。

需要指出的是,式(6-14)适用于任何速度-密度模型,包括不连续模型;如果无法获得 u 的解析表达式,那么可以从 u-k 曲线通过数值方法获得其数值解。$t_0 + (n+1)\Delta t$ 时刻的流率可以从下面的基本关系式得到：

$$q_j^{n+1} = k_j^{n+1} u_j^{n+1} \qquad (6-17)$$

另外,公式(6-14)允许堵塞在上游和下游都可以传播,而不仅在上游传播。

对于上述公式的使用,只需要确定到达率和离开率,就可以利用均衡 $q-k$ 模型得出 $j=1$ 和 $j=J$ 时的密度。

6.3 交通波理论

在实际的交通观测中,经常会发现交通流的某些行为非常类似于流体波的行为。例如,图 6-3 是由双向 8 车道路段过渡到双向 6 车道路段的半幅平面示意图。由图可以看出,在 4 车道的路段(即原路段)和 3 车道的路段(即瓶颈段),车流都是各行其道,比较有秩序。而在由 4 车道向 3 车道过渡的那段路段,车流出现了拥挤、紊乱,甚至堵塞。这是因为车流在即将进入瓶颈时会产生一个与车流运行方向相反的波,类似声波碰到障碍物时的反射,或者管道内的水流突然受阻时后涌那样。这个波导致在瓶颈之前的路段上车流出现紊流现象。

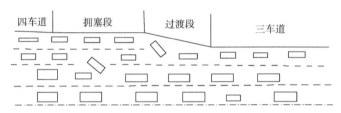

图 6-3 瓶颈处的车流波

车流中两种不同密度部分的分界面经过一辆辆车向车队后部传播的现象,称为车流的波动。车流中密度不同的两部分的分界面称为车流波,车流波沿道路移动的速度称为波速。交通波表示流量或密度的不连续性,其物理含义为车辆在来不及加速或减速的情况下突然改变速度。

图 6-4 为在时间-空间坐标系下表示的一队 n 辆车的运行状态变化图。图中每根曲线表示一辆车运行的时间-空间轨迹。曲线间的水平距离表示车头时距,垂直距离表示车头间距。两条虚线分隔出 Ⅰ、Ⅱ 和 Ⅲ 三个时间-空间区域。在区域 Ⅰ 内,车速最高而密度最低。进入区域 Ⅱ 后,车速明显降低而密度明显升高。进入区域 Ⅲ 后,速度有所回升而密度有所下降。虚线与运行轨迹的交点就是车队密度不同的分界(对某一确定时刻而言),而虚线本身则表示此分界既沿车队向后一辆一辆地传播下去,又沿着道路而移动,虚线的斜率就是波速。虚线 AB 是低密度状态转变的分界,它所体现的车流波为集结波,而 AC 是高密度状态向低密度状态转变的分界,它所体现的车流波称为疏散波。两种不同的车流波可统称为集散波。

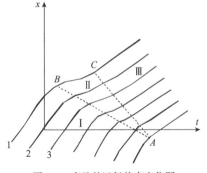

图 6-4 车队的运行状态变化图

6.3.1 交流波模型的建立

1) 方法一

为讨论方便起见,如图6-5所示,假设一条公路上有两个相邻的不同交通流密度区域(k_1和k_2),用垂直直线 S 分割这两种密度,称 S 为波阵面,设 S 的速度为 u_w,A 段的车流平均速度为 u_1,密度为 k_1;B 段的车流平均速度为 u_2,密度为 k_2,并规定交通流按照图中箭头 x 正方向运行,速度为正,反之为负。

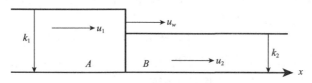

图6-5 两种密度的车辆运行情况

u_1-在 A 区车辆的空间平均速度;u_2-在 B 区车辆的空间平均速度

显然,由交通流量守恒可知,在时间 t 内通过界面 S 的车数 N 可以表示如下:

$$N = u_{r1}k_1 t = N = u_{r2}k_2 t \tag{6-18}$$

即

$$(u_1 - u_w)k_1 = (u_2 - u_w)k_2 \tag{6-19}$$

式中:u_{r1}——在 A 区相对于垂直分界线 S 的车辆的速度,$u_{r1} = u_1 - u_w$;

u_{r2}——在 B 区相对于垂直分界线 S 的车辆的速度,$u_{r2} = u_2 - u_w$。

整理可得:

$$u_2 k_2 - u_1 k_1 = u_w(k_2 - k_1) \tag{6-20}$$

由 $q = ku$ 可知:

$$q_1 = u_1 k_1 \tag{6-21}$$

$$q_2 = u_2 k_2 \tag{6-22}$$

代入公式(6-20),可以得到:

$$u_w = \frac{q_2 - q_1}{k_2 - k_1} \tag{6-23}$$

2) 方法二

图6-6为一个车队前三辆车运行的时间-空间轨迹。这个车队从速度 u_1、密度 k_1(对应于车头间距 l_1)转变到速度 u_2、密度 k_2(对应于车头间距 l_2)。O 为第一辆车的变速点,A 为第二辆车的变速点,虚线 OA 的斜率就是集散波的波速。

设变速点 A 的时刻为,位置为 t,则在时刻 O 到时刻 t 之间,两车车头间距的变化为 $l_2 - l_1$,第一辆车行驶的距离为 tu_2,第二辆车行驶的距离为 tu_1,所以有 $l_2 - l_1 = tu_2 - tu_1$,解之得:

$$t = \frac{l_2 - l_1}{u_2 - u_1} \tag{6-24}$$

又由 $t = -l_1 + tu_1$,可得:

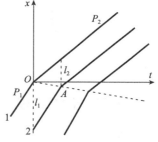

图6-6 车辆时间-空间轨迹图

$$u_w = \frac{x}{t} = -\frac{l_1}{t} + u_1 = -\frac{l_1(u_2 - u_1)}{l_2 - l_1} + u_1 = \frac{l_2 u_1 - l_1 u_2}{l_2 - l_1} = \frac{\dfrac{u_1}{k_2} - \dfrac{u_2}{k_1}}{\dfrac{1}{k_2} - \dfrac{1}{k_1}} = \frac{q_1 - q_2}{k_1 - k_2} \quad (6\text{-}25)$$

6.3.2 交流波模型的意义

交通波描述了两种交通状态的转化过程，u_w代表了转化的方向和进程。$u_w > 0$，表明波面的运动方向与交通流的运动方向相同；$u_w = 0$，表明波面维持在原地不动；$u_w < 0$，则说明波的传播方向与交通流的运动方向相反。

当$q_1 > q_2$，$k_1 < k_2$时，u_w为负值。表明波的方向与原车流流向相反。此时在瓶颈过渡段（图6-4所示）内的车辆即被迫后涌，开始排队，出现拥堵。有时u_w可能为正值，表明此时不致发生排队现象，或者是已有的排队将开始消散。

若A、B两区车流量与交通密度大致相等，则可以写成：

$$q_2 - q_1 = \Delta q, k_2 - k_1 = \Delta k \quad (6\text{-}26)$$

由此可得微弱波的波速，即传播小紊流的速度：

$$u_w = \frac{\Delta q}{\Delta k} \text{或} u_w = \frac{\mathrm{d}q}{\mathrm{d}k} \quad (6\text{-}27)$$

在图6-7a)中，A、B、C三点代表三种交通流状态，当这其中两种交通流状态相遇时，便产生交通波，在流量—密度关系曲线上，集散波的波速是割线的斜率，微弱波的波速是切线的斜率。如图6-7a)所示，当车流从低密度低流量的A状态转变到高密度高流量的B状态时，集散波的波速是正的，即波沿道路方向的下游运动；当车流从低流量高密度的C状态转变到高流量而密度较低的B状态时，集散波的波速是负的，即波沿道路向上游传播。从A状态到B状态的波是集结波，而从B状态到A状态的波是消散波，两者都是前进波。从B状态到C状态的波是集结波，从C状态到B状态的波为消散波，两者都是后退波。进一步来讲，某一点的上游和下游交通流率的不同，并不能说明存在交通波，除非在交通特性曲线相交的条件下才能成立。图6-7b)是在时空坐标系中描述的交通波，明显可以看出交通波的含义。

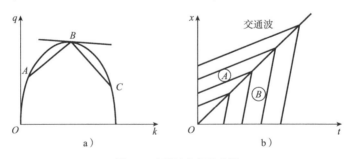

图6-7 交通波含义示意图

6.3.3 交流波模型的分析

1) 模型的变化

从前面内容中已经知道速度和密度有一定的关系，及几种常用的速度-密度模型，下面就应用著名的格林希尔兹线性模型进一步分析交通波模型。

已知格林希尔兹线性模型的表达式为：

$$u_i = u_f(1 - k_i/k_j), k_2 - k_1 = \Delta k \tag{6-28}$$

为了便于推导，我们把密度标准化，即令

$$\eta_i = k_i/k_j \tag{6-29}$$

其中η_i为车流i的标准化密度。将式(6-29)代入式(6-28)，有

$$u_1 = u_f(1 - \eta_1) \text{ 和 } u_2 = u_f(1 - \eta_2)$$

其中u_f为自由流速度，η_1和η_2为分界线S两侧的标准化密度。

将以上关系代入式(6-20)，得波速为：

$$u_w = \frac{k_1 u_f(1 - \eta_1) - k_2 u_f(1 - \eta_2)}{k_1 - k_2} \tag{6-30}$$

用式(6-29)得到η_1和η_2的关系式来简化式(6-83)，可得：

$$u_w = u_f[1 - (\eta_1 + \eta_2)] \tag{6-31}$$

式(6-31)是用标准化密度表示的波速公式，下面就利用该式分析交叉口车流由于交通信号影响而产生的停车和起动现象。

2) 交通密度大致相等的情况

如果在界限S两侧的标准化密度η_1和η_2大致相等。S左侧的标准化密度为η，而S右侧的标准化密度为$\eta + \eta_0$，这里$\eta + \eta_0 \leq 1$。

在此情况下设：

$$\eta_1 = \eta, \eta_2 = \eta + \eta_0 \tag{6-32}$$

并且$1 - (\eta_1 + \eta_2) = 1 - (2\eta + \eta_0) = 1 - 2\eta$。

式中，η_0忽略不计。把式(6-32)代入式(6-31)，则此段的波就以下列速度传播：

$$u_w = u_f(1 - 2\eta) \tag{6-33}$$

3) 停车波

现假定车队以区间平均速度u_1行驶，在交叉口停车线处遇到红灯停车。此时，$k_2 = k_j$，即$\eta_2 = 1$。根据式(6-31)，有：

$$u_w = u_f[1 - (\eta_1 + 1)] = -u_f \eta_1 \tag{6-34}$$

上式说明，由于停车而产生的波，以$u_f \eta_1$的速度向后方传播，经过t秒后，将形成一列长度为$u_f \eta_1 t$的排队车队。

4) 起动波

下面考察车辆起动时的情况。当车辆起动时，$k_1 = k_j$，即$\eta_1 = 1$。因为：

$$u_2 = u_f(1 - \eta_2) \tag{6-35}$$

即$\eta_2 = 1 - \dfrac{u_2}{u_f}$代入式(6-31)，得到：

$$u_w = u_f[1 - (\eta_2 + 1)] = -u_f \eta_2 = -(u_f - u_2) \tag{6-36}$$

由于u_2是刚起动时的车速很小，同u_f相比可以忽略不计。因此，这列排队等待车辆从一开始起动就产生了起动波，该波以接近u_f的速度向后传播。

6.3.4 交流波模型的解析及结果

1) 解析解法

道路上的车流,遇到信号灯控制的交叉口会发生车流中断,图 6-8 可以清楚地说明排队的形成和消散,以及车辆的到达和离驶情况。

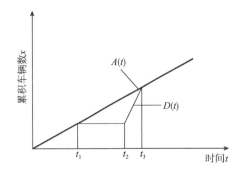

图 6-8 交叉口停车线处车辆的排队和消散
$A(t)$-到达车辆曲线函数;$D(t)$-离开车辆曲线函数

横坐标上 t_1 以前是绿灯相位,到达的车辆均可离驶;t_1 至 t_2 是红灯时段,车辆继续到达,但无车辆离驶,形成排队,t_2 是绿灯点亮的时间,t_2 至 t_3 时段,车辆离驶率达到最大,排队车辆逐渐消散,t_3 以后恢复正常。

对于在信号交叉口单线排队等待的车队,如果某一时刻车队中的车辆数为 x (即排队数),平均车头间距是 h,则车队长度是 xh。假设绿灯刚点亮时后面有 N_1 辆车加入到排队中,同时前面有 N_2 辆车从前方消散,按照同样的逻辑,则排队长度为 $[x+(N_1-N_2)] \cdot h$。但是,事实并非如此,因为在绿灯点亮阶段,不论 N_1 和 N_2 是否相等,排队长度都在发生变化。例如,如果 $N_1=N_2$,而有效排队车辆数仍为 x,则排队长度不再用 xh 进行估计,因为平均车头间距减小了。很显然,平均车头间距是时间的函数(例如:密度随着排队长度在时间和空间范围内改变)。由此可以得到这样的结论,虽然可以通过输入-输出分析法及时地描述排队的状态变化,但是近似用固定时间控制稍有欠缺,所以当需要进一步精确和适应实际时,还需要其他合适的模型进行描述。输入-输出分析法的另一个缺点是对密集排队的假设,使得计算排队长度时会有一定的误差,从而使得延误具有误差。这一简单的连续流模型可用 $u=f(x)$ 较好地描述,而且是二维模型(比如,为了获得期望值,把交通流和密度与时间和空间结合起来)。

通过确定简单连续模型的临界值和初始条件,应用简单连续模型可求解排队数,而临界和初始条件可以通过信号控制交叉口检测设备获得,如图 6-9 所示。图中 x、t 分别表示距离和时间。假设从停车线开始的距离 L 内没有出入口,并且认为 L 足够长,排队就不会超出这一路段。图 6-9 中 L_1 和 L_1' 分别表示信号周期 C 开始和结束时排队的初始长度和最终长度。

沿图 6-9 的 x 轴,点 B 对应停车线,点 A 对应有效绿灯间隔开始时的车队的队尾;$t=0$ 对应有效绿灯的开始的时刻,在 AB 段内交通流达到阻塞密度,流量为零;在 A 的上游(L 段的剩余部分 L_2),车辆以平均流速 q_a 到达。这样,在 L_2 上的密度为 k_a。假定周期内平均流率为 q_a,密度为 k_a,$c=g+r$ 时间段 L 内的流率和密度的初值是 q_a 和 k_a,C 是周期长度,g、r 分别表示有效绿灯时间和红灯时间。最后,假设周期达到饱和,即绿灯时间 g 内从 B 点到 F 点停车线,车流释放达到最大通行能力的流量 q_m 和密度 k_m,而在有效红灯时间内(从点 F 到周期结束)停车线处交通流是阻塞的。从 $t=0$,$x=0$,开始到 $x=L$ 所画出的射线即特征曲线,是基于定义和边界条件画出的。这些直线是流量—密度关系曲线对应点的切线。

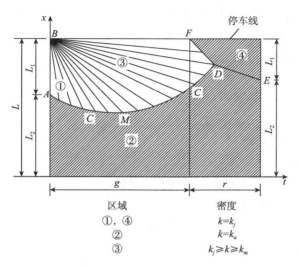

图 6-9 信号控制交叉口在一个饱和周期内排队的形成过程

例如,在 AB 内交通特征曲线的斜率是负值,它与流量-密度曲线中的 $(0,k_j)$ 点的切线一致。这里,k_j 表示阻塞密度。根据图 6-9 中的格林希尔兹模型可以假设简单的流量-密度模型。B 点的密度从 k_j 瞬时变为 k_m,这里 k_m 是指最大通行能力时的密度。因此,特性曲线在 B 点呈扇形展开,在斜率等于零时呈最佳状态。利用这种方式画出剩下的交通特性曲线,如图 6-9 所示。

如图 6-9 所示,从边界发出的特征曲线把整个时空区域 $0 \leq x \leq L, 0 \leq t \leq c$ 分成 4 个流量-密度状况截然不同的区域。特征曲线相交线,即为交通波曲线。在图示的周期内,交通波曲线为 ACMDE。因此,这条线代表了车队队尾的轨迹,并且它到停车线的垂直距离代表车队长度,用 $y(t)$ 表示。曲线 ACMDE 上任何点的切线的斜率表示该点交通波沿道路向上游或下游的传播速度。

通过考察交通特征曲线的交线,可以推出车队队尾的轨迹。首先,可以看到 A 点产生的线性交通波相对停车线向后传播,该波在 C 点处结束,因为直线 BC 代表最后一条由停车线发出的具有密度 k_j 的特性曲线。在 C 点之后,由于区域③内呈扇形放射的特性曲线具有不同的密度,波向下游传播的密度是变化的,而向上游传播的密度恒为 k_a。这就是交通波 CMD 呈非线性的原因。事实上,正如曲线 CMD 的斜率所示,交通波以变化的速度传播。在有效绿灯结束(点 F)时,交通波 FD 产生,在 D 点与车队队尾相遇,并产生新的交通波面。交通波再一次形成波面下游的阻塞区,在下游(区域④)密度恒定为 k_j。最后,一个周期结束时,距离 L_1' 表示最终排队长度,也就是下一周期的初始排队长度。

需要指出的是,如果周期内车流未饱和,曲线 ACMD 在绿灯时与停车线相交,D 点落在停车线上,D 点之后排队长度为零。在这种情况下,剩余的绿灯时间内,车辆没有延误的离开;在 F 点,排队长度开始又线性增长,直到周期结束。

2) 解析结果

曲线 ACMDE 的每一段以及点 C、M、D、E 的坐标都可以用解析法得到。为了获得解析解,必须假设流量与密度,或者等价的速度与密度之间有特定的关系。为了简单起见,可以采用格林希尔兹速度-密度线性模型。应该指出的是,类似的结果也可以通过其他模型得出。假设 x 的方向为正，B 点的坐标为 $(0, L)$，即 $X_B = L$。下面是推导图 6-9 中各参量的方法和模型。先考虑 C 点坐标位置。

从 B 点考察 C 点坐标，根据起动波原理，有：

$$X_{BC} = X_C = L - u_f t \tag{6-37}$$

从 A 点考察 C 点坐标，根据停车波原理有：

$$X_{AC} = X_C = (L - L_1) - (k_a u_f / k_j) t \tag{6-38}$$

由式(6-37)和式(6-38)解得：

$$X_C = L - k_j L_1 / (k_j - k_a) \tag{6-39}$$

$$t = t_C = k_j L_1 / u_f (k_j - k_a) \tag{6-40}$$

设 y 表示排队长度，对于 C 点：

$$y_C = L - X_C = k_j L_1 / (k_j - k_a) \tag{6-41}$$

对于曲线 CMD，则有：

$$y_{CMD} = [u_f + u(k_a)] (t_c)^{\frac{1}{2}} - u(k_a) t \tag{6-42}$$

式中：

$$u(k_a) = u_f (1 - 2k_a / k_j)$$

$$t_M = [u_f + u(k_a)]^2 t_c / 4 [u(k_a)]^2 \tag{6-43}$$

$$y_M = [u_f + u(k_a)]^2 t_c / 4 [u(k_a)] \tag{6-44}$$

对于曲线 FD，有：

$$y_{FD} = u_f t - u_f (tg)^{\frac{1}{2}} \tag{6-45}$$

$$t_D = \{(t_c)^{\frac{1}{2}} + u_f (g)^{\frac{1}{2}} / [u_f + u(k_a)]\}^2 \tag{6-46}$$

$$y_D = u_f \{t_c - [u_f u(k_a) g] / [u_f + u(k_a)]^2 + [u_f - u(k_a)] (g t_c)^{\frac{1}{2}} / [u_f + u(k_a)]\} \tag{6-47}$$

对于曲线 DE，有：

$$y_{DE} = y_D + u_f k_a (t - t_D) / k_j \tag{6-48}$$

$$y_E = L_1' = L_1 + \frac{k_a u_f c}{k_j} - k_j u_f g / 4(k_j - k_a) \tag{6-49}$$

$$t_E = c \tag{6-50}$$

在车流未饱和的周期里，车队消散的最短时间是：

$$g_{\min} = \left[\frac{y_c}{t_c} + u(k_a) \right]^2 t_c / [u(k_a)]^2 \tag{6-51}$$

这是解决初始排队长度 L_1 所需要的最小时间。在这样的周期里，最终排队长度 L_1' 与初始队长 L_1 无关，由下式给出：

$$y_E = L_1' = (c - g)(k_a u_f) / k_j \tag{6-52}$$

这样，通行能力逐渐变化和减小的情况也能被考虑进去。

6.3.5 排队长度的稳定性分析

前一节提到的初始排队和最终排队的解析关系可以应用于饱和周期的稳定性分析。公式(6-49)可以写为：

$$L_1' = L_1 + b \tag{6-53}$$

式中：

$$b = \frac{k_a u_f c}{k_j} - \frac{k_j u_f g}{4(k_j - k_a)} \tag{6-54}$$

如果 c 和 g 已知，则 b 是常量，即它与初始排队长度 L_1 无关。因此公式(6-106)可以推广到任何周期 N，形式为：

$$L_{N+1} = L_N + b \tag{6-55}$$

式中：L_N 和 L_{N+1} ——指周期 N 和 $N+1$ 开始时的排队长度。

显然，如果 $L_{N+1} = L_N$ 或 $L_N = L_N + b$，即 $b = 0$，则存在稳定状态。因此，对于稳定状态：

$$k_a u_f c/k_j - k_j u_f g/4(k_j - k_a) = 0 \tag{6-56}$$

由此得到稳定状态时的绿信比 g/c 如下所示，记为 λ：

$$\frac{g}{c} = 4k_a(k_j - k_a)/k_j^2 = \lambda \tag{6-57}$$

因为 λ 是正的，所以很容易看出如果 $\frac{g}{c} < \lambda$，周期尾部的排队长度将随着这种情况的延续持续增长。否则，如果 $b < 0$ 或 $\frac{g}{c} > \lambda$，周期尾部的排队长度将会减小。应该指出，公式(6-55)和式(6-57)对于饱和周期，即绿灯时间小于公式(6-51)给出的值，很有意义。对于非饱和状态，则 L_{N+1} 与 L_N 无关，由公式(6-55)给出排队长度。如果 $b = 0$，交通需求的一个微小变动将会使平衡状态改变，出现亚稳定状态。因此，每一个信号周期开始时的排队长度将会随着 b 值的波动而波动，这主要取决于实际交通需求的变化。

6.3.6 公路的冲击波分析

冲击波分析方法不仅用于信号交叉口的车辆排队问题，其他用途也十分广泛，如公路上慢速车对车流的影响、桥隧等瓶颈路段的交通阻塞分析等。交通流模拟中也常应用冲击波分析预测车辆排队和延误。

下面举一个在公路中应用的例子。在双车道公路上，当交通量大时车辆很难有超车机会，只能排队行驶，这样在排队的车流中如果有车速较慢的大型车，就会对后面的车辆造成影响。如图6-10和图6-11所示，假如上游车速的速度为68km/h，中间插入一辆慢速车，其行驶速度为20km/h，行驶两公里后离开车队，那么慢速车队车流运行的影响是怎样的呢？

显然由于慢速车的插入，车流运行状态发生了变化。在慢速车插入之前是一种状态（状态 A），慢速车插入车队中后，其后面的车流必然跟车行驶而形成状态 B，当慢速车驶离后车流离散形成另一种状态 C。给定该公路的速度-密度模型为：

$$u = 80 - \frac{4}{5}k$$

则计算状态 A 的交通流参数为：

$$u_A = 68 \text{km/h}, k_A = 15 \text{ 辆/km}, q_A = 1020 \text{ 辆/h}$$

状态 B 的车流与慢速车的速度相同，因而交通流参数为：

$$u_B = 20\text{km/h}, k_B = 75 \text{ 辆/km}, q_B = 1500 \text{ 辆/h}$$

由于慢速车的影响，车流集结形成排队，其驶离后的车流运行状态接近饱和状态，即流量达到最大。

由速度-密度模型可得流量-密度模型如下：

$$q = 80k - \frac{4}{5}k^2$$

当流量达到最大时，$dq/dk = 0$，得出最佳密度 $k_m = 50$ 辆/km。因而状态 C 的交通流参数为：

$$u_C = u_m = 40\text{km/h}, k_C = k_m = 50 \text{ 辆/km}, q_C = q_{\max} = 2000 \text{ 辆/h}$$

各状态在交通流曲线中的情况见图 6-10。状态 A 处于自由流范围，状态 B 处于阻塞流范围，而状态 C 位于曲线的顶点，是流量最大点。以交通波的观点分析，每种交通流状态都会向波一样随着车流运动而向前或向后移动，其移动方向和速度就是各状态点的切线方向和斜率大小。状态 A 随着车流向前移动，状态 B 向后移动，而状态 C 比较特殊，始终保持在慢速车驶离位置静止不动。

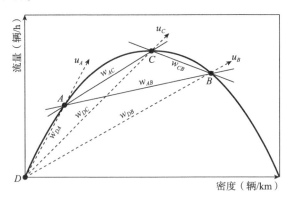

图 6-10　公路的流量-密度关系曲线示意图

这种状态的交通波相遇就会产生冲击波。冲击波波速方向和大小是由曲线上两状态的连线方向和斜率确定。状态 A 与状态 B 相遇产生的冲击波 w_{BA}（这里 w_{AB} 与 w_{BA} 相同），方向是向前的（与车流方向一致），状态 B 与状态 C 相遇产生的冲击波 w_{BC} 是向后的（与车流方向相反），当拥挤车流消散以后状态 A 与状态 C 相遇产生向前的冲击波 w_{CA}。为了便于分析，将慢速车前面没有车辆的状态也作为一种车流状态（状态 D）。各冲击波波速计算如下：

$$w_{BA} = \frac{q_B - q_A}{k_B - k_A} = \frac{1500 - 1020}{75 - 15} = 8\text{km/h}$$

$$w_{CA} = \frac{q_C - q_A}{k_C - k_A} = \frac{2000 - 1020}{50 - 15} = 28\text{km/h}$$

$$w_{AD} = \frac{q_A - q_D}{k_A - k_D} = u_A = 68\text{km/h}$$

$$w_{DB} = \frac{q_D - q_B}{k_D - k_B} = u_B = 20\text{km/h}$$

$$w_{DC} = \frac{q_D - q_C}{k_D - k_C} = u_C = 40 \text{km/h}$$

据此绘出的时间-距离曲线如图 6-11 所示。其中 g 点是慢速车插入车流点,a 点是慢速车驶离车流点。由 g 到 a 是车流集结形成拥挤过程;由 a 到 b 是拥挤车流开始消散过程,直至消散结束。根据图形的几何关系,可以确定各项指标如下:

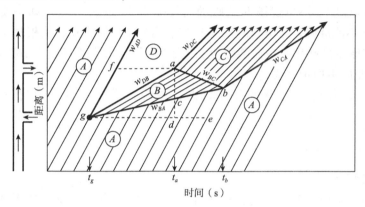

图 6-11 公路的车辆行驶轨迹图

拥挤车流集结时间:

$$t_{ag} = \frac{x_{ag}}{w_{DB}} = \frac{2}{20} = 0.1\text{h} = 360\text{s}$$

$$x_{cd} = w_{BA} t_{ag} = 8 \times 0.1 = 0.8 \text{km}$$

则拥挤车流排队最长时的车辆数为:

$$N_m = (x_{ag} - x_{cd}) k_B = (2 - 0.8) \times 75 = 90 \text{ 辆}$$

拥挤车流消散时间:

$$t_{ba} = \frac{x_{ac}}{w_{BA} - w_{BC}} = \frac{2 - 0.8}{8 - (-20)} = 0.04\text{h} = 144\text{s}$$

拥挤车流持续时间:

$$t_{bg} = t_{ag} + t_{ba} = 0.14\text{h} = 504\text{s}$$

$$x_{be} = w_{BA} t_{bg} = 8 \times 0.14 = 1.12 \text{km}$$

$$t_{eg} = t_{bg} - \frac{x_{be}}{u_A} = 0.14 - \frac{1.12}{68} = 0.12\text{h}$$

拥挤车辆总数为:

$$N = t_{eg} q_A = 0.12 \times 1020 = 122 \text{ 辆}$$

$$t_{fg} = \frac{x_{ag}}{u_A} = \frac{2}{68} = 0.03\text{h}$$

拥挤车流排队总延误:

$$D = \frac{1}{2}(t_{ag} - t_{fg})N = \frac{1}{2} \times (0.1 - 0.03) \times 122 = 4.27 \text{ 辆·h} = 15372 \text{ 辆·s}$$

6.4 高阶连续流模型

简单连续流模型适用在描述运动中交通流的波动。前面介绍的守恒方程解析解法,曾简单地把速度看成是密度的函数,即 $u=f(k)$,这使得求解析解变得简单了。但实际情况表明,交通流的平均速度 u 不可能瞬时地跟随密度 k 发生变化,所以在动态交通条件下使用 $q(k)$ 的稳态关系不能准确表示 q-u 的动态过程。事实上,驾驶人总是根据前方密度来调整车速。当交通流密集度超出某一临界密度,在无任何明显的原因情况下,交通流迅速呈现更加拥挤的状态,变成不稳定状态。

简单连续流模型的这些缺陷表明了动态扩展的必要性,从而产生了对交通流描述的改进。

6.4.1 动量方程

1) 速度动态模型

由于一阶连续模型未考虑加速度和惯性影响,因而没有如实反映非平衡状态交通流的动力学特征。进一步的研究表明,对于速度的调整,驾驶人要有一个反应过程,车辆本身的动力、传动装置等都要有一个调整时间,故车速的变化总比前方 Δx 处密度的变化滞后一个时间 τ,即:

$$u(x, t+\tau) = U_e[k(x+\Delta x, t)] \tag{6-58}$$

式中:τ——车辆跟驰理论中的延滞时间;

U_e——速度与密度的平衡关系,假设 τ 和 Δx 都小范围的服从于车队的实际加速度,将上式关于这两个量进行泰勒级数展开:

左边作关于 τ 的泰勒展开,得到:

$$u(x, t+\tau) = u(x, t) + \frac{du}{dt}\tau + \cdots + \frac{1}{n!}\frac{d^n u}{dt^n}\tau^n + \cdots$$

略去 2 阶以上项,有 $u(x, t+\tau) = u(x, t) + \frac{du}{dt}\tau$

右边作关于 Δx 的泰勒展开,得到:

$$U_e[k(x+\Delta x, t)] = U_e(k) + U_e'(k)\frac{\partial k}{\partial x}\Delta x + \cdots + \frac{1}{n!}U_e^{(n)}(k)\frac{\partial k}{\partial x}\Delta x^n + \cdots$$

略去 2 阶以上项,有 $U_e[k(x+\Delta x, t)] = U_e(k) + U_e'(k)\frac{\partial k}{\partial x}\Delta x$

由公式(6-58)得:

$$u(x, t) + \frac{du}{dt}\tau = U_e(k) + U_e'(k)\frac{\partial k}{\partial x}\Delta x$$

令:$c_0^2 = -\frac{k \cdot \Delta x}{\tau}U_e'(k)$,则

$$\frac{du}{dt} = \frac{1}{\tau}[U_e(k) - u] - \frac{c_0^2}{k}\frac{\partial k}{\partial x} = \frac{1}{\tau}[U_e(k) - u] - c_0^2\frac{k_x}{k} \tag{6-59}$$

这里,为了计算方便,将不再对 x 和 t 进行论证。通过实际观察与研究发现,取 Δx 为平

均车头间距为宜,即 $\Delta x = \dfrac{1}{k}$,$U_e'(k) = \dfrac{\mathrm{d}U_e[k(x,t)]}{\mathrm{d}k} < 0$,引入一个大于零的系数 c_0^2,系数 c_0^2 表示车辆速度分布的标准差。

导数 $\dfrac{\mathrm{d}u}{\mathrm{d}k}$ 是观测者沿着流线 $x = x(t)$ 移动的加速度。在固定的坐标系内进行变换:

$$\frac{\mathrm{d}u}{\mathrm{d}t} = \frac{\mathrm{d}u(x(t),t)}{\mathrm{d}t} = u_x \frac{\mathrm{d}x}{\mathrm{d}t} + u_t = u_x u + u_t \tag{6-60}$$

即实际的加速度被分解为沿交通流线路的空间变化的加速度的对流项,和一个显著依赖时间的局部堵塞加速度。

连续方程

$$k_t + (ku)_x = 0 \tag{6-61}$$

和动量方程

$$u_t + u u_x = \frac{1}{\tau}(U_e(k) - u) - c_0^2 \frac{k_x}{k} \tag{6-62}$$

虽然在上述动量方程中考虑了加速度和惯性的影响,但采用了速度和密度的平衡关系 $U_e(k)$,这导致在实际应用中出现一些问题。当道路拓扑特性和交通量在短时间急剧变化时,由于车流速度到平衡速度调节过程过于缓慢,使得该模型无法捕捉到真实的交通流动态特性。在描述高密度情况下(在停车和起动时产生的高密集度波)、不稳定流和瞬变现象和瓶颈处等交通状况时,由于其密度极高从而大大偏离实际。动量方程(6-62)适合车辆在稳定范围内行驶时交通状况的分析和描述。

研究表明,上述模型对于车道数目单一、出入口匝道无太大进出流量冲击的公路,能够以令人满意的精确度描述各种不同交通状况以及相互间转变的过程、常发性与偶发性交通拥挤现象的出现及其消除过程。但在车道数目有所改变或匝道流量较大的情况下,需要对模型加以扩展,即引入适当的修正项才能使用。

上述平均速度动态模型并没有充分反映匝道流量的影响。事实上,匝道上的高流量不仅通过路段密度变化影响本路段及其上游相邻路段的平均速度,而且大量的进出车辆在临近匝道时速度较低,又存在大量的交织行驶,这必然影响到干线的车流速度。

设 t 时刻在 x 点处存在侧向驶入、驶出项 r,s(其中 $r = r_i/\Delta i$,r_i 为匝道流入率,$s = s_i/\Delta i$,s_i 为匝道流出率,r 与 s 的单位为:辆/(h·km),设这些车辆速度为 u_e,低于干线车流速度 u)。它们汇入或驶离干线车流时必然有个加速或减速过程,这会影响到干线车流的速度。为此,连续型速度模型应引入修正项后将动量方程式写为:

$$\frac{\partial u}{\partial t} = -u \frac{\partial u}{\partial x} + \frac{1}{\tau}[U_e(k) - u] - \frac{c_0^2}{k}\frac{\partial k}{\partial x} - \frac{\delta u(s+r)}{k} \tag{6-63}$$

式中 $\delta = \dfrac{u - u_e}{u}(0 \leq \delta \leq 1)$,它表示单位时间内由 r、s 引起的干线车流速度的下降。

动态速度-密度关系的模型允许车流速度偏离平衡速度-密度关系,使其能够更准确地描述实际车流运动,既可得到非线性波传播特性(如堵塞形成和疏导,也能分析车流小扰动失稳、时走时停等特性)。所有公式的系数都取决于调查站点,应采用最小二乘法。这种处理只能利用情况相似的稳定的点,需要去除非均匀的不稳定的点。曾经有学者提出过一种自相一致的方法去除不稳定的交通流位置。在所有的方法中,都存在交通量的样本只包括小部分极小量的情况,这个必然的缺陷限制了该模型的应用。

2)似波尔兹曼(Boltzmann)的交通特性

交通在低密度的情况下实质上是个别汽车的流动,反之在高密度时则以车队形式流动,这一事实显示了交通与气体相似。为了说明得到的动量方程的不同条件,下面将基于空气动力学方法进行微观的说明。普里刚尼(Prigogine,1961)与赫尔曼进行了此理论的研究,认为所要求的速度分布与密度(集中度)无关。

(1)交通特性

假设车辆的一个速度分布函数为 $f(x,u,t)$,可得 t 时刻在路段 x 和 $x+dx$ 之间,速度在 u 和 $u+du$ 的范围内的车辆数为 dN

$$dN = f(x,u,t)dxdu \qquad (6-64)$$

相应的密度增量为:

$$dk = f(x,u,t)du \qquad (6-65)$$

密度和流量为:

$$k = \int_0^\infty f(x,u,t)du \qquad (6-66)$$

$$u = \bar{u} = \frac{\int_0^\infty uf(x,u,t)du}{\int_0^\infty f(x,u,t)du} \qquad (6-67)$$

$$k(u-\bar{u})^2 = \int_0^\infty (u-\bar{u})^2 f(x,u,t)du \qquad (6-68)$$

对于驾驶人之间没有相互影响的情况,满足方程:

$$\frac{\partial f}{\partial t} + u\frac{\partial f}{\partial x} = 0 \qquad (6-69)$$

这个方程表明从 (x,u) 到 $(x+dx,u+du)$ 区域内的车辆数的变化(图6-12),它等于车辆进入状态空间和离开状态空间的差值。

方程(6-69)的求解方法如下。为求在时间 t 和点 x 的速度分布函数 f 的值,在初始值 $t=0$,位置为 $x-ut$,在时间间隔 t 内,可以简单地用 $x-ut$ 代换 x。

$$f(x,u,t) = f(x-ut,u,t=0) \qquad (6-70)$$

对初始分布函数进行傅立叶积分变换:

$$f(x,u,0) = \frac{1}{2\pi}\int_{-\infty}^\infty e^{ikx} e_k(u)dk \qquad (6-71)$$

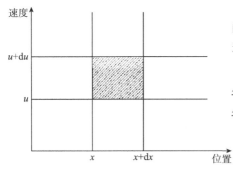

图6-12 车辆速度位置状态空间图

由式(6-70)可得:

$$f(x,u,t) = \frac{1}{2\pi}\int_{-\infty}^\infty e_k(u)\exp[ik(x-ut)]dk \qquad (6-72)$$

指数函数在相当长的一段时间里摆动,因此当$t \to \infty$时,这个积分区域$k \to 0$。这就是黎曼-勒贝格法则(Riemann-Lebesgue),从而可以得到:

$$f(x,u,t) \to e_0(u), t \to \infty \tag{6-73}$$

除了上面介绍的速度分布函数$f(x,u,t)$,还可以引入第二个速度分布函数$f_0(x,u,t)$,称其为平衡期望速度分布函数(普里刚尼,1961)。$f_0(x,u,t)\mathrm{d}x\mathrm{d}u$表示在时间$t$内、车辆以速度$u$到$u+\mathrm{d}u$行驶$\mathrm{d}x$距离的车辆数量。

期望速度的分布是最大化的理想速度分布,是驾驶人追求的一种最大化、最理想化的目标。所以,实际的速度分布$f(x,u,t)$与期望速度分布$f_0(x,u,t)$不同。

(2)运动方程

对流运动和相关的平衡期望速度分布f_0引出了分布函数f的运动方程:

$$f(u,t) = f_0(u) + [f(u,0) - f_0(u)] \exp\left(\frac{-t}{\tau}\right) \tag{6-74}$$

方程(6-74)是一个关于松弛规则简单的描述。在这里我们考虑时间和空间独立与期望速度分布函数$f_0(u)$。这种松弛规则体现在物理统计中,它包含一个松弛时间τ。它基本代表了一个真实的状况,例如快车能以较快的期望速度松弛,松弛规则满足下式:

$$\frac{\partial f}{\partial t} + u\frac{\partial f}{\partial x} = \frac{f_0 - f}{\tau} \quad 即 f_t + u f_x = \frac{1}{\tau}(f_0 - f) \tag{6-75}$$

考虑驾驶人之间的影响时,方程(6-75)可以补充一个相互影响因素,而写成:

$$\frac{\mathrm{d}f}{\mathrm{d}t} = \frac{\partial f}{\partial t} + u\frac{\partial f}{\partial x} = \left(\frac{\partial f}{\partial t}\right)_{\text{rel}} + \left(\frac{\partial f}{\partial t}\right)_{\text{int}} + \left(\frac{\partial f}{\partial t}\right)_{\text{adj}} \tag{6-76}$$

方程(6-76)的右边的第一部分为逐次近似项,所要求的速度分布确定为$f(x,u,t)$,当分布f不同于f_0时,就要随时间常数τ向f_0逐次接近,逐次近似过程用方程(6-77)描述;右边的第二部分考虑了驾驶人之间的相互影响;第三部分为调整项。当交通密度(集中度)增加时,有关平均速度的方差会减小,为此,模型中必须包括调整过程,调整项的计算见方程(6-78)。

方程的逐次近似项

$$\left(\frac{\partial x}{\partial t}\right)_{\text{rel}} = \frac{f_0 - f}{\tau} \tag{6-77}$$

方程的影响项

$$\left(\frac{\partial x}{\partial t}\right)_{\text{int}} = \sum_{j=1}^{n}(\Gamma_{ij}^{(+)} - \Gamma_{i,j}^{(-)})(1-P) \tag{6-78}$$

式中的P为车辆超车概率。这里暂时把跟踪的车辆记为i,其他剩余的车辆为j,剩余车辆数记为n。$\Gamma_{ij}^{(-)}\mathrm{d}x\mathrm{d}u\mathrm{d}t$里相互影响的车辆$j$的值等于减去在$\mathrm{d}t$时间内,区域$\mathrm{d}x\mathrm{d}u$里相互影响的车辆$j$,$\Gamma_{ij}^{(+)}\mathrm{d}x\mathrm{d}u\mathrm{d}t$的值等于在$\mathrm{d}t$时间内,区域$\mathrm{d}x\mathrm{d}u$里相互影响的车辆$j$。很明显用未超车的概率$(1-P)$增加了这种相互影响。

考虑车辆i在点x以速度u_i行驶,在时间$\mathrm{d}t$内车辆i将以速度$u_i > u_j$影响车辆j。这种影响由$\Gamma_{ij}^{(-)}$表示。如果将注意力集中在车辆i上,车辆j则以相对速度$u_i - u_j > 0$行驶。通过在x点观测车辆i得出车辆j的数量大约为$f_j(x,u_j,t)(u_i - u_j)$,车辆j在$\mathrm{d}t\mathrm{d}u_j$上积分时,始终保持$u_i - u_j > 0$,

$$\int_0^{u_i} f_j(x,u_j,t)(u_i - u_j) \mathrm{d}t\mathrm{d}u_j \qquad (6\text{-}79)$$

车辆 i 在点 x 处通过的概率为：

$$f_i(x,u_i,t)\mathrm{d}x\mathrm{d}u_i \qquad (6\text{-}80)$$

所以：

$$\Gamma_{ij}^{(-)} \mathrm{d}x\mathrm{d}u_i\mathrm{d}t = f_i(x,u_i,t)\mathrm{d}x\mathrm{d}u_i\mathrm{d}t * \int_0^{u_i} f_j(x,u_j,t)(u_i - u_j) \mathrm{d}u_j \qquad (6\text{-}81)$$

为了得到 $\Gamma_{ij}^{(+)}$，仍然要跟踪在 x 点以速度 u_i 行驶的车辆 i，因此需要在时间 $\mathrm{d}t$ 内，车辆 j 以速度 $u_j > u_i$ 通过。即车辆 j 以相对速度 $u_j - u_i > 0$ 行驶。通过在 x 点观测车辆 i 从而得出车辆 j 的数量大约为 $f_j(x,u_j,t)(u_j - u_i)$，车辆 j 在 $\mathrm{d}t\mathrm{d}u_j$ 上累积积分时，始终保持 $u_j - u_i > 0$，

$$\int_{u_i}^{\infty} f_j(x,u_j,t)(u_j - u_i) \mathrm{d}t\mathrm{d}u_j \qquad (6\text{-}82)$$

车辆 i 在点 x 处通过的概率为：

$$f_i(x,u_i,t)\mathrm{d}x\mathrm{d}u_i \qquad (6\text{-}83)$$

所以：

$$\Gamma_{ij}^{(+)} \mathrm{d}x\mathrm{d}u_i\mathrm{d}t = f_i(x,u_i,t)\mathrm{d}x\mathrm{d}u_i\mathrm{d}t * \int_{u_i}^{\infty} f_j(x,u_j,t)(u_j - u_i) \mathrm{d}u_j \qquad (6\text{-}84)$$

由式(6-80)和式(6-83)可以得出：

$$\begin{aligned}\Gamma_{ij}^{(+)} - \Gamma_{ij}^{(-)} &= f_i(x,u_i,t)\int_{u_i}^{\infty} f_j(x,u_j,t)(u_j - u_i)\mathrm{d}u_j - f_i(x,u_i,t)\int_0^{u_i} f_j(x,u_j,t)(u_i - u_j)\mathrm{d}u_j \\ &= f_i(x,u_i,t)\int_0^{\infty} f_j(x,u_j,t) u_j \mathrm{d}u_j - f_i(x,u_i,t) u_i \int_0^{\infty} f_j(x,u_j,t)\mathrm{d}u_j \\ &= f_i(x,u_i,t) \bar{u}_j k_j - f_i(x,u_i,t) u_i k_i \end{aligned} \qquad (6\text{-}85)$$

$\bar{u}$ 是平均速度，$k\bar{u} = \int u_f \mathrm{d}u$。

所以式(6-78)式可以变为：

$$\begin{aligned}\left(\frac{\partial f_i}{\partial t}\right)_{\mathrm{int}} &= \sum_j (\Gamma_{ij}^{(+)} - \Gamma_{ij}^{(-)})(1 - P) \\ &= f_i(x,u_i,t) k(x,t)[\bar{u}(x,t) - u_i](1 - P) \end{aligned} \qquad (6\text{-}86)$$

方程的调整项

$$\left(\frac{\partial f}{\partial t}\right)_{\mathrm{adj}} = \lambda(1 - P)k[k\delta(u - \bar{u}) - f] \qquad (6\text{-}87)$$

式中：δ——迪拉克函数(Dirac Delta-Function)；

λ——参数。

方程(6-87)满足：

$$\int_0^{\infty} \left(\frac{\partial f}{\partial t}\right)_{\mathrm{adj}} \mathrm{d}u = \lambda(1 - P)k\left[k\int_0^{\infty} \delta(u - \bar{u})\mathrm{d}u - k\right] = 0 \qquad (6\text{-}88)$$

由方程(6-78)和方程(6-86)，动量方程可以写成：

$$\frac{\partial f}{\partial t} + u\frac{\partial f}{\partial x} = \frac{f_0 - f}{\tau} + (1 - P)k(\bar{u} - u)f \qquad (6\text{-}89)$$

这是一个未知分布的非线性微分方程，它的 $\bar{u}$ 和密度 k 与 f 有关。

如果在方程(6-89)中完整地写出速度,得出:

$$\frac{\partial k}{\partial t} + u\frac{\partial(\overline{u}k)}{\partial x} = \frac{1}{\tau}\int (f_0 - f)\mathrm{d}u + (1 - P)k\left(\overline{u}\int f\mathrm{d}u - \int uf\mathrm{d}u\right) = 0 \quad (6-90)$$

由方程(6-5)可知,方程(6-90)右边的两项为零。

从性质上讲,方程(6-89)精确地反映了所期望的结果:当 $u > \overline{u}$ 时,它减小了 f 的值;当 $u < \overline{u}$ 时,增大了 f 的值。将方程(6-89)乘以 u,并进行整理得到动量方程:

$$\frac{\mathrm{d}\overline{u}}{\mathrm{d}t} = \frac{\overline{u}_0 - \overline{u}}{\tau} + (1 - P)k(\overline{u^2} - \overline{u}^2) \quad (6-91)$$

6.4.2 黏滞模型

由于交通流达到一定密度后,彼此间的相互干扰会呈现一定的黏性特征,所以在密度状态下,可以通过引进一个通用坐标量来建立不受稳定性限制的、静止的停车—起动波,即:

$$z = x - u_f t \quad (6-92)$$

式中,包括未知的车队速度 u_g。如果密度和平均速度只与通用坐标 z 有关,则:

$$k(x,t) = k(z)$$
$$u(x,t) = u(z) \quad (6-93)$$

这个偏微分方程就转化为普通的微分方程,从而可以得到基本方程:

连续性方程

$$[k(u - u_g)]_z = 0 \quad (6-94)$$

动量方程

$$(u - u_g)u_z = \frac{1}{\tau}[U_e(k) - u] - c_0^2\frac{k_z}{k} \quad (6-95)$$

连续性方程可以直接被整合为:

$$k(u - u_g) = Q_0 \quad (6-96)$$

必须补充说明的是,以上公式表明密度和速度与车队的速度 u_g 有关。为了求解波在道路上的移动状态,需要满足密度增加与车队平均速度减少的比例相等。式中,恒量 Q_0 表示净流量。

合并连续性方程到动量方程会得到一个曲线方程,这个方程就是关于停车—起动波解法的速度特征曲线

$$\left(\frac{u - u_g}{c_0} - \frac{c_0}{u - u_g}\right)u_z = \frac{1}{c_0\tau}\left[U_e\left(\frac{Q_0}{u - u_g}\right) - u\right] \quad (6-97)$$

简化并做数学处理后,得到无量纲系数:

$$\frac{u - u_g}{c_0} = u' \quad \frac{z}{c_0\tau} = z' \quad \rho_0 = \frac{Q_0}{c_0} \quad (6-98)$$

得到曲线方程:

$$u_z = \frac{\frac{1}{c_0}U_e\frac{\rho_0}{u} - \frac{1}{c_0}u_g - u}{(u - 1)/u} \quad (6-99)$$

式(6-99)可以直接整合为一般微分方程。它包括两个专用参数:流率$\rho_0 = Q_0/c_0$和车队速度u_g。为了保证速度为正数,令此曲线方程的分母趋于零,即:

$$\frac{u-1}{u} = 0 \rightarrow u = 1 \quad (6-100)$$

车队速度u_g和瓶颈容量Q_0为两个独立的参数,由它们的具体值获得确定的结果,使得模型具有一定的局限性。

由于上述黏滞模型的局限,目前研究人员对该模型的应用不多。

6.4.3 高阶模型的稳定性分析

基本方程:

$$k_t + (ku)_x = 0$$

$$u_t + uu_x = \frac{1}{\tau}(U_e(k) - u) - c_0^2 \frac{k_x}{k} + \frac{\mu_0}{k}u \quad (6-101)$$

依靠速度和密度的平衡关系$U_e(k)$,得平衡方程:

$$k = k_0 u = U_e(k_0) \quad (6-102)$$

为了确定解决方法的稳定性,用方程组(6-155)中的k、u的表达式:

$$k = k_0 + \tilde{k}e^{ixl+\omega(l)t}$$

$$u = U_e(k_0) + \tilde{u}e^{ixl+\omega(l)t} \quad (6-103)$$

来代替方程(6-101)中的k、u,其中只有在第一个方程中才考虑$\tilde{k}$和$\tilde{u}$(为方便起见,在不可求导处,则用无量纲坐标$x' = \frac{x}{c_0\tau} t' = \frac{t}{\tau}$来代替$x'$)。在方程(6-156)中,$l$是波数,$\omega(l)$是对应的频率。

连续性方程和动量方程如下:

$$\left[\omega + il\frac{1}{c_0}U_e(k_0)\right]\tilde{k} + il\,k_0\tilde{u} = 0$$

$$\left[\omega + il\frac{1}{c_0}U_e(k_0)\right]\tilde{u} = \frac{1}{c_0}U'_e(k_0)\tilde{k} - \tilde{u} - il\frac{1}{k_0}\tilde{k} - v\tilde{u}l^2 \quad (6-104)$$

取v为雷诺数的倒数:

$$v = \frac{\mu_0}{k_0^2\tau} = \frac{1}{R_e} \quad (6-105)$$

有解的条件是产生特征值:

$$\omega + il\frac{1}{c_0}U_e(k_0) - \frac{1+l^2v}{2} \pm \sqrt{\left(il + \frac{1+l^2v}{2}\right)^2 + il(a - l^2v)} \quad (6-106)$$

式中:a——无量纲的交通参数。

$$a = -1 - \frac{k_0}{c_0} U'_e(k_0) \tag{6-107}$$

交通条件可以通过速度-密度关系的增量和作用点的绝对值 k_0 来表征。在作用点附近只有极小的一部分符合线性稳定性分析的限制,这一点类似于交通流理论中的车流波动理论的稳定性解释。

对应于两个不同类型的刺激,相应的特征值也存在两个分支,一个分支符号为负,因此是稳定的。另外一个分支符号为正,且一部分可以独立于参数 a 变换符号,因此,会导致方程解的不稳定性,交叉点由下式给出:

$$l^2 = a/v \tag{6-108}$$

如果 $a>0$,这是符合一个真实波数的,为不稳定状态的必要条件;如果 $a<0$,则达不到交叉点。对于整体稳定性分析,当 $a<0$ 时,方程解是稳定的;当 $a>0$ 时,方程解是不稳定的。波数依赖于特征值的实数部分,与稳定范围一起显示在图6-13和图6-14中。

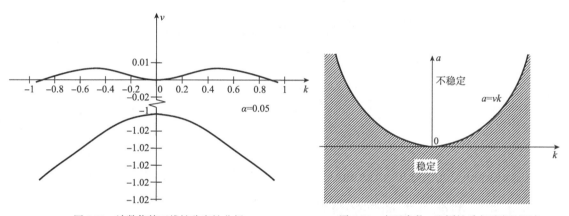

图6-13 波数依赖于线性稳定性分析   图6-14 交通参数 a 和同性质交通流的区域

6.4.4 利用有限元的数学解法

现阶段,在大多数情况下高阶模型比普通连续模型的优越性并不显著,即使在对高阶模型进行算法改进后,其优越性仍不明显。只有在纳维尔·斯托克斯(Navier Stokes)水平下,才能以完全的流体动力学作用来考虑。因此,高阶模型往往只能用于描述在瓶颈处的交通流、停止—起动波的形成和处于不稳定交通流状态的各交通模式(包括黏滞、等于零的黏滞和趋于零的黏滞三者之间的区别)。在解决相关问题时,除了要深刻理解宏观交通流机理外,还要掌握合适的数学方法。

求解过程中还应注意:

(1)通过牛顿迭代法修正非线性关系的处理方法、差异集中的完全综合处理步骤,使得它在所有条件下都是稳定的。

(2)考虑到不同平衡系统的曲线特性基本条件不同,应修正边界条件和初始条件。

如果系数不突变,则表明这个解法过程证明具有数学稳定性,从而能引入瓶颈的概念。

有时还要额外做一些简化(例如使用对数密度或排除动量平衡中的不显著因子);这些

方法与特定的期望项和图表的形式有关,一般不常用。

数学解法的关键在于对空间的离散化和时间的调整,需要正确选择空间和时间上的步长,其完整的数学解法如图 6-15 所示。

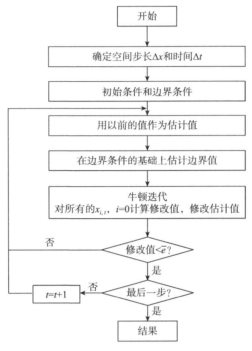

图 6-15　数学解法的流程图表

6.4.5　瓶颈处交通流的计算

瓶颈处交通流的计算对交通流分析是至关重要的。瓶颈处交通流的观测的特点为:

(1)在瓶颈处交通量超过容量最多只持续几分钟的时间。

(2)交通流密度能在任何一点超过阻塞密度。

(3)如果交通需求超过容量,则在瓶颈位置之前会发生阻塞。

(4)溢出的交通量通过上游的波动标记,在拥挤的区域内形成停止-起动波。

(5)空间改变所发生的距离小于 100m。

(6)边界条件应在这样的条件下选择,即它影响交通量和交通方式的总引导,而不会引起交通波动。

瓶颈处交通流的模型描述需要在先前描述的高速稳定流的宏观模型的基础上,模拟车道减少(两车道变为单车道)的情况。

图 6-16 所示长度为 10km 的两车道公路上,在瓶颈处交通的最大密度,从 320 减少到 220 辆/km。

如图 6-16 所示,在空间距离为 6.5 ~ 8.5km 之间的瓶颈处,形成了高密度的区域。速度的最小值位于第一个和第三个瓶颈处。在出口处,由于瓶颈处的观测影响,速度增加,计算结果也相应地明显增加。

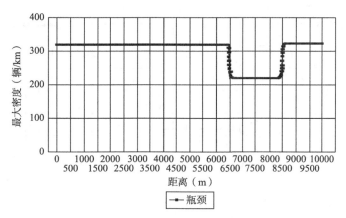

图 6-16 1~4min 内交通密度的发展变化过程

从在低速度区域的最小速度,可以推测驾驶人们都对瓶颈处产生反应。这种反应使他们进行制动,并且导致了(如果总体速度足够低)在瓶颈处速度的最小值向上游传播的现象。过度反应区域在开始时本身是向下游传播的,最终到达瓶颈底部。

图 6-17~图 6-19 为同一路段各时间段内速度变化的发展过程,从最初的不同性质的交通流状态发展到同性质的交通流状态的过程。

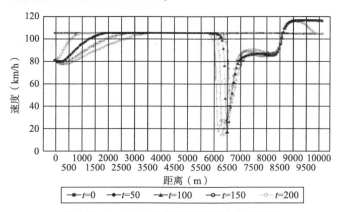

图 6-17 6~10min 后的交通速度变化发展过程

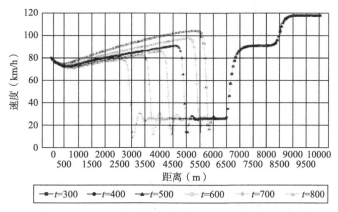

图 6-18 12~24min 后的速度变化发展过程(Sailer 1996)

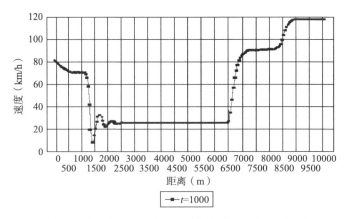

图 6-19　30min 后瓶颈处的速度变化发展过程（Sailer,1996）

图 6-17 为最初的密度分配之后到 200s 时间内速度暂时发展的过程。这个过程通过应用左边边界条件得到加速,使得较多车辆输入瓶颈处,而形成了一个高密度的区域。图 6-16 中的第一部分路段显示了速度发展过程,从最初的不同性质的交通流缓和发展到同性质的交通流。瓶颈路段为 6500m 处至 8500m 处。

图 6-18 为 300~800s 之后的速度的变化过程。速度高峰在上游徘徊,而过分反应区域则开始衰退。额外的波动形成了起动—停止波。

图 6-19 显示了 1000s 以后瓶颈处速度变化的发展过程。在拥堵区域,在瓶颈处之前形成了停止—起动波。

以上第一组数据从一系列的断崖式增减显示了在瓶颈处密度高峰的形成。第二组显示了密度高峰的移动和驾驶人过分反应区域界限的衰退。同时也显示在交通瓶颈处,存在着额外的小波动,这些小波动是用来表征溢出的交通流的。最后一组数据显示了在瓶颈密度过大的情况下,密度分布的发展超出了最初的分布,瓶颈本身从 6.5km 处持续到 8.5km 处。停止-起动波位于车道减少路段的拥挤区域的上游。

习题

1. 简述交通波理论在交通工程中的应用。

2. 在交通流模型中,假定流速 u_f 和密度 k 之间的关系式为 $u_f = a(1 - bk)^2$,试依据两个边界条件,确定系数 a、b 值,并推导出速度与流量以及流量与密度的关系式。

3. 某条道路途经学校的路段车速限制为 13km/h,对应的通行能力为 3680 辆/h 高峰时段,上游驶来车流速度是 53km/h,流量是 4200km/h,高峰持续 1.63h,然后流量下至 1950 辆/h,速度是 61km/h,试估计路段入口的上游车辆的排队长度和阻塞时间。

4. 已知某道路入口处车速限制为 20km/h,对应通行能力 3880 辆/h,在高峰期间 2h 内,从上游驶来的车流具有 $u_1 = 50$km/h,$Q_1 = 4200$ 辆/h,高峰过后上游流量降至 $Q_3 = 1950$ 辆/h,$u_3 = 60$km/h,试估计此段道路入口前车辆拥挤时最大排队长度和拥挤持续时间。

5. 已知某公路双向为六车道,车流畅行时的速度 $u_1 = 80$km/h,正常双向车流量为 8400 辆/h。某天由于发生了交通事故,阻塞了两条车道,已知每条车道的通行能力为

1940 辆/h,且此时在事故区车速下降至 22km/h,持续了 2h,然后事故被有效清除,道路交通流恢复正常,车流量变为 1956 辆/h。估计由事故引起的车辆平均排队长度和阻塞时间,并计算排队车辆消散所花费的时间。

6. 设信号交叉口的周期 $C=130\text{s}$,其中一个进口到红灯时间 $t=60\text{s}$,饱和流量 $s=1800$ 辆/h,到达车流量在红灯前的 22.5s 内为 918 辆,在周期内其余时间段为 648 辆,停车密度为 100 辆/km,$v-k$ 服从现行模型,使用车流波动理论计算车辆排队离停车线的最大距离。

第7章 车辆换道模型

单车道交通流模型在描述交通流时,一个非常重要的不足之处就是不允许超车,而在实际道路交通中超车现象是普遍存在的,尤其是车辆是由不同类型的车组成时(比如说载货汽车、公共汽车和小客车)更是如此。如果将具有不同最大速度的车辆引入单车道模型,就会造成严重的排队现象:即快车只能跟随在慢车的后面,车辆系统的平均速度不会超过慢车的最大速度,这显然与现实交通不符。

为了模拟更加实际的交通,关于多车道交通流模型的研究就势在必行。多车道交通流模型就是对每一条车道建立控制方程,并且在方程中考虑车辆换道行为。换道行为会引起交通扰动,对交通流的动态特性产生影响,影响道路的通行能力和交通流的稳定性和畅通性。另外,驾驶人换道行为的合理性直接影响道路交通安全。由此可见,对换道行为的研究对于交通流特性的研究、交通堵塞疏导与预防方法的研究都具有重要意义。

因此,本章首先介绍换道模型的分类,然后逐一介绍单向多车道元胞自动机换道模型、双向双车道换道模型、基于车辆跟驰的换道模型和间隙、加减速度接受模型。

7.1 换道模型的分类

车道变换模型描述的内容包括车辆发生车道变换行为的整个过程,即车辆车道变换意图的产生、车道变换的可行性分析、车道变换行为的实施以及车道变换轨迹的确定。车辆在道路上行驶,诱发其产生车道变换行为的原因有很多,根据目前国内外的研究成果,一般将车辆的车道变换行为分为两类:强制性车道变换和自由车道变换。

7.1.1 强制性换道模型

强制性车道变换是指车辆为了完成其正常行驶目的而必须采取的车道变换行为。图7-1中给出了城市交通中三种最为常见的强制性车道变换的情形。

图7-1中车辆1因为正前方车辆正在停车而阻挡了其在当前车道上继续行驶的路线,因而不得不准备变换至右侧车道;车辆2根据其既定的路线选择必须在前方交叉口左转,因此,当它在交叉口进口道上行驶看到前方的车道导向标线时则要准备向左变换车道;车辆3已接近当前车道结束点,因而也将准备向左变换车道。另外,公交车在接近前方停靠站时从

内侧行驶车道转至外侧的公交停靠车道的变道行为也是一种常见的强制性变道行为。

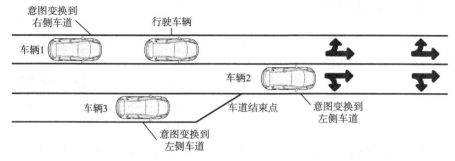

图 7-1 强制性车道变换几种常见情形示意图

1) 判断方法

判断强制性车道变换意图产生的方法主要有两种：固定值法和概率法。

(1) 固定值法

固定值法即当车辆与必须进行车道变换点的距离小于某一数值或车辆达到某一区域时执行强制性车道变换。

(2) 概率法

概率法即车辆是否产生强制性车道变换意图是某些参数的概率函数。当产生的随机数落在概率区间时，就产生强制性车道变换意图，其概率函数为：

$$f_n = \begin{cases} \exp\left(-\dfrac{(x_n - x_0)^2}{\sigma_n^2}\right) & x_n > x_0 \\ 1 & x_n \leq x_0 \end{cases} \tag{7-1}$$

式中：f_n——车辆 n 在点 x_n 被标记为强制性车道变换的概率；
x_n——车辆 n 的位置；
x_0——临界点的位置。

$$\sigma_n = \alpha_0 + \alpha_1 m_n + \alpha_2 k \tag{7-2}$$

式中：m_n——到达目标车道 n 需要穿过的车道数量；
k——交通拥挤程度指标，该值为路段密度除以堵塞密度；
α_0、α_1、α_2——模型参数。

由式(7-1)可以看出车辆 n 离临界点越近概率越大，所需穿过的车道数概率越大。当到达临界点时必须要进行车道变换，所以概率为 1。

2) 模型描述

车辆接近路口时需要重新进行路径选择(或者路径已经事先确定)，若需要在路口转向，则可能需要变换车道，此时变更车道的行为是强制性的，否则，车辆将无法到达目的地。若在车辆行驶的前方发生了交通事故或其他事件而影响车辆通过时，也将产生强制变更车道意图，否则，车速将降为零。这一情况也适用于交通堵塞情形，此时的车速降为零。

图 7-2 中假设车辆 n 以速度 V_n 行驶，其距离事故地点距离为 l_n，产生强制车道变换意图，并以减速度 a_n 减速，或者车辆在无法变更车道的情况下应能保证在事故地点前停下。因此，

$$a_n = -\dfrac{V_n^2}{2(l_n - \sigma)} \tag{7-3}$$

式中：a_n——车辆 n 的减速度，为负值；
　　　σ——安全裕量，表明车辆在事故地点前 σ 米处停下。

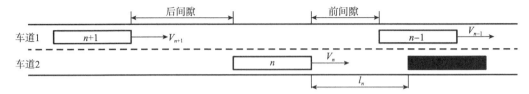

图 7-2　强制性车道变换模型

一般而言，车辆距离事故地点越近，其变更车道的意图越强烈，车道变换概率为：

$$P_n(t) = 1 - \frac{r \cdot [l_n(t) - \sigma]}{l_n} \tag{7-4}$$

式中：$P_n(t)$——车辆实施车道变换的概率；
　　　l_n——t 时刻车辆 n 距离事故地点的距离；
　　　r——冒险系数 θ 的函数，与驾驶人类型有关，θ 的取值范围是 $[0.5,1.5]$，r 是 θ 的减函数。$r = 0.1\theta^2 - 0.45\theta + 0.95$，取值范围是 $[0,1]$。

当车辆 n 产生变更车道的意图后，它将以减速度减速，并检查它与前车（车辆 $n-1$）的距离（Gap Lead）是否满足其变更车道的要求，即 Gap Lead 是否大于等于跟车模型所要求的车间距（Gap Lead Needed，GLEN）。所要求的车间距的确定依据为：由于车辆 n 要变换车道到车道 1，它应将自己当作行驶在车道 1 上，并以车辆 $n-1$ 为头车，满足跟车模型。

若它与前车（车辆 $n-1$）的距离已经满足跟车模型所要求的车间距，车辆 n 不会加速行驶，转而判断它与后车 $n+1$ 的距离（Gap Lag）是否满足其变更车道到车道 1 的要求，即 Gap Lag 大于等于跟车模型的要求车间距（Gap Lag Needed，GLAN），则车辆 n 变换车道，否则车辆 n 发出车道变换信号给车辆 $n+1$，并等待车辆 $n+1$ 的回应。而车辆 $n+1$ 以概率 $P_n(t)$ 决定是否减慢车速以给车辆 n 让出足够的空间。若车辆 n 在到达事故地点时仍无法变换车道，其速度降为零。此时它停车等待，并不断地发出车道变换请求，其 $P_n(t) = 1$。

在车辆的加速度 a_n 和相对速度已知的条件下，GLEN 及 GLAN 的取值可由跟车模型推出，由 Herman 跟车模型：

$$a_n = \frac{a_0 V_n^\alpha (V_{n-1} - V_n)}{(\text{GLEN})^\beta} \tag{7-5}$$

$$a_{n+1} = \frac{a_0 V_{n+1}^\alpha (V_n - V_{n+1})}{(\text{GLAN})^\beta} \tag{7-6}$$

式中：α、β——系统参数。

综上所述，当车辆产生强制车道变换意图后，它首先减速，并选择目标车道；确定目标车道后，再判断它在目标车道的前后空当。前后空当都满足，则实施车道变换。否则，若前空当 GAP LEAD 不满足，它将继续减速；若后空当 GAP LAG 不满足，就向后车 $n+1$ 发出车道变换请求，后车以概率 $P_n(t)$ 决定是否减速以让出足够空当。$P_n(t)$ 是一个递增的变量，随着车辆 n 距离事故地点越近，取值越大。若因为堵车或其他特殊情况 $P_n(t) = 1$ 时，车辆 n 仍无法进行车道变换，此时的速度已经降为零，即停车等待。

3) 可行性分析

强制性车道变换的可行性分析过程主要有以下几种方法:可接受间隙模型、基于效用函数标定模型、可接受风险评价模型法和模糊逻辑法等。最具有代表性的可接受间隙模型是基于 Gipps 的可接受间隙模型,如图 7-3 所示。

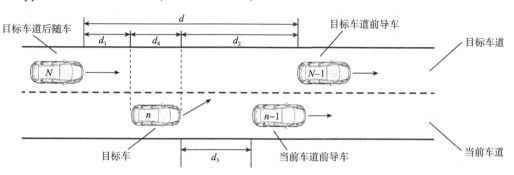

图 7-3 可接受间隙模型示意图

d-目标车道前导车和后随车之间的总距离;d_1-目标车与目标车道后随车之间的临界距离;d_2-目标车与目标车道前导车之间的临界距离;d_3-目标车与当前车道前导车之间的临界距离;d_4-目标车 n 的长度

该模型中,目标车 n 与目标车道前导车 $N-1$、后随车 N 之间的临界间隙 d_2、d_1 是距离和速度的函数,即

$$d_2 = \max\{d_{N-1}^2, d_{N-1}^2 + [\beta_{11}^2 V_n + \beta_{12}^2(V_n - V_{N-1})][1 - \exp(-\gamma x_n)]\} \quad (7-7)$$

$$d_1 = \max\{d_N^2, d_N^2 + [\beta_{11}^2 V_n + \beta_{12}^2(V_N - V_n)][1 - \exp(-\gamma x_n)]\} \quad (7-8)$$

式中:d_{N-1}^2——目标车 n 与目标车道前导车 $N-1$ 之间的最小间距;

d_N^2——目标车 n 与目标车道后随车 N 之间的最小间距;

x_n——目标车 n 距发生车道变换位置的距离;

V_n——当前车道目标车 n 的速度;

V_{N-1}——目标车道前导车 $N-1$ 的速度;

V_N——目标车道后随车 N 的速度;

β、γ——模型参数。

7.1.2 自由换道模型

自由车道变换是指车辆为了追求更加自由、更加理想的行驶方式而发生的车道变换行为。这种车道变换与强制性的车道变换的主要区别在于:即使车辆不变换车道也能在原车道上正常行驶,因此,车道变换不是强制性的。

1) 判断方法

根据现有的研究成果,判断自由车道变换意图产生的方法主要有三:速度判断法、效用函数法和车道变换概率(Probability of Lane Change,PLC)法。

(1) 速度判断法

速度判断法认为,当满足下式的条件时车辆将产生自由变道意图:

$$V_{跟车} < \gamma V_{期望} \quad (7-9)$$

式中:$V_{跟车}$——当前车辆在受到正前方车辆跟车约束时而采用的行驶车速;

$V_{期望}$——当前车辆的期望车速；

γ——折减率，通过实际观测统计取值为 0.75~0.85。

(2) 效用函数法

效用函数法以加速度作为效用函数的自变量，也就是说，假设车辆分别在不同的车道上行驶，在哪个车道可获得的加速度越大，对驾驶人来说，哪个车道的效用就越大。当相邻车道的效用大于本车道时，车辆会选择车道而产生车道变换的需求。效用函数为：

$$V_{in} = \theta_0 + \theta_1 a_{in} \tag{7-10}$$

式中：a_{in}——车辆在车道 i 行驶时具有的加速度；

$i=1$——本车道行驶；

$i=2$——相邻车道行驶；

θ_0、θ_1——参数。

(3) PLC 法

PLC 法应用简单的驾驶人满意状态的评价指标，对于处于不满意状态的车辆，由概率分布的方式初始化那些车辆的车道变换需求。在专门描述交织区的 WEAVSIM 模型中，对于所有交织车辆，以 $PCL = 0.04$ 作为产生主动性车道变换的需求的判断值。

早期的仿真模型中 PLC 方法应用很广泛，直至现在，在很多模型中依然沿袭这种方法，只是在 PLC 的应用范围上加上限制条件，力求使模型的适应性得到增强。INTRAS 模型(一种用于高速公路交通模拟研究的微观仿真模型)中只有车速低于期望速度、汇入时加速汇入的车辆才进行 PLC 分布。在 MRS(Multi Regime Simulation)任意性换道模型中，换道需求的产生需要满足不同条件下的 PLC 分布：

$$\begin{cases} gap(i) < l \\ gap_0(i) > l_0 \\ gap_{0,back}(i) > l_{0,back} \\ V_{N-1} > V_{n-1} \\ V_{N-1} > V_N \end{cases} \tag{7-11}$$

式中：l——预定义的车头间隙；

l_0——临界间隙；

$l_{0,back}$——临界后间隙；

V_{n-1}——当前车道后随车的速度；

V_{N-1}——目标车道前导车的速度；

V_N——目标车道后随车的速度。

2) 模型描述

若车辆 n 的实际行驶速度小于其期望速度，则车辆将产生选择性车道变换的意图，和强制性车道变换不同的是，车辆 n 只会以较低的速度继续在原车道行驶。

当车辆 n 产生车道变换意图后，它将判断其前、后间隙(Gap Lead，Gap Lag)是否满足要求，如满足则开始车道变换行为，前、后间隙的取值与强制性车道变换中讨论的一样，即满足式(7-5)和式(7-6)。若前间隙小于期望的前间隙，则车辆将减速，减速度取车辆的正常减速度(正常减速度为一系统参数，与车辆类型、驾驶人类型等因素有关)，一直将速度减到能满足期望的前间隙要求为止。此时相当于车辆 n 在车道 1 上跟着车辆 $n-1$ 行驶,虽然它仍在本车道上。如图 7-4 所示,若前间隙不小于期望的前间隙,车辆 n 再判断后间隙是否大于期望的后间隙,若不满足,车辆将以现有速度继续行驶,并给车辆 $n+1$ 发出请求变换车道信号。车辆 $n+1$ 以一定的概率 P_{n+1},选择是否减速以给车辆 n 让出足够的空档。P_{n+1} 定义为

$$P_{n+1} = \min[0.75, \alpha(V_n - V_n^0)(1.5 - \theta)] \tag{7-12}$$

式中:α——系统参数,取 0.2;

θ——驾驶人的冲动系数;

V_n——当前车道上车辆的速度;

V_n^0——如果换道,在目标车道上车辆此时的速度。

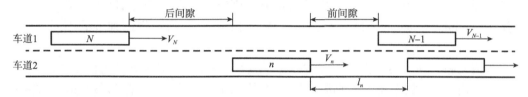

图 7-4 选择性车道变道模型

由此看出,车辆 n 有可能无法完成车道变换行为,也有可能在车辆 $n+1$ 以后的某个车辆后完成车道变换行为。

3) 可行性分析

自由车道变换的可行性分析过程主要有以下几种方法:可接受间隙模型法、安全系数评价法、可接受风险评价法和模糊逻辑法。

可接受间隙模型法,主要是评价目标车 n 与当前车道前导车 $n-1$ 之间,目标车 n 与目标车道前导车 $N-1$、后随车 N 之间是否有合适的间隙。

目标车 n 与当前车道前导车 $n-1$ 之间的临界距离 d_3 被构造为速度差的函数,模型如式(7-13)所示,常数 k 和偏移量 D 在不同的速度差下变化不大。

$$d_3 = k(V_n - V_{N-1}) + D \tag{7-13}$$

式中:V_n——当前车道目标车 n 的速度;

V_{N-1}——目标车道前导车 $N-1$ 的速度。

由于采集此类数据比较困难,因此,参数 k 和 D 的确定一般是根据不同的车型和驾驶人类型通过产生随机数仿真产生的。

目标车 n 与目标车道前导车 $N-1$,后随车 N 之间的临界距离 d_2、d_1 模型为:

$$d_2 = \max\{d_{N-1}^1, d_{N-1}^1 + \beta_{11}^1 V_n + \beta_{12}^2(V_n - V_{N-1})\} \tag{7-14}$$

$$d_1 = \max\{d_N^1, d_N^1 + \beta_{11}^1 V_N + \beta_{12}^1(V_N - V_n)\} \tag{7-15}$$

式中:d_{N-1}^1——目标车 n 与目标车道前导车 $N-1$ 之间的最小间距;

d_N^1——目标车 n 与目标车道后随车 N 之间的最小间距;

V_n——当前车道目标车 n 的速度;

V_{N-1}——目标车道前导车 $N-1$ 的速度;

V_N——目标车道后随车 N 的速度;

β——模型参数。

7.2 单向多车道元胞自动机换道模型

对于车道而言,换道规则可以是对称型的也可以是非对称型的;而对于不同车型(系统由具有不同最大速度的多种类型的车辆组成),换道规则也可以是对称型或非对称型的。如果采用对称型换道规则,车辆的换道策略就与车辆换道的方向无关,即从左至右与从右至左都是一样的(美国的高速公路基本上就是这样)。同样,非对称换道也受到了人们的关注。换道规则的非对称性通常有两种表现形式:(1)在车流密度比较小时,车辆倾向于在左道上行驶,即左道为默认车道;(2)右道上的车辆被禁止超车(德国的高速公路就是如此)。这一切都可以通过调整元胞自动机换道模型的部分规则细节得以实现,充分体现了元胞自动机换道模型(Cellular Automata,CA)的灵活性。数值模拟表明,换道规则细节的不同可能会引起模型结果有显著的差异。

双车道元胞自动机换道模型实施过程中,一般是把每个时间步划分为两个子时间步:在第一个子步内,车辆按照换道规则进行换道;在第二个子步中,车辆在两条车道上按照单车道的更新规则进行更新。

长谷由纪夫(Nagatani)首先利用一个完全确定性的规则考察了双车道系统。在他给出的规则中,车辆在一个时间步内要么换道要么向前行驶。里克特(Rickert)等在1996年和乔杜里(Chowdhury)等在1997年分别通过引入一套换道规则,将单车道的NaSch模型扩展到双车道系统中。

自此以后,人们提出了各种各样的换道规则:有对称型的,也有非对称型的;有的规则对换道的要求比较苛刻,有的则比较宽松。佳(Jia)等提出了一个具有鸣笛效应的双车道模型,并研究了快车强行换道行为对交通流的影响。孟(Meng)等提出了一个含有摩托车的混合交通流的双车道元胞自动机模型。Jia及克纳(Kerner)等人则在双车道模型中考虑了不同的驾驶行为和不同的车辆参数对交通流特性的影响。

Nagel等人对一些主要文献中的换道规则进行了归纳和总结。本节将通过比较分析Chowdhury等人提出的双车道模型和考虑鸣笛效应的双车道模型,来介绍单向双车道元胞自动机交通流模型。

1) Rickert 模型

Rickert 等率先提出如下的换道规则,当车辆满足下面的条件时就可以进行换道:

(1) 是否满足换道动机 $d_n < d_{\text{origin}}$:第 n 辆车与前车之间的距离不足够大,这样车辆 n 就会有换道的动机,通常参数 d_{origin} 用式 $d_{\text{origin}} = \min\{v, v_{\max}\}$ 来确定。这里 d_n 表示第 n 辆与原车道前车之间空的元胞数目。

(2) 检查旁道上的行驶条件是否满足 $d_{n,\text{other}} > d_{\text{other}}$,这里 $d_{n,\text{other}}$ 表示第 n 辆车与目标车道前车之间空的元胞数目。通常取 $d_{\text{other}} = d_{\text{origin}}$。

(3) 检查和旁道上的后车之间是否保持一个安全距离 $d_{n,\text{back}} > d_b$,这里 $d_{n,\text{back}}$ 表示第 n 辆车与目标车道后车之间空的元胞数目。Rickert 等建议取 $d_b = v_{\max}$。

(4) 即使是换道动机和安全条件均已满足,第 n 辆车也只能以一定的概率 p_{change} 进行换道。之所以这样做的原因,一方面是更加切合实际,另一方面可以部分消除"乒乓换道"的发生。

2) STNS 模型和 H-STNS 模型

1997 年 Chowdhury 等人以单车道的 NaSch 模型为基础,通过引入一套车辆换道规则构造了一个对称的双车道元胞自动机模型(Symmetrical Two-Lane NaSch Model,本书中将其称为双车道 NaSch 模型,简称 STNS 模型),并首先对由快、慢车组成的混合交通系统进行了研究,其换道规则如式(7-16)和式(7-17)所示。

换道动机:车辆在原车道上不能按期望的速度行驶且目标车道的行驶条件要比原车道好:

$$d_n < d_{n,\text{other}} \text{ 且 } d_n < \min\{v_n+1, d_{\max}\} \tag{7-16}$$

安全条件

$$d_{n,\text{back}} > d_{\text{safe}} \tag{7-17}$$

式中:d_{safe}——确保不会发生撞车的安全距离。

该模型在模拟均匀交通系统时取得了比较好的效果,但是在模拟非均匀的混合交通的过程中,人们发现该对称模型存在一个问题:系统中慢车的作用被夸大了,即使系统中只有少量的慢车,比如两辆车并排行驶的慢车,在其后面就会形成非常严重的排队现象,并且会维持较长的时间不消散,如图 7-5 中所示。因为左右两条车道上车辆的时空演化是非常相似的,所以这里只给出了右道的情况。自下向上为时间的演化方向,自左至右是车辆行驶的方向。系统的密度 $\rho = 0.025$,初始状态为:在道路中间位置两辆慢车在两条车道上并排行驶,其余车辆随机分布,模拟中采用了周期性边界条件。可以看到:系统中很快就形成了排队现象,并且系统在运行了 2500 个时间步后,该现象仍然没有消除。

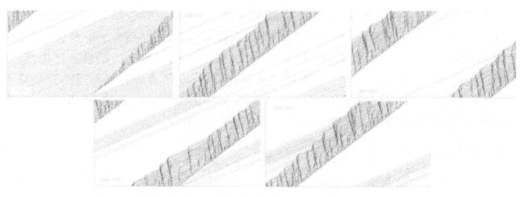

图 7-5 系统中有两辆车并排行驶的慢车时,STNS 模型的车辆时空演化图

然而,根据日常经验,当一辆快车被慢车所阻挡时,快车的驾驶人有可能鸣笛(即按喇叭)来催促慢车给他让道。基于这种日常生活中的现实情况,Jia 等对 Chowdhury 提出的换道规则进行了改进,提出了 H-STNS 模型。下面对 STNS 模型和 H-STNS 模型加以对比,进行详细的探讨。

先介绍一下考虑鸣笛效应的换道规则:

$$h_{n+1} = 1 \text{ 且 } d_n \geq \min\{v_{n+1}, v_{\max}\}$$
$$\text{且 } d_{n,\text{other}} \geq \min\{v_{n+1}, v_{\max}\} \text{ 且 } d_{n,\text{back}} > d_{\text{safe}} \tag{7-18}$$

这里,h_{n+1} 是 $n+1$ 辆车的鸣笛状态:$h_{n+1}=1$ 表示该车鸣笛;$h_{n+1}=0$ 则表示该车没有鸣笛。该状态由下式决定：

$$h_{n-1} = \begin{cases} 1 & \text{如果 } d_{n-1} < \min(v_{n-1}+1, v_{\max}) \text{ 及 } (d_{n-1,\text{other}} \leq d_{n-1} \text{ 或 } d_{n-1,\text{back}} \leq d_{\text{safe}}) \text{ 且 } (\text{rand}() < p_1) \\ 0 & \text{其他情况} \end{cases}$$

(7-19)

也就是说第 $n+1$ 辆车受到了前车的阻挡但又无法换道时，它会以概率 p_1 按响喇叭，取 $p_1 < 1$ 表示并不是所有的驾驶人在这种情况下都会鸣笛。为简单起见，在本节的模拟中均取 $p_1 = 1$。

如果第 n 辆车满足式(7-18)或式(7-16)和式(7-17)的所有条件，那么该车就以概率 p_{change} 换至另一条车道上。

不难看出，STNS 模型的换道规则是主动换道。H-STNS 模型则通过规则式(7-18)引入了鸣笛效应导致的被动换道。式中 $h_{n+1} = 1$ 是一个换道动机，即本车阻挡了后方车辆。$d_n \geq \min\{v_{n+1}, v_{\max}\}$ 且 $d_{n,\text{other}} \geq \min\{v_{n+1}, v_{\max}\}$ 表示本车在两条车道上都可以按照期望速度向前行驶，换而言，如果换道后影响到了我的车速，本车是不会给后面的鸣笛车让道的。$d_{n,\text{back}} > d_{\text{safe}}$ 则是保证不会发生撞车的安全条件。

接下来，将用 STNS 模型和 H-STNS 模型考察非均匀系统的交通行为。在这里的非均匀系统是由不同车速的车辆，比如载货汽车(慢车)和小客车(快车)所组成的。假定车辆除车速之外的其他性质都是一致的。因此，在模拟过程中使用了两个特征上限速度 $v_{\max}^{\text{fast}} = 5$ 和 $v_{\max}^{\text{slow}} = 3$（对应的实际车速分别为 135km/h 和 81km/h），来标识快车和慢车的差别。将慢车在所有车辆中所占的比例记作 R。模型参数取为 $p = 0.3, d_{\text{safe}} = v_{\max}^{\text{fast}}$，模拟过程中采用周期性边界条件。每个元胞仍然对应于 7.5m，每个时间步对应于 1s。

作为预备性工作，首先考察鸣笛效应在均匀系统(系统内只有一种类型的车辆存在)中的作用。在图 7-6 中给出了 $R=0$(所有的车辆都为快车)和 $R=1$(所有的车都为慢车)两种情况下系统的基本图。可以看到，由 STNS 模型和 H-STNS 模型得到的结果非常相似，几乎完全重合。这表明当道路上只有一种类型的车辆存在时，鸣笛效应对提高道路流量是不起作用的。另外，基本图中还体现了一个已被大家所共识的结果：由 STNS 和 H-STNS 模型得到的每条车道上最大流量要高于相应的单车道模型中的值。

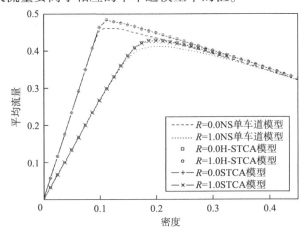

图 7-6 均匀系统下双车道和单车道模型得到的基本图

在慢车比例 $R=0.05$ 条件下,由 STNS 模型和 H-STNS 模型得到的基本图如图 7-7 所示。同时,为了便于对比,将 $R=0$ 和 $R=1$ 时的基本图也画在其中。看一下 STNS 模型的情况,当车辆密度非常小时,快车可以比较容易地超越慢车,因此,混合交通的流量因为慢车的比例非常小而基本上等于纯快车 $R=0$ 时的流量。但是,随着密度的不断增加,STNS 模型的基本图开始偏离 $R=0$ 时的基本图而向 $R=1$ 时的基本图弯曲。这是因为慢车在道路上形成了"塞子"(Plug),从而阻碍了后方车辆的顺畅行驶;图 7-8a)、图 7-8b)为 STNS 模型的结果;图 7-8c)、图 7-8d)为 H-STNS 模型的结果。而图 7-8a)和图 7-8c)为左车道;图 7-8b)和图 7-8d)为右车道。自下向上为时间的演化方向,自左至右是车辆行驶的方向。

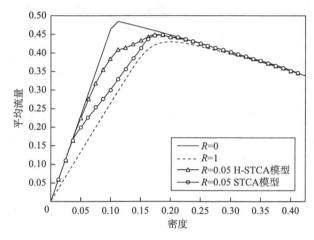

图 7-7 慢车比例 $R=0.05$ 时两种模型下的基本图

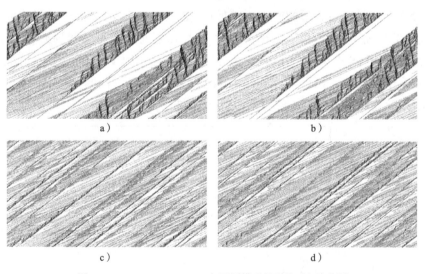

图 7-8 $R=0.05, \rho=0.075$ 时,不同模型得到的时空演化图

正如克诺斯佩(Knospe)等指出的,在系统中构成一个塞子并不是一定需要两辆慢车并排行驶。即使是分别行驶在左右车道上的两辆慢车之间有一定的距离,也是可以将跟随的车辆完全阻挡在身后而在道路上形成塞子。

图 7-9a)为由两辆并排行驶慢车形成的塞子,这在 STNS 和 H-STNS 模型中都是可以比

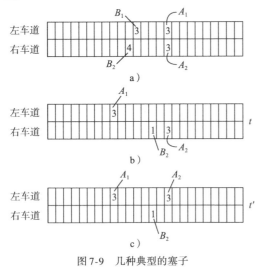

图 7-9 几种典型的塞子

较稳定地存在的;图7-9b)为两辆慢车相距6个元胞时形成的塞子。它在 STNS 模型中是稳定的;但是在 H-STNS 模型中,这个塞子会在下一个时间步中变成图 7-9c)所示的状况,进而消失;图 7-9c)为慢车 A_2 从右道换道至左道上,塞子消除。图中的车辆从左向右行驶,A_1、A_2 代表慢车,B_1、B_2 代表快车。在密度比较小时,一方面道路上的自由空间比较多,另一方面慢车的数量也很少,因此,形成塞子的概率很小,起不到明显的作用。然而,随着密度的逐渐增加,道路上自由空间减少而慢车的数目却在增加,这就使得塞子形成的概率不断增加,因此,系统的基本图逐渐偏离 $R=0$,而向 $R=1$ 的靠近。

由于鸣笛效应的引入,许多在 STNS 模型下寿命很长的塞子在 H-STNS 模型中会非常迅速地消除,如图 7-9 所示。很显然,图 7-9b)所示的塞子在 STNS 模型中是相当稳定的。但是在 H-STNS 模型中,车辆 B_2 受到车辆 A_2 的阻挡而又无法换道,这时该车的驾驶人就会鸣笛来让 A_2 给他让道。而听到后车的喇叭声后,车辆 A_2 的驾驶人就会换到左道上给 B_2 让开通路,塞子就随之解除。这样在下一个时间步就变成了如图 7-9c)所示的状态。因此,从严格意义上来讲,图 7-9b)所示的情况在 H-STNS 模型中并非一个真正的塞子。

在 H-STNS 模型中仍然存在着一些寿命较长的塞子。不过,尽管塞子可以存在较长的时间,但是它最终还是可以在有限的时间内消散的,如图 7-10 所示。当塞子形成时,平均速度会随着时间的演化而不断减小;当塞子消除时,平均速度又会随着时间的演化而增加。可以发现,平均速度在 STNS 模型中的波动幅度会远大于它在 H-STNS 模型中的情况,这表示在 STNS 模型中塞子的寿命要长得多。另外,STNS 模型下速度的波动频率明显高于 H-STNS 模型下的波动频率,这说明在 STNS 模型中,塞子形成的概率要高得多。

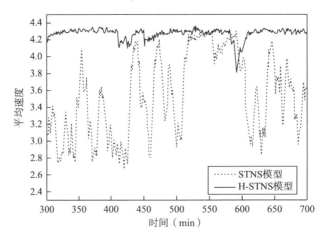

图 7-10 系统的车辆平均速度随时间的演化过程

图 7-11 与图 7-8 类似,自下向上为时间的演化方向,自左至右是车辆行驶的方向,系统的密度 $p=0.025$ 模拟条件同图 7-8。对照图 7-11 和图 7-8 可以发现,由两辆并肩行驶的慢车所形成的塞子,在 H-STNS 模型下存在的时间要比其在 STNS 模型下存在的时间短得多:在 STNS 模型下,经过 2500 个时间步的演化后塞子仍然存在;而在 H-STNS 模型下,仅过了 1000 多个时间步塞子就基本消失了。这也是在密度较低的范围内 $R=0.05$ 时系统的流量高于 $R=1$ 时的流量的原因。当密度很大时,即使是慢车也很难找到充裕的行驶空间,这样系统的流量仅受道路上剩余的自由空间限制。因此,不同慢车比例下的基本图重合在一起。

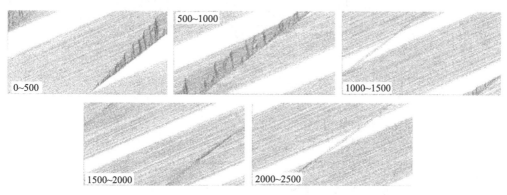

图 7-11　系统中有两辆车并排行驶的慢车时,H-STNS 模型下右道上的车道的时空演化过程

在小密度和大密度范围下,用 H-STNS 模型得到的流量和用 STNS 模型得到的结果是一致的。在中间密度范围内,系统流量仍然偏离 $R=0$ 的基本图,这也是由于塞子的形成造成的。但是,在同一密度下,由 H-STNS 模型得到的交通流量要明显高于 STNS 模型得到的值。显然,这是由于鸣笛效应的引入而造成的。

下面来考察 H-STNS 模型中的换道概率。图 7-12a)中分别给出了 H-STNS 模型中快车和慢车的换道概率,为了对比,由 STNS 模型得到的结果也画在该图中。其中,图 7-12a) H-STNS 和 STNS 模型中快车和慢车的换道概率的对比;图 7-12b)由鸣笛效应造成的换道概率。图中的实心圆和实心三角形分别代表 H-STNS 模型中的慢、快车;空心圆和空心三角形则分别表示 STNS 模型中的慢、快车。可以发现,鸣笛效应的引入对慢车换道概率的影响比对快车的影响强得多。正是由于慢车更加频繁地换道,使得塞子很难形成,并且大大缩短了塞子生存的时间,从而使得 H-STNS 模型得到了比 STNS 模型较高的流量。图 7-12b)则给出了纯粹由鸣笛效应造成的换道概率。随着密度的增加,鸣笛效应造成的换道概率急剧增加(对慢车尤其如此),当达到某一最大值后又迅速减小。也就是说鸣笛效应只在中、低密度区域内发挥作用,当密度比较大时,道路上的自由空间变得越来越少,即使是后车鸣笛,因为没有足够的空间前车也不会给它让道,因而鸣笛基本上不再起作用。对照图 7-12a)还可发现,在低密度范围内,慢车的换道基本上是由鸣笛造成的。

最后,由于下列的原因,在非对称的双车道模型中是不提倡采用鸣笛效应的。在非对称双车道模型中,通常情况下将左道定义为快车道,而右道则为慢车道。一方面,慢车换到快车道上为后面的快车让道是不太现实的;另一方面,在快车道上行驶的一辆慢车,一旦条件 $d_{n,\text{other}} \geq \min\{v_n+1, v_{\max}\}$ 且 $d_{n,\text{back}} \geq d_{\text{safe}}$ 得到满足,它就会立即换回慢车道,而不管后车鸣笛与否。

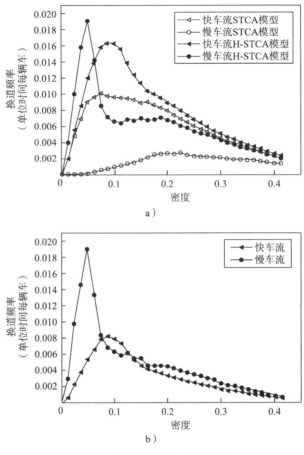

图 7-12 换道概率随密度变化关系

7.3 双向双车道换道模型

在较低等级的公路上,由于车流量较小,通常设置为双向双车道。此时车辆超车时就需要占用相反方向的车道,为了避免和相反方向的车辆发生碰撞就需要更大的车头距。

西蒙(Simon)和古托维茨(Gutowitz)对双向交通问题采用元胞自动机换道模型进行建模,他们对车辆的超车行为是这样描述的:一辆企图超车的驾驶人首先要测算前面一段路上车辆的局部密度,如果局部密度足够低,车辆有很好的机会可以完成超车,就可以考虑让其试着超车。在本车道的全局密度比较高的情况下,即使另一条车道的车流密度非常低,超车也是很难发生的。这时两条车道就互不相干了。

在双车道交通模型中可能会出现三种类型的堵塞。最为通常出现的是起止波(Start-Stop Wave);少数情况下,由于某些比较莽撞的驾驶人贸然超车,超车不成功但本车道上又没有合适的空间供其返回,从而造成交通堵塞;第三种成为超级堵塞(Super Jam),是由两个车道上相邻且相向行驶的两辆车同时试图超车造成的。这种超级堵塞只有在车道之间的对称型被打破时才会消除。

Simon 和 Gutowitz 所研究的双向双车道如图 7-13 所示。其研究的路况模型中,每个元

胞的状态可以在 $v \in \{-(v_{\max}+1),(v_{\max}+1)\}$ 范围内取值。$v=0$ 表示该元胞上没有车辆,是空元胞;$v=\pm 1$ 表示静止车辆;$v=\pm 2$ 表示元胞上有一辆速度为 1 的车辆沿正向(反向)行驶,其他取值情况可依次类推。

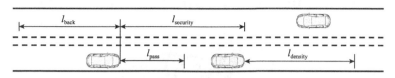

图 7-13 双向交通示意图

在正式给出模型的规则前,这里先定义如下的一些变量。d_{same}、d_{opp} 分别表示某一车辆与本车道、反向车道的前车之间的空元胞数;d_{behind} 表示车辆与反向车道的后车之间的空间距;l_{same}、l_{opp} 和 l_{back} 分别表示超车时,在本车道的前方、反向车道的前方和后方所需的最小空间;p_{change} 表示换道的概率;$v_{same}(v_{opp})$ 表示本车道(反向车道)上前车的速度;H 是车辆是否在本车道上的一个标示变量,若在本车道上则 H 为真;$oncoming$ 是标示变量:如果 $\text{sgn}(v_{same}) \neq \text{sgn}(v)$,则 $oncoming$ 为真,否则 $oncoming$ 为假;l_{pass} 限定:当 $d_{same} < l_{pass}$ 且 H 为真时,驾驶人才会考虑超车;l_{sec} 限定:如果 $d_{same} < l_{sec}$ 且 H 为假时,车辆必须立即返回本车道;D_L 表示局部车辆密度,即该车辆前面 $l_{density} = 2 \cdot v_{\max} + 1$ 范围内被车辆所占据的元胞的比例;$D_{\lim}$ 表示能够进行安全超车的最大极限密度。$Space1$ 为一换道空间指标:如果 $d_{same} < l_{pass}$ 且 $d_{opp} < l_{sec}$ 且 $d_{behind} < l_{back}$ 时 $Space1$ 为真,否则为假;$Space2$ 为另一换道空间指标:如果 $d_{opp} > l_{sec}$ 并且 $d_{behind} > l_{back}$ 时 $Space2$ 为真,否则为假。

与前面的双车道模型类似,车辆的更新过程也是分两步完成的。首先是换道,然后在各自的车道上向前行驶。

(1) 如果 $[(H \text{ and } Space1) \text{ 并且 } (D_L < D_{\lim}) \text{ 并且 } (rand() < p_{change})]$,那么就进行换道。

(2) 如果 $[(\text{not}(H)) \text{ 并且 } (d_{same} < l_{sec}) \text{ 或 } (Space2)]$,则进行换道。

条件(1)是针对在本车道上的车辆。如果一辆车的前方有一辆和它同向行驶但二者之间的距离小于 l_{pass} 时,该车就会考虑超越前车,但是只有在反向车道上有足够的空间,并且该车前方的车辆数目比较少时,才有可能进行换道超车。而即使所有的条件均满足,超车也是按一定的概率随机发生的。条件(2)则表示当超车的车辆在反向车道上遇到迎面驶近的车辆或其本车道有一个较好的行驶条件后,该车就迅速返回到本车道上。

换道结束后,车辆按照下面的步骤进行更新:

(1) 如果 $[(|v|=v+\text{sgn}(v) < v_{\max})]$,则 $v = v + \text{sgn}(v)$。

(2) 如果 $[(oncoming) \text{ 并且 } (d_{same} < 2 \cdot v_{\max} - 1)]$,则 $v = [d_{same}/2]v$。

(3) 如果 $[(\text{not}(oncoming)) \text{ 并且 } (|v| > d_{same})]$,则 $v = \text{sgn}(v) \cdot d_{same}$。

(4) 如果 $[(H) \text{ 并且 } (|v|>1) \text{ 并且 } (rand()<p) \text{ 并且 } (\text{not}(oncoming))]$,则 $v = v - \text{sgn}(v)$。

(5) 如果 $[(H) \text{ 并且 } (oncoming) \text{ 并且 } (|v|>1)]$,则 $v = v - \text{sgn}(v)$。

规则(1)使车辆逐渐加速至最大速度;规则(2)使车辆在迎面有车驶近时迅速减速;规则(3)则表示车辆在驶近前车时进行减速;规则(4)使本车道上的车辆按概率 p 随机减速,但是如果车辆正在超车,则该车就不会随机减速;规则(5)是为了打破车道的对称性,从而避免超级堵塞的发生。

利用上述的模型，Simon 等人对双向交通系统进行了数值模拟。相关的模型参数取值为 $l_{\text{pass}} = v, l_{\text{back}} = v_{\max}, l_{\text{sec}} = 2 \cdot v_{\max} - 1, D_{\text{L}} = \dfrac{2}{l_{\text{density}}}, p_{\text{change}} = 0.7, p = 0.5$。图 7-14 给出了整个密度范围下双向交通中本车道的流量与单车道模型流量的差异 Δq。

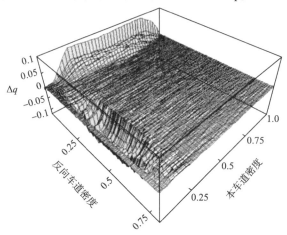

图 7-14　本车道车流量的三维图

图中曲面的高度为双向交通模型中本车道的车流量与相对应的单车道模型的车流量的差值。

当某一条车道或两条车道的密度都比较大时，Δq 会很小。当反向车道的密度比较小时（<0.1），本车道的车流量可以比单车道模型的流量大得多，最大流量差值出现在反向车道的密度为 0 的情况下。在本车道密度较小（<0.25）的情况下，本车道的车流量可能会低于相应的单车道模型的车流量。这是因为当迎面车（Oncoming Car）在试图超越其他迎面车时，可能会对本车道上车辆产生阻碍作用。如果采用非对称的规则（只允许本车道上的车辆进行超车），这种流量变小的情况就会消失。利用该模型，Simon 等将计算模拟结果图 7-15a)和亚加尔（Yagar）的实测结果图 7-15b)进行了对比。图 7-15a)中的模拟结果分别是在三种不同参数取值条件下得到的：(1) $p = 0.5, p_{\text{change}} = 0.5$；(2) $p = 0.25, p_{\text{change}} = 0$；(3) $p = 0.25, p_{\text{change}} = 0.3$。从而发现，在合适的模型参数下可以模拟出和实测结果类似的结果。

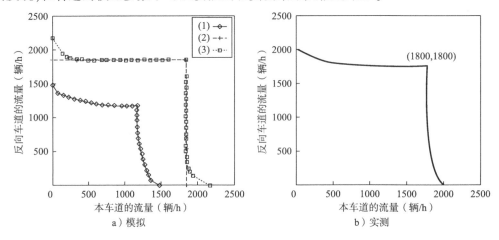

图 7-15　模拟结果与实测数据的对比

李(Lee)等以非对称排它过程(Asymmetric Simple Exclusion Process, ASEP)的扩展模型为基础提出了一个模型来研究双向交通问题。模型中超车行为是被禁止的,但是反向车道上迎面驶近的车辆会降低本道上车辆的跳跃速率(Hopping Rate)。每条车道上车辆按照ASEP的规则顺序更新,且$v_{max}=1$,但是车道1的车辆从元胞j向空元胞$j+1$跳跃速率受到车道2上$j+1$元胞状态的影响。当该元胞为空时,车道1的车辆以速率1向前跳跃;否则,跳跃速率变为$1/\beta$。车道2上的车辆反向行驶,车辆从元胞$j+1$向空元胞j的跳跃速率受车道1上j元胞状态的影响。若该元胞为空,车辆的跳跃速率为γ;否则,跳跃速率变为γ/β。当$\gamma<1$时,车道2上的跳跃速率小于车道1上时就可以把车道2上的车辆看作是载货汽车。车道之间的相互作用参数β可以看作是道路宽窄程度的一个量度。$\beta=1$表示车辆在行驶过程中不受反向车道上车辆的任何影响,比如车道间有隔离设施的高速公路就属于这种情况。$\beta\to\infty$则表示道路过窄,反向车道上的车辆把道路完全堵死,车辆无法前行。

7.4 基于车辆跟驰的换道模型

通常,跟驰模型考虑单车道上一辆车跟随另一辆车的运行状态。为了模拟更加实际的交通状况,一些学者考虑了车辆的换道行为,建立了一些双车道跟驰模型。Sasoh 首先在改进的优化速度(Optimal Velocity, OV)模型中引入换道规则,提出了双车道车辆跟驰模型,并通过模拟的方法研究了扰动在双车道交通流中的演化过程,指出与单车道相比,双车道交通流对扰动是不敏感的。之后,同样基于改进的双车道 OV 模型,仓田(Kurata)和长谷(Nagatani)研究了双车交通流中交通堵塞的时空演化特征和混合交通条件下多车道交通流的基本图特征。唐(Tang)等则研究了换道行为对交通流稳定性的影响。

下面以仓田和长谷所提出的模型为例,简单介绍双车道最优速度跟驰模型。其中采用OV 模型描述单车道上车辆的动力学行为。

考虑对称的换道规则。如果一辆车与前车车头间距太小或者是前车太慢,驾驶人就会考虑换道,即驾驶人有换道动机;此时若目标车道相对应的前车和后车留有足够的空间,即满足安全性,驾驶人就会换到目标车道。图 7-16 给出了双车道模型的示意图。图 7-16a)给出了在开放边界条件下长度为 $L=400$ 的双车道高速公路。由于发生交通事故,在左车道 $x=300$ 处停有一辆车。车辆以相同的发车车头间距进入高速公路,左车道与右车道有相同的发车车头间距。图 7-16b)给出了换道示意图。

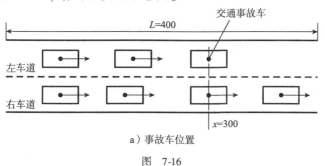

a)事故车位置

图 7-16

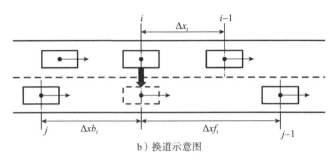

b) 换道示意图

图 7-16　双车道模型示意图

假设满足下面的条件时进行换道：

(1) $v_i > 1.02 v_{i-1}$ 和 $\Delta x_i < 4 x_c$ 　　　　　　　　　刺激标准

$\Delta xf_i > 2 x_c$ 和 $\Delta xb_i > x_c$ 　　　　　　　　　安全标准

(2) $v_i > 1.02 v_{i+1}$ 和 $\Delta x_i < 4 x_c$ 　　　　　　　　　刺激标准

$v_j > 1.02 v_{i-1}$，$\Delta xf_i > x_c$ 和 $\Delta xb_i > x_c$ 　　　　　安全标准

(3) $\Delta x_i < 2 x_c$ 　　　　　　　　　　　　　　　　刺激标准

$\Delta xf_i > \Delta x_i$ 和 $\Delta xb_i > x_c$ 　　　　　　　　　安全标准

这里 x_c 是安全距离，Δxf_i 是本车道第 i 辆车与目标车道对应前车的车头间距，Δxb_i 是本车道第 i 辆车与目标车道对应后车的车头间距。

条件(1)中，当本车速度大于前车速度的1.02倍并且车头间距小于4倍的安全距离时，驾驶人就会考虑换道；当本车与目标车道对应前车的车头间距大于2倍的安全距离，并且与目标车道对应后车的距离大于安全距离，驾驶人换道成功。条件(2)中，刺激标准与条件(1)一样，安全标准不同于条件(1)。除了刺激标准外，当目标车道对应的前车 j 速度大于本车道本车 i 的速度，本车道车辆 i 与目标车道前车的距离大于安全距离并且与目标车道后车的车头间距大于安全距离，所有的这些条件满足换道成功。条件(3)中，驾驶人换道的动机是：本车与本车道前车的车头间距小于2倍的安全距离。除了刺激标准外，车辆与目标车道对应的前车车头间距大于与本车道前车的车头间距，并且与目标车道后车的车头间距大于安全距离，驾驶人便能够成功换道。总而言之，当三个换道条件中的一个或多个条件得到满足，车辆便能够成功换道。

在数值模拟的过程中，假定换道时间为4个时间单位。每隔4个时间单位，车道1上的车辆向车道2换道；之后经过2个时间单位，车道2上的车辆向车道1换道。对于连续的速度更新方程进行四阶龙格—库塔格式的离散化，时间间隔为 $\Delta t = \dfrac{1}{128}\text{s}$。每个更新时刻，首先检测两个边界，如果最后一辆车距边界的距离大于进车间距 Δx_{inflow}，则在入口边界增加一辆新车。如果车辆的位置大于 L，则将车辆从系统中移除。

模型参数分别为：$a = 1.0, x_c = 4.0, v_{\max} = 2.0$。通过改变进车间距 Δx_{inflow}，发现有事故车辆导致的堵塞状态可以分为两种。

当 Δx_{inflow} 大于12.0时，在停止车辆附近出现局部堵塞。图7-17给出了 $\Delta x_{\text{inflow}} = 12.2$ 时两个车道的密度时空演化图，其中密度定义为 $k = 1/(1 + \Delta x)$。在车道1上，高密度的区域仅出现在停止车辆的上游，并保持相对稳定；在车道2的相应区域，同样出现了较高的密度区域。

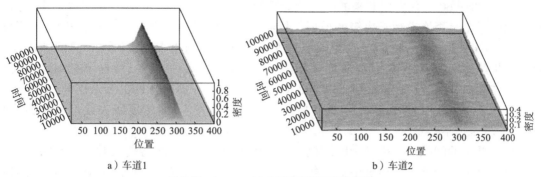

图 7-17　$\Delta x_{\text{inflow}} = 12.2$ 时的密度时空演化图

当 Δx_{inflow} 小于 12.0 时,则出现了扩展的堵塞,如图 7-18 所示。在车道 1 上,高密度区域在停止车辆上游延伸;与车道 1 上延伸的堵塞相对应,车道 2 上游同样出现了密度稍大的区域,并向上游延伸。

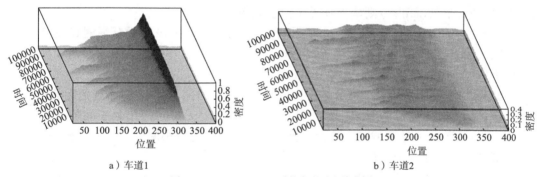

图 7-18　$\Delta x_{\text{inflow}} = 11.7$ 时的密度时空演化图

7.5　间隙接受模型和加/减速度接受模型

车辆汇入(Lane Merge)或是穿越(Lane Pass)时,驾驶人必须先看目标车道上的前、后车的位置和速度,判断它们之间是否存在足够的间隙来换道。因此,如何描述驾驶人的间隙接受行为是换道行为研究的重点之一。

这里"间隙"是指目标车辆能够安全汇入两车之间的间距或时距。"相邻间隙"指的是目标车辆相邻车道上的前车和后车之间的间距或时距。假如车辆汇入后,形成的两个新的间隙能满足安全,则这个"相邻间隙"是可接受的,就可以施行换道操作。完成换道操作所需要的间隙被称为"可接受间隙",如图 7-19 所示。

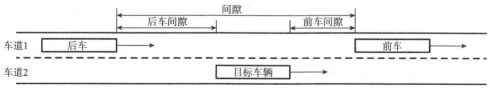

图 7-19　间隙接受模型示意图

从 20 世纪 60 年代发展起来的间隙接受模型(Gap Acceptance Model)即是描述车辆如何根据间隙做出是否换道判断决策的模型。最简单的间隙接受模型为二值选择模型,先设好固定的最小间隙(Critical Gap),然后将目标车道的前后车与本车的间隙与临界间隙比较来接受或拒绝该间隙,直接判定是否能安全汇入或是穿越。这种间隙接受模型把间隙判断和换道操作隔离开,并没有考虑实际中驾驶人之间的竞争、互助协作的关系。因此,只有在路段上车辆很少、存在很多较大车间距时换道行为才可能发生;而密度较大或是拥挤的情况下,换道就永远不会发生。

更加常见的间隙接受模型为间隙概率选择模型,即假设不同驾驶人对于临界间隙的心理选择符合某种分布。在仿真中对于每名驾驶人,先根据给定的分布产生对应的特定临界间隙,然后根据当前间隙与临界间隙比较来接受或拒绝该间隙。当需要强制换道时,可令换道概率为 1,以避免换道永不发生的情况。

很显然,概率选择模型有助于对驾驶人判断的不确定性和非一致性进行建模。赫曼(Herman)和维斯(Weiss)认为临界车隙呈现指数分布,德鲁(Drew)等认为临界车隙呈现对数正态分布时,米勒(Miller)则认为临界车隙呈现均匀分布。

《道路通行能力手册(HCM)》(2000 版本以前)将临界车隙设为所有观测到被接受间隙的中位数。而 HCM(2000 版本以后)对此进行了修改,将临界车隙设为所有观测到被接受间隙的最小值。

马赫马萨尼(Mahmassani)和谢菲(Sheffi)认为最小间隙的均值受到其他因素的影响。这些因素包括驾驶人的等待时间、行人干扰等。达甘索(Daganzo)提出最小间隙分布由两部分相加而成:一部分是对于不同驾驶人符合正态分布的平均最小间隙;另一部分是对于同一驾驶人符合正态分布的个人最小间隙。

还有的模型引入所谓"拒绝间隙"的概念。其定义为:目标车辆不能汇入相邻车道的间隙。而"最大拒绝间隙"指的是所有车辆的拒绝间隙中的最大值。如果当前间隙大于"可接受间隙",则允许换道;如果当前间隙小于"最大拒绝间隙",则禁止换道;而当前间隙小于"可接受间隙"且大于"最大拒绝间隙"时,驾驶人按一定概率换道。

艾哈迈德(Ahmed)提出了如图 7-20 所示的分层树状间隙接受模型。其中在决策树的第一层,第 n 辆车在 t 时刻选择进入强制换道的概率计算公式为:

$$P_t(MLC|C_n) = \frac{1}{1+\exp(-X_n^{MLC}(t)\beta^{MLC} + \alpha^{MLC}C_n)} \tag{7-20}$$

式中:$X_n^{MLC}(t)$——行向量,该行向量的每个元素表征一个影响强制换道的因素,包括距离道路关键点的距离,一次性所需转移的车道数等;

β^{MLC}——对应的参数列向量;

C_n——标准正态分布的随机数;

α^{MLC}——控制参数;两者的乘积用来描述驾驶人的观测/判断误差。显然 $\alpha^{MLC}C_n$ 越大,进入强制换道状态的时间更早。

类似地在决策树的第二层,第 n 辆车在 t 时刻选择进入不满意当前驾驶状态而换道(Driving Conditions Not Satisfactory)的概率计算公式为:

$$P_t(DCNS|C_n) = \frac{1}{1+\exp(-X_n^{DCNS}(t)\beta^{DCNS} + \alpha^{DCNS}C_n)} \tag{7-21}$$

式中$X_n^{DCNS}(t)$表征了影响不满意当前状态换道的因素。β^{DCNS}和α^{DCNS}为相应参数。

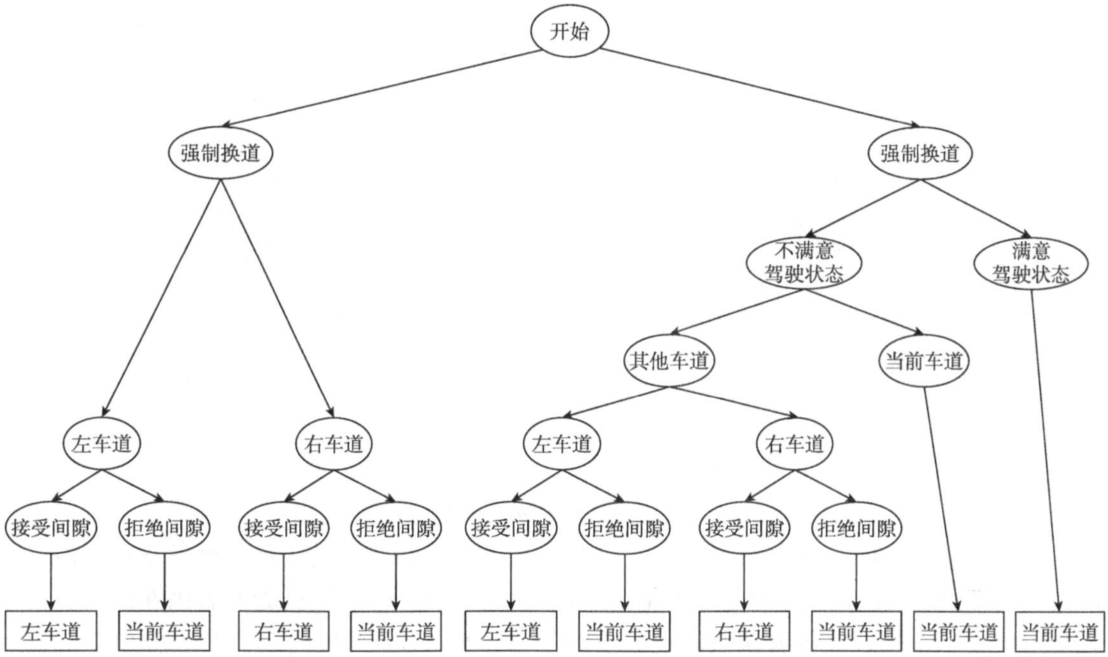

图7-20 分层间隙接受模型示意图

在决策树的第四层,间隙接受模型为:

$$P_t(Accept\ Gap|C_n) = P_t(AcceptLead\ Gap|C_n)P_t(AcceptLag\ Gap|C_n)$$
$$= P_r(G_n^{lead}(t) > G_n^{critical,lead}(t)|C_n)P_r(G_n^{lag}(t) > G_n^{critical,lag}(t)|C_n) \quad (7-22)$$

式中:$G_n^{lead}(t)$和$G_n^{lag}(t)$——t时刻的前车间隙和后车间隙。而前向临界间隙$G_n^{critical,lead}(t)$和后向临界间隙$G_n^{critical,lag}(t)$的计算公式为:

$$G_n^{critical,lead}(t) = \exp(X_n^{lead}(t)\beta^{lead} + \alpha^{lead}C_n + \varepsilon_n^{lead}(t)) \quad (7-23)$$

$$G_n^{critical,lag}(t) = \exp(X_n^{lag}(t)\beta^{lag} + \alpha^{lag}C_n + \varepsilon_n^{lag}(t)) \quad (7-24)$$

式中对于前向临界间隙,$X_n^{lead}(t)$为行向量,该行向量的每个元素表征一个影响前向临界间隙的因素,β^{lead}为对应的参数列向量。α^{lead}为控制参数。ε_n^{lead}为附加随机扰动项。后向临界间隙的情况类似。

依次计算该决策树每个叶节点的概率然后逐层连乘即可得到总的换道决策概率。托莱多(Toledo)进一步发展了该方法,特别分析了当有多个待选的换道间隙时的计算公式。如图7-21所示,此时A车驾驶人可考虑加速换道进入车辆B和C之间,也可转到临近的间隙车辆C和D之间,亦可考虑减速进入车辆D和E之间。此时,图7-20所示的决策树的第三层和第四层之间将插入新的一层,变成类似图7-22所示的形式。

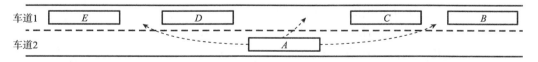

图7-21 不同间隙选择模型示意图

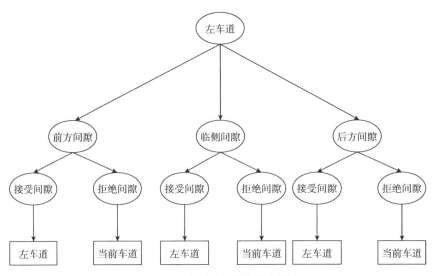

图 7-22 考虑不同间隙选择的换道决策树(局部)

乔杜里(Choudhury)进一步仔细分析了换道作为一个持续性行为的特性并指出:在换道准备期间,驾驶人在 $t+1$ 时刻的决策是与 t 时刻的决策相关的,其行为有着内在的一致性。在 Choudhury 的论述中,这种决策过程被称为潜在计划(Latent Plan),并引入隐马尔可夫模型(Hidden Markov Model,HMM)进行描述和分析。

吉普斯(Gipps)提出了一种加/减速度接受模型来判断换道的可行性。这一模型要求后车与前车应保留足够的间隙,即使前车以最大减速度减速至停止,后车也有足够的反应时间跟着减速至停止而不发生碰撞。

对于换道模型而言,Gipps 换道模型将分别计算如下两个加速度:

(1)换道车辆进入新车道,开始对目标车道前车的正常跟驰所需要的减速度 a_1;

(2)换道车辆进入新车道后,目标车道后车进入对该完成换道车辆的正常跟驰所需要的减速度 a_2。

如果 a_1 和 a_2 小于最大可行减速度 a_{max}(制动减速度),且 a_1 小于另外计算得到的换道风险减速度 a_n,则接受换道。

其后的模型对于 Gipps 换道模型的换道风险减速度 a_n 有着不同改进。例如将强制换道时的换道风险减速度公式改为:

$$a_n = \left[2 - \frac{D - x_n(t)}{10 V_n}\right] \cdot a_{LC} \cdot \theta_n \tag{7-25}$$

式中:D——必须道路关键点(车道封闭起始点、车道终点、道路拐弯点,前车车尾等)的位置;

$x_n(t)$——第 n 辆车在 t 时刻的位置;

V_n——第 n 辆车的期望速度;

a_{LC}——车辆换道时的平均减速度;

θ_n——第 n 辆车的换道主动性参数。

仿真中常假设θ_n符合正态分布来模拟不同驾驶人的主动性差异。

Gipps换道模型计算量较大且对于驾驶人的行为分析过于保守,计算得到的接受换道的可能性低于实际情况。其后的模型较少直接采用这种加/减速度接受模型。

习题

1. 简述自由换道行为的实施流程。
2. 简述哪些情况下会出行强制性换道行为。
3. 简述双向双车道的车辆换道条件。
4. 简述元胞自动机模型的随机慢化概率值该如何确定？是否存在参数标定的方法？

第8章 宏观交通流模型

伴随着城市的快速发展,公共交通变得越来越拥挤,城区的可达性便成为评价城市生活质量的重要指标之一。城市交通线路节点性能的评价,是从单条线路或者单个交叉口出发,从城市交通网局部改建可行性研究、城市交通管理角度分析交通线路或者交叉口的容量、服务水平、延误、事故等。但是当评价由这些单项设施相互联系形成的交通网络时,就遇到一些难题,这就需要一种基于网络的评价理论和方法,从城市交通网络整体出发,从城市总体规划、城市交通综合发展战略规划的角度来分析评价交通网络的总体建设水平、交通网络布局质量、交通网络总体容量等。

本章从宏观角度介绍一些流量、速度和密度的量测和推算方法,从而提供网络交通效果评价的基本理论和基本方法。

8.1 出行时间模型

出行时间等高线图提供了道路网在特定时间运行状况的总览图。车辆从网络的一个指定地点出发,在期望的时间间隔内每辆车的时间和地点都可以得到,从而可以建立出行时间等高线图,有助于计算网络中的平均出行时间和平均速度。不同于出行时间等高线图只考虑一个特定点的分析方法,出行时间模型主要用于评价平均网络出行时间(每单位距离)或速度,并基于此评估与城市商业中心区(Central Business District, CBD)不同距离区域的交通特性。

8.1.1 以 CBD 为中心的交通特性

沃恩(Vaughan)、艾尔诺(Ioannou)和弗莱特(Phylactou, 1972)通过对英国四个城市(Chesterfield、Reading、Leicester、Luton)交通数据的研究假设了一些简单模型。交通强度(Traffic Intensity),记作 I,指单位面积上单位时间内通过的所有车辆(折合成标准车辆)的行驶距离总和,单位是 pcu/h/km,随着距 CBD 距离的增加而减小,其模型如下:

$$I = A \times \exp\left(-\sqrt{\frac{r}{a}}\right) \tag{8-1}$$

式中:I——交通强度;

r——距 CBD 的距离，km；

A、a——待定参数。

例 8-1 当模型中参数 $A=1500$，$a=1.5$ 时，已知某区域距 CBD 的距离为 0.95km，求该区域的交通强度。

解：交通强度模型的表达式为：

$$I = A \times \exp(-\sqrt{r/a})$$

已知，参数 $A=1500$，$a=1.5$，将其代入公式中，有：

$$I = A \times \exp\left(-\sqrt{\frac{r}{a}}\right) = 1500 \times \exp\left(-\sqrt{\frac{0.95}{1.5}}\right)$$

$$I = 676.8 \text{pcu/h/km}$$

所以，该区域的交通强度大小为 676.8pcu/h/km。

四个城市各自具有不同的值，并且 A 的值在高峰时段和非高峰时段是不同的。四个城市的数据见图 8-1。在作为主干道(f)的区域的比例与距 CBD 的距离之间也发现了类似的关系：

$$f = B \times \exp\left(-\sqrt{\frac{r}{b}}\right) \tag{8-2}$$

式中：f——主干道路占的比例；

B、b——每个城市的待定参数。

交通强度与主干道的区域地点有线性关系，就像距 CBD 的距离与平均速度有线性关系一样。因为车辆主要在主干道上行驶，所以这些结果也是依据被选定的主干道得出的。

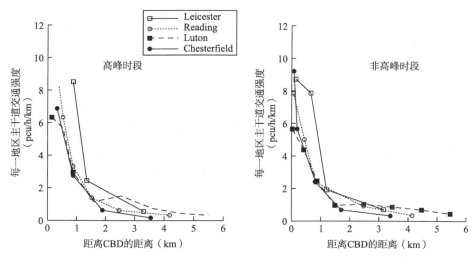

图 8-1 交通强度与距离 CBD 的关系数据拟合图

8.1.2 距离 CBD 的平均速度

1974 年，布兰斯顿(Branston)使用 1963 年道路研究实验室(RRL)收集的英国 6 个城市的数据，研究了平均速度(v)与到 CBD(r)的距离之间的 5 个函数。使用最小二乘回归分别对每个城市的数据和所有 6 个城市的聚合数据进行拟合。城市中心被定义为放射状街道的交叉点，而 CBD 的旅行速度是指所选中心 0.3km 以内的速度。每个路段的平均速度是用路段长度除以实际行驶时间(mile/min)得出的。下面描述所选的 5 个函数,下面函数模型式中 a、b 和 c 是待定参数,是数据估计的常量。

$$V = ar^b \quad (8-3)$$

势曲线是 1969 年由沃德洛尔(Wardrop)提出的,由于在城市中心区 $r = 0$ 时,速度为零,因此,布兰斯顿(Branston)拟合了一个更加普遍的模型:

$$V = c + ar^b \quad (8-4)$$

式中:c——市中心速度。

在布兰斯顿的数据中,没有一个城市对平均车速的最大值有明确限制,因此,其只测试了一种严格呈线性关系的函数:

$$V = a + br \quad (8-5)$$

负指数函数模型:

$$V = a - be^{-cr} \quad (8-6)$$

此模型在 1970 年已经由安吉尔(Angel)和海曼(Hyman)对单个城市数据进行拟合。这个负指数函数模型渐进地趋向最大平均速度。

第五个模型,由莱曼(Lyman)和埃弗拉德(Everall)在 1971 年提出:

$$V = \frac{1 + b^2 r^2}{a + cb^2 r^2} \quad (8-7)$$

此模型在城市边缘也显示出最大平均速度。它起初分别应用于放射型和环型道路数据。

其中,势曲线[式(8-3)]和线性函数[式(8-5)]很快被排除了:虽然势曲线得到了第二小的平方和(最小的平方和为负指数函数),但并没有达到使用该模型的最初目的(避免在市中心的速度估计为零);对于商业中心区的平均速度而言,线性函数出现了 3~4km/h 的过高估计,即随着远离市中心距离的增大,平均速度不可能快速升高。

其他三个函数[式(8-4)、式(8-6)、式(8-7)]的曲线如图 8-2 显示,是对诺丁汉(Nottingham)城市数据的拟合。三个函数曲线显示了城市边缘平均速度的稳定性,但是只有 Lyman-Everall 函数[式(8-7)]在 CBD 内显示出了稳定性。然而,修正的势曲线[式(8-4)]显示出比 Lyman-Everall 模型更好的整体拟合,因此,修正的势曲线为首选。

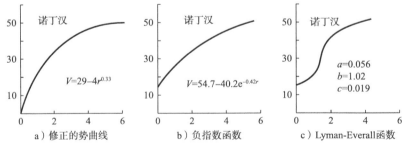

a) 修正的势曲线   b) 负指数函数   c) Lyman-Everall 函数

图 8-2 三种模型的拟合情况

虽然负指数函数拟合优于势曲线一些,但是因为它在估计时比较复杂,所以有时并不采用(特征如同 Lyman-Everall 函数)。势曲线在检测市区速度的部分应当截去,以克服它本身在市中心速度估计为零的缺点。诺丁汉(Nottingham)完整数据拟合情况如图 8-3 所示,该图显示了拟合的幂函数以及在 $r=0.3$ km 处的截断。

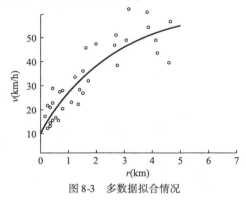

图 8-3　多数据拟合情况

例 8-2　对某城市中心区外围道路网进行研究,测量表明该道路网的中心距市中心商务区的距离为 10km。根据调查可知,在所研究路网对应的行政区域内共有各种车辆约 30000 辆,在某一正常时段统计区域内各停车场的停车数为 12000 辆。现对此路网上的车辆进行调查,随机抽查一辆车,跟踪计时,该车在 1h 之内行驶了 25km(这里的 1h 包含了该车的停车时间,即为车辆的行程时间)。按照以 CBD 为中心的交通特性估计该路网上车辆的最大平均速度 V_m,认为 $V_m = V$,并且取模型为 $V = \dfrac{1+b^2 r^2}{a+cb^2 r^2}$,其中的参数取值为:$a=0.07$,$b=0.283$,$c=0.01$。

解:根据题意有,$r=10$ km,$a=0.07$,$b=0.283$,$c=0.01$。

按以 CBD 为中心的交通特性的平均速度模型计算最大平均速度:

$$V_m = V = \frac{1+b^2 r^2}{a+cb^2 r^2} = \frac{1+(0.283^2)\times 100}{0.07+0.01\times(0.283^2)\times 100} = 60 \text{km/h}$$

8.2　一般网络模型

沃德洛尔和斯密德(Wardrop,1952;Smeed,1968)的早期工作大部分致力于干线宏观模型的研究,就是后来发展的一般网络模型。

8.2.1　网络通行能力

斯密德(Smeed,1966)提出了一种考察城市中心区交通能力的方法,定义 N 为单位时间内进入中心区的车辆数。一般来说,N 取决于路网形态,包括道路宽度、交叉口控制类型、交通分布和车辆类型等。设:A 为城区面积;f 为道路占地比例;C 为交通能力(单位时间单位道路宽度通过的车辆数),建立模型如下:

$$N = \alpha f C \sqrt{A} \tag{8-8}$$

式中:α——常数。

一般把 f 与 $\dfrac{N}{C\sqrt{A}}$ 的关系按 3 种路网类型划分,如图 8-4 所示。斯密德用沃德洛尔的速度等于流量模型对伦敦的 C 值进行了估计。

$$q = 2440 - 0.220V^3 \tag{8-9}$$

式中：V——速度(km/h)；

q——平均流量(pcu/h)。

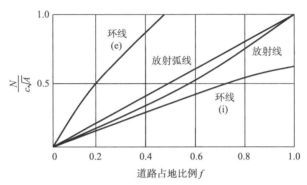

图 8-4 城市道路系统理论通行能力

注：e 为不包含环线的道路，i 为包含环线的道路。

用上式除以平均道路宽度 12.6m（此处应把道路宽度化为英尺），得到：

$$C = 58.2 - 0.00524V^3 \tag{8-10}$$

另一不同的速度-流量模型为速度在 16km/h 以下的情况提供了更好的拟合，结果为：

$$C = 68 - 0.13V^2 \tag{8-11}$$

图 8-5 所示放射弧线道路，放射线道路和环形网络的速度在 16~32km/h 之间等式(8-10)的关系。通过多个城市的数据可以标定值（或得到经验值），从而得到网络交通能力的测算模型。

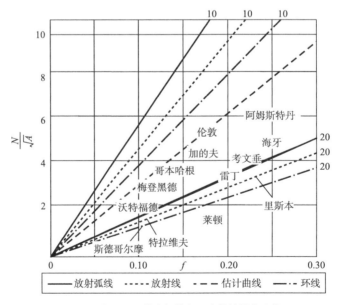

图 8-5 进入 CBD 的车辆数与理论估计量的比较

以伦敦为例，20 世纪 60 年代初的测算模型为：

$$N = (33 - 0.003V^3)f\sqrt{A} \tag{8-12}$$

式中 V 的单位是 miles/h，A 的单位是平方英尺，f 是道路占地比例。另一改进公式是：

$$N = (33 - 0.003V^3)Jf\sqrt{A} \tag{8-13}$$

式中 f 是道路占地比例，J 在一些英国城市取值在 0.22～0.46 之间。很大一部分车道未能得到充分利用，主要原因是由于交通在所有街道上分布不均衡。一个城镇中能够行驶的车辆数量很大程度上取决于它们的平均速度，并与可用道路的面积成正比。对于给定的道路用地面积，中心城市越大，能在网络中行驶的车辆数就越少，这表明广泛分散的城镇模式不一定是最经济的设计。

8.2.2 速度和流量的关系

托马森(Tomason,1976)用伦敦市中心区的数据建立了一个速度-流量的线性模型(图 8-6)。所用数据在 14 年中每 2 年采集一次，包括网络范围的平均速度和平均流量。平均速度是车辆反复通过中心区预定循环路线的速度平均值，平均流量是标准车辆通过不同长度的道路的流量的加权平均值。这 2 个数据点(每个都包括平均速度和平均流量)包括高峰和平峰数据。

从图 8-6 中可以看出，所有两点连线的斜率都为负值，说明流量的增加导致了速度的下降。同时也可以看出，各年的曲线有向右移动的趋势，说明网络通行能力逐年提高，这是由于交通管理水平的提高和车辆性能的改进。这显示了速度—流量曲线地逐渐变化，同时显示每一年的速度和流量形成了不同的曲线。两个确定的连线不足以说明流量和速度的关系。将所有 16 个数据点放在一起进行观察，就可以得出一个线性关系，如图 8-7 所示。该图在考虑了数据采集期间路网通行能力的变化后，按可比性对数据进行了调整。通过这组数据并采用线性回归获得的模型如下：

$$v = 30.2 - 0.0086q \tag{8-14}$$

式中：v——平均速度，km/h；

q——平均流量，pcu/h。

模型关系如图 8-7 中显示。

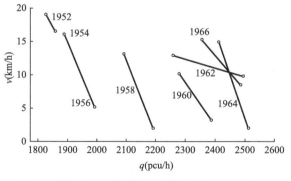

图 8-6 伦敦中心区高峰期和平峰期速度和流量的关系

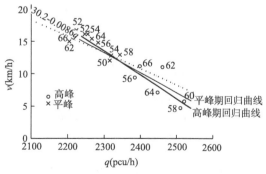

图 8-7 速度和流量回归曲线(1952-1986)

按照式(8-14)计算,自由流速度(回归曲线在速度坐标的截距)应为48.3km/h。然而,历史数据中没有小于2200pcu/h的流量,因此对自由流速度还需进一步研究。

托马森采用了一些周日所采集的低流量数据,其速度-流量关系如图8-8所示,图中不难看出自由流速度。

伦敦中心区的选定区域被分成内部和外部区域,主要根据交通信号控制交叉口的密度划分,每英里分别为7.5和3.6个交通信号。速度-流量曲线情况在不同区域明显不同,如图8-9中所示。内部区域的回归方程为:

$$v = 24.3 - 0.0075q \tag{8-15}$$

外部区域的回归方程为:

$$v = 34.0 - 0.0092q \tag{8-16}$$

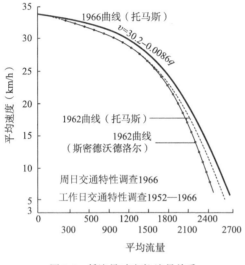

图8-8 低流量时速度-流量关系

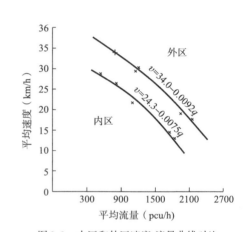

图8-9 内区和外区速度-流量曲线对比

1968年,沃德洛尔(Wardrop)直接将平均的街道宽度和平均交通控制间距考虑了进去。平均速度包括停车时间,为了得到平均速度,在信号交叉口之间的行驶速度(车辆移动时的平均速度)必须考虑信号交叉口的延误时间。因此,这里的平均速度应该为行程速度。由于速度是出行时间的倒数,这种关系可以被表示为:

$$\frac{1}{v} = \frac{1}{v_r} + fd \tag{8-17}$$

式中:v——平均速度,mile/h;
　　v_r——行驶速度,mile/h;
　　d——每个交叉口的延误时间,h;
　　f——每英里信号交叉口的个数。

假设 $v_r = \alpha(1 - q/Q)$,并且 $d = b/\left(1 - \dfrac{q}{\lambda S}\right)$,$q$ 是流量,单位是 pcu/h;Q 是通行能力,单位是 pcu/h;λ 是 g/c 时间,S 为饱和车流,单位是 pcu/h。按照假设分别将其代入方程(8-17)

中,得到:

$$\frac{1}{v} = \frac{1}{a\left(1 - \frac{q}{Q}\right)} + \frac{fb}{1 - \frac{q}{\lambda S}} \qquad (8\text{-}18)$$

如果把道路宽度也考虑进来,则有:

$$v_r = 31 - \frac{0.70q + 430}{3w} \qquad (8\text{-}19)$$

其中的 w 是以英尺计算的平均路网宽度。而伦敦市中心平均街道宽度是 42ft,方程式(8-19)就成为 $v_r = 28 - 0.0056q$。

使用观察数值 0.038h/mile 的停止时间,平均流量为 2180pcu/h,通行能力为 2610pcu/h,式(8-18)第二项的(fb)分子为 0.0057。替换式(8-18)的观察数据,则有

$$\frac{1}{v} = \frac{1}{28 - 0.0058q} + \frac{0.0057}{1 - \frac{q}{2610}} \qquad (8\text{-}20)$$

化简后:

$$\frac{1}{v} = \frac{1}{28 - 0.0058q} + \frac{0.0057}{197 - 0.0775q} \qquad (8\text{-}21)$$

修正通行能力为 2770pcu/h,行驶速度可以表示为:

$$v_r = 31 - \frac{140}{w} - 0.0244\frac{q}{w} \qquad (8\text{-}22)$$

研究人员认为,交叉口的通行能力与停车线的宽度(道路宽度)存在比例关系,因此,式(8-21)可改写为:

$$fd = \frac{fb}{1 - q/k\lambda w} \qquad (8\text{-}23)$$

式中:k——常数。

由于伦敦市中心,$w = 42, \lambda = 0.45$,则 $k\lambda w = Q = 2770$,因而 $k = 147$,得出:

$$fd = \frac{fb}{1 - \frac{q}{147\lambda w}} \qquad (8\text{-}24)$$

当 $f = 5, fb = 0.00507$(伦敦市中心),$b = 0.00101$,则:

$$fd = \frac{f}{1000 - 6.8q/\lambda w} \qquad (8\text{-}25)$$

将式(8-22)、式(8-25)代入式(8-17),得出:

$$\frac{1}{v} = \frac{1}{31 - \frac{140}{w} - 0.0244\frac{q}{w}} + \frac{f}{1000 - 6.8\frac{q}{\lambda w}} \qquad (8\text{-}26)$$

沃德洛尔(Wardrop)通过几何和在网络中交通控制特征的标准,扩大了早期流量—速度模型的使用范围(图8-10~图8-12)。虽然该模型对于伦敦市中心非常适合,但由于缺乏相应数据,目前不清楚该模型在其他城市中的适用性。

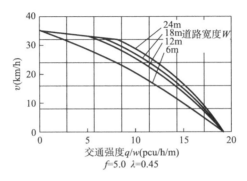

图8-10　道路宽度与平均行程速度的关系

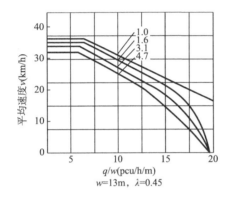
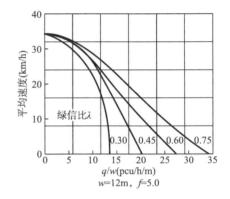

图8-11　信号交叉口密度与平均行程速度的关系　　　图8-12　绿信比与行程速度的关系

8.2.3　结合路网参数的一般路网模型

为了定量分析路网的交通服务质量,一些模型已经定义了特殊的参数。本节将讨论两个模型:一个是α关系模型,另一个是城市交通的二流理论模型。二流理论目前还一直处在发展中,将在8.3节具体讨论。

兹海威(Zahavi)选择了三个参数:

(1) I:交通强度(单位时间内单位面积上所有车辆运行距离的总和);

(2) R:路网密度(单位面积上道路长度或面积);

(3) v:加权区间平均速度。

他使用来自英国和美国的数据,找到了不同城市不同地区的 I、R 和 v 值。在研究 I 和 v/R 之间的各种关系时,他发现变量的对数之间存在线性拟合,从而建立了下面的模型:

$$I = \alpha \, (v/R)^m \tag{8-27}$$

式中,α 和 m 是参数。伦敦和匹兹堡的曲线如图8-13所示。研究发现,各城市的数据标定结果 m 值很接近于 -1,于是式(8-27)可以简化为:

$$I = \alpha R / v \qquad (8\text{-}28)$$

式中，α 在不同城市、不同地区的值是不同的。变量之间的相对值可以通过每个区域的交通强度 I 和 v/R 的观测值与整个城市的平均值之间的比例来计算，图 8-14 中显示了相对值之间的关系，伦敦和匹兹堡的观测值落在同一条线上。

道路网络的物理特征，例如街道宽度和交叉口密集度，对于一个城市或一个区域的 α 值影响都比较大。这样，α 值就可以作为度量路网特征和交通行为关系的特征值，进一步说它是路网服务水平的指标。图 8-15 所示为伦敦的 α 值，虚线是市区的划分线，由小点围成的是表示了小区的

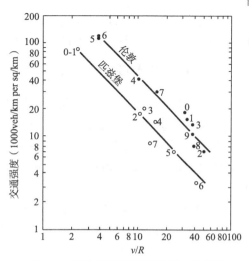

图 8-13　伦敦和匹兹堡干道路网 α 关系图

质心。每个小区的 α 线和等高线比较类似，表示了相对好和不好的服务水平（交通服务水平随 α 的增加而提高）。巴克力和沃德洛尔（Buckly and Wardrop，1980）指出，参数 α 与空间平均速度存在密切关系。艾德卡尼（Ardekani，1984）则通过分析航空照片，发现 α 和路网密度有相当大的联系。二流理论模型也使用了参数来评价路网的服务水平，具体内容在 8.3 节中介绍。

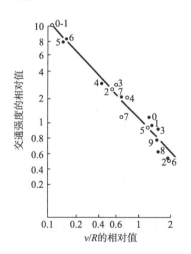

图 8-14　伦敦和匹兹堡相对值间的 α 关系图

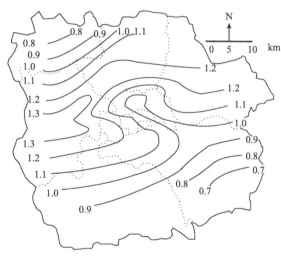

图 8-15　伦敦市的 α 等值图

8.3　二流理论

从普瑞格兹（Prigogine）和赫尔曼（Herman）的交通流理论可以得出两个不同类型的交通流，即个体流和集中流。交通流是车辆集中的一个表现，当车辆集中起来，其类型就不依赖于个体了。

城市车辆的二流理论(Two Fluid Theory)是由赫尔曼和普瑞格兹(Herman and Prigogine, 1979;Herman and Ardekani,1984)为描述城市交通网络中的集中流而提出的理论。

8.3.1 基本理论

交通流中的车辆被分成两类,一类是运动车辆,一类是停止车辆。停止车辆是指在交通流中停止的车辆,停车的原因包括信号、标志、临时装货卸货、临时上下客、拥挤等,但不包括车流以外的停车,如停车场的停车、路旁停车位的长时间停车等。

将交通流划分成二流的目的就是要定量描述路网的服务水平。二流模型基于以下两个假设。

(1)车辆在路网中的平均行驶速度与运行车辆所占的比重成比例;

(2)路网中的循环试验车辆(即交通观测车)的停车时间比例与路网中同期运行车辆的停车时间比例相等。

第一个假设关系到行驶车辆的平均行驶速度V_r和行驶车辆比重f_r,并有:

$$V_r = V_m f_r^n \tag{8-29}$$

这里n和V_m是参数,V_m为最大平均行驶速度,n是表示道路交通服务质量的参数。下面对这两个参数进行讨论。若平均速度为V,可以用V_r,f_r来表示,则有:

$$V = V_m f_r^{n+1} \tag{8-30}$$

因为$f_r + f_s = 1$,这里f_s为停车比例,方程(8-30)就可以写成:

$$V = V_m (1 - f_s)^{n+1} \tag{8-31}$$

边界条件为:$f_s = 0$时$V = V_m$;$f_s = 1$时$V = 0$;

上述关系也可以表述成平均行程时间的关系而不是平均速度。若用T表示平均行程时间,T_r表示平均行驶时间,T_s表示停止时间,对于单位距离来说,$T = 1/V$,$T_r = 1/V_r$,$T_m = 1/V_m$,这里,T_m为平均最短行驶时间,带入以上各式即可得$T = T_m (1 - f_s)^{-(n+1)}$。

二流理论的第二条假设把试验车在路网中的停车时间与全部车辆的停车时间联系在一起,根据前述可以得出:

$$f_s = \frac{T_s}{T} \tag{8-32}$$

这个关系代表了模型中的各种原则,路网中单一的样本车辆就可以代表路网条件了。

由式(8-31)可得:

$$T = T_m (1 - f_s)^{-(n+1)} \tag{8-33}$$

联合式(8-32):

$$T = T_m [1 - (T_s/T)]^{-(n+1)} \tag{8-34}$$

由$T = T_r + T_s$可得:

$$T_r = T_m^{\frac{1}{n+1}} T^{\frac{n}{n+1}} \tag{8-35}$$

普通二流模型公式:

$$T_s = T - T_m^{\frac{1}{n+1}} T^{\frac{n}{n+1}} \tag{8-36}$$

许多研究证实了二流模型(Herman and Ardekani, 1984; Ardekani and Herman, 1987; Ardekani 等人, 1985),并且指出通过二流模型参数 n, T_m 可以很好地反映路网的交通状况,为了便于模型标定,对式(8-35)两边同时取自然对数可得:

$$\ln T_r = \frac{1}{n+1} \ln T_m + \frac{n}{n+1} \ln T \tag{8-37}$$

运用最小二乘法进行线性回归便可以对上式进行标定,图 8-16 所示数据是在得克萨斯州首府奥斯汀所得的,图中 T_m 的值反映在直线与 y 轴交点,n 是直线的斜率。

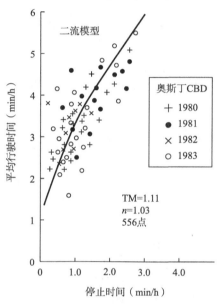

图 8-16 二流模型时间关系曲线
注:测量点之间的长度为 1~2mile。

例 8-3 现对某城市中心区外围道路网进行研究,经测量此道路网距该城市中心区的距离为 20km。经过调查得知,在所研究路网的区域内大概有 50000 辆车,在一个正常时段统计区域内各停车场的停车数为 10000 辆。现随机抽查一辆车,对其进行跟踪计时,得到该车在 1h 之内行驶了 30km(这里的 1h 为车辆的行程时间)。已知,最大平均速度为 60km/h。假设通过抽查车辆和停车场得到的数据具有足够的代表性,试运用二流理论估计该路网的服务水平参数 n。

解:计算路网服务水平参数 n

由题可知最大平均速度,即可求得平均最短时间为:

$$T_m = \frac{1}{V_m} = \frac{1}{60} = 0.0167 \text{h}$$

计算停车比例 f_s,由所给数据得:

$$f_s = \frac{10000}{50000} = 0.2$$

计算平均行程时间 T_t,由所给数据得:

$$T_t = \frac{1}{30} = 0.033\text{h}$$

应用二流理论第二个假设 $f_s = \frac{T_s}{T_t}$，有：

$$T_s = f_s T_t = 0.2 \times 0.033 = 0.0067\text{h}$$

则行驶时间：

$$T_r = T_t - T_s = 0.033 - 0.0067 = 0.0263\text{h}$$

根据二流理论有 $T_r = T_m^{\frac{1}{n+1}} T_t^{\frac{n}{n+1}}$，对此式两边取对数得：

$$\ln T_r = \frac{1}{n+1}\ln T_m + \frac{n}{n+1}\ln T_t$$

代入数据，得：

$$\ln 0.0263 = \frac{1}{n+1}\ln\left(\frac{1}{60}\right) + \frac{n}{n+1}\ln 0.033$$

即：

$$-3.638 = \frac{1}{n+1}(-4.094) + \frac{n}{n+1}(-3.411)$$

求解，得：

$$n = 2$$

所以，求得的路网服务水平等级参数 n 为 2。

8.3.2 二流模型参数 T_m 和 n

参数 T_m 是单位距离平均最短行驶时间，其含义是车辆在路网上没有任何停顿且行驶通畅时所用的时间，理想的条件是路上只有一辆车。这样理想的参数很难直接测得，因为即便是只有一辆车行驶，在城市道路上也难免遇到信号灯的制约。因此一般情况下，T_m 是指在低流量下测得的最小平均行程时间。若 T_m 值大，则说明路网条件差；反之，则说明路网条件好。

单位距离平均停止时间 T_s 随着 n 值增加而增加，同时，总的平均行程时间也增加。因为 $T = T_r + T_s$，所以总的行程时间 T 至少与停车时间 T_s 以同样的速度增长。从式(8-37)可知，如果 $n = 0$，T_r 等于常数，总行程时间与停止时间等速增长。如果 n 大于 0，行程时间的增长速度大于停车时间的增长速度。从直观上看，n 值一定大于 0，因为停止时间的增长是拥挤所至，而拥挤的交通必然导致车速减缓，这必然导致总的行程时间增加更多。实际研究表明 n 值在 0.8~3.0 之间变化。从上面的分析可以得出结论：n 值的大小，代表了路网环境变化的快慢。如果 n 值较大，随着交通需求的增加，路网环境变差的速度就较快。正因为二流模型参数反映了路网对交通需求的敏感性，所以常被用来评价各种交通需求状态下的路网状况。

图 8-17 是 1984 年美国休斯敦、奥斯汀等城市实地研究结果。休斯敦（Houston, $T_m = 2.70$ min/mile, $n = 0.80$）和奥斯汀（Austin, $T_m = 1.78$ min/mile, $n = 1.65$），奥斯汀在非高峰时期平均速度要高一些，而在高峰时期曲线明显交叠，所以尽管 n 较大，奥斯汀的路网水平比休斯敦好。不同的二流理论参数在不同街道网络的情况在图 8-17 及图 8-18 所示。

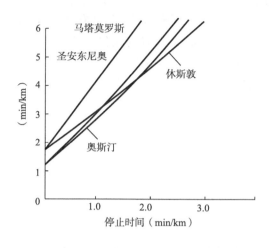

图 8-17 平均行程时间与停止时间的关系实例(1984)

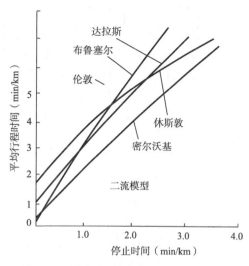

图 8-18 平均行程时间与停止时间关系实例图

8.3.3 二流模型参数:驾驶人行为的影响

估计二流模型参数的数据通过跟车试验获得。做法是先让跟驰车辆的驾驶人随机地跟随一辆车,直到被跟车辆停车或离开预设的路网,然后就近再选择一辆车跟随。跟驰车辆驾驶人在跟驰过程中要尽可能地模仿其他驾驶人的行为,以便真实地反映其他驾驶人所花的停车时间。选择的路网也是常用道路,这样可以使样本更具真实性。跟驰车辆的行驶路程以 1min 为单位分割,记载(或计算)每个单位的 T_r 和 T 值,这些 (T_r, T) 观测值用于参数估计。

跟车试验最重要的是驾驶人行为,包括跟驰车辆驾驶人和被跟车辆驾驶人。在同一路网中,对于跟驰车辆,分别利用鲁莽驾驶人和保守驾驶人所获得的数据绘制出双流曲线,试验研究发现驾驶人的行为对双流模型参数有很大的影响。

8.3.4 二流模型参数:路网形态的影响

路网的地理形态和交通控制状况对路网的交通服务水平有相当重要的影响。如果能够建立这些因素与二流模型参数之间的定量关系,便可从中提出改善交通流的办法。

阿亚德赫(Ayadh,1986)选择了七个方面路网特征:每平方英里车道长度、每平方英里交叉口数、单向交通比例、平均信号周期长度、平均每条街道的车道数、街区的平均长度比、平均街区长度。通过四个城市的数据并进行实地研究,确定有用的三个变量,并选择模型如下:

$$T_m = 3.59 - 0.54 C_6$$
$$n = -0.21 + 2.97 C_3 + 0.22 C_7 \tag{8-38}$$

式中: C_3——单向交通比例;

C_6——平均每条街道的车道数;

C_7——街区平均长度比。在这些因素中仅有单向交通比例较容易调整;另一个因素街区平均长度比在已经建立的网络中是一个常数。

艾德卡尼(Ardekani,1992)等人选择了十个因素:平均街区长度、单向交通比例、平均每条街道车道数、交叉口密度、平均限速、信号灯密度、平均信号周期长度、允许路边停车的道路长度比例、感应式信号交叉口比例、信号控制交叉口占全部交叉口的比例。通过10个城市的实地研究,确定7个有效变量,并建立了如下模型:

$$T = 3.93 + 0.0035X_5 - 0.047X_6 - 0.433X_{10} \tag{8-39}$$
$$n = 1.73 + 1.124X_2 - 0.180X_3 - 0.0042X_5 - 0.271X_9$$

式中: X_2——单向交通比例;

X_3——每条街道平均车道数;

X_5——信号灯密度;

X_6——平均限速;

X_9——感应式信号交叉口比例;

X_{10}——信号控制交叉口占全部交叉口的比例。

这些方程的R^2(相关系数)一般在0.72~0.75之间,这要比在式(8-38)中(都非常接近于1)小,这说明变量的选择和数据选择是很重要的,这些模型只能为我们提供一个研究思路,不能直接套用。

通过以上研究,发现用多元线性回归方法可以建立路网形态与双流模型参数之间的关系模型,但变量的选择和数据的获得比较困难。

目前对双流模型参数的标定普遍采用计算机模拟的方法,有很多软件都可以使用。计算机模拟的优点是可以变换路网形态,利用设想的路网形态,改变控制方案等,且成本低廉。存在的问题是模拟软件本身需要不断地改进,使其更能反映不同条件下的真实交通状况。事实上,交通流理论的研究成果与交通仿真软件有互动效应,即交通流理论的研究成果改善了仿真软件,而交通仿真软件又有助于交通流理论的进一步研究。

8.3.5 二流模型参数:路网特征的影响

8.3.3节介绍了关于网络的几何特征和控制方式对二流模型参数的影响问题,本节则通过模拟研究重新讨论。被选择的路网特征有:平均街区长度、单向交通街区比例、街道平均车道数、信号控制密度、平均限速、平均信号周期长度、允许路边停车的道路长度比例、信号控制交叉口占全部出入口的比例。模拟时选择的网络形式为11×11的方格网式,车辆也是不允许离开路网,但是交通数据只从9×9的方格网式路网中收集,这样就消除了由于在边缘道路不同的拐弯运动引起的边缘影响。对交通密度从0~35veh/h·mile的不同情况下作10次模拟,由回归分析产生以下模型:

$$T_m = 1.049 + 1.453X_2 + 0.684X_3 - 0.024X_6$$
$$n = 4.468 - 1.391X_3 - 0.048X_5 + 0042X_6 \tag{8-40}$$

式中: X_2——单向交通街道所占比例;

X_3——每条街道平均车道数;

X_5——平均限制速度;

X_6——平均周期长度。

R^2(在方程(8-40)中0.16~0.26)的估计值要比方程(8-39)中估计值低。另外,在方程(8-39)和方程(8-40)之间唯一的相同变量是每条街道的车道数n。而在方程(8-39)和方程(8-40)中其余的特征因素的参数值之间的关系还有待进一步的研究。

8.3.6 二流模型参数:通过计算机模拟标定

在网络模型的研究中计算机模拟有很多优点,它可以变换路网形态,利用设想的路网形态,改变控制方案。TRAF-NETSIM(Mahmassani,1984)是一种微型交通模拟模型,并且这个模型程序在二流模型中得到了成功的使用。

模拟数据从普通方格网式道路得到,这样隔离了特殊网络类型对二流模型参数的影响。在模拟时使用5×5的双向道路的方格网形式,所有的交叉口使用信号控制并且有相同的相位。整个路网封闭,车辆不允许离开网络,从而保证模拟中交通流的连续性。把所有车辆在网络中循环出行的历史数据集中起来,使用观测到的单个车辆的(T_r, T)用来对二流模型参数进行估计。

在试验网络中,初始模拟运行显示:T和T_s都随路网密度增加而增加,但T_r几乎为一个常数,说明n值比较小。在默认条件下,NETSIM模型视多数城市街道网络几乎没有不同车型的相互干扰,这使交通流的结果更加理想化。而短期事件特征正是用来考虑车辆之间的干扰,避免模型过于理想化。

这个模型同时也提供了使用车辆跟驰技术来估计二流模型参数的方法。模拟模型的路网宽度可直接计算出来,并且车辆跟驰数据可以通过每英里单个车辆的历史数据得出,然后随机地在网络中选择另外一辆车。但是因为二流模型不是线性的,不同的路网水平和个体车辆水平导致不同二流模型参数不具有可比性。根据合适样本反映整体的策略,要得到好的参数估计至少需要网络中单个车辆连续的15min行驶的数据资料,但是由于估计个体差异性(被跟驰的少部分车辆支配了样本估计)比较大,单一车辆不足以反映整个路网参数水平。另一方面,使用样本容量为20的路网估计参数,得出的结果更接近于路网层面的估计。然而,对20辆汽车进行估计,其方差要小得多,导致其与路网参数估计有很大不同。这项研究表明,虽然路网参数估计和个体车辆水平的估计值不能直接进行比较,但只要使用相同的抽样策略,所得到的两种流体参数,尽管与"真"值有偏差,但可以用于直接比较。

8.4 二流模型和网络交通流模型

计算机模拟技术的发展为宏观上(路网范围内的全部车辆)研究平均速度(V)、平均流量(Q)和平均密度(K)之间的关系提供了条件。以往这种研究需要进行同时段的全部路网的交通观测,以得到这些参数之间的相关性(玛赫马萨尼(Mahmassani)等人,1984年)。这种观测很难实现,而计算机仿真技术可以通过模拟的方法来实现这种数据采集。

在本节中,将把在二流模型中的f_s-k即停止车辆比例与密集度联系在一起。此外,通过运用交通流量、速度和密集度之间相关性的计算机模拟,使得路网服务水平与$Q = KV$之间的基本关系得到定量的描述。

运用计算机模拟技术建立了三个模型体系,这些模型的假设前提是 $Q=KV$,并承认二流模型。模型体系的基本模型如下:

$$V = f(k) \tag{8-41}$$

$$Q = g(k) \tag{8-42}$$

$$f_s = h(k) \tag{8-43}$$

式中:V、Q、k、f_s 含义同前,f、g、h 表示函数关系。

8.4.1 模型体系 1

此模型是基于在二流理论下平均停车比率与路网密集度关系的假设下建立的,因为 $f_s > 0$,通过修正式(8-43)得:

$$f_s = f_{s,\min} + (1 - f_{s,\min})(K/K_j)^\pi \tag{8-44}$$

式中:$f_{s,\min}$——最小停车比例;

K_j——阻塞密度;

π——反映路网服务质量的参数。

将式(8-44)代入式(8-31)($V = V_m(1-f_s)^{n+1}$),得:

$$V = V_m(1-f_{s,\min})^{n+1}[1-(K/K_j)^\pi]^{n+1} \tag{8-45}$$

由于 $Q = KV$,所以:

$$Q = KV_m(1-f_{s,\min})^{n+1}[1-(K/K_j)^\pi]^{n+1} \tag{8-46}$$

式(8-46)两边对密度进行求导 $\dfrac{dQ}{dK} = 0$,得到最佳密度:

$$K_m = \sqrt[\pi]{\dfrac{K_j^\pi}{1+(n+1)\pi}} \tag{8-47}$$

再将上式代入式(8-46)得到城市道路网络通行能力:

$$Q_{通行能力} = K_m V_m (1-f_{s,\min})^{n+1}\left[1-\left(\dfrac{K_m}{K_j}\right)^\pi\right]^{n+1} \tag{8-48}$$

式(8-44)~式(8-46)即为模型体系 1 的模型,符合模拟数据,图 8-19 中的模型 1 和模型 2 即为根据密度的不同所采用的不同模型。

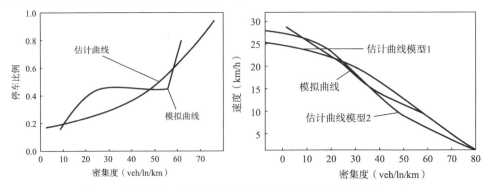

图 8-19 模型体系 1 的估计曲线与模拟曲线的对比(威廉姆斯等,1987)

例8-4 根据二流理论第一个假设得出的流量与密度模型如公式(8-46)所示,其中 $V_m = 40\text{km/h}, f_{s,\min} = 0.2, K_j = 78$ 辆/km,当 $\pi = 2.2, n = 1.2, f_s = 0.3$ 时,求流量的大小。

解: 由 $f_s = f_{s,\min} + (1 - f_{s,\min})(K/K_j)^\pi$ 可以得到下式:

$$K = K_j\left[(f_s - f_{s,\min})/(1 - f_{s,\min})\right]^{\frac{1}{\pi}}$$

$$= 78 \times \left[(0.3 - 0.2)/(1 - 0.2)\right]^{\frac{1}{2.2}}$$

$$= 30.31 \text{ 辆/km}$$

又已知有 $V_m = 40\text{km/h}, n = 1.2$

代入公式(8-46),得:

$$Q = KV_m(1 - f_{s,\min})^{n+1}\left[1 - (K/K_j)^\pi\right]^{n+1}$$

$$= 30.31 \times 40 \times (1 - 0.2)^{1.2+1} \times \left[1 - (30.31/78)^{2.2}\right]^{1.2+1}$$

$$= 553.17 \text{ 辆/h}$$

8.4.2 模型体系2

采用格林希尔兹模型:速度-密度线性关系(Gerlough 和 Huber,1975年):

$$V = V_f(1 - K/K_j) \tag{8-49}$$

式中:V_f——自由流速度($V_f \leqslant V_m$),将式(8-31)($V = V_m(1 - f_s)^{n+1}$)代入式(8-49),得:

$$f_s = 1 - \left[(V_m/V_f)(1 - K/K_j)\right]^{1/n+1} \tag{8-50}$$

由于 $Q = KV$,所以:

$$Q = V_f(K - K^2/K_j) \tag{8-51}$$

式(8-49)~式(8-51)是模拟体系2的模型,通过模拟技术拟合的结果及在模型1与模型2之间的区别如图8-20所示。

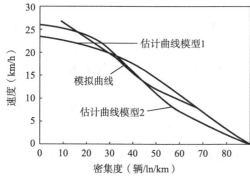
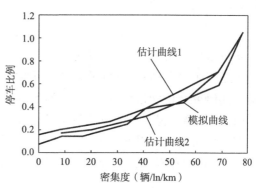

图 8-20

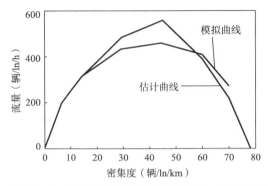

图 8-20　模型体系 2 中的估计曲线与模拟曲线的对比(威廉姆斯等,1987)

例 8-5　根据格林希尔兹速度与密度模型和二流理论推导的公式(8-50),已知交通流量达到最大时,道路交通服务质量参数为 2 和最大平均行驶速度为 $0.6V_f$,求路网的停止车辆比例为多少?

解：将已知的 $V_m = 0.6V_f, K = K_m = \frac{1}{2}K_j, n = 2$ 代入式(8-50)中,得：

$$f_s = 1 - [V_f/(0.6V_f) \times (1 - 0.5K_j/K_j)]^{\frac{1}{(2+1)}}$$
$$= 1 - \left(\frac{5}{6}\right)^{1/3} = 0.059 = 5.9\%$$

所以,在题目所给的条件下,路网的停止车辆比例为 5.9%。

8.4.3　模型体系 3

模型体系 3 用非线性的钟形线建立 V-K 模型,模型如下：

$$V = V_f \exp[-\alpha (K/K_m)^d] \tag{8-52}$$

式中：K_m 为最大流量时的密度,α 和 d 为参数。其中 f_s-k 关系与 Q-K 关系由模型体系 2 中得到,根据式(8-31)($V = V_m(1-f_s)^{n+1}$)得到：

$$f_s = 1 - \{(V_f/V_m)\exp(-\alpha(K/K_m)^d)]\}^{1/n+1} \tag{8-53}$$

又因为 $Q = KV$,所以：

$$Q = KV_f \exp(-\alpha(K/K_m)^d) \tag{8-54}$$

式(8-52)~式(8-54)为模型体系 3 的模型,计算机模拟拟合情况如图 8-21 所示。

上述三个模型体系都可以用于进行网络交通状况的研究,可以根据实际情况进行选择。根据上述研究结论和过程,可以得出如下结论：

(1)以网络为基础的宏观交通流特性变量之间的关系可以建立,并且他们之间的关系特别类似于微观研究所得的模型；

(2)二流模型在理论假设和函数转换中起到了重要的作用,进一步证明了二流模型的合理性。

这些结论在模型体系 2 和模型体系 3 中体现得尤为突出,虽然没有直接去使用校准数据,但是和模拟数据相比所推导出的函数的执行效果更加合理。

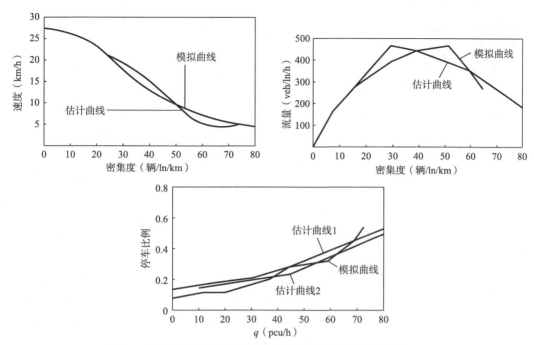

图 8-21 模型体系 3 的估计曲线和模拟曲线的对比(威廉姆斯等,1987)

8.4.4 应用实例

本例来自《交通与计算机》(2005,第 23 卷)中的《基于二流理论的城市干道交通特性及其评价方法研究》。该论文中所用案例如下:

1)试验设计

采用上海市北京路(河南中路—新昌路)作为试验道路,试验区段长 1559m,为 8 个信号灯交叉口,北京路道路条件为:处于中心城区,属于东西向主要干道;交通条件主要路段为双向 4 车道,个别交叉口车道数有所增加,无非机动车道,无中央分隔,主要交叉口信号配时基本合理,直行绿信比在 0.4~0.6 之间。

根据试验设计:试验车在该实验道路上巡回行驶,试验车上观测人员用专用秒表测量试验车每次经过各路段起终点的时刻,交叉口停车和起动时刻。同时大量人员观测北京路(河南中路—新昌路)各断面单向的交通流量。现场观测以 5 min 为一观测周期,观测持续时间在 3h 以上。本次实验时段为工作日 08:00~11:00。

为观测最小停车比例 $f_{s,\min}$ 于凌晨跟车观测车辆的行驶时间和停止时间。

2)试验数据

记录 28 次巡回数据,计算出车辆的行程时间和行驶时间,对应区段凌晨观测到的平均最小停车比例 $f_{s,\min}$ 为 0.11。

对于每个实测的行程车速,找到包含其起始时刻和到达时刻的 15min 或 30min 区段流量,换算成当量小时流率作为该行程车速的匹配流量,根据 $K = \dfrac{Q}{V}$ 计算出各巡回密度,实现结果如表 8-1 所示。

各试验车多次巡回数据　　　　　表 8-1

巡回次数	1	2	3	4	5	6	7	8
$K(\text{pcu}\cdot\text{km}^{-1})$	50	58	70	146	49	121	84	50
$V(\text{km}\cdot\text{h}^{-1})$	17.38	16.36	14.28	6.69	18.64	7.64	11.36	18.4
巡回次数	9	10	11	12	13	14	15	16
$K(\text{pcu}\cdot\text{km}^{-1})$	126	113	45	129	109	52	84	64
$V(\text{km}\cdot\text{h}^{-1})$	7.46	8.59	20.04	7.21	8.28	17.27	12	14.5
巡回次数	17	18	19	20	21	22	23	24
$K(\text{pcu}\cdot\text{km}^{-1})$	44	81	59	104	40	84	59	129
$V(\text{km}\cdot\text{h}^{-1})$	20.11	12.87	17.48	9.71	22.36	12.39	17.38	8
巡回次数	25	26	27	28				
$K(\text{pcu}\cdot\text{km}^{-1})$	23	50	100	100				
$V(\text{km}\cdot\text{h}^{-1})$	36.92	18.58	9.08	9.54				

3) 试验结果分析

(1) T_r-T 曲线。根据试验数据回归方程 (8-35) 得到如图 8-22 所示的结果。将式 (8-37) 变换后回归得到 $\ln T_r = 0.15822 + 0.79738\ln T$,计算得到回归参数 $n = 3.76$, $T_m = 0.8\text{min/km}$, $V_m = 75\text{km/h}$。

(2) K-V 曲线。根据表 8-1 试验数据回归方程 (8-45) 得到图 8-23,回归参数为阻塞密度 $K_j = 210\text{pcu/km}$,反映北京路服务质量的参数 $\pi = 0.4$。

(3) 干道通行能力。将上述回归参数代入公式 (8-47),得到北京公路单向两车道的临界密度: $K_m = 90\text{pcu/km}$,通行能力 $Q = 1100\text{pcu/h}$,Q-K 曲线如图 8-24 所示。

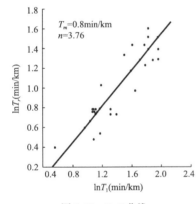

图 8-22　T_r-T 曲线

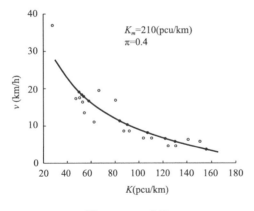

图 8-23　K-V 曲线

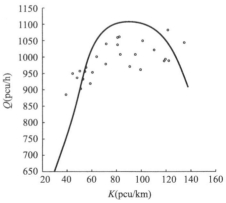

图 8-24　Q-K 曲线

8.5 基于二流理论的道路网络宏观交通特性评价模型

8.5.1 评价模型的建立

城市道路网络宏观交通模型可表示为有序多元组 $W=(N,A,R,D,C,T_t,T_s)$。式中 W 为城市道路交通网络系统，N 为城市道路网络节点(交叉口)集合，A 为城市道路网络系统路段集合，R 为城市道路网络转向关系集合，D 为任意两节点间的可达性，C 为城市道路网总通行能力，T_t 为城市道路网络的车辆平均行驶时间，T_s 为城市道路网络停车时间。

评价模型 W 中节点集合 N 是对城市道路网络交叉口的抽象表示，这样可以对各个交叉口进行编码；模型中的路段是由其临近的交叉口有序排列表示，具有方向性，例如 (i,j) 与 (j,i) 表示两条方向不同的路段；模型中集合 R 抽象表示车流通过各个交叉口的转向关系，对于任意一个交叉口不同方向转向交通流可以用与该交叉口紧邻的交叉口表示，因此，集合 R 可以表示为 $R=\{(i,j,k) \mid i,j,k \in N 且 i \neq j \neq k\}$，其中节点 i 与节点 k 是节点 j 紧邻的节点，它们之间的有序排列表示了交叉口某一进口道的一个转向。

指标 D 表示任意两节点间的可达性，可达性反映道路网络中两节点间的联结程度，一般用时间与距离来描述这一评价指标。选取时间阻抗来定义可达性，因为行程时间能够反映交通出行费用与交通负荷的大小。当交通阻抗越大时，可达性越差，所以交通阻抗关于可达性是单调递减的，一般可用反比例函数或负指数函数表示，采用负指数函数表示，即两节点间的可达性为：

$$D_{ij} = e^{-aR_{ij}} \tag{8-55}$$

式中：R——两节点间的交通阻抗；
　　　a——待定参数。

评价指标 C 表示交叉口和路段的通行能力，为评价现状路网和交通特性提供依据。因为城市路网中的车辆时走时停，其交通流呈现间断流的特征，而二流理论可以用来描述这种状态，根据二流理论的基本原理，引入城市道路网络模型，即前述模型体系 1，见本章 8.4.1 节。

指标 T_t 与 T_s 是以二流理论思想为基础，用于评价宏观道路网络交通流特性。根据二流理论可知，这两个评价指标均是 T_m 与 n 的函数，而 T_m 与 n 能够很好地反映城市道路网络的交通状况。

8.5.2 城市道路网络宏观交通特性评价模型应用实例

本例来自《交通科技与经济》(2008，第一期)中的《基于二流理论的宏观交通评价模型的建立》，具体如下：

图 8-25 表示一个 3×3 的道路网络，其中节点代表各个交叉口，节点内的数字是交叉口的编号，交叉口之间的路段被抽象为网络图中有向弧，弧段上的数字代表阻抗(时间)，不同方向弧段的交通流、通行能力与阻抗各不相同，反映了道路网络交通流空间分布不均衡。假

设交叉口(节点)1,3,7,9 无信号控制,2,4,5,6,8 为多相位信号控制。与图 8-25 相对应的城市道路网络宏观交通特性评价模型描述为 $W=(N,A,R,D,C,T_r,T_s)$。式中:$N=\{1,2,3,4,5,6,7,8,9\}$,$A=\{(1,2),(2,1),(1,4),(4,1),\cdots\}$,$R=\{(1,2,3),(1,2,5),(1,4,7),\cdots\}$。

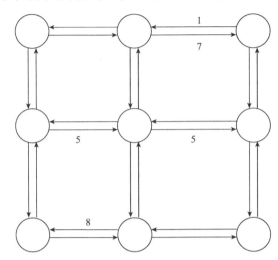

图 8-25　道路有向网络图

通过集合 N、A、R 从总体上反映图 8-25 所示道路网络各交叉口、路段之间的关系。指标 D、C、T_r、T_s 主要用来评价宏观道路网络的交通特性。

(1)两节点间的可达性(D_{ij})可根据各路段的阻抗,利用式 $D_{ij}=\mathrm{e}^{-\alpha R}$ 计算。

(2)路网的通行能力(C)可根据具体的道路形态和路网交通服务质量,采用式(8-48)进行计算。

(3)以图 8-25 的实际道路网络形态以及交通阻抗(时间)为基础,根据二流理论公式(8-35)和式(8-36)计算平均行驶时间和停车时间。

以上几个评价指标可以从总体上反映了图 8-25 所示道路网络的连接情况以及实际的交通流特性,从而评价路网的服务水平。

8.5.3　二流理论模型的发展与应用

GIS 技术的快速发展,促使我国各城市开始建立各自的地理信息数据库和综合交通信息数据库。这使二流模型获取数据变得容易,也使数据更加精确,同时该数据库数据能够连续和实时更新,所以在应用模型时并不需要和最初研究二流模型的人员一样收集十几年的数据。ITS 技术的快速发展,尤其是在车辆定位和车辆实时监控方面的应用,配合车载设备的安装,能够方便地获取交通网络中每一辆车的停车时间、行驶时间和实时行驶速度。同时,随着智能手机的位置服务系统 LBS(Location Based Services)的成熟,能够实时获取每一位出行者的出行路径。如果能同时接入城市交通监控系统,构建区域一体化智能控制系统,就能十分方便地获取网络交通流数据,充分加以应用就能对区域进行良好的智能控制。

应用二流模型的区域智能控制,会出现数据太大而难以处理的问题,但是大数据技术的兴起,很好地解决了这个问题。大数据技术处理数据的结构可以是多种多样的,可以是数据库中的结构化数据,也可以是来自网络的半结构化数据,甚至是来自文献的非结构化数据,这就意味着可以实时处理来自不同系统、不同种类的交通数据。同时大数据技术一般都基于互联网云技术的基础之上,所以其系统能够具有强大的计算能力,并且实现与其他系统相互联通。从而能够快速地处理复杂的数据,更好地应用二流模型等网络交通流模型,实现区域智能控制。

基于以上分析,如果把上面的技术应用到二流理论模型中,那么对于每一辆车的平均行驶时间T_r和平均行程时间的数据,就可以依靠 ITS 技术和大数据技术准确、方便、快捷地获取。综合地理信息系统和车辆定位系统,即能方便地获取路网中每一辆车的运行速度、停车比例和停车时间,又不用把速度转化为时间来使误差变大,还可直接用速度来标定参数 n。对于参数影响因素的确定和分析也可以运用大数据技术,更好地分析出二流模型各参数的影响因素。在此种情况下,二流理论模型会产生变化,改变传统的模式,从而能够更好地模拟网络交通流,更好地指导实践和规划。

习题

1. 根据以 CBD 为中心的交通强度模型,若模型中参数 $A=2000, a=2$,求交通强度为 1000pcu/h/km 时,该区域距 CBD 的距离是多少?

2. 对某城市中心区外围道路网进行研究,测量表明该道路网的中心距市中心商务区的距离为 10km。根据调查可知,在所研究路网对应的行政区域内共有各种车辆约 30000 辆,在一正常时段统计区域内各停车场的停车数为 12000 辆。现对此路网上的车辆进行调查,随机抽查一辆车,跟踪计时,该车在 1h 之内行驶了 25km(这里的 1h 包含了该车的停车时间,即为车辆的行程时间)。假设通过抽查车辆和停车场所得到的数据在时间和空间上有足够的代表性,试估计该路网的服务水平参数 n。

3. 已知道路的交通流量达到最大时,最大平均行驶速度为 $0.6V_f$,路网的停止车辆比例为 7%,根据二流理论的定义和格林希尔兹速度与密度模型,试求该道路的交通服务质量参数是多少?

4. 已知对某城市进行实地研究,得出其网络服务水平的参数为 0.80,道路阻塞密度为 200 辆/km。根据格林希尔兹速度与密度关系,当密度为 180 辆/km 时,该城市的停止车辆数占总车辆数的比例是多少?

5. 现对某城市进行实地调查,得出其道路交通服务水平的参数为 1.55,道路阻塞密度为 150 辆/km。当密度为 120 辆/km 时,该城市的停止车辆所占总车辆的比例是多少(流量与密度关系采用格林希尔兹速度与密度关系)?

6. 在某条城市道路上,行驶车辆的最大平均行驶速度 V_m 为 45km/h,由于信号灯等因素的影响停止车辆的比重 f_s 为 15%,设道路的交通服务质量的参数 n 为 2.0,求车辆在这条道路上单位距离的平均停止时间和平均行程时间。

7. 某个城市 A、B 两个区域的路网测得参数见表 8-2,两区域 A、B 的 T_r-T_s 曲线如图 8-26 所示。根据所给数据计算两区域交通质量服务参数 n_A、n_B,并结合图示曲线 T_t-T_s,说明 n 值大小对路网环境的影响(T_r:平均行驶时间;T_t:总平均行程时间;V_m:最大平均行驶速度)。

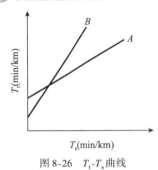

图 8-26 T_t-T_s 曲线

参数值 表 8-2

区域	$\ln T_r$	$\ln T_t$	V_m(km/h)
A	1.3	2.1	22.2
B	0.5	0.99	33.3

8. 设某城市中心区道路,用跟车试验法对其进行观测,以 5min 为一观测周期,观测时间为高峰时段,测得数据如下:该路段最大平均行驶速度 $V_m = 60$km/h,平均行驶时间为 $T_r = 2$min/km,平均行程时间为 $T_t = 3$min/km,阻塞密度 $K_j = 210$ 辆/km,$f_s = f_{s,\min} + (1 - f_{s,\min})(K/K_j)^\pi$,$f_{s,\min}$ 为最小停车比例,取值为 0.8,π 为 0.4。试用二流理论模型求该主干道的道路交通服务质量参数 n 及通行能力 Q。

9. 现代城市的高速发展,使交通越来越拥挤,如何对一个路网的交通效果评价就变成人们关心的问题。计算机模拟技术发展,使得可以有效地研究路网范围内平均速度、平均密度、平均流量三者之间的关系成为可能。如果二流理论成立和 $Q = KV$,试求:

(1) 推导二流理论模型的一般关系式,简述参数的意义;

(2) 如果城市路网模型采用非线性模型线建立 V-K 模型,模型如下:

$$V = V_f \exp\left(-a\left(\frac{K}{K_m}\right)^d\right)$$

式中:K_m——最大流量时的密度;

V_f——自由流车速。

试推导在此模型下的 Q-V 关系式;

(3) 简述二流模型理论在宏观交通流建模中的作用。

第9章 排队理论及其应用

排队理论是交通流理论中重要的组成部分,它以概率论为基础,是运筹学的一个重要分支。排队论的应用极其广泛,尤其在交通工程中的应用较多。

9.1 概　述

排队论也称随机服务系统,是研究服务系统因需求拥挤而产生等待队列的排队现象,以及合理协调需求与服务关系的一种数学理论,亦称随机服务系统理论。例如,在分析道路交叉口时,可以将交叉口看成一个服务台,将车流看成是受服务的对象,车辆服从先到先服务原则。

排队论是 20 世纪初开始发展的。1905 年丹麦哥本哈根电话工程师爱尔朗(Erlang)首先在电话自动交换机设计时应用了排队论。使电话机既能满足通话需求而又不至于设线过多。第二次世界大战以后,排队论在很多领域内被采用。在交通工程中,对于研究车辆延误、通行能力、信号灯配时以及停车场、加油站等交通设施的设计与管理方面得到广泛的应用。1936 年亚当斯(Adams. W. F)使用排队论考虑无信号交叉口的行人延误问题,1951 年唐纳(Tanner)予以推广应用,1954 年,伊迪(Edie)应用排队模型估计收费亭的延误。

排队现象在交通运输系统中随处可见,例如,交叉口、收费站、停车场、高速公路出入口、瓶颈路段、事件现场、汇流区域和慢速行驶车辆后方。交通工程的学者们一直致力于排队现象的分析和排队长度的计算。

9.2 排队过程的一般概念

9.2.1 排队与排队系统

排队单指等待服务的顾客(车辆或行人),不包括正在被服务的顾客;而排队系统既包括等待服务的顾客,又包括正在被服务的顾客。

例如,一队汽车在加油站排队等候加油,它们与加油站构成一个排队系统。其中尚未轮到加油、依次排队等候的汽车行列称为排队,所谓排队车辆或排队(等待)时间都是仅指排队本身而言;而排队系统中的车辆或排队系统(逗留)时间则把正在接受服务的车辆也包括在内,后者显然大于前者。

9.2.2 排队系统的组成部分

排队系统有三个组成部分:

1) 输入过程

它是指各种类型的顾客按怎样的规律到来。常见的有如下几种输入过程:

(1) 定长输入:顾客等时距到达。

(2) 泊松输入:顾客到达符合泊松分布或顾客到达时距符合负指数分布过程,这种分布最容易处理,因而应用最广泛。

(3) 爱尔朗输入:顾客到达时距符合爱尔朗分布。

2) 排队规则

它是指到达的顾客按怎样的次序接受服务。常见的有以下几种排队规则:

(1) 损失制:顾客到达时,若所有服务台均被占,该顾客就自动消失,永不再来。

(2) 等待制:顾客到达时,若所有服务台均被占就排成队伍,等待服务。服务次序有先到先服务(这是最通常的情形)和优先服务(如急救车、消防车等)等多种规则。

(3) 混合制:顾客到达时,若队长小于某一定值 L,就排入队伍等候;若队长等于 L,顾客就离去,不再回来。

3) 服务方式

它是指同一时刻有多少服务台可接纳顾客,为每位顾客服务了多少时间。每次服务可以接待单个顾客,也可以成批接待,例如公共汽车一次就乘载大批乘客。

服务时间的分布主要有以下几种:

(1) 定长分布服务:每位顾客的服务时间都相等。

(2) 负指数分布服务:各顾客的服务时间相互独立,服从相同的负指数分布。

(3) 爱尔朗分布服务:各顾客的服务时间相互独立,服从相同的爱尔朗分布。

为了下面叙述方便,需要引入下列记号:M 代表泊松输入或负指数分布服务,D 代表定长输入或定长服务,E_k 代表爱尔朗输入或服务,G 代表任意服务时间。于是,泊松输入、负指数分布服务,N 个服务台的排队系统可以写成 $M/M/N$,泊松输入、定长服务、单个服务台的系统可以写成 $M/D/1$,泊松输入、任意服务时间、单个服务台的系统可以写成 $M/G/1$。同样,$M/E_k/N$、$D/M/N$ 等记号的含义也不难理解。如果不附其他说明,这种记号一般都指先到先服务、单个顾客服务台的等待制系统。

9.2.3 系统运行指标参数(评价排队系统的优劣)

1) 队长与排队长

队长:系统中的顾客数(排队等待的顾客数与正在接受服务的顾客数之和),期望值,记为 L_s。

排队长:系统中正在排队等待服务的顾客数,期望值,记为 L_q,且

$$L_q = L_s - E(\text{正被服务的顾客数}) \tag{9-1}$$

2)逗留时间与等待时间

逗留时间:指从顾客到达时刻起到接受服务完成为止的这段时间,记为W_s。等待时间:指从顾客到达时刻起到开始接受服务为止这段时间,记为W_q。一个顾客的逗留时间为其等待时间与接受服务的时间之和。

3)其他相关指标

(1)忙期:指从顾客到达空闲服务机构起到服务机构再次空闲的时间长度。

(2)忙期服务量:指一个忙期内系统平均完成服务的顾客数。

(3)损失率:指顾客到达排队系统,未接受服务而离去的概率。

(4)服务强度:相同时间间隔内顾客的平均到达数与能被服务的平均数的比值。

9.2.4 Little(利特尔)公式

利特尔法则(Little's Law),是麻省理工学院斯隆商学院(MIT Sloan School of Management)的教授约翰·利特尔基于排队等候理论提出的,可用于一个稳定的、非占先式的系统中的法则。其内容为:在一个稳定的系统中,长期的平均顾客数L,等于长期的有效到达速率λ与平均每个顾客在系统中等待时间W的乘积,即:

$$L = \lambda W \tag{9-2}$$

在交通流理论领域中,令L_s为在系统中的车辆数,W_q为平均每辆车辆通过的等待时间,W_s为在系统中车辆逗留时间,μ为服务率,则有:

$$L_q = \lambda W_q \tag{9-3}$$

$$W_s = W_q + \frac{1}{\mu} \tag{9-4}$$

$$L_s = L_q + \frac{\lambda}{\mu} \tag{9-5}$$

9.3 排队过程分析

由于输入过程、服务方式及服务台个数的不同,排队系统的类型也多种多样,本节介绍几种典型的排队过程,即 M/M/1 排队系统、M/M/N 排队系统、M/M/1(k)排队系统、一般服务时间的 M/G/1 排队系统、服务率可变的单车道车辆排队模型等。

9.3.1 M/M/1 排队模型

M/M/1 系统为服从泊松输入、负指数分布服务,单个服务台的排队系统。

由于 M/M/1 系统排队等待接受服务的通道只有单独一条,也叫单通道服务系统,如图 9-1 所示。

图 9-1 单通道服务系统示意图

设顾客平均到达率为 λ,则到达的平均时距为 $1/\lambda$。排队从单通道接受服务后通过的平均服务率为 μ,则平均服务时间为 $1/\mu$。比率 $\rho = \lambda/\mu$ 叫做服务强度或交通强度或利用系数,可确定各种状态的性质。所谓状态,指的是排队系统的顾客数。如果 $\rho < 1$(即 $\lambda < \mu$),并且时间充分,每个状态都按一定的非零概率反复出现。$\rho \geq 1$ 时,任何状态都是不稳定的,而排队的长度会变得越来越长。因此,要保持稳定状态即确保单通道排队能够消散的条件是 $\rho < 1$。从简单的事件可以了解到排队系统的特性。

对于一个单通道的排队系统,如果顾客随机到达且服从泊松分布,其平均到达率为 λ,即在每单位时间内有 λ 个顾客到达;系统的服务次数是独立的,服从平均服务率为 μ 的指数分布。设 $P_n(t)$ 为排队系统在 t 时间内有 n 个顾客的概率。考虑在时间 $t + \Delta t$ 的情况,此处 Δt 很短暂,以致在这段时间里只能有一个顾客可以到达或者离开这个系统。

这样,在 Δt 期间的概率可以表述如下:

$\lambda \Delta t$——有一位顾客进入系统的概率;

$1 - \lambda \Delta t$——没有任何顾客进入系统的概率;

$\mu \Delta t$——有一位顾客离开系统的概率;

$1 - \mu \Delta t$——没有任何顾客离开系统的概率。

在 $t + \Delta t$ 时间里,该系统有 3 种方式可以到达 n 状态($n > 0$ 时):

(1)在时刻 t,系统处于 n 状态,在 Δt 时间内没有顾客到达或离去。(在 Δt 时间内,同时到达和离去的概率认为是零。)

(2)在时刻 t,系统处于 $n-1$ 状态,而在 Δt 时间内有一位顾客到达,没有顾客离去。

(3)在时刻 t,系统处于 $n+1$ 状态,而在 Δt 时间内有一位顾客离去,没有顾客到达。

在 $(t + \Delta t)$ 时刻,系统处于 n 状态的概率为:

当 $n \geq 1$,

$$P_n(t + \Delta t) = P_n(t)[(1 - \lambda \Delta t)(1 - \mu \Delta t)] + P_{n-1}(t)[(\lambda \Delta t) \times (1 - \mu \Delta t)] + P_{n+1}(t)[(1 - \lambda \Delta t)(\mu \Delta t)] \tag{9-6}$$

展开并合并同类项,得,

$$P_n(t + \Delta t) - P_n(t) = -P_n(t)(\mu + \lambda)\Delta t + P_{n-1}(t)\lambda \Delta t + P_{n+1}(t)\mu \Delta t + \mu\lambda (\Delta t)^2 [P_n(t) - P_{n-1}(t) - P_{n+1}(t)] \tag{9-7}$$

略去二项无穷小项,并除以 Δt,

$$\frac{P_n(t + \Delta t) - P_n(t)}{\Delta t} = \lambda P_{n-1}(t) - (\mu + \lambda)P_n(t) + \mu P_{n+1}(t) \tag{9-8}$$

设 $\Delta t \to 0$,

$$\frac{\mathrm{d}P_n(t)}{\mathrm{d}t} = \lambda P_{n-1}(t) - (\mu + \lambda)P_n(t) + \mu P_{n+1}(t) \quad (n = 1, 2, 3) \tag{9-9}$$

在 $t + \Delta t$ 时刻,使系统处于零状态的概率,可以有两种方式:(1)在 t 时刻没有一位顾客等待,并且在 Δt 间隔内没有到达;(2)在 t 时刻有一位顾客等待,在 Δt 间隔内有一位顾客离去,而没有到达的。用概率表示这些关系式:

$$P_0(t + \Delta t) = P_0(t)(1 - \lambda \Delta t) + P_1(t)[(\mu \Delta t)(1 - \lambda \Delta t)] \tag{9-10}$$

展开并合并同类项,(略去二阶无穷小量的各项)并除以 Δt:

$$\frac{P_0(t+\Delta t)-P_0(t)}{\Delta t}=\mu P_1(t)-\lambda P_0(t) \tag{9-11}$$

设 $\Delta t \to 0$，则

$$\frac{\mathrm{d}P_0(t)}{\mathrm{d}t}=\mu P_1(t)-\lambda P_0(t) \tag{9-12}$$

当系统达到稳定状态（即当一定状态的概率，不随时间变化）时，结果如下：
在时刻 t 的所有 n 值，

$$\frac{\mathrm{d}P_n(t)}{\mathrm{d}t}=0 \tag{9-13}$$

因此根据公式(9-9)、式(9-12)和式(9-13)可以建立一些适合于各种稳定状态的差分微分方程系统，得到的方程形式为：
当 $n>0$，

$$\mu P_{n+1}+\lambda P_{n-1}=(\lambda+\mu)P_n \tag{9-14}$$

当 $n=0$，

$$\mu P_1=\lambda P_0 \tag{9-15}$$

式中：P_n——当 $\Delta t \to \infty$ 时 $P_n(t)$ 的值。

前面的几个方程可整理如下：

$$\lambda P_0=\mu P_1 \tag{9-16}$$
$$\lambda P_0+\mu P_2=(\lambda+\mu)P_1 \tag{9-17}$$
$$\lambda P_1+\mu P_3=(\lambda+\mu)P_2 \tag{9-18}$$

联系到 $\rho=\lambda/\mu$[根据式(9-5)]，于是有 $P_1=\rho P_0$，代入方程式(9-17)和式(9-18)，得：

$$P_2=(\rho+1)P_1-\rho P_0=\rho^2 P_0 \tag{9-19}$$
$$P_3=(\rho+1)P_2-\rho P_1=\rho^3 P_0 \tag{9-20}$$

……

当 $n \geqslant 1$，

$$P_n=\rho^n P_0 \tag{9-21}$$

因为所有概率的总和为 1，

$$\sum_{n=0}^{\infty} P_n=1 \tag{9-22}$$

当 $\rho<1$，

$$1=P_0+\rho P_0+\rho^2 P_0+\cdots=P_0(1+\rho+\rho^2+\rho^3+\cdots)=P_0\left(\frac{1}{1-\rho}\right) \tag{9-23}$$

当 $\rho<1$，

$$P_0=(1-\rho) \tag{9-24}$$

所以公式(9-21)可以写成 $P_n=\rho^n(1-\rho)$。

(1) 在系统中没有顾客的概率：

$$P(0)=1-\rho \tag{9-25}$$

(2) 在系统中有 n 个顾客的概率：

$$P(n)=\rho^n(1-\rho) \tag{9-26}$$

(3) 系统中的平均顾客数：

$$L_s = \frac{\rho}{1-\rho} \tag{9-27}$$

(4) 系统中顾客数的方差：

$$\sigma = \frac{\rho}{(1-\rho)^2} \tag{9-28}$$

(5) 平均排队长度：

$$L_q = \frac{\rho^2}{1-\rho} = \rho \cdot L_s = L_s - \rho \tag{9-29}$$

(6) 非零平均排队长度：

$$\bar{q}_w = \frac{1}{1-\rho} \tag{9-30}$$

(7) 排队系统中的平均消耗时间：

$$W_s = \frac{1}{\mu - \lambda} = \frac{L_s}{\lambda} \tag{9-31}$$

(8) 排队中的平均等待时间：

$$W_q = \frac{\lambda}{\mu(\mu - \lambda)} = W_s - \frac{1}{\mu} \tag{9-32}$$

例 9-1 某条道路上设一调查统计点，车辆到达该点是随机的，服从泊松分布，单向车流量为 800veh/h。所有车辆到达该点要求停车领取 OD 调查卡，假设工作人员平均能在 4s 内处理一辆车，符合负指数分布。试估计在该点上排队系统中的平均车辆数、平均排队长度、非零平均排队长度、排队系统中的平均消耗时间以及排队中的平均等待时间。

解：这是一个 $M/M/1$ 排队系统：

$$\lambda = 800 \text{ 辆/h}$$

$$\mu = \frac{1}{4} \text{辆/s} = 900 \text{ 辆/h}$$

$$\rho = \frac{\lambda}{\mu} = \frac{800}{900} = 0.89 < 1，系统是稳定的。$$

系统中的平均车辆数：

$$L_s = \frac{\rho}{1-\rho} = \frac{\lambda}{\mu-\lambda} = \frac{800}{900-800} = 8 \text{ 辆}$$

平均排队长度：

$$L_q = L_s - p = 8 - 0.89 = 7.11 \text{ 辆}$$

非零平均排队长度：

$$\bar{q}_w = \frac{1}{1-\rho} = \frac{1}{1-0.89} = 9.09 \text{ 辆}$$

系统中的平均消耗时间：

$$W_s = \frac{L_s}{\lambda} = \frac{8}{800} \text{h/辆} = 36\text{s/辆}$$

排队中的平均等待时间：

$$W_q = W_s - \frac{1}{\mu} = 36 - 4 = 32\text{s}/辆$$

例 9-2 今有一个停车场,到达车辆是 60 辆/h 服从泊松分布。停车场的服务能力为 100 辆/h,服从负指数分布。其单一的出入道可存车 6 辆,问该数量是否合适?

解:这是一个 $M/M/1$ 排队系统:

$$\lambda = 60\text{辆/h}, \mu = 100\text{辆/h}$$

$$\rho = \frac{\lambda}{\mu} = \frac{60}{100} = 0.6 < 1 \text{ 系统是稳定的。}$$

因为单一出入道可存车辆为 6 辆,如果排队车辆超过 6 辆的概率($P>6$)很小(一般认为小于 5%)则为合适,反之则为不合适。

$P(0) = 1 - \rho = 1 - 0.6 = 0.4$ $P(1) = \rho(1-\rho) = 0.6 \times 0.4 = 0.24$

$P(2) = 0.6^2 \times 0.4 = 0.14$ $P(3) = 0.6^3 \times 0.4 = 0.09$

$P(4) = 0.6^4 \times 0.4 = 0.05$ $P(5) = 0.6^5 \times 0.4 = 0.03$

$P(6) = 0.6^6 \times 0.4 = 0.03$

$$P(>6) = 1 - P(\leq 6) = 1 - \sum_{n=1}^{6} P(n) = 1 - 0.97 = 0.03$$

计算结果表明,排队车辆数超过 6 辆的可能性极小,故可认为该出入道的存车辆是合适的。

9.3.2 $M/M/N$ 排队模型

在 $M/M/N$ 排队系统中,服务通道有 N 条,所以也叫多通道服务系统。

设 λ 为进入多通道服务系统顾客的平均到达率,排队行列从每个服务台接受服务后的平均输出率为 μ,则每个服务台的平均服务时间为 $1/\mu$。仍记 $\rho = \lambda/\mu$,ρ/N 称为 $M/M/N$ 系统的服务强度或交通强度或利用系数,亦可称为饱和度。和 $M/M/1$ 相仿,当 $\rho/N < 1$ 时,系统是稳定的;而 $\rho/N > 1$ 时,系统的任何状态都是不稳定的,排队长度将趋向于无穷大。

$M/M/N$ 系统根据顾客排队方式的不同,又可分为:

1)单路排队多通道服务

这是指排成一个队等待数条通道服务的情况,排队中头一位顾客可视哪个通道有空就到哪里去接受服务,如图 9-2 所示。

2)多路排队多通道服务

这是指每个通道各排一个队,每个通道只为其相对应的一队顾客服务,顾客不能随意换队,如图 9-3 所示。这种情况相当于由 N 个 $M/M/1$ 系统组成的系统,其计算公式亦由 $M/M/1$ 系统的计算公式确定。

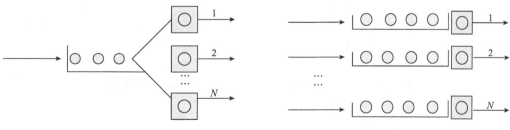

图 9-2 单路排队多通道服务   图 9-3 多路排队多通道服务

对于单路排队多通道服务的 $M/M/N$ 系统,其计算公式如下:

系统中没有顾客的概率

$$P(0) = \frac{1}{\sum_{k=0}^{N-1}\frac{\rho^k}{k!} + \frac{\rho^N}{N!\ (1-\rho/N)}} \tag{9-33}$$

系统中有 k 个顾客的概率

$$P(k) = \begin{cases} \frac{\rho^k}{k!} \cdot P(0) & k < N \\ \frac{\rho^k}{N!\ N^{k-N}} \cdot P(0) & k \geq N \end{cases} \tag{9-34}$$

系统中的平均顾客数

$$L_s = \rho + \frac{\rho^{N+1}}{N!\ N} \cdot \frac{P(0)}{(1-\rho/N)^2} \tag{9-35}$$

平均排队长度

$$L_q = L_s - \rho \tag{9-36}$$

系统中平均消耗的时间

$$W_s = \frac{L_q}{\lambda} + \frac{1}{\mu} = \frac{L_s}{\lambda} \tag{9-37}$$

排队中的平均等待时间

$$W_q = \frac{L_q}{\lambda} \tag{9-38}$$

例 9-3 一个收费站,车辆到达率为 2400 辆/h,车辆通过四个服务通道引向收费站,平均每辆车服务时间为 5s,服从负指数分布,试分别按多路多通道系统(4 个 $M/M/1$ 系统)和单路多通道系统($M/M/4$ 系统)计算各相应指标。

解:

(1) 按 4 个平行的 $M/M/1$ 系统计算

根据题意,每个服务通道有它各自的排队车道,排队车辆不能从一个车道换到另一车道。把总车流量四等分,就是引向每个通道的车流量,于是对每个通道有:

$$\lambda = \frac{2400/4}{3600} = \frac{1}{6} 辆/s, \mu = \frac{1}{5} 辆/s$$

$$\rho = \frac{\lambda}{\mu} = \frac{5}{6} < 1, 系统稳定。$$

$$L_s = \frac{\rho}{1-\rho} = \frac{\frac{5}{6}}{1-\frac{5}{6}} = 5\ 辆,\ L_q = L_s - \bar{\rho} = 5 - \frac{5}{6} = 4.17\ 辆$$

$$W_s = \frac{L_s}{\lambda} = \frac{5}{\frac{1}{6}} = 30s/辆,\ W_q = W_s - \frac{1}{\mu} = 30 - 5 = 25s/辆$$

而对于四个通道的系统:

$$L_s = 5 \times 4 = 20 \text{ 辆}, \quad L_q = 4.17 \times 4 = 16.68 \text{ 辆}$$
$$W_s = 30 \text{s}/\text{辆}, \quad W_q = 25 \text{s}/\text{辆}$$

(2) 按 M/M/4 系统计算

$$\lambda = \frac{2400}{3600} = \frac{2}{3} \text{辆}/\text{s}, \quad \mu = \frac{1}{5} \text{辆}/\text{s}$$

$$\rho = \frac{\lambda}{\mu} = \frac{10}{3} \qquad \frac{\rho}{N} = \frac{10}{3 \times 4} = \frac{5}{6} < 1, \text{系统稳定}。$$

$$P(0) = \frac{1}{\sum_{k=0}^{3} \frac{\left(\frac{10}{3}\right)^k}{k!} + \frac{\left(\frac{10}{3}\right)^4}{4!\left(1-\frac{5}{6}\right)}} = \frac{1}{16.0617 + 30.8642} = 0.0213$$

$$L_q = \frac{\left(\frac{10}{3}\right)^5}{4! \times 4} \times \frac{0.0213}{\left(1-\frac{5}{6}\right)^2} = 3.3 \text{ 辆}$$

$$L_s = L_q + \rho = 3.3 + \frac{10}{3} = 6.6 \text{ 辆}$$

$$w_q = \frac{L_q}{\lambda} = \frac{3.3}{\frac{2}{3}} = 5 \text{s}/\text{辆}$$

$$W_s = \frac{L_q}{\lambda} + \frac{1}{\mu} = 5 + 5 = 10 \text{s}/\text{辆}$$

将两种服务方式的相应指标对比如表 9-1 所示。

两种系统相应指标对比表 表 9-1

服务指标	多路排队 M/M/1①	单路排队 M/M/4②	[(①-②)/①]100%
系统中车辆数 L_s	20 辆	6.6 辆	67
排队中车辆数 L_q	16.68 辆	3.3 辆	80
系统中消耗时间 W_s	30s/辆	10s/辆	67
排队中消耗时间 W_q	25s/辆	5s/辆	80

通过比较可见，在相同通道数目的条件下，M/M/4 系统明显优于 4 个平行的 M/M/1 系统。原因在于 4 个平行的 M/M/1 系统表面上到达车流量被分散，但实际会受排队车道与服务通道一一对应的束缚，如果某一通道由于某种原因拖长了为某车的服务时间，显然要增加在此通道后面排队车辆的等待时间，甚至会出现临近车道排队车辆后来居上的情形。而 M/M/4 系统就要灵活得多，排在第一位的车辆可视哪个服务台有空就到哪个服务台，避免了各服务台忙闲不均的情形，充分发挥了其服务能力，因而显得优越。

9.3.3 M/M/1(K) 排队模型

排队系统 M/M/1(K) 表示队长受限制的排队系统。设车辆相继到达间隔分布是参数为 λ 的泊松分布，服务时间服从参数为 $1/\mu$ 的负指数分布，服务台为 1 个，车辆在服务台前仅排成一队,排队空间为 K。在这种情况下,由于一个服务台一次仅能为一个车辆服务,所以最多有 $K-1$ 个人在排队等待,如果正在这时车辆到达,则到达的车辆就是超员车辆。如果 $K=\infty$,则说明排队空间无限,服务台前车辆可无限排队,此时,本系统就变成 $M/M/1(\infty)$ 系统。

假设时刻 t 系统内有 n 辆车的概率为 $P_n(t)$。由于系统内仅能容纳 K 辆车,所以 n 的取值为 $0,1,2,\cdots,K-1,K$,则 $M/M/1(K)$ 系统的微分方程为:

$$\frac{\mathrm{d}P_{0(t)}}{\mathrm{d}t} = -\lambda P_0(t) + \mu P_1(t) \qquad n=0 \tag{9-39}$$

$$\frac{\mathrm{d}P_{n(t)}}{\mathrm{d}t} = \lambda P_{n-1}(t) - (\lambda+\mu)P_n(t) + \mu P_{n+1}(t) \qquad 1 \leqslant n \leqslant K-1 \tag{9-40}$$

$$\frac{\mathrm{d}P_{K(t)}}{\mathrm{d}t} = \lambda P_{K-1}(t) + \mu P_K(t) \qquad n=K \tag{9-41}$$

在求出平稳状态下的 $P_n(t)$ 之后,可将 $P_n(t)$ 改写为 P_n,令式(9-39)、式(9-40)和式(9-41)的导数为 0,可得到下列平稳状态下的差分方程式:

$$-\lambda P_0 + \mu P_1 = 0 \qquad n=0 \tag{9-42}$$

$$\lambda P_{n-1} - (\lambda+\mu)P_n + \mu P_{n+1} = 0 \qquad 1 \leqslant n \leqslant K-1 \tag{9-43}$$

$$\lambda P_{K-1} - \mu P_K = 0 \qquad n=K \tag{9-44}$$

令 $\rho = \lambda/\mu$,将式(9-42)、式(9-43)、式(9-44)改写为:

$$-\rho P_0 + P_1 = 0 \qquad n=0 \tag{9-45}$$

$$\rho P_{n-1} - (\rho+1)P_n + P_{n+1} = 0 \qquad 1 \leqslant n \leqslant K-1 \tag{9-46}$$

$$\rho P_{K-1} - P_K = 0 \qquad n=K \tag{9-47}$$

根据式(9-45)、式(9-46)和式(9-47),用 P_0 求解 P_n,得:

$$P_n = \rho^n P_0 \qquad n=0,1,2,\cdots,K \tag{9-48}$$

其次,为了求出 P_0,利用

$$\sum_{n=0}^{K} P_n = 1 \tag{9-49}$$

即所有状态概率之和为 1 的条件,将式(9-48)代入上式,得:

当 $\rho \neq 1$ 时,得到

$$P_0 = \frac{1}{\sum_{n=0}^{K}\rho^n} = \frac{1-\rho}{1-\rho^{K+1}} \tag{9-50}$$

$$P_0 = \frac{\rho^n(1-\rho)}{1-\rho^{K+1}} \tag{9-51}$$

在无限排队的情况下,ρ 必须小于 1;在有限排队情况下,则允许 $\rho \geqslant 1$ 时,不使用式(9-51),而由式(9-50),得:

$$P_0 = \frac{1}{\sum_{n=0}^{K}\rho^n} = P_0 = \frac{1}{\sum_{n=0}^{K}1^n} = \frac{1}{K+1} \tag{9-52}$$

由式(9-48)得:

$$P_K = \frac{1}{K+1} \qquad 0 \leqslant n \leqslant K \tag{9-53}$$

利用上述公式,可计算出系统特征量。

系统中车辆的平均等待数L_q,

当$\rho \neq 1$时

$$L_q = \sum_{n=0}^{K}(n-1)P_n = \frac{\rho^2[1-K\rho^{K-1}+(K-1)\rho^K]}{(1-\rho)(1-\rho^{K+1})} \quad (9\text{-}54)$$

当$\rho = 1$时

$$L_q = \frac{K(K-1)}{2(K-1)} \quad (9\text{-}55)$$

系统内车辆的平均数L,

$$L = \sum_{n=0}^{K} n P_n \quad (9\text{-}56)$$

L_q与L存在如下的关系:

$$L_q = \sum_{n=2}^{K}(n-1)P_n = \sum_{n=2}^{K} nP_n - \sum_{n=2}^{K} P_n = \sum_{n=2}^{K} nP_n - (1-P_0) = L - 1 + P_0 \quad (9\text{-}57)$$

公式(9-57)左边为L_q,当$\rho \neq 1$时,可以利用公式(9-56)计算;当$\rho = 1$时,可以利用公式(9-55)计算,取$L = K/2$。

在排队系统$M/M/1(K)$中,当服务台前等待人数为0时,平均到达率为λ;当系统内所能容纳的车辆满员时,平均到达率为0。因此,计算有效到达率λ_{eff}是很有实际意义的。由$L_q = 1-(\lambda_{eff}/\mu)$得:

$$\lambda_{eff} = \mu(L - L_q) \quad (9\text{-}58)$$

根据式(9-57)求出L,则有:

$$\lambda_{eff} = \mu(1 - P_0) \quad (9\text{-}59)$$

车辆的平均等待时间W_q:

$$W_q = \frac{L_q}{\lambda_{eff}} \quad (9\text{-}60)$$

9.3.4 一般服务时间的$M/G/1$排队模型

本小节讨论具有泊松输入、一般分布的服务时间、系统容量和顾客源均无限制的单服务台排队系统。

1)$M/G/1$排队系统

假设服务时间μ的期望$E(\mu)$和方差$D(\mu)$存在,服务强度$\rho = \lambda E(\mu) < 1$,则可以利用布拉切克—辛钦(Pollaczek-Khintchine,P-K)公式及利特尔公式求出系统运行指标:

$$L_s = \rho + \frac{\rho^2 + \lambda^2 D(\mu)}{2(1-\rho)} \quad (9\text{-}61)$$

$$W_s = \frac{L_s}{\lambda} \quad (9\text{-}62)$$

$$W_q = W_s - E(\mu) \quad (9\text{-}63)$$

$$L_q = \lambda W_q = L_s - \rho \quad (9\text{-}64)$$

其中L_s的计算公式称做 P-K 公式。它表明,只要知道服务时间μ的期望和方差,而不管

μ 是服从什么分布,都可以求出系统的运行指标。

例 9-4 一车辆冲洗台,车辆按平均每小时 18 辆的泊松流到达,冲洗时间 μ 的期望 $E(\mu)=0.05\mathrm{h}/$辆,方差 $D(\mu)=0.01\mathrm{h}/$辆,求系统的运行指标,并对系统进行评价。

解:此问题属于 $M/G/1$ 系统,$\lambda=18, \rho=\lambda E(\mu)=0.9, D(\mu)=0.01$,于是有:

$$L_q = \frac{0.9^2 + 18^2 \times 0.01}{2(1-0.9)} = 20.25 \text{ 辆}$$

$$L_s = \rho + L_q = 20.25 + 0.9 = 21.15 \text{ 辆}$$

$$W_s = \frac{L_s}{\lambda} = \frac{21.15}{18} = 1.175\mathrm{h}$$

$$W_q = \frac{20.15}{18} = 1.125\mathrm{h}$$

上述结果表明,该服务机构存在的突出问题是顾客的平均等待时间太长,是被服务时间的 $1.125/0.05=22.5$ 倍。

2) $M/D/1$ 排队系统

作为 $M/G/1$ 系统的一种特殊情形,$M/D/1$ 系统表示泊松输入、定长服务时间以及系统容量和顾客源均无限制的单服务台排队系统。这里的服务时间 $\mu \equiv E(\mu), D(\mu)=0$,由 P-K 公式可得:

$$L_s = \rho + \frac{\rho^2}{2(1-\rho)}, L_q = L_s - \rho = \frac{\rho^2}{2(1-\rho)}$$

$$W_s = \frac{L_s}{\lambda}, W_q = \frac{L_q}{\lambda}$$

若记 $E(\mu)=1/\mu$,则有:

$$L_q = \frac{\lambda^2}{2\mu(\mu-\lambda)}, W_q = \frac{\lambda}{2(\mu-\lambda)}$$

均为标准的 $M/M/1$ 系统相应运行指标值的一半,可见系统内部越有规律越省时间。

3) $M/E_k/1$ 排队系统

本系统是服务时间 μ 服从 k 阶爱尔郎分布。其实际背景是服务机构由 k 个串联的服务台组成,顾客为接受服务须经过全部 k 个服务台。每个服务台的服务时间 μ_i 均服从参数为 $k\mu$ 的负指数分布,则总共的服务时间 $\mu = \sum_{i=1}^{k} \mu_i$ 便服从 k 阶爱尔朗分布,且 $E(\mu) = \frac{1}{\mu}, D(\mu) = \frac{1}{k\mu^2}$。由 P-K 公式有:

$$L_s = \rho + \frac{\lambda^2\left(\frac{1}{\mu^2} + \frac{1}{k\mu^2}\right)}{2\left(1-\frac{\lambda}{\mu}\right)} = \rho + \frac{(k+1)\rho^2}{2k(1-\rho)}, \rho = \frac{\lambda}{\mu}$$

$$L_q = L_s - \rho = \frac{(k+1)\rho^2}{2k(1-\rho)}$$

$$W_s = \frac{L_s}{\lambda}, W_q = \frac{L_q}{\lambda}$$

9.3.5 服务率可变的单车道车辆排队模型

以上讨论的情况都是假定服务机构的服务率是固定的,而在现实生活中服务机构的服务率也可能随着车辆的排队长度而发生变化,可以是动态的,排队车辆较多,服务率就会适当提高。如高速公路收费站,若排队车辆较多,收费站(员)就会提高收费速度,增加车辆的通行能力,减少排队时间。此时,服务率是与排队车辆(人员)的数量有关,可以看作是动态的,下面将介绍这类服务率可变的单通道车辆排队模型。

假定有单通道的随机服务系统,到达系统的车辆流是参数为 λ 的泊松流,服务时间服从负指数分布,而服务率随系统的队长 K 变化,记作 μ_k,μ_k 可按实际模型取不同的形式。

表述车辆排队系统特征的基本参数是系统的状态,设系统在时刻 t 有 n 辆车,就称系统的状态为 n,同时记系统在时刻 t 状态为 n(有 n 辆车)的概率为 $P_n(t)$,它决定了系统运行的特征。对于上述一般情形,可画出如图 9-4 所示的系统状态转移图。

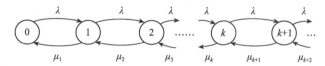

图 9-4 可变服务率的单通道排队系统状态转移图

于是,可得平衡状态下所满足的方程:

对 0 状态,有 $\lambda P_0 = \mu_1 P_1$ 故 $P_1 = \dfrac{\lambda}{\mu_1} P_0 = \rho_1 P_0$

对 1 状态,有 $\lambda P_1 = \mu_2 P_2$ 故 $P_2 = \dfrac{\lambda}{\mu_2} P_1 = \dfrac{\lambda^2}{\mu_1 \mu_2} = \rho_1 \rho_2 P_0$

……

对 $k-1$ 状态,有 $\lambda P_{k-1} = \mu_k P_k$ 故 $P_k = \dfrac{\lambda}{\mu_k} P_{k-1} = \rho_1 \rho_2 \cdots \rho_k P_0$

……

式中:$\rho_k = \dfrac{\lambda}{\mu_k}$ $k = 1, 2 \cdots$

由正则性,$\sum\limits_{k=0}^{\infty} P_k = 1$,便可确定出 P_0

$$P_0 = (1 + \rho_1 + \rho_1 \rho_2 + \cdots)^{-1} \tag{9-65}$$

故

$$P_k = \frac{\rho_1 \rho_2 \cdots \rho_k}{1 + \rho_1 + \rho_1 \rho_2 + \cdots} \tag{9-66}$$

1) 系统中参数指标推导

(1) 排队系统的平均服务强度 $\bar{\rho}$。由于服务率 μ_k 是可变的,故服务时间 $1/\mu_k$ 也是可变的(是 k 的函数),先求平均服务时间 $\bar{t}_{服}$。对于此排队模型有:

$$\bar{t}_{服} = \sum_{k=1}^{\infty} \frac{1}{\mu_k} P_k \tag{9-67}$$

于是

$$\bar{\rho} = \lambda \sum_{k=1}^{\infty} \frac{1}{\mu_k} P_k \tag{9-68}$$

(2)系统中车辆数的平均值L_s为:

$$L_s = E(k) = \sum_{k=1}^{\infty} k P_k \tag{9-69}$$

(3)系统中排队等待的车辆数:

$$L_q = L_s - L_{服} = L_s - (1 - P_0) \tag{9-70}$$

(4)系统中的平均延滞时间W_s。由于系统中的平均车辆L_s是系统中的平均时间W_s乘以单位时间内平均进入系统队列的车辆λ,即$L_s = W_s \lambda$,所以车辆在系统中停滞的平均时间为:

$$W_s = \frac{L_s}{\lambda} \tag{9-71}$$

(5)车辆在系统中排队等待的时间W_q:

$$W_q = \frac{L_q}{\lambda} \tag{9-72}$$

2)一种特殊的可变服务率车辆排队系统

这里仍假定随机服务系统只有单个服务台(收费站),车辆按泊松流到达,平均到达率为λ,服务时间服从负指数分布,而服务率根据车辆的排队长度而变化,即当排队长度超过某个数(n)时,就用快速服务率μ_2;反之,则用普通服务率μ_1。这样,就可以画出如图9-5所示的系统状态转移。

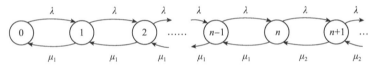

图9-5 排队系统状态转移图

于是,可得平衡状态下所满足的方程:

对于0状态,有$\lambda P_0 = \mu_1 P_1$,故$P_1 = \frac{\lambda}{\mu_1} P_0 = \rho_1 P_0$

对于1状态,有$\lambda P_1 = \mu_1 P_2$,故$P_2 = \frac{\lambda}{\mu_1} P_1 = \rho_1^2 P_0$

……

对于$n-1$状态,有$\lambda P_{n-1} = \mu_1 P_n$,故$P_n = \frac{\lambda}{\mu_1} P_{n-1} = \rho_1^n P_0$

对于n状态,有$\lambda P_n = \mu_2 P_{n+1}$,故$P_{n+1} = \frac{\lambda}{\mu_2} P_n = \rho_1^n \rho_2 P_0$

……

对于$n+r-1$,故$P_{n+r} = \rho_1^n \rho_2^r P_0$

……

总之有

$$p_k = \begin{cases} \rho_1^k P_0 & 1 \leq k \leq n \\ \rho_1^n \rho_2^{k-n} P_0 & k > n \end{cases} \tag{9-73}$$

其中 $\rho_1 = \dfrac{\lambda}{\mu_1}$, $\rho_2 = \dfrac{\lambda}{\mu_2}$

当 $\rho_1 < 1$, $\rho_2 < 1$ 时,由正则性

$$1 = \sum_{k=0}^{\infty} P_k = P_0 \left[(1+\rho_1+\rho_1^2+\cdots+\rho_1^n) + \rho_1^n \rho_2 (1+\rho_1+\rho_1^2+\cdots) \right] = P_0 \left(\frac{1-\rho_1^{n+1}}{1-\rho_1} + \frac{\rho_1^n \rho_2}{1-\rho_2} \right)$$

可知,

$$P_0 = \left(\frac{1-\rho_1^{n+1}}{1-\rho_1} + \frac{\rho_1^n \rho_2}{1-\rho_2} \right)^{-1} \tag{9-74}$$

由此可推导出各参数指标如下:

(1) 系统中的车辆数 L_s

$$L_s = \sum_{k=0}^{\infty} k P_k = P_0 \left[\sum_{k=0}^{n-1} k \rho_1^k + \sum_{k=n}^{\infty} k \rho_1^n \rho_2^{k-n} \right]$$

$$= P_0 \left\{ \frac{\rho_1 [1+(n-1)\rho_1^n - n\rho_1^{n-1}]}{(1-\rho_1)^2} + \frac{\rho_1^n [n-(n-1)\rho_2]}{(1-\rho_1)^2} \right\} \tag{9-75}$$

(2) 系统中排队等待的车辆数 L_q

$$L_q = L_s - L_{服} = L_s - (1 - P_0) \tag{9-76}$$

(3) 车辆在系统中的滞留时间

$$W_s = \frac{L_s}{\lambda} \tag{9-77}$$

(4) 车辆在系统中的排队时间

$$W_q = \frac{L_q}{\lambda} \tag{9-78}$$

例 9-5 某高速公路上有一收费站,车辆随机到达,单向流量为 800 辆/h,收费点视排队长度改变其收费速度。假定排队车辆数超过 3 辆时,平均收费时间为 3s;否则平均收费时间为 4s,计算各相应指标。

解:由题意知 $n=3$, $\mu_1 = 900$ 辆/h, $\rho_1 = \dfrac{\lambda}{\mu_1} = \dfrac{8}{9}$, $\rho_2 = \dfrac{\lambda}{\mu_2} = \dfrac{2}{3}$,于是可得各参数指标如下:

(1) 系统空闲的概率 P_0

$$P_0 = \left[\frac{1-\left(\frac{8}{9}\right)^4}{1-\frac{8}{9}} + \frac{\frac{2}{3}\left(\frac{8}{9}\right)^3}{1-\frac{2}{3}} \right]^{-1} = 0.209$$

(2) 系统中等待平均车辆数 L_s

$$L_s = 0.209 \left\{ \frac{\frac{8}{9}\left[1+2\left(\frac{8}{9}\right)^3 - 3\left(\frac{8}{9}\right)^2\right]}{\left(1-\frac{8}{9}\right)^2} + \frac{\left(\frac{8}{9}\right)^3 \left(3 - 2\times\frac{2}{3}\right)}{\left(1-\frac{8}{9}\right)^2} \right\} = 2.72 \text{ 辆}$$

(3) 系统中排队等待的车辆数 L_q

$$L_q = L_s - (1 - P_0) = 1.93 \text{ 辆}$$

(4) 车辆在系统中的平均滞留时间 W_s

$$W_s = \frac{L_s}{\lambda} = 12.24 \text{s}$$

(5) 车辆在系统中的平均等待时间 W_q

$$W_q = \frac{L_q}{\lambda} = 8.69 \text{s}$$

该理论在考虑服务率可以变化的情况下,得出了车辆排队系统的各种参数指标模型,考虑了服务率与排队车辆数之间的相关特性,使模型更加切合实际。对上例分别应用可变输入模型与 M/M/1 模型所得计算结果如表 9-2 所示。

不同模型的结果比较　　　　　　　　表 9-2

模型	参数				
	L_s(辆)	L_q(辆)	W_s(s)	W_q(s)	P_0
M/M/1	8	7.1	36	31.95	0.111
可变服务率模型	2.72	1.93	12.24	8.69	0.209

通过对表中不同模型所得各指标参数值分析比较可以看到,随着系统中排队车辆数 L_q 降低,车辆的平均等待时间 W_q 也会大大减少,系统的空闲率 P_0 增加,大大提高了收费站的服务水平。

9.4 排队理论的应用

排队理论的发展与应用为分析与解决社会问题起到了重要作用,尤其是在通信、交通、医疗等领域的资源分配问题上。在交通问题上,排队论在不同道路环境下车辆的排队特性、公共交通车辆的分配与调度、停车场等交通设施处的车辆排队特性、在道路交叉口等特殊路段处的车辆排队特性等问题的研究中有着广泛的应用。

排队论已经成功地应用于道路交通流的分析。在预测道路瓶颈处车辆的排队特性时,可以将瓶颈处的堵塞与延误看作排队论中的服务员,等候服务的(即通过瓶颈)车辆看作排队论中的顾客。排队论在道路上的另一应用是描述不间断车流的特性,在这类模型中假定车辆在道路上按某一期望的速度行驶,直到追上前方慢行车辆(车队),并跟在它的后面加入队列,以等候机会超过它。本节将具体介绍排队论在分析道路瓶颈处的排队特性及道路上的延滞中的应用。

9.4.1 瓶颈处的排队特性

梅(May)将连续流方法应用于临时性瓶颈问题(即一条道路由于铁路交叉而阻塞,或单车道由于事故而堵塞)的分析上,其将临时性瓶颈问题用交通信号的一个周期期间内的排队特性来进行说明。在此过程中,延滞或堵塞时间与红灯的时间间隔的持续时间相当。

梅(May)的道路模型使用的符号如下：

q——瓶颈上游车辆的平均到达率，辆/min；

s——饱和车流或连续车流的通行能力，辆/min；

s_r——堵塞时($s_r < q < s$)瓶颈处车流流率，辆/min；

r——堵塞持续时间，min；

t_0——堵塞解除后队列消散需要的时间，min；

t_q——经过的总时间，即从开始阻塞到恢复自由通行的时间，min，$t_q = r + t_0$。

当道路完全堵塞时，s_r数值可以为零。例如，与铁路平交，或者当道路因受抛锚车辆部分堵塞时的某一s_r数值($s_r < q$)。梅研究出下列一组关系式：

排队持续时间t_q：
$$t_q = r\left(\frac{s - s_r}{s - q}\right)$$

受影响的车辆数N：
$$N = qt_q$$

排队车辆的最大数量Q_m：
$$Q_m = r(q - s_r)$$

排队车辆的平均数量$\overline{Q}$：
$$\overline{Q} = Q_m/2$$

总的车辆延滞时间D：
$$D = \frac{r(q - s_r)t_q}{2}$$

被延误车辆的平均时间d：
$$d = \frac{r}{2}(1 - s_r/q)$$

个别车辆延滞的最大时间d_m：
$$d_m = r(1 - s_r/q)$$

梅和凯勒曾用类似的方法分析高峰小时车辆的排队特性。首先将本题的假设为：道路的饱和车流或连续车流的通行能力s不变；瓶颈处的上游车辆的平均到达率q，从小于s的某一个值，缓缓增大至s，之后增大至最大流率$q_2(q_2 > s)$。梅和凯勒对于q曲线的形状先做出了两种假设，即梯形与三角形曲线，其中梯形曲线要求以恒率增加到最大值q_2，并以q_2保持一定时间，然后以恒率减小到要求的固定高峰位置，三角形曲线要求以恒率增加到q_2，然后立即以恒率减小到要求的固定高峰位置。

用分析瓶颈处交通的相似方法，可以计算延滞、排队长度和排队持续时间的数值。

9.4.2 在道路上的延滞

对于交通流理论的研究人员来说，汽车在双车道上行驶遇到延滞的情况是特别值得重视的。车流无阻塞的情况下，每辆车会以自己所希望的速度行驶。一旦追赶上一辆或一队较慢的车辆/队，如果对方车流中有可插入的间隙，则会毫无延滞地超车。如果对方车流中没有适当的间隙可以利用，则快行车辆需采用慢行车辆或队列车辆的速度，等候机会超车。

有些研究人员将排队原理用于解决双车道道路的超车问题。例如唐纳的模型，就引用了波尔—唐纳分布来确定队列的长度。如果一辆速度为u的车，要超过一辆速度为u_1的车，则超车运行所需时间为：

$$t = \frac{A_1}{u - u_1} \tag{9-79}$$

距离为：

$$x = \frac{A_1 u}{u - u_1} \tag{9-80}$$

式中：A_1——描述超车车辆相对于被超车车辆所需距离的参数。

唐纳的模型研究了沿双车道双向行驶的车辆，并将研究拓展到单向双车道的车流，假设其他车辆均以同样速度 u_1 行驶，所研究车辆的车速为 $u(u>u_1)$，如车辆不能通过瓶颈处则 $u=u_1$)。车辆间的最小距离为 s_1。对向的车流量为 q_2，均以恒速 u_2 行驶，所有车辆的间距不小于 s_2。车辆间隔分布是随机到达的，且任意间隔不能小于最小值。

唐纳所模拟的在车流 q_1 方向以速度 u 行驶的单辆车的延误 E，需要满足以下假设：

(1) 在 q_1 车流中一队 n 辆车的队伍，按最小间距 s_1 行驶，被一辆单独行驶的车赶上。这辆超行车辆重新进入 q_1 车道只能在两车队之间，不能插入任一车队，或用小于 s_1 的距离驶入任一车队的最后一辆车。

(2) 当超行车辆到达 n 辆车组成的任何车队的尾部，且 q_2 车流中有一段距离最小为 $d_n = d + ns_1(\mu + u_2)/(\mu - u_1)$ 时，则车辆通过无需减速（定义 d 为速度为 u 的车辆和 u 车在超车中通过车队的被超车辆之间的最小可插车净距离。可用 $d = A_1 u/(u - u_1)$ 表示，A_1 为 50~100ft 间某一段距离）。

(3) 如果无法达到要求的距离 d_n，车辆即刻减速到 u_1，并紧跟着前面的车辆，等待车流 q_2 中出现一个最小净距离 $D_n = d_n + t(u_1 + u_2)$，经过一段附加时间 t，立刻加速到 u 而后超过。该超行车辆为了暂留在 q_1 车流中，需要额外时间进行速度的减缓，用来补偿采用的瞬时加速度，可表示为 $t = A_2(u - u_2)/\alpha$。式中 α 是超车的等加速度，A_2 约为 1。

唐纳的主要目的是要确定单独的一辆期望以速度 u 行驶在无限长的行程中的车辆平均速度 $E(u)$。他能够依据等在后面的所有车辆的平均等待时间 $E(t_w)$ 来表示平均速度 $E(u)$，$E(t_w)$ 包括没有等待在内。$E(u)$ 的表达式为：

$$E(u) = \frac{u u_1^2 + q_1(u - u_1)(u_1 - s_1 q_1) u_1 E(t_w)}{u_1^2 + q_1(u - u_1)(u_1 - s_1 q_1) E(t_w)} \tag{9-81}$$

将上式展开，问题就变成对 $E(t_w)$ 的求解。在 $E(t_w)$ 的计算中所涉及的代数问题是难求解的。

$$E(t_w) = \frac{1}{(u_1 + u_2)(1 - R)} \times$$

$$\left\{ \left(\frac{K e^{-cd}}{c + G - GK} \right) \times \left[1 - \frac{c e^{Gt(u_1 + u_2)}}{c + G} \right] + e^{Gt(u_1 + u_2) + Gd} \times \left[\frac{N}{G} - \frac{c}{G(c + G)} \right] - \frac{1 - R}{c(1 - n)} \right\} \tag{9-82}$$

式中：$g = q_1/u_1$，$G = q_2/u_2$，$r = s_1 g$，$R = s_2 G$，$c = q_1(u - u_1)/u_1(u + u_2)$，$K = e^{[R(K-1-c/G)]}$ 在 0 和 1 之间的 K 的根。$N = e^{(nN - n + nG/c)}$ 的较小实根（其解仅当 $re^{(nN-n+nG/c)} \le 1$ 时存在）。

K 和 N 的有限解已经分别包括在图 9-6 和图 9-7 中。将 $E(t_w)$ 值代入公式(9-82)，得出平均速度 $E(u)$ 的表达式，该式用期望速度 u、车流的速度 u_1 和车流流率 q_1 表示。这个方程的有限解是唐纳用各种参数的比值求得的。图 9-8 表明当 $q_1 = q_2$ 时，各种 u 值和 $u_1(u_1 =$

30mile/h)对交通流量的影响。这个模型也表明,对于总的车流(q_1+q_2)大于800辆/h,车辆只能采用很接近于q_1车流的速度,不管它希望的速度是多少。

q_1和q_2比值变化对于平均速度$E(u)$的影响如图9-9所示。此图表明,在该模型当车辆总数的1/2~3/4行驶在相对方向的q_2车流中(1/2适用于低交通量,当接近较高交通量时,其值可取为3/4)时,平均速度$E(u)$最小。

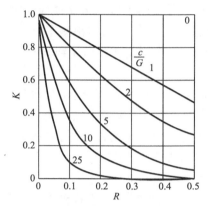

图9-6 K和参数R以及c/G之间的关系图

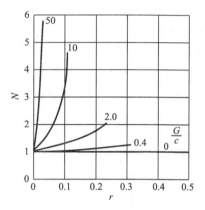

图9-7 N和参数r及G/c之间的关系图

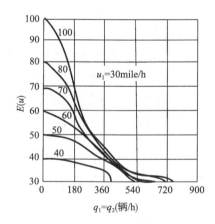

图9-8 当u(双向交通)的各种数值平均分配于两个方向时对交通流的影响图

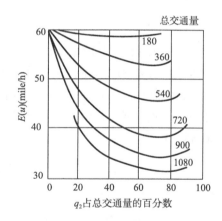

图9-9 反向交通量不同的百分比对各等级交通量的影响

值得指出的是$E(u)$包含的延滞是唯一的延滞,假定所有其他车辆均没有延滞。该速度u的车辆最终超过q_1所有的汽车,而超车不发生在q_1或q_2的车辆中间。

莫尔斯(Morse)和耶非(Yaffe)提出了双向双车道低交通量情况的排队模型。这个模型假设一系列的畅行车或领头车以各种速度行驶,其中有些领头车后面跟着受到拦截的车队与领头车以同样的速度行驶。跟随车辆不能设想以期望的速度行驶。但是其中有些车辆能用超车的方法离开队列变成领头的车辆。他们研究了具有一定速度v的领头车,及跟随车队的长度公式,车流的平均速度以及较快汽车超过较慢汽车的平均时间,并制作帮助求解方程的表。

多车道道路的排队模型不同于双车道的情况,因为实际情况是一辆车在它行驶方向可以自由地使用同向两条或更多条车道的任何的一条。只有当其他车辆恰在相邻的车道上通过时,超车才受到限制。米勒提出了一个经验性的模型,它是产生密度(Product Density)分析法的推广,米勒研究和分析了产生密度法,然后提出一种方法,因为没有更好的名词就称为终点比率法(Termination Rate Method)。这后一种方法相似于人类死亡数据统计模型。米勒根据多车道高速公路上所收集到的资料,对他的模型进行了相应验证。

施查契(Schach)用实例说明了马尔可夫(Markov)可以用于多车道交通流模型,该模型可以计算每条车道的平均使用率,系统中的平均车速和每单位时间内预测车辆转换车道的数量。输入参数是一条道路上车辆的密度 N、从车道 1 到车道 2 或车道 3 到车道 1 的交织强度(λ,μ)和参数 r(令 $r=2$)。

霍兰德舱(Holland)考虑了所有行驶在同一方向三条车道的特点,他认为每条车道有其特性——右边车道车辆可以自由驶出,或运行到中间车道,中间车道上的车辆可以运行到相邻两个车道的任一车道上。左车道上的车辆只可以进入中间车道,求解的方法是用迭代法(包括在计算过程流量图内),并将其结果对照以前出版的资料绘制成图。

德留(Drew)以及沃雷尔(Wohl)、布伦(Buch)和格尔(Gur)用马尔可夫法描述多车道高速公路上变换车道的过程。对此有兴趣的读者可以在相关参考文献上找到有关过程应用到交通分析的资料。

习题

1. 一条三车道的高速公路基本路段发生了一起交通事故,导致两条车道堵塞,道路通行能力下降,在事故发生地点引起车辆排队(可用车道通行能力的百分数见表9-3)。设上游车辆到达率为 918 辆/h。求该地点的交通强度,以及排队系统中的平均车辆数、平均排队长度、排队中的平均等待时间及系统中车辆数超过 5 辆的概率(取高速公路单车的基本路段的 C_B 为 2000 辆/h)。

出口处通行能力的百分数　　　　　　　　　表 9-3

单向车行道车道数	路肩故障	路肩事故	堵塞车道数		
			1	2	3
2	0.95	0.81	0.35	0	N/A
3	0.99	0.83	0.49	0.17	0

2. 某停车库只设有一出口,出口处设收费处向驾驶人收费。假设车辆到达服从泊松分布,参数 λ 为 120 辆/h,收费平均持续时间 15s,服从负指数分布,试求:

(1)收费处空闲的概率;

(2)出口处有 n 辆车的概率;

(3)出口处平均车辆数;

(4)排队的平均长度;

(5)非空排队的平均长度;

(6)排队中的平均消耗时间;

(7)在排队中等候的平均时间。

3. 某停车场只有一个出入通道,停车场服务能力为 100 辆/h,根据调查,每小时有 60 辆车通过,假设车辆到达服从泊松分布,每辆车服务时间服从负指数分布,其出入通道只能容纳 6 辆车,问该数量是否合适?

4. 假设某收费站车辆到达率为 1200 辆/h,该收费站设有两个服务通道,每个服务通道可服务车辆为 800 辆/h,试计算收费站空闲的概率、排队的平均长度、排队系统中的平均消耗时间、排队中的平均等待时间(假设车辆到达服从泊松分布,服务时间服从负指数分布)。

第10章 无信号交叉口交通流理论

根据有无信号灯控制可将交叉口分为有信号交叉口和无信号交叉口。其中无信号交叉口是最基础普遍的交叉口类型,虽然无信号交叉口的通行能力可能会低于其他类型交叉口,但它在整个网络交通控制中起着举足轻重的作用,如果运行不良则会影响整个信号网络或者智能运输系统的运行。此外,无信号交叉口理论是信号交叉口理论的基础,例如交通工程中用来分析无信号交叉口的排队论也应用于分析其他类型的交叉口。因此,对无信号交叉口首先进行研究是非常必要的。无信号交叉口部分重点介绍了可插车间隙理论和在该理论中用到的几种基本的车头时距分布,以及二路停车控制交叉口的基本模型。基于无信号交叉口理论,信号交叉口一系列的理论研究便得以发展。

10.1 无信号交叉口交通流特性

10.1.1 无信号交叉口交通流特点

无信号交叉口的一个特点是交通流的等级问题,所有无信号交叉口处的交通流都有等级之分,一些交通流有优先权,优先等级低的车辆要让优先等级高的车辆先行,有时,第一股交通流要让第二股交通流先行,而第二股交通流又要让第三股交通流先行。因此,把交通流分为不同的优先等级是十分必要的。将车流分为四个优先级,各级车流优先权如下:

第一级车流:具有绝对的优先权,不需要将路权让给其他车流。
第二级车流:必须给第一级车流让路。
第三级车流:必须让路给第二级车流,并依次让路给第一级车流。
第四级车流:必须给第三级车流让路,并依次让路给第二级和第一级车流(如十字交叉口次要街道左转车辆)。

10.1.2 无信号交叉口交通流分析程序

由于没有信号灯的控制,无信号交叉口对驾驶人没有确定的指示或控制,也不规定驾驶人何时驶入或驶离交叉口,驾驶人必须自己判断何时进入交叉口是安全的。驾驶人所寻求的在交通流中进入交叉口的安全机会或"间隙"称为可插车间隙,它用时间来度量,并且等于某一车头时距。在无信号交叉口中,驾驶人必须考虑其他车辆的优先权问题。如果有一辆车试图进入交叉口,但此时存在优先级高于它的交通流,那么它必须让路给这些交通流。所有分析程序在某种程度上都依赖于可接受间隙理论,即使有些程序没有明确地运用该理论,但程序运行的基础也是可接受间隙理论。一般来说,可接受间隙理论比较容易理解,可分为两部分基础内容:首先是驾驶人在试图进入交叉口时寻找可穿越的间隙或机会;其次是有供驾驶人穿越的足够大小的间隙。因此,提供给驾驶人的可穿越间隙的比例就很重要。

10.2 无信号交叉口理论基础

10.2.1 可插车间隙理论

1) 可利用间隙与跟随时间

所有的无信号交叉口都有一个交通流的分级。有些交通流有完全的优先权,其他交通流必须让路给更高级别的交通流。在无信号交叉口必须考虑交通流不同的优先权,即次要车流驾驶人进入或穿越主要交通流时必须判断潜在的冲突车辆与自己车辆之间的距离,并做出决策是否进入或穿过。

对于主次两条道路相交形成的交叉口,假设主路车流通过交叉口时不受影响,而次路车流必须利用主路车流的间隙通过,次要车流中所有驾驶人在相似的位置所能够接受的主要车流的最小间隙称为临界间隙,一般记为 t_c。根据通常假设的驾驶人行为模式,只有在主要车流的车辆间隙至少等于临界间隙 t_c 时,次要车流的驾驶人才能进入交叉口。例如,如果临界间隙是 4s,那么次要车流的驾驶人要驶入交叉口至少需要主要车流车辆间有一个 4s 的间隙,并且他/她在其他任何时候通过同一个交叉口都会需要同样的 4s 时间。另外,在一个非常长的间隙中会有多名驾驶人从次路进入交叉口。可插车间隙理论中称在较长时间间隙中进入交叉口的次要车辆间的车头时距为跟随时间 t_f。

在描述无信号交叉口的理论中,经常假设驾驶人具有一致性和相似性。驾驶人的一致性是指在所有类似的情况下,在任何时刻其行为方式相同,而不是先拒绝一个间隙随后又接受一个较小的间隙;而相似性是指期望所有驾驶人的行为是严格的同一种方式。

任何方法中关于驾驶人一致性和相似性的假设都是不现实的。研究指出如果驾驶人是不一致的,则入口的能力将会降低。反之,如果驾驶人一致,入口的能力将会增加。经验研究表明,如果假定驾驶人的行为一致又相似,其预测结果与实际情况只有几个百分点的偏差。也就是说,这种假设的影响非常小,为了简便起见,一般均采取这种假设。

可插车间隙参数主要是指 t_c 和 t_f,这两个参数受主干道车流的影响,同时也受驾驶人操作的影响,操作难度越大,临界间隙和跟随时间越长。在一个操作中,当通过不同的车流时,驾驶人需要的临界间隙也不同。

2) 临界间隙参数的估计

临界间隙 t_c 和跟随时间 t_f 这两个参数的估计在技术上分为两类:一类是基于接受间隙驾驶人数和间隙大小的回归分析;另一类是分别估计跟随时间分布和临界间隙分布。下面分别进行讨论。

(1) 回归分析

如果次要车流出现了连续排队,那么回归分析就会产生可接受的结果,因为在临界间隙分析中,结果和假设是一致的。

对于回归分析,在观测期间次路排队中至少应有一辆车,其过程如下:

① 记录主路上每个间隙的大小 t 和在该间隙中次路进入的车辆数 n;

② 对于每个只被 n 个驾驶人接受的间隙,计算平均间隙的大小 $E(t)$(图 10-1);

③ 以平均间隙中进入的车辆数 n 对该平均间隙(作为相关变量)进行线性回归;

所得到的回归曲线如图 10-1 所示。

这条回归曲线和图 10-2 所示的假设应得到的阶梯状曲线是非常相似的。

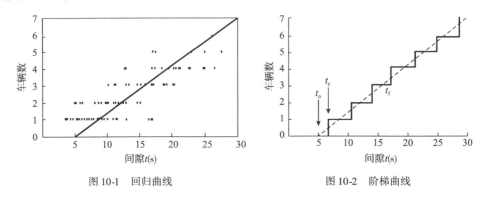

图 10-1　回归曲线　　　　　图 10-2　阶梯曲线

假设斜率(间隙/车辆数)是 t_f,间隙轴的截距是 t_0,则临界间隙 t_c 可写成如下形式:

$$t_c = t_0 + \frac{t_f}{2} \tag{10-1}$$

(2) 临界间隙和跟随时间的独立估计

如果次要车流不是连续排队,则回归的方法就不能使用,此时用概率的方法更为合适。跟随时间是指在较长时间间隙中进入交叉口的次要车流车辆间的车头时距。

考虑这样一个例子,主要车流的两辆车在第 2.0s 和第 42.0s 通过一个无信号交叉口。如果有一列 20 辆车的车队从次路上右转进入主路并且其中的 17 辆车分别在时刻 3.99s,6.22s,8.29s,11.13s,13.14s…离开,依次类推。那么次路上车辆的车头时距为:6.22 ~ 3.99s,8.29 ~ 6.22s,11.13 ~ 8.29s,依次类推。次路上这一列车的平均车头时距为 2.33s。对主要车流一些较大的间隙重复应用此过程,并估计次路上排队的总体平均车头时距,该平均车头时距就是跟随时间 t_f。如果次要车流中某一车辆不在同一个排队里,那么车头时距测量将不包括此车在内。

临界间隙的估计更困难一些,因为它不能测量。其已知条件是一位驾驶人的临界间隙大于最大拒绝间隙而小于该驾驶人接受的间隙。如果驾驶人接受了一个小于最大拒绝间隙的间隙值,那么就认为这个驾驶人是冒进的,应该将接受值改为刚好低于接受间隙的值。

研究人员运用了 10 种不同方法通过模拟技术估计驾驶人的临界间隙分布。在该研究中,首先已知 100 位驾驶人的临界间隙分布,使 100 位驾驶人同时处于相同的环境,模拟具有优先权车辆的到达时间,并记录参加模拟的驾驶人的行为,记录的信息包括放弃间隙的大小和可接受间隙的大小。依据 100 位驾驶人不同的车头时距与道路优先权分别重复实验过程。然后使用 10 种不同的方法分析间隙信息,估计出驾驶人临界间隙平均值的均值与方差以及驾驶人临界间隙标准偏差的平均值与方差。因此能得到以上估计值的概率斜线,缺点是估计值并不可靠。另一个更好的方法是极大似然估计方法和阿士沃思(Ashworth,1968)修正分析法。Probit 或 Logit 方法需要对车流量进行适当的说明(Abou-Henaidy et al. 1994),因此可应用于估计间隙可被接受的概率。凯特(Kyte,1996)等人进一步分析了极大似然估计法和休伊特(Hewitt,1983)模型,并给出了适合于大范围的主要和次要交通流的估计值。

用极大似然估计法来估计临界间隙需要假设一群驾驶人临界间隙值的概率分布,一般取对数正态分布比较合适,在该方法中将用到下列符号:

α_i——被第 i 位驾驶人接受的间隙的对数,如果没有间隙被接受,则 $\alpha_i = \infty$;

r_i——被第 i 位驾驶人拒绝的最大间隙的对数,如果没有间隙被拒绝,则 $r_i = 0$;

μ、σ^2——分别为各驾驶人临界间隙对数的均值和方差(假设服从对数正态分布);

$f(\ )$、$F(\ )$——分别为正态分布的概率密度函数和累积分布函数;

单个驾驶人的临界间隙出现在 r_i 和 α_i 之间的概率是 $F(\alpha_i) - F(r_i)$。考虑所有驾驶人,则 n 个驾驶人接受间隙和最大拒绝间隙(α_i, r_i)的样本似然函数是:

$$\prod_{i=1}^{n} [F(\alpha_i) - F(r_i)] \tag{10-2}$$

该似然函数的对数为:

$$L = \sum_{i=1}^{n} \ln[F(\alpha_i) - F(r_i)] \tag{10-3}$$

μ 和 σ^2 的极大似然估计值可使 L 取最大值,可从下述的方程中求解出来:

$$\frac{\partial L}{\partial \mu} = 0 \tag{10-4}$$

$$\frac{\partial L}{\partial \sigma^2} = 0 \tag{10-5}$$

根据数学知识:

$$\frac{\partial F(x)}{\partial(\mu)} = -f(x) \tag{10-6}$$

$$\frac{\partial F(x)}{\partial \sigma^2} = -\frac{x-\mu}{2\sigma^2} f(x) \tag{10-7}$$

由式(10-2)~式(10-7)得出两个方程,再通过迭代方法求解 μ、σ^2。假设已知 σ^2 的值,应用方程:

$$\frac{\partial L}{\partial \mu} = \sum_{i=1}^{n} \frac{f(r_i) - f(\alpha_i)}{F(\alpha_i) - F(r_i)} = 0 \tag{10-8}$$

可估计 μ 值。σ^2 的初始值是所有 α_i 和 r_i 值的偏差。利用由式(10-8)得出的 μ 的估计值,从方程(10-9)中可得出一个较好的 σ^2 估计值,式中 $\hat{\mu}$ 是 μ 的估计值。

$$\frac{\partial L}{\partial \sigma^2} = \sum_{i=1}^{n} \frac{(r_i - \hat{\mu})f(r_i) - (\alpha_i - \hat{\mu})f(\alpha_i)}{F(\alpha_i) - F(r_i)} = 0 \tag{10-9}$$

然后,再用 σ^2 的估计值从式(10-8)中求出一个更好的 μ 估计值,重复这个过程直到连续得到的 σ^2 和 μ 值达到足够的精度。临界间隙分布的均值 $E(t_c)$ 和方差 $Var(t_c)$ 是对数正态分布参数的函数,即:

$$E(t_c) = e^{\mu + 0.5\sigma^2} \tag{10-10}$$

$$Var(t_c) = [E(t_c)]^2(e^{\sigma^2} - 1) \tag{10-11}$$

那么,在可插车间隙计算中所应用的临界间隙等于 $E(t_c)$,其值应该小于接受间隙的平均值。

该方法使用了大量的信息,考虑了大量拒绝间隙的影响,这使得结果不会出现明显偏差。这项技术也考虑了主要车流车头时距分布的影响。如果交通流很小,许多驾驶人会接受没有可插车间隙的长间隙。另一方面,如果交通流很大,所有次车流的驾驶人会接受短间隙。所以,可接受间隙的分布取决于主要车流量。极大似然估计可以解释这些不同的条件。

另外一种非常有用的估计临界间隙的技术就是阿士沃思(Ashworth,1968)过程。这需要使用者识别概率分布的性质,这种分布是关于可被接受的特定大小间隙的比例。这种方法一般用于可插车间隙记录的比例的概率分析。比例中有一小部分与已记录的概率的间隙大小相悖是可以接受的。还要用到对数正态分布,这要求比例依据间隔大小的自然对数划分。如果这个分布的均值和方差是 $E(t_\alpha)$ 和 $Var(t_\alpha)$,那么阿士沃思过程给出的临界间隙就是:

$$E(t_c) = E(t_\alpha) - q_p Var(t_\alpha) \tag{10-12}$$

式中,q_p 是主要交通流,单位是 veh/s。如果使用对数正态分布,则 $E(t_\alpha)$ 和 $Var(t_\alpha)$ 与方程(10-10)和式(10-11)给出的值相等。这是一个非常实用的方法,在应用或者研究领域可以给出一个可接受的结果。

3)间隙大小的分布

无信号交叉口运行状况的主要影响因素是不同车流中车辆间隙的分布,由于较小的间隙通常会被拒绝,因此要着重考虑那些较大的间隙,即有可能被接受的间隙的分布。普通的模型常应用随机车辆到达方式,也就是到达时间间隔服从负指数分布。负指数分布会预测到大量小于 1s 的车头时距,这是不现实的,不过由于这些小间隙会被拒绝,因此也经常使用。在高流量时,负指数分布并不适合,推荐用移位负指数分布,该分布假设车辆的车头时距至少为 t_m 秒。

更好的模型使用二分分布,这些模型假设有一部分"自由"车辆不受相互间的影响,并以大于 t_m 秒的车头时距运行,其比例是 α,自由车辆有一个车头时距分布。其他的车辆在队列中运行,并且这些聚集在一起的车辆也有一个车头时距分布。科万(Cowan)的 M_3 模型就是这样一个二分车头时距模型,它假设比例为 α 的车辆是自由车辆,并且有一个移位负指数车头时距分布,剩余的 $1-\alpha$ 的聚集车辆只有相同的车头时距 t_m。

10.2.2 应用于可插车间隙预测中的车头时距分布

1) 指数车头时距分布

最普通的车头时距分布是负指数分布,有时简称指数分布。这种分布是基于车辆随机到达的,并不依赖于以前车辆到达时间的假设。这种分布假设车辆在很小的时间间隔$(t, t+\delta_t)$到达的概率是不变的。也符合泊松分布,它给出了n辆车在时间t到达的概率,即:

$$P(n) = (qt)^n \frac{e^{-qt}}{n!} \qquad (10\text{-}13)$$

式中q是每秒车流量。当$n=0$这个方程给出在间隔时间t内没有车辆到达的概率,这时车头时距h必定大于t,其概率为:

$$P(h > t) = e^{-qt} \qquad (10\text{-}14)$$

车头时距累加概率方程是:

$$P(h \leqslant t) = 1 - e^{-qt} \qquad (10\text{-}15)$$

概率分布方程是:

$$f(t) = \frac{d[P(h \leqslant t)]}{dt} = qe^{-qt} \qquad (10\text{-}16)$$

这是个负指数分布方程式。它适用于车辆到达是随机的、有充分超车机会的单列车流和密度不大的多列车流的情况。通常认为当每小时每车道的不间断流量等于或小于500辆时,用负指数分布描述车头时距是符合实际的。参数q可以通过平均车头时距的流量或倒数估计得到,但是过量估计车头时距容易与实际不符,所以经常用移位指数分布代替负指数分布。

2) 移位负指数分布

移位负指数分布假设车辆间车头时距存在最小值t_m。该值是不能超车的单列车流的车头时距。如果交通流为q,则每小时会有q辆车通过,且当这些车通过时有$t_m q$秒丢失。剩余的时间随机分布在每辆车后,为便于计算可将其平均。得出的$(1-t_m q)/q$车头时距模型的累积概率分布为:

$$F(h) = 1 - e^{-\lambda(h-t_m)} \qquad (10\text{-}17)$$

$$\lambda = \frac{q}{1 - t_m q} \qquad (10\text{-}18)$$

条件λ和t_m的值通过车头时距的期望值分布和变化估计得到。平均车头时距$E(h)$由以下公式给出:

$$E(h) = \frac{1}{q} = t_m + \frac{1}{\lambda} \qquad (10\text{-}19)$$

车头时距的方差为 $1/\lambda^2$,可以根据车头时距的期望值与方差之间的关系来估计 λ 和 t_m 的值。

移位负指数分布优于负指数分布,它适用于描述不能超车的单列车流的车头时距分布和车流量低的车流的车头时距分布。但是它并不能适用于在交通流量更大时的情况,而二分车头时距分布提供了更适合的方法。

3) 二分车头时距分布

在大部分交通流中存在两种类型的车辆,一种是聚集车辆,它们紧紧地跟随着前车;第二种是自由车辆,它们的运行与前边车辆不存在相互影响。更好更贴近实际的是假设车头时距服从二分分布,随着时间的推移,发展出许多种二分车头时距分布模型,如爱尔朗分布和 M_3 分布。施查赫(Schuhl)于1955年提出如下分布:

$$P(h \leq t) = 1 - \alpha e^{-t/\bar{h}_f} + (1-\alpha)e^{-(t-t_m)/(\bar{h}_b - t_m)} \tag{10-20}$$

式中:α——车辆以自由流状态行驶的概率;

$1-\alpha$——车辆在车队状态中行驶的概率;

$\bar{h}_f$——以自由流状态行驶车辆的平均车头时距;

$\bar{h}_b$——以车队状态行驶车辆的平均车头时距;

t_m——曲线中的移位。

另外,一个较好的可插车间隙车头时距分布模型是由科万(Cowan,1975)提出的 M_3 模型。该模型旨在建立较大间隙的车头时距模型。这种车头时距模型的累积概率分布为:

$$P(h \leq t) = \begin{cases} 1 - \alpha e^{-\lambda(t-t_m)} & t > t_m \\ 0 & \text{其他} \end{cases} \tag{10-21}$$

式中 λ 是常数,由以下方程给出:

$$\lambda = \frac{\alpha q}{1 - t_m q} \tag{10-22}$$

科万的车头时距模型非常实用。当 $\alpha = 1.0$ 时得到移位负指数分布;当 $\alpha = 1.0, t_m = 0$ 时,得到负指数分布。科万的模型可以直接给出车头时距分布,而唐纳(Tanner,1962)曾通过设置 $\alpha, 1 - t_m q$ 的值得到车头时距分布,然而这两种方法得出的车队中车辆数的分布是不一样的。

布伦(Brilon,1988)指出自由流车辆的概率可用以下方程式估计:

$$\alpha = e^{-Aq_p} \tag{10-23}$$

式中 A 的取值范围为 $6 \sim 9$。不同的车道和不同的车道宽度,A 的值也会不同。表 10-1 中给出萨雷万(Sullivan)和楚特拜克(Troutbeck)调查的方程(10-23)中 A 的值。

方程(10-23)中 A 值 表 10-1

车道宽度(m)	中间车道	其他车道
<3	7.5	6.5
3~3.5	7.5	5.25
>3.5	7.5	3.7

自由车辆比例的典型值 α 如图 10-3 所示。

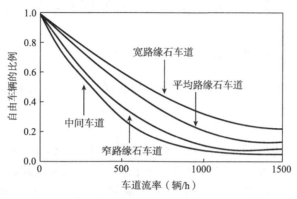

图 10-3　不同车道的自由车辆比例

4) 不同车头时距模型的数据拟合

如果平均车头时距是 21.49s，标准偏差是 19.55s，那么流量为 1/21.49 = 0.0465 辆/s（167 辆/h），将该数据代入负指数分布曲线，有：

$$P(h \leq t) = 1 - e^{-0.0465t} \tag{10-24}$$

估计移位负指数分布的参数，取偏移量是均值与标准偏差的差值，即

$$t_m = 21.49 - 19.55 = 1.94s \tag{10-25}$$

式(10-21)中用到的常数 λ 为标准偏差的倒数，在本例中 λ = 1/19.55 = 0.0512 辆/s，则该方程是：

$$P(h \leq t) = 1 - e^{-0.0512(t-1.94)} \tag{10-26}$$

这些数据和方程拟合如图 10-4 所示，图中给出了两种分布的曲线形式。

在很多情况下有大量非常短的车头时距，这时用二分车头时距分布比较好。图 10-5 给出了萨雷万(Sullivan)和楚特拜克(Troutbeck)在澳大利亚主干道上获得的车头时距应用科万的 M_3 模型拟合的例子。

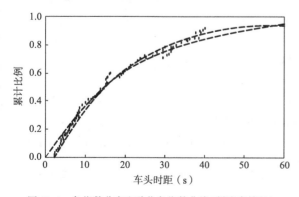

图 10-4　负指数分布和移位负指数曲线(低流率情况)

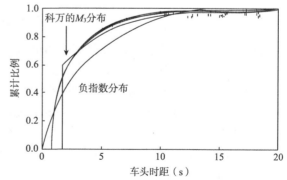

图 10-5　干道数据和科万二分车头时距分布

10.3 二路停车控制交叉口

10.3.1 两股车流间的相互作用

为了更容易地理解无信号交叉口的交通运行状况,首先研究最简单的情况:只有两股车流交叉的交叉口。

1) 通行能力

在相交的两支车流中根据它们所处道路的级别,假定一支为主要车流,另一支为次要车流。主要车流通过交叉口冲突区时自由通过而没有延误;次要道路的支路车流通过交叉口冲突区时,其驾驶人必须观察主要车流中车辆间的间隙 h,只有当某一间隙大于其临界间隙 t_c 时,才能通过,否则,必须在交叉口前等待。并且,次要车流中的车辆只有在前车离开 t_f 秒(t_f 为跟随时间),稍后才能进入交叉口。因此,无信号交叉口主要路段上的通行能力按路段计算,次要道路的通行能力等于车辆穿越空档能通过的车辆数。例如,若主路提供的间隙 $h > t_c$,允许次路一辆车通过;当时 $h > t_c + t_f$,允许两辆车通过,当 $h > t_c + nt_f$ 时允许 $n+1$ 辆车通过。根据这一理论,当主路车流的车头时距服从交通流流率为 q_p(辆/s)的负指数分布,支路上的车辆处于一种理想的单一车型时,德鲁(Drew,1968)和哈戴斯(Harders,1968)分别给出了支路的通行能力 q_m(辆/s)为式(10-27)的理论模型。

$$q_m = q_p \frac{\exp(-q_p t_c / 3600)}{1 - \exp(-q_p t_f / 3600)} \tag{10-27}$$

通过用能够反映实际主路车头时距的分布函数代替负指数分布函数,对上式进行改进可得到许多不同的理论模型公式。

下面介绍次要车流通行能力 q_m 另一种推导方法。设 t 为主要车流的间隙,$g(t)$ 是利用 t 能够进入的次要车流的车辆数。预期每小时的 t 秒间隙的数量为 $3600 q_p f(t) g(t)$,其中 $f(t)$ 是主要车流间隙分布的密度函数,q_p 为主要车流的流量。因此,由每小时的 t 秒间隙所提供的通行能力为 $3600 q_p f(t) g(t)$。为了获得用辆/s 表示的总通行能力,必须在主要车流间隙的整个范围内求积分:

$$q_m = q_p \int_0^\infty f(t) g(t) \mathrm{d}t \tag{10-28}$$

式中:q_m——次要车流中离开停车线的最大流量,辆/s;

q_p——主要车流中的流量,辆/s;

$f(t)$——主要车流间隙分布的密度函数;

$g(t)$——次要车流中可以通过主要车流间隙为 t 的车辆数。

基于可插车间隙模型,如果有以下几条假设,那么简单的两股车流状况(图10-6)的通行能力可以利用基本的概率论方法来估计。假设如下:

(1) t_c 和 t_f 的值为常数;

(2) 对优先车流车头时距应用负指数分布;

(3) 每股车流有稳定的流量。

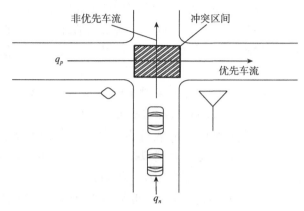

图 10-6　基本排队系统图解

对于 $g(t)$ 可分为两种不同的公式表述。第一种假设 $g(t)$ 为阶跃分布函数(图 10-2)：

$$g(t) = \sum_{n=0}^{\infty} n P_n(t) \tag{10-29}$$

式中：$P_n(t)$——n 辆次要车流进入持续时间为 t 的主要车流间隙的概率：

$$p_n(t) = \begin{cases} 1 & t_c + (n-1)t_f \leq t \leq t_c + n t_f \\ 0 & \text{其他} \end{cases} \tag{10-30}$$

第二种通行能力方程假设 $g(t)$ 为连续线性函数，即：

$$g(t) = \begin{cases} 0 & t < t_0 \\ \dfrac{t - t_0}{t_f} & t \geq t_0 \end{cases} \tag{10-31}$$

式中：$t_0 = t_c - \dfrac{t_f}{2}$。

需要再次强调，在式(10-29)和式(10-30)中，t_c 和 t_f 对所有驾驶人来说都是假设为固定值。由 $g(t)$ 的两种定义得到的通行能力公式计算结果差别很小，在实际应用时，一般可以忽略。

如果将式(10-28)和式(10-29)结合起来，可以得到德鲁(Drew,1968)、巴克力(Buckley,1962)与哈戴斯(Harders,1968)通过不同方式得到的通行能力方程：

$$q_m = q_p \frac{e^{-q_p t_c}}{1 - e^{-q_p t_f}} \tag{10-32}$$

如果将式(10-25)和式(10-27)结合起来，则可以得到公式：

$$q_m = \frac{1}{t_f} e^{-q_p t_c} \tag{10-33}$$

然而前面提到的三个假设只是理想化的假设。高斯曼(Grossmann,1991)通过模拟调查研究了这些结果。这些研究显示：

（1）如果用实际分布（Grossmann，1988）代替固定的 t_c 和 t_f 的值，通行能力下降；

（2）驾驶人行为可能不一致，也就是说，同一个驾驶人在不同时间有不同的临界间隙；驾驶人在一种情况下拒绝的间隙而在另外的情况下却可能接受。这些影响导致通行能力的增加；

（3）用更多实际的车头时距分布来代替主要车流间隙的负指数分布，通行能力将增加，如同使用 t_c 和 t_f 的值的分布（Grossmann，1991；Troutbeck，1986）；

（4）许多无信号交叉口具有复杂的驾驶人行为方式，而且常常很难得到变量 t_c 和 t_f 或者复杂的车头时距分布。然而，高斯曼通过模拟技术显示，这些影响会相互补偿，因此这些简单的通行能力方程也能在实践中得到比较接近实际的结果。

通过用更现实的分布，如二分分布来代替在假设（2）中用到的负指数车头时距分布，会得到更一般的解决方法，其方程是：

$$q_m = \frac{\alpha q_p e^{-\lambda(t_c-t_m)}}{1 - e^{-\lambda t_f}} \tag{10-34}$$

式中：

$$\lambda = \frac{\alpha q_f}{1 - t_m q_f} \tag{10-35}$$

此方程也与唐纳（Tanner，1967）、吉普斯（Gipps，1982）、楚特拜克（1986）、科万（1987）的类似，见图10-7。如果 $\alpha = 1.0$，$t_m = 0$，则得到哈德斯（Harders）方程。若 $\alpha = 1 - q_p \cdot t_m$，则得唐纳方程：

$$q_m = (1 - q_p t_m) \cdot \frac{q_p e^{-q_p(t_c-t_m)}}{1 - e^{-q_p t_f}} \tag{10-36}$$

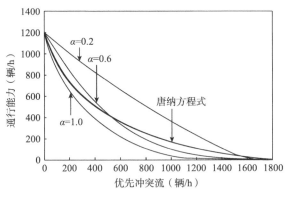

图 10-7　唐纳（Tanner）方程式中 α 变化的影响

若使用 $g(t)$ 的线性关系，则通行能力方程为：

$$q_m = \frac{\alpha \cdot q_p \cdot e^{-\lambda(t_0-t_m)}}{\lambda \cdot t_f} \tag{10-37}$$

或

$$q_\mathrm{m} = \frac{(1 - q_\mathrm{p} t_\mathrm{m}) \cdot e^{-\lambda(t_0 - t_\mathrm{m})}}{t_\mathrm{f}} \tag{10-38}$$

唐纳(1962)分析了主要车流和次要车流均为随机到达的交叉口的通行能力和延误,得出其车头时距服从负指数分布。然后他假设主要车流是受限制的,其可插车间隙不小于 t_m 秒,但存在一个其他车辆无法插入的有限长度。唐纳认为主要车流与次要车流均存在阻塞和非阻塞状态。阻塞状态是指车流中包含了一个或多个连续插车间隙小于 t_m 秒的状态。当车流中出现可插车间隙大于 t_m 的第一辆车时,阻塞开始;当车流中可插车间隙均小于 t_c 时阻塞结束。

普兰克(Plank)和凯茨普(Catchpole)1984 年给出了一个现实代替假设(1)和假设(2)中公式设置都相同的分析解决方案:

$$q_\mathrm{m} = \beta \cdot \frac{q_\mathrm{p} e^{-q_\mathrm{p} t_\mathrm{c}}}{1 - e^{-q_\mathrm{p} t_\mathrm{f}}} \tag{10-39}$$

式中:

$$\beta = 1 + \frac{1}{2} \cdot q_\mathrm{p}^2 \left[Var(t_\mathrm{c}) + \frac{Var(t_\mathrm{f})}{e^{q_\mathrm{p} t_\mathrm{f}} - 1} \right] + \eta_\mathrm{c} + \eta_\mathrm{f} \tag{10-40}$$

$Var(t_\mathrm{c})$——临界间隙的方差;
$Var(t_\mathrm{f})$——跟随时间的方差;
η_c——$Var(t_\mathrm{c})$ 趋向 0 时的增量;
η_f——$Var(t_\mathrm{f})$ 趋向 0 时的增量。

威格曼(Wegman,1991)将通用的通行能力公式进行了改进,使其可以用于临界间隙、跟随时间分布和主要车流车头时距的各种类型的分布。

$$q_\mathrm{m} = \frac{1 + E[z(G - t_\mathrm{c})/\tau]}{E(C) \cdot E(1/\tau)} \tag{10-41}$$

式中:$E(C)$——主车道周期 C 的期望值;
　　　C——$G + B$;
　　　G——可插车间隙;
　　　B——阻塞时间;
　　　τ——$G > t_\mathrm{c}$ 的概率;
　　　$z(t)$——在持续 t 的时间间隔内期望离去的车辆数。

由于这些方法非常复杂难解,许多学者试图通过模拟研究寻找现实的通行能力估计方法。这些应用中比较好的是 German 方法(FGSV1991)和 Polish 方法。

2) 交通运行质量

通常交叉口的交通运行状况或质量可以用以下变量来表示:
①平均延误;

②平均排队长度;
③延误的分布;
④排队长度分布(也就是在次路排队的车辆数);
⑤停车数和从停车到正常速度的加速度值;
⑥系统为空的概率 p_0。

这些变量也被称作效果检测量。变量的分布可用以下方式来表示:
①标准差;
②百分比;
③总体分布。

为了便于比较评估,可用如下两种工具来解决可插车间隙问题:
①排队理论;
②模拟方法。

每一个效果检测都通过优先车流流量与非优先车流流量、自由车辆百分比、次要车流和主要车流排队长度等参数的函数进行检验。

排队理论解决方法的第一步集中在平均延误上。

(1) 平均延误的一般算法

每辆车平均延误的通用方程可表示为:

$$D = D_{\min}\left(1 + \frac{\gamma + \varepsilon x}{1-x}\right) \tag{10-42}$$

式中,γ 和 ε 为常量,x 为饱和度 $= q_n/q_m$;$D_{\min}$ 为亚当斯(Admas)延误,它是当次要车流流率非常低时次要车流的平均延误,同时也是次要车流经历的最小平均延误。

楚特拜克(1990)根据科万公式给出关于 γ、ε 和 $D_{\min}$ 的方程式。如果假设次要车流的车辆是随机到达的,那么 $\gamma = 0$;相反地,如果次要车流有排队,那么 $\gamma > 0$。对于随机到达的次要车流,ε 为:

$$\varepsilon = \frac{e^{q_p t_f} - q_p t_f - 1 + q_p(e^{q_p t_f} - 1)D_{\min}}{q_p(e^{q_p t_f} - 1)D_{\min}} \tag{10-43}$$

注意:ε 约等于 1.0,$D_{\min}$ 依赖于主要车流的排队特性。如果排队车辆服从几何分布,则有:

$$D_{\min} = \frac{e^{\lambda(t_c - t_m)}}{\alpha q_p} - t_c - \frac{1}{\lambda} + \frac{\lambda t_m^2 - 2t_m + 2t_m \alpha}{2(t_m \lambda + \alpha)} \tag{10-44}$$

唐纳(Tanner,1962)的模型中对于亚当斯(Adams)延误有不同的方程,因为主要车流聚集长度服从 Borel-Tanner 分布。方程式为:

$$D_{\min} = \frac{e^{q_p(t_c - t_m)}}{(1 - t_m q_p)q_p} - t_c - \frac{1}{q_p} + \frac{q_p t_m^2 (2t_m q_p - 1)}{2(1 - t_m q_p)^2} \tag{10-45}$$

另一种平均延误的求解方法是哈戴斯(Hades,1968)给出的,它不是完全基于排队理论。

然而,作为最初的近似解,以下方程对于没有优先权的车辆的平均延误十分有用。

$$D = \frac{1 - e^{-(q_p t_c + q_n t_f)}}{q_m/3600 - q_n} + t_f \qquad (10\text{-}46)$$

式中 q_m 的值由式(10-32)得出。

(2)用排队系统求解平均延误

$M/G/1$ 排队系统:若用 $M/G/1$ 排队系统来代替简单的两车流系统(图10-6),可以得出一个经验的排队理论模型。服务台是次要道路上的第一个排队位置,系统的输入是次要道路到达的车辆,其到达为随机的,即到达车头时距(M)为负指数分布。在排队的第一个位置上花费的时间是服务时间,它是由主要车流控制的,其服务时间分布未知,G 是任意服务时间。$M/G/1$ 中的"1"表示一个服务通道,即次要道路只有一条车道。

对于 $M/G/1$ 排队系统,可用 P-K(Pollaczek-Khintchine)公式计算排队中用户的平均延误:

$$D_q = \frac{xW(1 + C_W^2)}{2(1 - x)} \qquad (10\text{-}47)$$

式中:W——平均服务时间,即次要道路车辆在第一个排队位置所花费的平均时间;

C_W——服务时间偏差系数,$C_W = \sqrt{Var(W)}/W$;

$Var(W)$——服务时间的方差。

次要道路车辆总平均延误时间为:$D = D_q + W$。一般来说,对于单通道排队系统,平均服务时间是通行能力的倒数。如果得到通行能力并且在总延误中包括服务时间 W,则有:

$$D = \frac{1}{q_m}\left(1 + \frac{x}{1-x}C\right) \qquad (10\text{-}48)$$

式中 $C = \frac{1 + C_W^2}{2}$。

上面的是一般情况,现在的问题是 C 的估计。C 的几种极端情况如下:

①规则的服务:每辆车在第一个排队位置花费相同的时间,从而可得 $Var(W) = 0$,$C_W^2 = 0$ 及 $C = 0.5$,这是 $M/D/1$ 排队的解;

②随机服务:车辆在第一个排队位置花费时间为负指数分布,这样可得 $Var(W) = E(W)$,$C_W^2 = 1$ 及 $C = 1.0$,这是 $M/M/1$ 排队的解。

这些简单的解都不能正确地解决无信号交叉口问题,然而作为近似的解,建议用 $C = 1.0$ 代入式(10-48)。式(10-42)可以进一步转化为:

$$D = D_{\min}(1 + \gamma)\left(1 + \frac{\gamma + \varepsilon}{1 + \gamma} \times \frac{x}{1 - x}\right) \qquad (10\text{-}49)$$

这与式(10-48)相似,随机常数 C 由 $(\gamma + \varepsilon)/(1 + \gamma)$ 得出,$1/D_{\min}(1 + \gamma)$ 项可认为是一个等值的通行能力或服务率。这两项都是临界间隙参数 t_c 和 t_f 及车头时距分布的函数,需

要注意的是 C、ε 和 γ 的值并不是在所有情况下都可用。

对于 $M/G/1$ 系统,排队为零的概率 p_0 由下式给出:

$$p_0 = 1 - x \tag{10-50}$$

该公式在无信号交叉口的实际应用中能得到比较接近实际的结果。

$M/G2/1$ 排队系统:这种排队系统的服务时间分布可用两种类型来描述,每一种类型都有特殊的分布:

①设 W_1 为进入空系统的车辆的服务时间,也就是车辆到达时系统中无排队车辆;

②设 W_2 为当其他车辆已经在排队时车辆加入队列的服务时间。

在这两种情况下,服务时间都是车辆在靠近停车线的第一个位置等待所花费的时间。这种解法是科瑞姆斯(Kremser)和唐纳于 1962 年第一个提出,之后在 1964 年叶欧(Yeo)和维萨库(Weesakul)也提出了类似解法。用户花费在这样一个系统中的平均排队时间为:

$$D_q = \frac{q_n}{2}\left[\frac{E(W_1^2) - E(W_2^2)}{v} + \frac{E(W_2^2)}{y}\right] \tag{10-51}$$

式中:D_q——在排队中位于非第一个位置的车辆的平均延误;

$E(W_1)$——W_1 的期望值;

$E(W_1^2)$——$(W_1 \times W_1)$ 的期望值;

$E(W_2)$——W_2 的期望值;

$E(W_2^2)$——$(W_2 \times W_2)$ 的期望值;

v——$y + z$;

y——$1 - q_n E(W_2)$;

z——$q_n E(W_1)$。

排队为零的概率为:

$$p_0 = \frac{y}{v} \tag{10-52}$$

这个公式的应用结果与式(10-50)的结果差别非常小,如图 10-8 所示。图中给出了不同 q_p 值的曲线,横轴为饱和度,纵轴为分别由式(10-50)和式(10-52)得出的 q_0 值的差值。

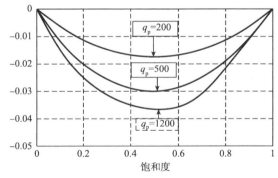

图 10-8 排队为零的概率(式(10-52)与式(10-50)的比较)

x-饱和度;q_p-优先流率(辆/h)

此外，不同的列队长度和车头时距分布都会对延误有一定的影响，分布如图 10-9 和图 10-10 所示。有关唐纳车头时距分布，请参考有关文献。假设 t_c 是 4s，t_f 是 2s，q_p 是 1000 辆/h。当次要车流流率是 400 辆/h 时，服从移位负指数分布的优先车流平均延误为 4120s。这比唐纳模型和指数模型的延误结果大很多。平均延误也依赖于如图 10-10 所示的平均队列长度，当队列长度变化时延误会有显著的差异。图 10-10 为在平均聚集长度分别为 1、1.5、2、3 和 5 时，在不同的次要车流流率下平均每辆车的稳态延误。

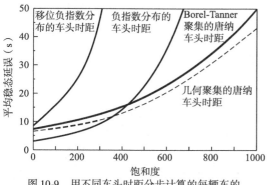

图 10-9 用不同车头时距分步计算的每辆车的平均稳态延误

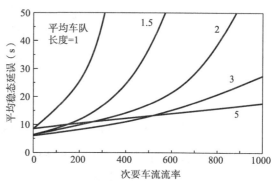

图 10-10 几何队列长度分布和不同平均车队长度时平均每辆车的稳态延误

3) 排队长度

在任何排队理论中，平均排队长度(L)都可根据利特尔(Little)原则算出：

$$L = q_n D \tag{10-53}$$

假设系统有排队的时间比等于饱和度，那么有排队时的平均排队长度为：

$$L_q = q_n \frac{D}{x} = q_m D \tag{10-54}$$

1991 年黑德曼(Heidemann)提出了一种更为合理的排队长度分布。

$$p(0) = h_1 \cdot h_3 \cdot (q_p + q_n)$$

$$p(1) = p(0) \cdot h_3 \cdot q_n [e^{q_n t_f} - (t_c - t_f) \cdot h_2] - q_n h_1 h_3 \tag{10-55}$$

$$p(n) = p(n-1) \cdot h_3 \cdot q_n [e^{q_n t_f} - (t_c - t_f) \cdot h_2] - h_3 \cdot \sum_{m=0}^{n-2} p(m) \left[h_2 \frac{(t_c - t_f \cdot q_n)^{n-m}}{(n-m)!} + \frac{(-q_n t_f)^{n-m} \cdot e^{q_n t_f}}{t_f \cdot (n-m-1)!} \right]$$

式中：$p(n)$——n 辆车在次要道路上排队的概率；

$$h_1 = e^{-q_p t_c} + (e^{-q_p t_f} - 1) \frac{q_n}{q_p}, h_2 = q_p e^{-q_p t_c - q_n (t_c - t_f)}, \frac{1}{h_3} = h_2 \cdot q_n \cdot e^{-q_p t_f}$$

这些公式都是基于通行能力的三条假设条件的而且解决方法太复杂不利于实际应用。另外，计算排队长度的关键百分数是排队长度的期望值而不是排队的概率，而这又不能从这些式子中直接得到。因此，吴(Wu)在 1994 年改进了另外一种公式近似计算上述公式：

$$p(0) = 1 - x^\alpha$$
$$p(n) = p(0) \cdot x^{a[b(n-1)+1]} \quad (10\text{-}56)$$

这里 $p(n)$ 是 n 辆车在次要道路排队的概率，x 是饱和度，q_m 由式(10-33)求得。上式中各参数计算如下：

$$x = \frac{q_n}{q_m}$$

$$a = \frac{1}{1 + 0.45 \cdot \dfrac{t_c - t_f}{t_f} \cdot q_p} \quad (10\text{-}57)$$

$$b = \frac{1.51}{1 + 0.68 \cdot \dfrac{t_c}{t_f} \cdot q_p}$$

利用比较接近实际的近似 $t_c \approx 2t_f$，可以得到 $a = \dfrac{1}{1+0.45q_p}, b = \dfrac{1.51}{1+1.36q_p}$。

从式(10-56)可以得到累积分布函数：

$$F(n) = P(L \leq n) = 1 - x^{\alpha(bn+1)} \quad (10\text{-}58)$$

对于给定百分数 S，例如 $S = F(n) = 0.95$，要求这个公式计算的结果最多在 $100(1-S)\%$ 的时间内排队长度超过 n（图10-11），依此来求解 n。应用于实践时，排队长度可以用 $M/M/1$ 排队系统及相应的式(10-56)来计算。基于式(10-58)的 95% 排队长度如图10-11所示。

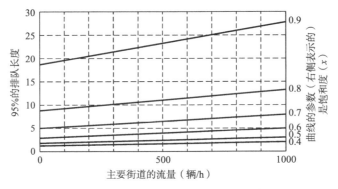

图10-11　基于式(10-53)的95%排队长度

4）停车比例

为求解驾驶人在两股车流的无信号交叉口的停车比例，首先假设次要车流车辆随机到达，而主要车流车头时距服从科万的 M_3 分布。假设速度的变化是瞬间的，而且所要预测的停车数包括那些调整车速以避免突然停车的驾驶人。

停车比例 $P(x,0)$ 依赖于饱和度 x、主要车流车辆连续时的车头时距 t_m、临界间隙 t_c 及主要车流流率 q_p：

$$P(x,0) = 1 - (1-x)(1-t_m q_p) e^{-\lambda(t_c - t_m)} \quad (10\text{-}59)$$

式中：$\lambda = \alpha q_p / (1 - t_m q_p)$。

驾驶人停车超过一个短时段 t 的比例 $P(x,t)$ 由经验方程得到：

$$P(x,t) = P(0,t) + A[1-p(0,t)]x + (1-A)[1-P(0,t)]x^2 +$$
$$(1-A)(1-B)(1-x)x \tag{10-60}$$

式中：$B = 1 - \left(1 - \dfrac{t}{t_f}\right)(1 - t_m q_p) e^{-\lambda(t_a - t_m)}, A = 1 - \alpha_0 e^{-\lambda(t_\alpha - t_m)}$

并且

$$P(0,t) = P(0,0) - q_p t \alpha e^{-\lambda(t_\alpha - t_m)}$$
$$P(0,t) = 1 - (1 - t_m q_p + q_p t \alpha) e^{-\lambda(t_\alpha - t_m)} \tag{10-61}$$

如果主要车流随机到达，则 α_0 等于 1.25；对于主要车流是聚集车辆的交通流，α_0 则等于 1.15。有些车辆可以通过调整车速来避免停车，从而认为这些车辆属于不完全停车。此外，也可以对排队中车辆加速和起动所花费的时间作出估计。

5) 时变解决方案

由传统排队理论给出的求解无信号交叉口的方法都是稳态解决方法，稳态是在一段无限长的时间后出现的状态，从而可以认为交通量与时间无关，并且仅适用于饱和度小于 1 的情况。这意味着在实际条件下，如果 T 远大于式 (10-62) 右侧表达式的值，稳态排队理论才能得出有用的近似值：

$$T > \dfrac{1}{(\sqrt{q_m} - \sqrt{q_n})^2} \tag{10-62}$$

式中 T 为观测时间，基于 T 的平均延误应该用秒来估计。这个不等式的应用条件为：q_m 和 q_n 在时间间隔 T 中基本上是常数。由式 (10-62) 给出的最低限度如图 10-12 所示，图中分别给出了时间间隔 T 为 5、10、15、30 和 60min 的曲线。如果 q_n 低于相应的 T 值，对应的曲线可以假定为稳定状态；如果该条件即式 (10-62) 不满足，则应该用与时间相关的解决方法，即时变解决方法。

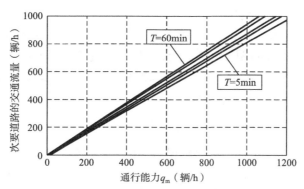

图 10-12 区别稳态和时变状态时间间隔长度的近似最低值

在高峰阶段，交通流量大于其前和其后的时段，甚至超过通行能力。高峰时段的平均延误可以用以下公式估计：

$$\begin{cases} D = D_1 + E + \dfrac{1}{q_m} \\ D_1 = \dfrac{1}{2}(\sqrt{F^2 + G} - F) \\ F = \dfrac{1}{q_{mo} - q_{no}}\left[\dfrac{T}{2}(q_m - q_n)y + C\left(y + \dfrac{h}{q_m}\right)\right] + E \\ G = \dfrac{2Ty}{q_{mo} - q_{no}}\left[c\dfrac{q_n}{q_m} - (q_m - q_n)E\right] \\ E = \dfrac{Cq_{no}}{q_{mo} - (q_{mo} - q_{no})} \\ h = q_m - q_{mo} + q_{no} \\ y = 1 - \dfrac{h}{q_n} \end{cases} \quad (10\text{-}63)$$

式中：q_m——持续时间为 T 的高峰阶段的次要车流的通行能力；

q_{mo}——高峰阶段前和后次要车流的通行能力；

q_n——持续时间为 T 的高峰阶段的次要车流的流量；

q_{no}——高峰阶段前和后的次要车流的流量。

这些参数的单位为辆/h，延误为 s。C 与 $M/G/1$ 系统中的因素 C 相似，其中对无信号交叉口，$C = 1$；对信号交叉口，$C = 0.5$。这个公式对估计延误非常有效，尤其对于计算暂时过饱和状态的延误。

车辆平均延误的稳态解法由式(10-42)给出；另一方面，延误 D_d 的定数理论状态方程为：

$$D_d = D_{min} + \dfrac{2L_0 + (x_d - 1)q_m T}{2q_m} \quad x > 1 \quad (10\text{-}64)$$

否则，$D_d = 0$。

式中：L_0——初始排队；

T——系统运行时间(s)；

q_m——进口通行能力。

这些方程的图解表示如图 10-13 所示。对于给定的平均延误，协调转换方法(如图 10-13 所示)给出了新的饱和度 x_t，这与稳态饱和度 x_s 和定数理论状态饱和度 x_d 相关，关系如下：

$$x_d - x_s = 1 - x_s = \alpha \quad (10\text{-}65)$$

整理式(10-42)和式(10-64)，得出延误 D_d 和 D_s 的函数，即 x_s 和 x_d 的两个方程：

$$x_s = \dfrac{D_s - D_{min} - \gamma D_{min}}{D_s - D_{min} + \varepsilon D_{min}} \quad (10\text{-}66)$$

$$x_d = \dfrac{2(D_d - D_{min}) - 2L_0/q_m}{T} + 1 \quad (10\text{-}67)$$

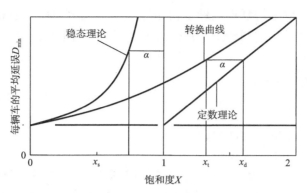

图 10-13 协调转换技术

对于式(10-65)，x_t 由下式给出：

$$x_t = \frac{2(D_d - D_{\min}) - 2L_0/q_m}{T} - \frac{D_s - D_{\min} - \gamma D_{\min}}{D_s - D_{\min} + \varepsilon D_{\min}} \tag{10-68}$$

整理式(10-68)，设 $D = D_s = D_d, x = x_t$，得出：

$$D_t = \frac{1}{2}(\sqrt{A^2 + B} - A) \tag{10-69}$$

式中：

$$A = \frac{T(1-x)}{2} - \frac{L_0}{q_m} - D_{\min}(2-\varepsilon) \tag{10-70}$$

$$B = 4D_{\min}\left\{\frac{T(1-x)(1+\gamma)}{2} + \frac{Tx(\varepsilon+\gamma)}{2} - (1-\varepsilon)\left[\frac{L_0}{q_m} + D_{\min}\right]\right\} \tag{10-71}$$

式(10-65)保证转换方程向定数理论方程渐进。

整理式(10-42)，可以得出一个简单的方程：

$$\alpha = 1 - x_s = \frac{D_{\min}(\gamma + \varepsilon x_s)}{D_s - D_{\min}}$$

$$\alpha \approx \frac{D_{\min}(\gamma + \varepsilon x_t)}{D_s - D_{\min}} \tag{10-72}$$

如果将其代入式(10-65)中，整理后会得到非稳态延误的方程：

$$D - D_{\min} = \frac{1}{2}\frac{L_0}{q_m} + \frac{(x-1)T}{4} + \sqrt{\left[\frac{L_0}{2q_m} + \frac{(x-1)T}{4}\right]^2 + \frac{TD_{\min}(\varepsilon x + \gamma)}{2}} \tag{10-73}$$

若置 ε 为 1, γ 为 0, $D_{\min}$ 为 $\frac{1}{q_m}$，则会得到与 $M/M/1$ 排队系统相似的方程：

$$D = \frac{1}{q_m} + \frac{T}{4}\left[(x-1) + \sqrt{(x-1)^2 + \frac{8x}{q_m T}}\right] \tag{10-74}$$

由式(10-73)预测的平均延误依赖于初始排队长度、运行时间、饱和度及稳态方程的系数,利用该方程可以估计过饱和状态下和初始排队不同时的平均延误。

6) 储备通行能力

储备通行能力 R 定义为:

$$R = q_m - q_n \tag{10-75}$$

式中:q_m——次要道路上的通行能力;

q_n——次要道路上的交通流量。

储备通行能力与平均延误密切相关,美国《道路通行能力手册》里用它来作为效率的度量标准,如图10-14所示。图中所示平均延误 D 与储备通行能力 R 之间的关系,当高峰小时间隔时间持续 $T=1\text{h}$ 时,延误由式(10-63)得出;参数 100 辆/h、500 辆/h 和 1000 辆/h 代表主要街道的交通流量 q_p。从这个关系中可以看出,由储备通行能力能够求出平均延误的一个较好的近似值。

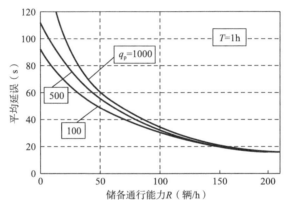

图10-14 平均延误 D 与储备通行能力 R 的关系

注意:当 $R > 100$ 时一般能保证平均延误低于 35s。布伦(Brilon)使用坐标变换方法来计算过饱和情况下的平均延误,方程组可以由式(10-76)给出:

$$D = -B + \sqrt{B^2 + b} \tag{10-76}$$

这里

$$B = \frac{1}{2}\left(bR - \frac{L_0}{q_m}\right) \tag{10-77}$$

$$b = \left\{\frac{1}{q_m - R_f}\left[\frac{L_0 - R_f T}{2}\left(1 - \frac{R_f}{R_0}\right) - \frac{L_0}{q_m}\right]\right\}\frac{1}{|R_f|} \tag{10-78}$$

$$R_f = \frac{100 \times 3600}{T} \tag{10-79}$$

$$L_0 = \frac{q_{n0}}{R_0} = \frac{q_{m0} - R_0}{R_0} \tag{10-80}$$

式中：T——高峰小时持续时间；
　　q_m——高峰小时次要道路通行能力；
　　q_n——高峰小时次要道路上的交通量；
　　R——高峰小时储备通行能力；
　　L_0——高峰小时前后的平均排队长度；
　　q_{n0}——高峰小时前后次要道路流量；
　　q_{m0}——高峰小时前后次要道路通行能力；
　　R_0——高峰小时前后的储备通行能力。
　　这些方程式里的所有变量都应该用 s、辆/h 和辆/s 作为单位。

7) 随机模拟

虽然前面已经对无信号交叉口交通流运行进行了一定假设，但实际中的交叉口情况很复杂，所采用的分析方法往往得不出满足现状的结果。而现代随机模拟工具可以克服以上难题，模型结果的真实性可以达到期望水平，但其受执行者所愿意保证的效果和可利用（可容忍的）计算机时间限制。目前在无信号交叉口的领域中，随机模拟模型可以分为两种情况：

（1）点处理模型：这里小客车被看作点，也就是说其长度是忽略不计的。小客车看作"存储"在停车线上，根据可插车间隙原理从这里离开。当然，有限的加速和减速影响可以用平均的车辆性能来表示。这类模拟模型的优点是在实际应用时运行模型所需要的计算机时间较短。KNOSIMO 模型（Grossmann,1988,1991）是一个在交叉口设计过程中可以由交通工程师在其个人电脑上进行操作的模型。有研究（凯特等人,1996）指出相对于其他一些模型，KNOSIMO 模型提供了无信号交叉口的交通流的最逼真的表示法。它的一个特点是对主要街道每个方向上单车道交通流的限制。

（2）车辆跟驰模型：这类模型是结合车辆跟驰过程而不是运行消耗时间，给出车辆在路上占据空间的情况。车辆跟驰现象普遍存在于铁路、公路等交通领域。后车追踪前车运行，必须随着前车的行为变化调整自身的行为，这种调整不仅体现在速度上，而且反映跟驰车距的变化。跟驰车距和跟驰速度，一定程度上决定了车辆能否安全、快捷地追踪运行，对其进行控制显然是必要的。目前对车辆跟驰研究成果主要集中在跟驰模型、跟驰车距等方面。跟驰模型主要有 Pipes（派普斯）与 Forbes（福布斯）的跟驰模型、GM 模型、基于安全车头间隔的模型、基于驾驶人心理反应的模型、基于期望车头间隔的模型、基于模糊推理系统的跟驰模型等。

10.3.2　优先道路上两股或多股车流的相互作用

1) 通行能力计算

前面所讨论的模型只包括两股车流，一股是优先车流，另一股是次要车流，次要车流的级别比优先车流低。在某些情况下，次要车流驾驶人可能必须为多个车道的车流让路。下面就分析这些交叉口的通行能力和延误。

如果主要车流的车头时距服从负指数分布，那么次要车流的通行能力按单车道方程计算，其中优先车流的流率等于各车道流率的总和。计算公式如下：

$$q_{\text{emax}} = \frac{3600 q \mathrm{e}^{-q t_\alpha}}{1 - \mathrm{e}^{-q t_\mathrm{f}}} \tag{10-81}$$

式中 q 是主路车流量总和,该式得出的通行能力单位为辆/h。

考虑一个具有 n 股主要车流的交叉口,假设次要车流每个车道的交通具有二分车头时距分布,一部分车辆成群聚集,其余的车辆间无相互影响。所有成群聚集的车辆车头时距为 t_m,自由车辆的车头时距等于 t_m 加上负指数(或随机)时间,这与科万的 M_3 模型相同。假设每条车道的车头时距分布是独立的,则次要车流入口通行能力(veh/h)估计值为:

$$q_{\text{emax}} = \frac{3600 [\lambda(1 - t_{\mathrm{m}1} q_1)(1 - t_{\mathrm{m}2} q_2) \cdots (1 - t_{\mathrm{m}n} q_n) \mathrm{e}^{-\lambda(t_\alpha - t_\mathrm{m})}]}{1 - \mathrm{e}^{-\lambda t_f}} \tag{10-82}$$

式中:

$$\lambda = \lambda_1 + \lambda_2 + \cdots + \lambda_n \tag{10-83}$$

$$\lambda_i = \frac{\alpha_i q_i}{1 - t_\mathrm{m} q_i} \tag{10-84}$$

q_i——主要车流 i 的流率,辆/h;

α_i——主要车流 i 中自由车辆的百分比。

这个公式假设自由车辆的百分比 α_i 是车道车流的函数,即: $\alpha_i = 1 - t_\mathrm{m} q_i$,这样 λ_i 可以用 q_i 来归纳。

2) 多车道车流模型

楚特拜克于1986年计算出了服从科万的二分车头时距分布的主要车流与次要车流的通行能力。主要车流的车头时距分布如下:

$$F(t) = \frac{2 q_1 q_2 t}{q_1 + q_2} \qquad t < t_m \tag{10-85}$$

$$F(t) = 1 - \alpha' \mathrm{e}^{-\lambda'(t - t_\mathrm{m})} \qquad t > t_m \tag{10-86}$$

式中:

$$\alpha' = \frac{\alpha_1 q_1 (1 - q_2 t_\mathrm{m}) + \alpha_2 q_2 (1 - q_1 t_\mathrm{m})}{q_1 + q_2} \tag{10-86a}$$

或者应用数学方法,得:

$$\alpha' q = \lambda' \prod_{i=1}^{n} (1 - q_i t_\mathrm{m}) \tag{10-86b}$$

$$\lambda' = \lambda_1 + \lambda_2 \tag{10-87}$$

例如,如果有两股相同的车流,其车辆间的车头时距分布由式(10-85)和式(10-86)给出,如图10-15所示可插车间隙理论仅要求较长的车头时距或者间隙被精确地代替,较短的间隙只需要被记录下来。因此两车道的车头时距分布能够由具有以下特性的单一科万 M_3 模型代替:

$$\begin{cases} F(t) = 1 - \alpha^* e^{-\lambda'(t-t_m^*)} & t > t_m^* \\ F(t) = 0 & \text{其他} \end{cases} \quad (10\text{-}88)$$

这个修正的分布也在图 10-15 中作了说明，α^* 和 t_m^* 值的选择必须保证获得正确的百分比和平均车头时距，这将保证车头时距大于 t，且当 t 大于 t_m^* 时，从单车道和双车道得出的 $1-F(t)$ 是相同的。

楚特拜克于 1991 年给出了如下计算 α^* 和 t_m^* 的方程，从而利用修正的单车道模型来计算与多车道模型相同的通行能力。

$$(1 - t_m^* q_1 - t_m^* q_2) e^{\lambda' t_m^*} = (1 - t_m q_1)(1 - t_m^* q_2) e^{\lambda' t_m} \quad (10\text{-}89)$$

$$\alpha^* e^{\lambda' t_m^*} = \alpha^* e^{\lambda' t_m} \quad (10\text{-}90)$$

经过这两个方程的迭代求解 α^* 和 t_m^*，迭代方程如下：

$$t_{m,i+1}^* = \frac{1 - (1 - t_m q_1)(1 - t_m q_2) e^{\lambda'(t_m - t_{m,i}^*)}}{q_1 + q_2} \quad (10\text{-}91)$$

从式(10-90)与式(10-91)中可以得出 α^*。

当应用修正的单车道模型代替双车道模型来计算亚当斯延误时，误差很小。亚当斯延误是当次要车流流率接近于 0 时次要车流的平均延误，如图 10-16 所示。

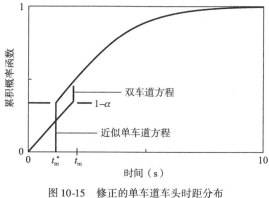

图 10-15 修正的单车道车头时距分布

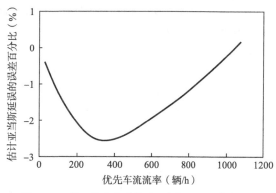

图 10-16 修正的单车道模型亚当斯延误的估计误差百分比与主要车流流率的关系

总之，没有必要用多车道模型来增加计算的复杂性，单车道二分车头时距模型能够用来表示单车道或双车道的车头时距分布。

10.3.3 多级别车流的相互作用

1）二路停车控制交叉口车流的级别

根据无信号交叉口的交通流特性，车流都有不同的优先级别，图 10-17 中作了说明。图中指出主路的左转车必须为主路的直行交通让路；次路的左转车必须为所有其他车流让路，并且仍受到第二级车流排队的影响。

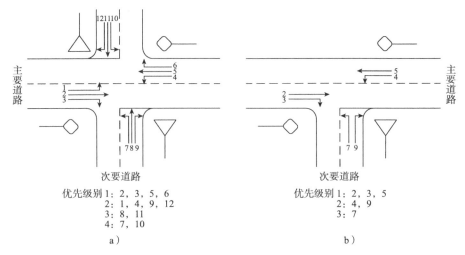

图 10-17 交通车流及其级别

2) 第三级和第四级车流的交通量

目前还没有精确的分析方法来推导第三级车流的交通量,如 T 形交叉口次要街道左转车(图 10-17b)中车流 7)。这里,可插车间隙理论用系数 p_0 作为一个近似值。每个运动方向的 p_0 是在进口处没有车辆排队的概率,这个参数由式(10-51)给出并有足够的精度,或者由式(10-53)得出更好的解。由于道路法规的限制,只有在整个时间的 $p_{0,\text{rank}-2}$ 段,第三级车流的车辆才能进入交叉口。因此对第三级车流,潜在通行能力的基数值 q_m 必须减少到 $p_0 q_\text{m}$ 以获得真正的潜在通行能力 q_e:

$$q_{e,\text{rank}-3} = p_{0,\text{rank}-2} \cdot q_{\text{m},\text{rank}-3} \tag{10-92}$$

对于 T 形交叉口:

$$q_{e,7} = p_{0,4} \cdot q_{\text{m},7} \tag{10-93}$$

对于十字交叉口:

$$q_{e,8} = p_\text{x} \cdot q_{\text{m},8} \tag{10-94}$$

$$q_{e,11} = p_\text{x} \cdot q_{\text{m},11} \tag{10-95}$$

式中:

$$p_\text{x} = p_{0,1} p_{0,4} \tag{10-96}$$

这里下标数是图 10-17 所示的车流运动方向标号。现在 $p_{0,8}$ 和 $p_{0,11}$ 的值可以根据方程(10-51)计算出。

对于第四级车流(例如十字交叉口次要道路的左转车),第二级车流和第三级车流运动方向的 p_0 值必须使用经验值,无法通过使用分析方法计算得到。图 10-18 给出了第二级车流和第三级车流间的统计相关性。

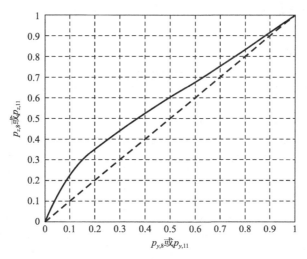

图 10-18 第二级和第三级车流间统计相关性的折减系数

为了计算第四级车流的通行能力(车流 7 和车流 10),应该首先计算折减系数 $p_{z,8}$ 和 $p_{z,11}$:

$$p_{z,i} = 0.65 p_{y,i} - \frac{p_{y,i}}{p_{y,i} + 3} + 0.6\sqrt{p_{y,i}} \qquad (10\text{-}97)$$

第二级车流对第三级车流的影响,可以从以下两个方面看出:

(1) 在第二级车流(例如主要道路的左转车)排队的时间里,第三级的车辆(例如 T 形交叉口次要道路的左转车)由于交通规则和道路条例的原因不能进入交叉口。由于提供给第三级车辆的时间比例是 p_0,受相关的第二级车流的排队影响,第三级车流的基本通行能力必须用系数 p_0 来折算。

(2) 即使没有第二级车流在排队,这些车辆也影响第三级车流的通行。这是因为第二级车流在小于 t_c 的时间内到达交叉口妨碍了第三级车流进入交叉口。

10.3.4 共用车道公式

1) 次要道路的共用车道

如果在同一条车道上有不只一股次要车流,那么可以应用共用车道公式。如果相关车流的通行能力已知的话,可以计算共用车道的总通行能力 q_s。

$$\frac{1}{q_s} = \sum_{i=1}^{m} \frac{b_i}{q_{m,i}} \qquad (10\text{-}98)$$

式中:q_s——共用车道通行能力,辆/h;

$q_{m,i}$——在一独立车道上运行方向 i 的通行能力,辆/h;

b_i——共用车道上运动方向 i 的流量占总流量的比例;

m——共用车道上的运动方向数。

如果不考虑估计 q_m 的公式和三股交通流的优先等级,这个方程通常是有效的。如果要计算一股交通流的总通行能力,而这股交通流是由几股具有不同通行能力的部分交通流形成的,例如有不同临界间隙的客车和载货车也可以使用该公式。

2) 主要道路上的共用车道

对于主要道路一个右转和直行(图 10-17 中流向 2 和流向 3 或者流向 5 和流向 6)共用的单车道情况参见表 10-2。

冲突交通流流量估算　　　　　　表 10-2

车流	编号	冲突流流量 q_p
主要道路的左转	1	$q_5 + q_6^{3)}$
	4	$q_2 + q_3^{3)}$
次要道路的右转	9	$q_2^{2)} + 0.5q_3^{1)}$
	12	$q_5^{2)} + 0.5q_6^{1)}$
次要道路的直行	8	$q_2 + 0.5q_3^{1)} + q_5 + q_6^{3)} + q_1 + q_4$
	11	$q_2 + q_3^{3)} + q_5 + 0.5q_6^{1)} + q_1 + q_4$
次要道路的左转	7	$q_2 + 0.5q_3^{1)} + q_5 + q_1 + q_4 + q_{12}^{4)5)6)} + q_{11}^{5)}$
	10	$q_2 + 0.5q_6^{1)} + q_2 + q_1 + q_4 + q_6^{4)5)6)} + q_8^{5)}$

注:1. 如果有右转车道,则不应考虑 q_8 和 q_6;
2. 如果主要道路上多于一条车道,q_2 和 q_5 应作为右转车道流量考虑;
3. 如果主要道路右转车辆由三角形安全岛分开,并且须遵循让路或停车标志,则不需要考虑 q_3 和 q_6;
4. 如果次要道路右转车道由三角形安全岛分开,并且须遵循让路或停车标志,则不需要考虑 q_9 和 q_{12};
5. 如果车流 11 和车流 12 有停车控制,则该方程中的 q_{11} 和 q_{12} 应减半。类似地,如果车流 8 和车流 9 有停车控制,则该方程中的 q_8 和 q_9 应减半;
6. 如果次要道路进口道很宽,可以忽略 q_9 和 q_{12} 或者将它们的值减半。

如果主要道路左转车(图 10-17 中车流 1 和车流 4)没有单独的转弯车道,优先级别为 1 的车辆也可能受车流中排队车辆的影响。系数 $p_{0,1}^*$ 和 $p_{0,4}^*$ 是指车流在各自的共用车道上没有排队车辆的概率,它们可能充当上述干扰的粗略估计值,其近似表示如下(哈戴斯,1968):

$$p_{0,i}^* = 1 - \frac{1 - p_{0,i}}{1 - q_j t_{Bj} - q_k t_{Bk}} \tag{10-99}$$

式中:$i = 1, j = 2$ 和 $k = 3$ 或 $i = 4, j = 5$ 和 $k = 6$(图 10-17);

　　q_j——车流 j 的流量(veh/h);

　　q_k——车流 k 的流量(veh/h);

t_{Bj}, t_{Bk}——流向 j 或 k 中车辆的跟随时间(s)($1.7s < t_B < 2.5s$)。

为了说明在主要道路车道方向上车辆排队对次要道路车流 7、车流 8、车流 10 和车流 11 的影响,根据式(10-48)得出的 $p_{0,1}$ 和 $p_{0,4}$ 值必须由等式(10-99)得出的值 $p_{0,1}^*$ 和 $p_{0,4}^*$ 替代。

10.3.5　两阶段可插车间隙和优先权

在很多无信号交叉口,主要街道中心有一个可利用的空间。在主要道路两个方向的交通流之间,次要道路的一部分车辆可以暂停在这里,尤其在多车道主要车流的情况下(见图 10-19)。这个交叉口的存储空间使得次要道路驾驶人采用不同的驾驶行为通过主要车流,这个行为有助于增加通行能力,该情况称为两阶段优先。这些较宽交叉口提供的额外通行能力不能用传统的通行能力计算模型估计。

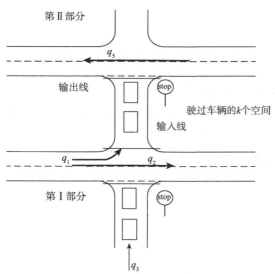

注意：该理论与主要道路车道数无关

图 10-19　次要道路直行交通流（车流 8）分两个阶段穿越主要道路

下面提出一个在两阶段优先情形下的通行能力估算解析理论,并做了基于修正系数 α 的模拟仿真。结果如下：

$$C_T = \frac{\alpha}{y^{k+1}-1}\{y(y^k-1) \cdot [c(q_5)-q_1] + (y-1) \cdot c(q_1+q_2+q_5)\} \qquad y \neq 1 \tag{10-100}$$

$$C_{T(y=1)} = \frac{\alpha}{k+1}\{k[c(q_5)-q_1] + c(q_1+q_1+q_5)\} \qquad y = 1 \tag{10-101}$$

$$y = \frac{c(q_1+q_2)-c(q_1+q_2+q_5)}{c(q_5)-q_1-c(q_1+q_2+q_5)} \tag{10-102}$$

式中：C_T——交叉口次要直行流的总通行能力；

q_1——第Ⅰ部分中主要道路左转交通流量；

q_2——第Ⅰ部分中主要道路来自左侧的直行交通流量；

q_5——第Ⅱ部分中主要道路来自右侧的各个流向交通流量之和。

$$\begin{cases} \alpha = 1 - 0.32\exp(-1.3 \cdot \sqrt{k}) & k > 0 \\ \alpha = 1 & k = 0 \end{cases} \tag{10-103}$$

当然,第Ⅱ部分中交通流量必须包括主要道路在该部分所有流向,即右转(6),(除非右转流向由三角形安全岛分开),直行(5),左转(4);括号中的数字见图 10-17。

$C(q_1+q_2)$——第Ⅰ部分的通行能力；

$C(q_5)$——第Ⅱ部分的通行能力；

$C(q_1+q_2+q_5)$——交叉口主要道路交通流量为 $q_1+q_2+q_5$ 时,次要道路直行交通流向的通行能力。

习题

1. 简述间隙分布的统计规律及其各种描述函数的优缺点。
2. 简述二路停车控制交叉口交通流优先级的划分情况。
3. 简述两股及多股冲突交通流的相互作用。
4. 对于一股主要车流和一股次要车流相交的交叉口,举例说明次要车流通行能力的推导过程。
5. 简述无信号交叉口随机模拟模型的基本原理及优缺点。
6. 简述合用车道通行能力的计算原理。
7. 简述两阶段可插车间隙模型的基本原理。

第11章 信号交叉口交通流理论

信号交叉口交通流理论,主要研究信号交叉口的通行能力以及采用单点控制的交叉口和协调控制系统中车辆延误与排队长度的计算。信号交叉口的通行能力是分析信号交叉口交通状况和进行配时设计与评价的基础,延误与排队长度是决定信号交叉口服务水平和计算燃油消耗与排放的主要因素。目前应用的交叉口延误模型是按照均衡延误和随机延误两部分来描述的,它反映了交通流的流动特性和随机特性。

交叉口延误模型的均衡延误部分是建立在交通流流体理论的基础上的,该理论要求将交通的供、求量都视为连续变量,通常用流率来表示,而流率是随时间和空间变化的;随机延误部分是建立在稳态排队理论的基础上的,该理论定义了交通流到达与排队的分布。

考虑了均衡延误和随机延误的交通流模型在交通控制领域是非常有用的,它可以应用于各种不同的信号控制类型,而且形式较简单。这种模型现已受到越来越多的关注,成为很多国家进行交通分析与控制的工具,并且已经应用到了实际的交叉口控制中。本章介绍信号交叉口的渠化设计与相位设计,信号交叉口的交通特性,包括通行能力分析以及车流在交叉口的受阻过程,以及在交通流不同的到达情况下,各种延误模型对延误时间和排队长度这两项控制效果参数的计算。

11.1 信号交叉口渠化设计与相位设计

对于信号交叉口,要弄清楚车流停车线处的运动规律必须先弄清楚渠化设计。

11.1.1 交叉口渠化设计

为保证交通安全并提高交通效率,无论交叉口是否采用信号控制方式,都应该进行合理的渠化设计,以便有效地分离交通冲突且使交通流有序地运行。交叉口渠化设计通常采用交通标志将交叉口内部的道路空间进行分割,形成不同的进口道、出口道及车道,并使用导向箭头明确每条车道的功能。广义上来说,交叉口渠化设计还包括配合交通标线而设置的交通标志。有关道路渠化设计以及交通标志与标线设置的详细内容,请查阅相关的标准、规范、书籍或其他文献。为了便于理解和区分,将进口车道按其功能特点分为4类:

(1)完整车道(Full Lane or Normal Lane)是指由路段自然延伸形成的固定导向车道;

(2) 短车道 (Short Lane or Turn Bay) 是指限于地形条件采用增辟方式形成的固定导向车道;

(3) 可变导向车道 (Variable Approach Lane) 是指车道功能随交通需求发生变化的车道;

(4) 左转待行区 (Left Turn Waiting Area) 是指交叉口内部开辟的、供左转车辆在其同向直行车辆放行期间进入等待的区域。基于此,下面将左转车道分为左转短车道与左转专用车道,后者是指非短车道的左转车道。

以典型的十字交叉口为例,图 11-1a) 所示为普通的交叉口渠化设计方案,每条进口道渠化 3 条车道,由内向外分别为左转专用车道、直行车道和直右车道(或直右合用车道)。十字交叉口是四路或四支交叉口的一种标准抽象形式。为了进一步提高交叉口通行能力,常见的交叉口渠化方式还包括设置展宽车道(或短车道)、可变导向车道与左转待行区。如图 11-1b) 所示,每条进口道渠化 4 条车道,由内向外分别为左转短车道、左转专用车道、直行车道和直右车道;这里以左转短车道 (Left Turn Lane or Left Turn Bay) 为例,现实中还有右转短车道 (Short Right Turn Lane or Right Turn Bay),特殊情况下还会出现直行短车道。如图 11-1c) 所示,每条进口道渠化 3 条车道,由内向外分别为左转专用车道、可变导向车道和直右车道;其中可变导向车道在某个时段的具体功能由交通需求的动态分布来决定,其功能集合依据交叉口的实际情况进行确定。如图 11-1d) 所示,每条进口道除了渠化左转专用车道、直行车道和直右车道之外,在左转专用车道前方设置左转待行区;设置的左转待行区在几何特性上应符合相关规定与要求。

在现实中,除了图 11-1 所示的几种典型渠化设计方案,还存在一些组合设计形式,如短车道与可变导向车道、短车道与左转待行区、可变导向车道与左转待行区、短车道、可变导向车道与左转待行区等,其中前两种比较常见。

需要说明的是,上面提到的短车道、可变导向车道、左转待行区或其组合形式可以只在交叉口一条进口道或部分进口道进行设置,具体设置方式取决于交叉口的空间布局和交通需求。对于其他形式的交叉口(T 形交叉口、Y 形交叉口、错位交叉口、五路或五支交叉口等),其渠化设计方案类似于上述说明,可以在图 11-1 的基础上简化或增设。以上任意一种渠化特征都可针对一条进口道来进行设置。T 形交叉口是三路或三支交叉口的一种标准抽象形式。

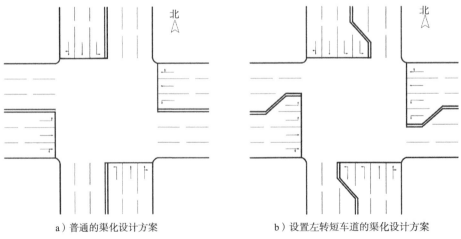

a) 普通的渠化设计方案　　　　b) 设置左转短车道的渠化设计方案

图 11-1

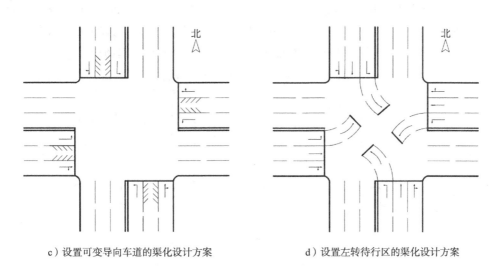

c）设置可变导向车道的渠化设计方案　　　　d）设置左转待行区的渠化设计方案

图 11-1　典型交叉口的渠化设计方案

11.1.2　交叉口相位设计

对于图 11-1 所示的十字交叉口，目前广泛采用的一种方法是双环结构（Dual Ring Structure），该方法具有一定的普适性和灵活性。为方便描述，根据美国联邦公路管理局（Federal Highway Administration，FHWA）在《交通信号配时手册》（Traffic Signal Timing Manual）中给出的编号规则，将西进口、北进口、东进口和南进口的左转车流分别记为 M1、M3、M5 和 M7，将其冲突车流（即东进口、南进口、西进口和北进口的直行车流）分别记为 M2、M4、M6 和 M8。这一规则是从某条进口道开始，对左转车流以顺时针方向依次给予奇数编号，对与左转车流相冲突的直行车流再依次给予偶数编号。

一个信号周期内，任何瞬间都有完全相同灯色显示的一股或多股交通流，所获得的由不同灯色组成的连续时序，称为信号相位（Signal Phase）或简称相位（Phase）。一个信号周期内，一股或多股交通流同时拥有通行权的状态，称为信号阶段（Signal Stage）或简称阶段（Stage）。也就是说，相位是根据信号灯色时序进行划分，阶段是根据通行权转换进行划分。不过，一些文献中的相位与另一些文献中的阶段具有完全相同的含义。此时，将灯色时序所描述的称为车流或车道组，将通行权所描述的称为相位。车流是同一条进口道上通行权起止时刻相同的一个或多个车辆流向的集合，车道组是同一条进口道上具有相同功能的一条或多条车道的集合。一股车流可以只涉及一个车辆流向，一条车道组可以只包含一条车道。另外，车流与车道组是从不同的角度描述的同一事物。

图 11-2 所示为四路交叉口的一种典型的相位设计。图 11-2a）为相位图，共 6 个相位，例如相位 1 放行 M1 和 M6 两股车流。图 11-2b）为环结构，有两个环和两个屏障，同一环内的所有车流彼此之间是相互冲突的，不同环内紧邻屏障的车流必须同时结束通行权，而不同环内非紧邻屏障的车流可以在不同的时刻结束通行权。实际上，并非所有的相位都是独立相位，每个环内通行权的转换次数为独立相位数，该参数影响交叉口的总损失时间。图 11-2

中的6个相位,只有4个独立相位,因为每个环在一个周期内需要转换4次通行权。对于车流,图中实线箭头表示车流具有优先权(即受单独的信号控制),而虚线箭头表示车流不具有优先权(即不受单独的信号控制)而是跟随同向有优先权的车流一起通行。

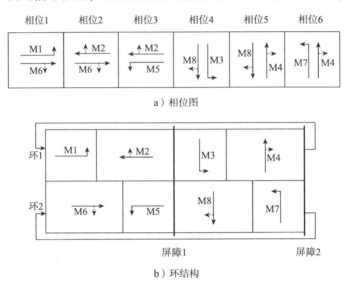

图 11-2　四路交叉口的一种典型相位设计

假设为每条进口道提供保护左转相位,东西向或南北向有12种相位组合(即相位相序方案),这些组合可以分为4类,即专用左转相位、直左相位、专用左转+前置左转相位(或后置左转+专用左转相位)和前置左转+后置左转相位。专用左转相位的意思是目标进口道和冲突进口道上的左转车流一起通行,且与直行车流一起通行。直左相位的意思是目标进口道上的左转车流和直行车流一起通行。前置左转的意思是目标进口道上的左转车流在冲突进口道上的直行车流之前通行。后置左转的意思是目标进口道上的左转车流在冲突进口道上的直行车流之后通行。

图 11-3 以东西向为例说明了这12种相位组合。组合1～组合4都是没有搭接相位的情况,组合5～组合12都是有搭接相位的情况。搭接相位是指跨越两个或两个以上信号阶段的相位,非搭接相位是指没有跨越信号阶段的相位。组合1与组合2具有相同的组成单元,只是相位顺序相反。组合3与组合4、组合5与组合6、组合7与组合8、组合9与组合10以及组合11与组合12都是类似的情况。当组合5～组合12中相位2的有效绿灯时间(即实际用于车辆通行的有效时间)为零时,这些组合中的每一种可简化为组合1～组合4中的某一种,如组合5可简化为组合1。对于四路交叉口,考虑为每股左转车流提供保护相位,信号相位方案共有144种,可由其中有搭接相位的64种代表。

对于三路交叉口或考虑单向交通,信号相位方案可在以上基础上进行简化;对于五路交叉口或右转车流受单独的信号控制的情况,信号相位方案可基于以上说明增加相应的相位;如果采用保护+许可左转,信号相位方案可能比以上情形更复杂。就实际中的每种情况,具体的信号相位方案都可根据双环结构进行改造而生成。

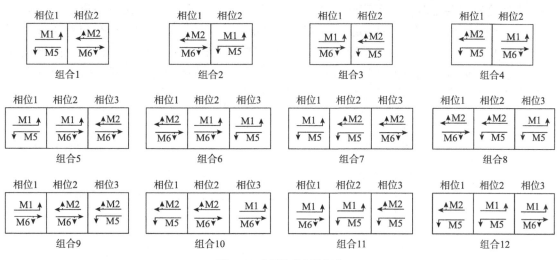

图 11-3 东西向的相位组合

→ 11.2 信号交叉口的交通特性

信号交叉口车流的运行特性及其通行能力,直接取决于信号配时的情况。为便于研究,本节主要分析采用固定式配时的单信号交叉口。先介绍两个概念:相位和绿灯间隔时间。所谓相位,是指在一个信号周期内一股或几股车流,不管任何瞬间都获得完全相同的信号灯色显示,而把它们获得不同灯色的连续时序称作一个信号相位。绿灯间隔时间是指一个相位绿灯结束到下一相位绿灯开始之间的时间,这是为了避免下一相位头车同上一相位尾车在交叉口内相撞所设的,也叫交叉口清车时间,常用 I 表示。

11.2.1 信号交叉口车流的运动特性

当一个交叉口的相位安排确定之后,车流通过交叉口时的基本运动特性如图 11-4 所示。这一基本模式是由克莱顿(Clayon)于 1940—1941 年提出的,后来沃德洛尔、韦伯斯特(Webster)和柯布(Cobbe)等学者沿用并发展了克莱顿的模式,使之成为今天所看到的图示。这一模式一直作为研究信号交叉口车流运行特性的主要依据。

1) 饱和流量和有效绿灯时间

图 11-4 所示的车流运动表明,当信号灯转为绿灯显示时,原先等候在停车线后面的车流便开始向前运动,车辆鱼贯地越过停车线,其流率由零很快增至一个稳定的数值,即饱和流量 S(或称饱和流率)。此后,越过停车线的后续车流将保持与饱和流量 S 相等,直到停车线后面积存的车辆全部放行完毕,或者虽未放行完毕但绿灯时间已经截止。从图 11-4 中可以看到,在绿灯点亮的最初几秒,流率变化很快,车辆从原来的静止状态开始加速,速度逐步由零变为正常行驶速度。在此期间,车辆通过交叉口(停车线)的车流量要比饱和流量低些。同理,在绿灯结束后的黄灯时间(许多国家的交通法规允许车辆在黄灯时间越过停车线)或者在绿灯开始闪烁后,由于部分车辆因采取制动措施而已经停止前进了,部分车辆虽未停止但也已经开始减速,因此通过交叉口(停车线)的流量便由原来保持的饱和流量水平逐渐下

降。当然这里主要是对直行车流而言的,左转车流在黄灯期间通过交叉口的流量反而会变得更大一些,这是因为由于对向直行车的存在,使得左转车在绿灯期间只能聚集在路口中央等候区待机通行。这样在绿灯结束时便积存下一些左转车,它们只能利用黄灯时间迅速驶出路口。为了研究问题方便,以后的讨论中仍采用图11-4的模式,只是对左转车流另做些特殊考虑。右转车流若不受信号灯控制,其运动特性也应另做考虑。

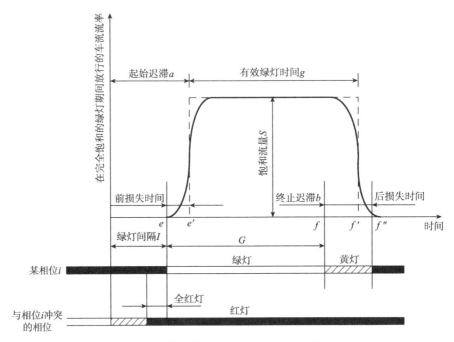

图 11-4　绿灯期间车流通过交叉口的流量图

必须注意的是,只有当绿灯期间停车线后始终保持有连续的车队时,车流通过停车线的流率才能稳定在饱和流量的水平上。图 11-4 所示的正是一个完全饱和的实例,即在绿灯结束之前,始终都有车辆连续不断地通过停车线。

为了便于研究,不妨用虚折线取代图 11-4 中实曲线所代表的实际流量过程线。虚线和横坐标轴所包围的矩形面积与实曲线所包围的面积相等。这样矩形的高就代表饱和流量 S 的值,而矩形的宽则代表有效绿灯时间 g。换句话说,矩形的面积 $S \times g$ 恰好等于一个平均周期内实际通过交叉口的车辆数。

从图 11-4 可以看出,绿灯信号的实际显示时段与有效绿灯时段是错开的。有效绿灯时间的起点滞后于绿灯实际起点。我们将这一段滞后的时间差称为绿灯前损失。同样,有效绿灯时间的终止点也滞后于绿灯实际结束点(这当然指黄灯期间允许车辆继续通行的情况),将这一段滞后时间差称作绿灯的后补偿。由此可得到有效绿灯时间的计算公式:

$$g = G + ff' - ee' \tag{11-1}$$

式中:G——实际绿灯显示时间;
　　　ff'——绿灯后补偿时间,等于黄灯时间减去后损失时间;
　　　ee'——绿灯前损失时间。

下面介绍起始迟滞与终止迟滞的概念。有效绿灯的起始迟滞时间 a 等于该相位与上一相位的绿灯间隔时间与绿灯的前损失时间之和，有效绿灯的终止迟滞时间 b 恰好等于绿灯的后补偿时间，用公式表示如下：

$$a = I + ee' \qquad b = ff' \tag{11-2}$$

式中 I、ee'、ff' 的含义如图 11-4 所示。

根据起始迟滞和终止迟滞的概念，我们可以定义相位损失时间。相位损失时间就是起始迟滞与终止迟滞之差，即：

$$l = a - b \tag{11-3}$$

由式(11-2)有：

$$l = I + ee' - ff' \tag{11-4}$$

如果假定绿灯的前损失时间恰好等于后补偿时间，那么相位损失时间便等于绿灯间隔时间 I。正是由于绿灯间隔时间包含于损失时间之内，信号交叉口的通行能力和配时问题就只与车流的运动特性有关了。

根据绿灯损失时间的定义，可以得出实际绿灯显示时间 G 与相位有效绿灯时间 g 之间的如下关系：

$$g + l = G + I \tag{11-5}$$

信号周期时长 c 可以用有效绿灯时间和相位损失时间来表示：

$$c = \sum (g + l) \tag{11-6}$$

此式右边并不是对全部相位的有效绿灯时间和损失时间求和，而只是对关键相位求和。所谓关键相位，是指那些能够对整个交叉口的通行能力和信号配时起决定性作用的相位。一个交叉口可能有多个相位，但是对于整个交叉口的通行能力和信号配时而言，并不是所有相位都起决定性作用，只是其中的几个相位能起到这种作用，因而被称作关键相位。在信号配时过程中，只要给予关键相位足够的绿灯时间，满足其在通行能力上的要求，那么所有其他相位的通行能力要求也就都能得到满足。

2) 信号周期的总损失时间

信号交叉口的信号显示是周期性运行的，在一个信号周期内所有相位都要显示一次。由于每个相位都有确定的损失时间，那么对于整个交叉口而言，每一信号周期中都包含一个总的损失时间 L。也就是说，在信号周期的这部分时间里，所有相位均为非绿灯显示，这一部分时间被"浪费"掉了。这里的"浪费"并非是真正的浪费，因为周期损失时间并非真正无用。信号周期的总损失时间为各关键相位的损失时间之和：

$$L = \sum l \tag{11-7}$$

11.2.2 通行能力与饱和度

交叉口各进口方向的通行能力是交叉口设计当中最重要的因素。这里不妨先分析相位通行能力,而后再介绍整个交叉口总的通行能力和饱和度。

1)信号相位的通行能力与饱和度

某一信号相位的车流通过交叉口的最大允许能力(即单位时间内该相位能通过交叉口的车辆总数),取决于这些车流所获得的最大通行流率,即饱和流量 S 以及所能获得的有效绿灯时间占整个信号周期的比例是 g/c,其公式如下:

$$C = S \cdot \frac{g}{c} \tag{11-8}$$

式中:C——该相位的通行能力,辆/h;

g/c——该相位所能获得的有效绿信比,用 λ 表示,即:

$$\lambda = \frac{g}{c} \tag{11-9}$$

为了便于比较通行能力和实际交通量,我们将一个相位的实际到达流量即交通量 q 与该相位饱和流量 S 的比值称为流量比 y,将 q 与通行能力 C 之比称为该相位的饱和度 x,即:

$$y = \frac{q}{S} \tag{11-10}$$

$$x = \frac{q}{C} = \frac{qc}{Sg} = \frac{y}{\lambda} \tag{11-11}$$

通常将流量比看成常量 y,它反映实际的通行需求量;把绿信比 λ 看成可控参数,它代表可提供的通行能力;饱和度 x 则与这两个反映交叉口通行"供求"关系的参数相关。

为了提供足够的相位通行能力,必须满足下式:

$$C > q \text{ 或 } x < 1 \tag{11-12}$$

$$Sg > qc \text{ 或 } \lambda > y \tag{11-13}$$

显然只要增大有效绿信比就可以增大该相位的通行能力,或者说降低其饱和度。虽然这种方式可以使该相位的通行能力得以提高,但是这会使得其冲突相位的通行能力相应降低。所谓冲突相位,就是指在灯色显示上相反的相位,一个相位获得通行权的同时,与其冲突的相位正好失去通行权。因此,有必要把整个交叉口的各个相位作为一个整体来考虑,研究整个交叉口的总通行能力和饱和度。

2)交叉口总通行能力与饱和度

交叉口总通行能力是指一个交叉口对于各个方向(或相位)全部车流所能提供的最大允许通过量。如果一个交叉口具有足够的通行能力,那么对于每一个相位都可以建立一个不等式(11-13)。将一个交叉口所有关键相位的不等式合并,就可以得到整个交叉口总通行能力应该满足的关系式:

$$\sum_{i=1}^{n} \lambda_i > \sum_{i=1}^{n} y_i \tag{11-14}$$

式中 $i = 1, 2, \cdots, n$,即第 $1, 2, \cdots, n$ 个关键相位。

在上式中,不等式左边即等于交叉口总的有效绿信比,用 $\lambda_\text{总}$ 表示,其具体含义是全部关键相位有效绿灯时间总和与信号周期时长之比:

$$\lambda_{总} = \sum_{i=1}^{n} \lambda_i \tag{11-15}$$

不等式右边为整个交叉口总的流量比,用 Y 表示,即全部关键相位流量比的总和:

$$Y = \sum_{i=1}^{n} y_i \tag{11-16}$$

由式(11-6)和式(11-7)可将式(11-5)进一步演变为如下形式:

$$\lambda_{总} = \frac{c - L}{c} \tag{11-17}$$

式中 $c - L = \sum g$,即全部关键相位的有效绿灯时间总和。

交叉口的总饱和度是指饱和程度最高的相位所达到的饱和度值,而并非各相位饱和度之和。从理论上说,交叉口的饱和度只要小于 1 就应该能满足各方向车流的通行要求。然而实践表明,当交叉口的饱和度接近 1 时,交叉口的实际通行条件将迅速恶化,更不必说等于或大于 1 了。因此必须规定一个可以接受的最大饱和度限值,即饱和度的实用限值。研究结果表明,反映车辆通过交叉口时的一些特性参数,如车辆平均延误时间、平均停车次数以及排队长度等,均与饱和度实用限值的大小有关。实践证明,饱和度实用限值定在 0.8 ~ 0.9 之间,交叉口就可以获得较好的运行条件。在某种特定的条件下,例如交通量很大,而交叉口周围的环境条件又较差的情况下,为减少交叉口建设投资,可以采用更高的限值——饱和度实用极限值为 0.95。

11.2.3 车辆在交叉口的受阻滞过程

在分析了信号交叉口车流运动特性及一些相关参数后,下面将具体分析信号交叉口对车流的阻滞过程。众所周知,车辆到达交叉口的时间间隔和单位时间内到达停车线的车辆数都是随机变化的,所以在每个周期内总有一部分车辆在到达停车线之前会受到红灯阻滞。即便有些车辆原本可以在绿灯期间到达停车线,但由于前面有上一次红灯阻滞而积存下来的车辆阻挡,也不得不减速甚至停车。实际上,这些车辆的延误也还是红灯阻滞的结果,图 11-5 就可以描述车辆的受阻过程,图中给出了某辆车在通过停车线前后一段时间内的行驶距离-时间曲线。车辆由于受到红灯阻滞,在到达停车线之前就已制动减速,车速由原来的正常行驶速度降至 0。等候一段时间后,又重新起动,加速至原正常行驶速度。图中所用符号含义如下:

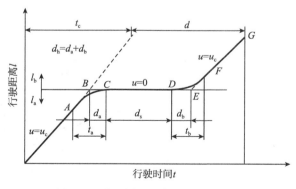

图 11-5 受阻车辆的行驶时间-距离曲线

图中：u_c——正常行驶车速；

l——正常行驶距离；

t_c——若不受红灯阻滞，以正常行驶速度完成行程 j 所需要的时间，即 $t_c = l/u_c$；

d——车辆受阻的总延误时间；

t——实际完成行程 l 所花费的时间，$t = t_c + d$；

$t_a、t_b$——车辆在减速阶段和加速阶段所花费的时间；

$l_a、l_b$——车辆在减速阶段和加速阶段所行驶过的距离；

d_s——车辆完全停车（怠速状态）的时间，即停车延误；

$d_a、d_b$——车辆在减速阶段和加速阶段的延误；

d_h——车辆在加速和减速两个阶段产生的延误时间之和，即 $d_h = d_a + d_b$。

由图11-5可以看出，车辆受阻延误时间就是车辆在受阻情况下通过交叉口所需时间与正常行驶同样距离所需时间之差。

1）停车延误与减速-加速延误

分析车辆的延误构成，由图11-5可知，车辆在停车线处受阻总延误时间为 BE，而减速和加速阶段产生的延误时间为 d_h。因此，车辆真正处于停车（怠速）状态的时间 d_s 应为总延误时间与 d_h 之差。相应地，上述差值 d_s 被称作停车延误时间，而 d_h 被称作减速-加速延误时间。车辆的总延误时间就是由这两部分构成的。

2）完全停车与不完全停车

观察交叉口的实际交通状况会发现，并非所有的车辆受到信号阻滞时都完全停顿下来，而是有部分车辆仅减速，在车速尚未降到0之前又加速至原正常速度，图11-6所示三种不同的行驶情况。图11-6a)中，车辆受阻后车速由正常速度 u_c 降至0，然后立即加速，直至重新恢复原来车速。此种情况下停车延误时间 $d_s = 0$，而总延误时间 $d = d_h$。图11-6b)中，车辆行驶速度减至0后没有立即加速，而是有一段完全停驶的时间，即 $d_s \neq 0$，此时总延误时间 $d > d_h$。图11-6c)中，速度由 u_c 降至 u_c'（$\neq 0$）后便立即加速，重新恢复至原速度 u_c。这种情况下，总延误时间 d 虽然与减速-加速延误时间 d_h' 相等，但这时的 d_h' 显然小于 d_h。

图11-6a)、图11-6b)所示的两种情况被视为一次完全停车，而把图11-6c)所代表的情况视为一次不完全停车。显然，所谓一次完全停车，就是指车速度减至0，然后从0开始重新加速。而不完全停车是指减速阶段与加速阶段的转折点车速不为0的情况。

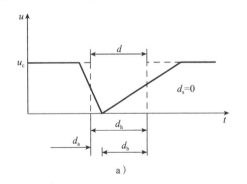
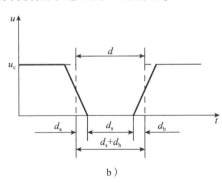

图 11-6

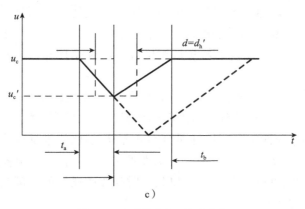

图 11-6 完全停车与不完全停车

图 11-6c)所示为车辆受阻后车速由 u_c 降至 u'_c 然后再恢复至 u_c，这一过程所需的时间：

$$t_a + t_b = (u_c - u'_c)\left(\frac{1}{a_1} + \frac{1}{a_2}\right) \tag{11-18}$$

此间行驶的距离 s 为：

$$s = \frac{u_c^2 - u'^2_c}{2}\left(\frac{1}{a_1} + \frac{1}{a_2}\right) \tag{11-19}$$

如按正常速度行驶所需时间 t 为：

$$t = \frac{u_c^2 + u'^2_c}{2u_c}\left(\frac{1}{a_1} + \frac{1}{a_2}\right) \tag{11-20}$$

式中：a_1——减速过程中的加速度(设为常数,取正值)；

a_2——加速过程中的加速度(设为常数,取正值)。

因此,此间的延误时间为：

$$d'_h = t - (t_a + t_b) = d_a + d_b = \frac{(u_c - u'_c)}{2u_c}\left(\frac{1}{a_1} + \frac{1}{a_2}\right) \tag{11-21}$$

对于构成一次完全停车的情况,如图 11-6c)虚线所示,至 $u'_c = 0$,则：

$$d_h = \frac{u_c}{a} \tag{11-22}$$

若 $a_1 = a_2 = a$(常数),则有：

$$d_h = \frac{u_c}{a} \tag{11-23}$$

在式(11-23)中,若 u_c 值一定,则 d_h 也为一定值。这就是说,只要原车速 u_c 相同,不管实际受阻情况属于图 11-6 中的哪一种,d_h 值都只有一个。于是,可以根据式(11-23)给出的 d_h 值与实际总延误时间 d 的比较来判断是否构成一次完全停车,即只有满足 $-d \geqslant d_h$ 才构成一次完全停车。

有了完全停车与不完全停车的概念之后,就可以方便地建立车辆延误时间与停车次数的相关关系了。因为任何大小的延误时间都包含至少一次停车:完全停车或不完全停车,视延误时间长短及原始车速而定。若用延误时间 d 和 d_h 的比值来反映这种关系,该比值称为停车率,记为 h,显然只要满足 $h = d/d_h \neq 0$,就说明这当中包含着一定程度的停车。

根据停车率的概念,在研究整个交叉口某一时间段内通过的全部车辆的平均总延误时,我们可以建立如下的关系式:

$$\bar{d} = \bar{d}_s + \overline{hd_h} \tag{11-24}$$

式中:$\bar{d}$——一个周期内通过停车线的全部车辆平均总延误时间;

$\bar{d}_s$——上述全部车辆的平均停车延误时间(怠速时间);

$\bar{h}$——上述全部车辆的平均停车率;

$\bar{d}_h$——在上述车辆中有过一次完全停车的那部分车辆,它们减速—加速延误时间的平均值。

11.3 单个信号交叉口延误分析

信号交叉口是城市车辆延误、交通拥挤和交通事故的主要发生地,交叉口的通畅程度是影响道路甚至整个路网通畅的关键因素,因此,信号交叉口交通延误也是城市交通微观运行评价和宏观需求预测的重要组成部分之一。

延误模型包含均衡模型和随机模型。均衡模型能在如下假设情况下建立:

(1)绿灯开始时排队长度为 0;

(2)在一个周期内车辆到达方式相同;

(3)在饱和流率下的消散方式相同,且在队列消散过程中的到达率相同;

(4)一个信号周期内的交通量不会超过其通行能力,设定接近饱和流率下的通行能力和有效的绿信比。

有效绿灯时间指的是在绿灯时间内,交通流能在饱和流率水平下持续不断的通过。其计算方法是设计绿灯时间减去车辆起动损耗时间(2~3s),再加上清尾时间(2~4s),由交叉口长度决定。

图 11-7 简单地描述了稳态延误过程,图 11-8 是对稳态排队过程的分析,排队所包围的三角形的面积是整个周期内的均衡延误。通过该图标可获得下列参数:如每辆车的平均延误(总延误除以交通量)、一个周期内的停车数量(Q_s)、最大排队车辆数和平均排队长度(Q_{avg})。这种模型一般应用于流率与通行能力比率较小的情况下(可达到 0.5),因为在很多种情况下,只有当头车和尾车都处于非排队状态下,假设才是成立的。

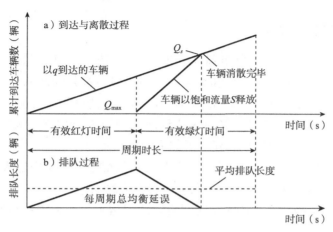

图 11-7　稳态模型的均衡延误

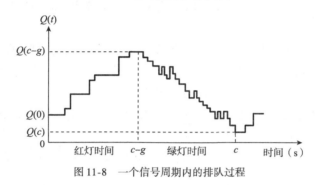

图 11-8　一个信号周期内的排队过程

尽管如此,随着交通流量的增加,周期内循环被破坏的可能性也随之增加。也就是说,由于上一周期滞留下来的车辆,导致下一周期内的排队长度将超过最大排队长度。这种现象的发生是随机的,它依赖于某周期内超负荷的交通流。在最大排队长度情况下,头车的损耗带来了一个附加的延误,它必须被考虑在通行能力的评估当中。基于排队论的延误模型已经被用来解释这一影响。

有趣的是,在一个极度拥挤的条件下,随机排队的影响与过饱和排队论相比要小得多。因此,流体理论的方法比较适合应用于高度饱和交叉口。但是在应用于交通流量的延误模型方面存在不足,这个流量在数字上接近信号周期的通行能力。考虑到大多数实际的信号控制都是时控操作的,时间决策模型的评估方法非常适合这种情况。

在车辆开始起动时,周期长度和绿灯时间事先是不知道的,而且绿灯时长是由两部分组成:一部分是控制器参数,如最大和最小绿灯时间;另一部分是车辆的到达方式。不考虑其他因素,如果同时出现以下两种情况,绿灯时间可以达到最小值:

(1) 前后两车到达的时间差不超过控制器的单位时间;
(2) 绿灯时间还没有超过最大值。

11.4　稳态延误模型

本节将重点简述稳态延误的准确表达模型和近似表达模型。

11.4.1 模型简介

车辆在信号交叉口的延误时间和排队长度,主要取决于车辆的到达率和交叉口的通行能力。在一般情况下,车辆的到达率和交叉口的通行能力都是随时间而变化的。但在一个较长的时间段内,总的交通状况(车辆的平均到达率和各进口的通行能力)可以是基本稳定不变的。出现这种情况的前提是交叉口未达到饱和,即通行能力有足够的富余量。稳态延误模型就是基于上述这样一种分析,建立了如下的基本假定:

(1)信号配时为固定式配时(或称定周期配时),且初始时刻车辆排队长度为0;

(2)车辆平均到达率在所取的时间段内是稳定不变的;

(3)车辆受信号阻滞所产生的延误时间与车辆到达率的相关关系在所取的整个时间段内不变;

(4)交叉口进口断面的通行能力在所研究时段内为常数,且到达率不能超过信号通行能力;

(5)在考察的时间段 T 内,各个信号周期车辆的到达率变化是随机的,因此在某些信号周期内可能会出现车辆的到达和离去不平衡,产生过剩排队车辆,但若干周期后过剩排队车辆将消失,即对整个时段 T 而言,车辆到达和离去保持平衡。

其中交叉口的通行能力是指某一信号相位的车流通过交叉口的最大允许能力,这取决于这些车流所能获得的最大通行流率,即饱和流量(S)以及所能获得的有效绿灯时间占整个信号周期的比例(g/c)。有效绿灯时间的计算是相位显示绿灯时间减去车辆起动损失时间再加上黄灯时间。

根据上述假定,用稳态理论计算车辆延误时间可简化为如下过程:

(1)将车流到达率视为常数,计算车辆的均衡延误;

(2)计算由于各信号周期车辆到达率不一致而产生的附加延误时间,即随机延误;

(3)将上述两部分叠加,得到车辆平均总延误时间。

1)均衡相位延误

在车辆到达率和进口断面通行能力均为常数的情况下,车辆的延误和车辆到达率的关系是一种线性关系,如图 11-9 所示,车辆 A 到达停车线时(严格说来应该是到达等候车队的队尾,因为此时在停车线的后面有 N_A 辆车排队)正值红灯期间,在它前面已有先期到达的 N_A 辆车在停车线后等待。该车必须等到这 N_A 辆车全部离开停车线之后才能驶出行车线,其延误时间为 d_A。在图 11-9 中,三角形中水平线为每辆车的延误时间,垂直线为不同瞬时停车线后面的车辆排队长度。于是在一个信号周期内,全部车辆的总延误时间等于三角形的面积(到达率为一均衡值时),而这一数值也恰好是每一瞬间车辆排队长度的总和,即:

$$\sum d_i = \sum N_i = S_{\triangle OCD} = \frac{1}{2} r \overline{EC} \tag{11-25}$$

式中 r 为红灯时间,为 EC 三角形的高。此外,由图 11-9 可得:

$$\overline{EC} = \overline{DE}\tan\alpha = \overline{DES} \tag{11-26}$$

而

$$\overline{DES} = (\gamma + \overline{DE})q \tag{11-27}$$

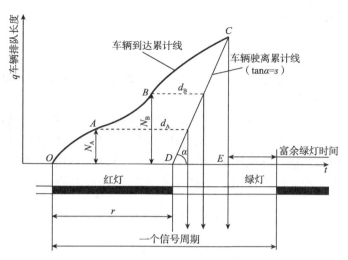

图 11-9 排队长度与延误时间

所以：
$$\overline{DE} = \frac{qr}{S-q} \tag{11-28}$$

于是车辆总延误时间为：
$$D = \sum d_i = \sum N_i = \frac{r}{2}\frac{qr}{S-q}S = \frac{qSr^2}{2(S-q)} \tag{11-29}$$

式中：q——车辆平均到达率，根据假定为一常数；

S——饱和流量。

上式结果为一个周期内的车辆总延误时间，那么车辆的平均延误时间为：
$$d = \frac{\sum d_i}{qc} = \frac{Sr^2}{2c(S-q)} \tag{11-30}$$

绿信比 $\lambda = g/c$，红灯时间 $r = c - g$，以及流量比 $y = q/s$，代入上式，得：
$$d = \frac{c(1-\lambda)^2}{2(1-y)} \tag{11-31}$$

式中：c——信号周期时长，s。

2) 随机延误

式(11-31)是基于车辆到达率为常数的假定得到的，但实际上车辆的到达率在一个周期与另一个周期之间是有随机波动的。尽管在整个时间段内总平均饱和度(车辆到达率与交叉口通行能力之比)未超过，但却不排除在个别周期内由于车辆到达率的随机波动而导致暂时的过饱和情况。韦伯斯特首先应用模拟方法给出了这种情况下车辆平均延误的公式：

$$d = \frac{c(1-g/c)^2}{2[1-(q/S)]} + \frac{x^2}{2q(1-x)} - 0.65\left(\frac{c}{q^2}\right)^{\frac{1}{3}} x^{2+5(g/c)} \tag{11-32}$$

式中：d——每辆车的平均延误，s；

c——周期时长，s；

g——有效绿灯时间,s;
x——饱和度;
q——到达率,辆/s;
S——饱和流量(在一次连续绿灯信号时间内,进口道上一列连续车队能通过进口道停车线的最大流量,单位是 pcu/h)。

式(11-32)的第一项表示车辆的到达率为恒定值时产生的正常相位延误,第二项和第三项则表示车辆到达率随机波动时产生的附加随机延误。当饱和度较低时,第二项和第三项所占的比重很小,但随着饱和度的增加,第二、第三项对计算结果的影响就越来越大了。

此后,米勒和阿克赛立科也给出了类似的延误公式,米勒的公式如下:

$$d = \frac{(1-g/c)}{2(1-q/s)}\left[c(1-g/c) + \frac{2Q_0}{q}\right] \tag{11-33}$$

式中:Q_0——平均过饱和排队车辆数(即在整个计算时间内由于个别周期过饱和以致绿灯时间结束时仍然滞留在停车线后的车辆数),其计算公式如下:

$$Q_0 = \frac{\exp(-1.33\sqrt{Sg(1-x)x})}{2(1-x)} \tag{11-34}$$

式中参数意义同前。而阿克塞立科的公式为:

$$d = \frac{c(1-g/c)^2}{2(1-q/S)} + \frac{Q_0 x}{q} \tag{11-35}$$

$$D = \frac{qc(1-g/c)^2}{2(1-q/S)} + Q_0 x \tag{11-36}$$

参数意义同上所述,Q_0 按下式计算:

$$Q_0 = \begin{cases} \dfrac{1.5(x-x_0)}{1-x} & x > x_0 \\ 0 & x \leq x_0 \end{cases} \tag{11-37}$$

$$x_0 = 0.67 + \frac{Sg}{600} \tag{11-38}$$

式中:D——全部车辆延误时间总和。

阿克赛立科比较了韦伯斯特、米勒和自己的延误公式,发现这些公式计算出的结果之间相差甚微,最多相差 1s 左右。但从形式来看,阿克赛立科的公式计算起来比较简便,所以应用也更普遍一些。

11.4.2 准确表达式

贝克曼(Beckman,1956)首先提出了定时信号的预期延迟,假设条件为:车辆的到达满足二项分布;确定性的服务:

$$d = \frac{c-g}{c(1-q/S)}\left[\frac{Q_0}{q} + \frac{c-g+1}{2}\right] \tag{11-39}$$

式中：c——信号周期时长；
　　　g——有效绿灯时间；
　　　q——交通流到达率；
　　　S——绿灯时间排队的疏散量；
　　　Q_0——平均过饱和车辆排队数。

公式中所用的预期过饱和车辆和限制性的假设条件限制了式(11-39)的可用性。1961年，利特尔(Little)分析了在交通信号处或交通信号附近预期延迟对转向车辆形成的交通流的影响，然而，此项分析没有包括转向车辆对其他车辆的影响。1964年，戴若茨(Darroch)对到达固定信号周期车辆的单车道流量作了研究，得出其到达过程符合泊松分布：

$$I = \frac{Var(A)}{qh} \tag{11-40}$$

式中：$Var(A)$——变化A的方差；
　　　q——到达率；
　　　h——时间间隔；
　　　A——间隔时间到达的车辆数。

离开过程是指一种灵活的服务机制，并且可以根据由该因素引起的附加车队长度分布分析反向车流的影响。虽然这种模型可以得到期望排队长度和期望延迟的公式，但模型计算复杂，有待优化，例如，该公式不能应用于过饱和排队模型或其他类型的排队模型。1968年，麦克尼尔提出了基于一般到达过程和持续离开时间的假设条件下的期望信号延迟的公式，根据他的研究，在一个信号周期内，总的车辆延迟表示为两部分的和：

$$W = W_1 + W_2 \tag{11-41}$$

式中：W_1——红色相位时总的延迟；
　　　W_2——绿色相位时总的延迟。

$$W_1 = \int_0^{c-g} [Q(0) + A(t)] dt \tag{11-42}$$

$$W_2 = \int_{c-g}^{c} Q(t) dt \tag{11-43}$$

式中：$Q(t)$——t时刻的车辆队列长度；
　　　$A(t)$——t时刻累积到达的车辆。

通过取数学期望及进一步的计算，可得平均车辆延误：

$$d = \frac{c-g}{2c(1-q/S)} \left[(c-g) + \frac{2}{q}Q_0 + \frac{1}{S}\left(1 + \frac{I}{1-q/S}\right)\right] \tag{11-44}$$

由于该过程运算复杂本书并不做详细介绍，但需要说明的是，该过程的推导是基于饱和度x小于1的情况，即$x = \frac{q/s}{g/c} < 1$。

实质上，这个公式是由戴若茨(Darroch)在疏散过程确定性的情况下获得的。对于符合二项分布的到达过程来说，$I = 1 - q/s$，此时，式(11-44)与1956年贝克曼所提出的二项分布的到达过程相同。1974年，麦克尼尔(McNeil)和维斯(Weiss)提出，符合泊松分布的到达过程和一般的疏散过程符合以下模型：

$$d = \frac{c-g}{2c(1-q/S)}\left\{(c-g) + \frac{2}{q}\left[1 + \frac{(1-q/S)(1-B^2)}{2S}\right]Q_0 + \frac{1}{S}\left(1 + \frac{I+B^2q/S}{1-q/S}\right)\right\}$$

(11-45)

式中：B——交叉口出发离散指数。

上述方程的检验结果表明，在非饱和($Q_0 = 0$)和非随机的交通流($I = 0$)情况下，只产生均一的延误。这类延误可以由一个简单的输入输出模型产生，如在一个周期内和一般的疏散过程中车辆的到达过程分布相同。公式(11-45)在实际应用中有一定的限制，即需要已知队列平均溢出值的大小(或绿灯开始时队列的长度)，但实际中这些通常是未知的。

11.4.3 近似表达式

1) 韦伯斯特公式

获得稳态延误的准确公式假设较多，过程复杂，致使其使用范围受到严重的限制，因而促进了近似延误模型的发展和应用。最初，近似延误模型由韦伯斯特发展进而广泛使用，此方法是理论和数字仿真的结合。

$$d = \frac{c(1-g/c)^2}{2[1-(q/c)x]} + \frac{x^2}{2q(1-x)} - 0.65\left(\frac{c}{q^2}\right)^{\frac{1}{3}} x^{2+5(g/c)}$$

(11-46)

式(11-46)是基于式(11-32)的形式，第一项表示车辆的到达率为恒定值时产生的正常相位延误，第二项表示车辆的到达率随机波动时产生的附加延误时间。这被称为随机延误，它的假设条件是泊松到达过程和与信号交叉口通行能力相应的恒定的疏散率，后面的假设不能反映信号交叉口的实际情况，因为车辆服务只在有效绿灯时间以内，明显地要高于道路通行能力。第三项是在仿真试验基础上的校正，是估计值的矫正项，通常在式(11-46)中前两项的10%范围内。

2) 米勒表达式

延误估计也可以通过估计Q_0(平均过饱和排队车辆数)间接估计。1963年米勒通过Q_0给出了类似的延误公式，此公式适用于任何到达和疏散分布情况。

$$Q(c) = Q(0) + A - C + \Delta C$$

(11-47)

式中：$Q(c)$——周期结束时刻车辆排队长度；

$Q(0)$——周期初始时刻车辆排队长度；

A——一个周期内的到达车辆数；

C——绿灯时间内的最大疏散车辆数；

ΔC——一个周期疏散车辆的变化量。

如果$Q(0) + A < C$，则$\Delta C = C - Q(0) - A$，其他值时为0。对式(11-47)两边取期望得到

$$E(\Delta C) = E(C - A) \tag{11-48}$$

由平衡关系 $Q(0) = Q(c)$ 对式(11-48)式两边平方再取期望,之后对其取对数并进一步计算可得平均过饱和排队车辆数:

$$Q_0 = \frac{Var(C - A) - Var(\Delta C)}{2E(C - A)} \tag{11-49}$$

式中:C——一个周期内的最大疏散车辆数;

　　A——一个周期内到达的车辆数;

　　ΔC——一个周期内疏散车辆的变化量;

　　E——数学期望。

3)修正的米勒表达式

米勒还提出了 $Var(\Delta C)$ 的近似值,他假设:

$$I \approx \frac{Var(\Delta C)}{E(C - A)} \tag{11-50}$$

因此,过饱和排队车辆数的近似值为:

$$Q_0 \approx \frac{(2x - 1)I}{2(1 - x)}, x \geqslant 0.50 \tag{11-51}$$

式(11-51)可以取代(11-44),方程(11-44)更进一步的目的是在实际应用过程中通过忽略第三和第四项相对它进行简化,这两项相对前两相来说占的比重较小。1968年,这种方法被提出近似方程式的米勒所证实:

$$d = \frac{(1 - g/c)}{2(1 - q/S)}\left[c(1 - g/c) + \frac{2Q_0}{q}\right] \tag{11-52}$$

通过删除式(11-44)中的第二项和第三项,米勒还提出了基于泊松到达和固定服务时间的过饱和排队车辆方程的表达式:

$$Q_0 = \frac{\exp(-1.33\sqrt{Sg(1 - x)/x})}{2(1 - x)} \tag{11-53}$$

式(11-44)~式(11-46)、式(11-52)和式(11-53)都局限于特殊的到达和疏散过程。

4)纽厄尔(Newell)表达式

1965年,纽厄尔发展了具有一般到达和疏散分布特征的延误公式:首先,他从图示中受到启发,得出结论,这个结论适用于大多数合理的到达和疏散过程。假设恒定到达率和固定服务时间所计算出的延误不同,当交通密度充分小时,延误可以忽略不计。然后,假设一个排队原则:先进先出原则,它不会影响估计的平均延误,当密度很大时,给出如下的近似值:

$$d = \frac{c(1 - g/c)^2}{2(1 - q/S)} + \frac{Q_0}{q} \tag{11-54}$$

如果忽略了方程(11-44)中的 $1/S$ 并且当 $1 - q/S = 1 - g/c$ 时,方程(11-54)的结果和方程(11-44)相同。然而,如果保持了平衡条件,就不能满足最后的条件。为了估计过饱和车辆的排队数,纽厄尔将 F_Q 定义为过饱和队列长度的累积分布,F_{A-D} 定义为一个周期内过饱和的累积分布,其中的 A 和 D 分别代表累积的到达和疏散,他在平衡条件下给出了下式:

$$F_Q(x) = \int_0^\infty F_Q(Z) \mathrm{d}F_{A-D}(x-z) \tag{11-55}$$

方程(11-55)的积分只有在严格的假设条件下才能解出,假设一个周期内的过饱和车辆的分布都为正态分布。由此而得出的纽厄尔方程如下:

$$Q_0 = \frac{qc(1-x)}{\Pi} \int_0^{\Pi/2} \frac{\tan^2\theta}{-1+\exp(Sg(1-x)^2/(2\cos^2\theta))} \mathrm{d}\theta \tag{11-56}$$

5)修正的纽厄尔表达式

纽厄尔提出的一个更为方便的表达式为:

$$Q_0 = \frac{IH(\mu)x}{2(1-x)} \tag{11-57}$$

式中:

$$\mu = \frac{Sg - qc}{(ISg)^{1/2}} \tag{11-58}$$

$H(\mu)$ 可以通过对求 $-\sqrt{Sg}(1-x) - \frac{Sg(1-x)^2}{2}$ 的指数函数得出。

此外,纽厄尔还比较了式(11-54)和式(11-56)及韦伯斯特公式的结果,并添加了其他的修正项对结果进行进一步的改善。纽厄尔得出的最终的公式为:

$$d = \frac{c(1-g/c)^2}{2(1-q/S)} + \frac{Q_0}{q} + \frac{(1-g/c)I}{2S(1-q/S)^2} \tag{11-59}$$

11.5 定数延误模型

在稳态模型中假设的随机平衡要求在一段时间内有稳定的交通状况(车辆到达率),这在流量比较小的情况下是可以满足的,此时模型的结果符合实际情况。当交通流量达到信号交叉口的通行能力时,要达到稳定平衡状态所需的时间经常会超过所能够提供的时间。而且,在很多情况下,交通流都会超过通行能力,违背了稳态模型的一个假设条件,此外,高峰小时的交通流不是固定的,因此违反了稳态模型的另一个重要假设。在稳态模型的外部限制假设条件上,人们做出了很多尝试。最初的最简单的方法是把到达和疏散比率作为一种确定情况的时间函数;后来的方法是在信号交叉口对交通进行模拟,为了估计模仿周期的平均延误和排队长度,假设固定的到达率和疏散率,但不必要满足平衡条件。

为了解决这种情况,早在20世纪60年代许多学者便开始研究过饱和交叉口车辆延误时间和排队长度的计算方法,其中有代表性的论述是梅(May)在《交通流理论》中提出的定数延误模型。此后,金伯又进一步研究了该延误模型。定数延误模型的建立是基于以下几条基本假定的:

(1) 车辆到达率在一段时间内为一恒定值,且大于交叉口通行能力;
(2) 在绿灯初始时刻车辆排队长度为0;
(3) 采用固定信号配时,在观察时间段内通行能力为一常数;
(4) 过饱和排队长度随着时间的增长而直线增加。其中第4条假设与稳态理论不同。在稳态理论中,把个别周期的过饱和排队车辆作为一种随机情况来处理,而定数理论则把过饱和排队作为一种确定的情况来考虑,但不考虑车辆的随机到达情况对受阻情况的影响。我们研究所采用的模式见图11-10,该图上半部分表示车辆到达和驶离交叉口的累积数,而下半部分则表示每一辆车的行驶时间—距离轨迹曲线。从该图中可以看出:

① 车辆到达的累积线(一条斜率为q的直线)与始发线(成锯齿形,在红灯期间斜率为0,绿灯时间斜率为s)之间所包含的面积代表全部车辆延误时间总和,上述两条线之间的水平距离代表不同时间内到达车辆各自的延误时间;

② 车辆到达线与驶发线之间的竖直距离代表每一瞬间车辆排队长度(以排队车辆数表示),过剩的滞留车队长度是由过饱和引起的每周期积存车辆累积而成的。

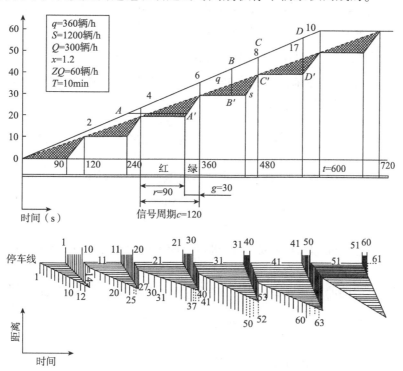

图11-10 过饱和交叉口车辆的放行情况

与稳态理论相似,在研究交叉口处于过饱和状态下的车辆延误时间和排队长度时,首先假定车辆到达率q为常数,并恰好等于通行能力c,以此求出延误时间和排队长度的正常延误部分。然后再以实际到达率q与c之差来考虑过饱和对延误、排队长度的影响求出过饱和延误部分。图11-11对上述步骤做了具体说明。

在计算过程中,需估计当交叉口处于过饱和状态时,会有部分车辆经历多次停车的情况。例如,在图11-10中,第一个周期积存了两辆车,第11和12辆车分别经历两次停车;在第二个周期经历两次停车的车辆有第 21 和 22 辆车,如此等等。由图 11-10 和图 11-11 可得第 i 个周期末的过饱和排队车辆数 n:

$$n_i = n_{i-1} + qc - Sg \tag{11-60}$$

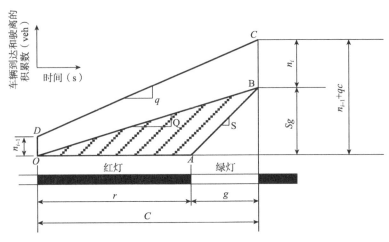

图 11-11　过饱和信号周期中车辆的受阻情况

在第 i 个周期内,全部车辆的延误时间之和相当于图 11-11 中多边形 $OABCD$ 的面积,由图中几何关系可以得出下列关系式:

$$D_i = n_{i-1}c + \frac{1}{2}(qc^2 - Sg^2) \tag{11-61}$$

在整个观察时段 t 内,全部到达车辆的平均过饱和排队车辆长:

$$Q_0 = \frac{(q-C)t}{2} = \frac{(x-1)Ct}{2} \tag{11-62}$$

式中:Q_0——平均过饱和排队车辆数,即某进口方向上所有车道排队车辆总和;

C——该进口方向通行能力。

依据图 11-11 中的原理示意,结合式(11-60)~式(11-62)可得车辆的总延误时间为:

$$D = \left(\frac{r \cdot Sg}{2} + Q_0\right)t = \frac{Crt}{2} + Q_0 t \tag{11-63}$$

式中:D——t 时间内全部车辆的延误时间总和;

r——红灯时长。

每一辆车的平均延误时间为:

$$d = \frac{D}{qt} = \frac{Cr}{2q} + \frac{Q_0}{q} \tag{11-64}$$

分析上述公式可以看出:无论延误时间还是排队车辆长度都是由两部分构成的。前一部分是在饱和度等于 1 的情况下车辆的正常延误和排队,相当于图 11-11 中的三角形 OAB 部分。在固定配时条件下,这部分大小与周期无关。也就是说此时无论稳态理论还是定数理论所给出的"正常"延误值和排队值都是一样的。而第二部分则是过饱和部分,相当于图11-13中的梯形面积,这是平均过饱和排队车辆长度的函数。

11.5.1 梅-凯勒(May-Keller)模型

1967年5月,梅(May)和凯勒(Keller)对无信号交叉口的瓶颈进行了研究,他们的研究是确定定数延误模型建模方法的典型代表,并且通过简单的改进就可适用于信号交叉口。在他们的研究中,一般假设随机排队函数在计算延误时可以被忽略。

模型中定义一个累积的到达车辆数 $A(t)$:

$$A(t) = \int_0^t q(\tau) \mathrm{d}\tau \tag{11-65}$$

$D(t)$ 为 $[0,t]$ 内排队车辆的疏散数:

$$D(t) = \int_0^t S(\tau) \mathrm{d}\tau \tag{11-66}$$

排队系统中当前的车辆数 $Q(t)$ 为:

$$Q(t) = Q(0) + A(t) - D(t) \tag{11-67}$$

在时间 $[0,T]$ 排队车辆的平均延误 d 是:

$$d = \frac{1}{A(T)} \int_0^T Q(t) \mathrm{d}t \tag{11-68}$$

梅和凯勒把上面的模型应用于阶梯形到达率和恒定疏散率中,通过分解周期用 $C(\tau)$ 代替式(11-66)中的 $S(\tau)$ 可以很容易地把上述模型应用于已知的信号交叉口中。

若信号为红灯,$C(\tau)=0$;

若信号为绿灯并且 $Q(t)>0$,$C(\tau)=S(\tau)$;

若信号为绿灯并且 $Q(t)=0$,$C(\tau)=q(\tau)$。

如同式(11-67)那样单一项的确定性模型只有在 $x \ll 1$ 或 $x \gg 1$ 时才会达到一定的准确度,否则,对排队和延误的估计会偏低,这是因为忽略了 q 和 C 的随机波动所导致的过剩的滞留车队而产生的。

11.5.2 凯汀模型

根据凯汀(Catling,1977)的研究,现在普遍使用的坐标转换方法是由怀廷(Whiting)首先提出的。这种方法应用于由标准排队理论产生的稳态曲线图表中时,可以建立过渡函数延误模型。该模型是学者们用以协调稳态理论和定数理论的。因为这两种理论的不同假定均有其局限性。从稳态理论在低饱和度的情况下是比较切合实际的。然而随着饱和度的增大,车辆到达和始发的稳态平衡就很难维持了,因而按照稳态理论计算的结果与实际情况出入越来越大,尤其是当饱和度接近1时,稳态理论根本无法给出切合实际的结果。而定数理论虽然对高度饱和的交叉口车辆延误情况能给出比较理想的结果,但在饱和度等于1附近时也不能给出令人满意的结果。金伯在怀廷(Whiting)的基础上给出了过渡函数的详细推导过程。这一函数曲线是以定数函数曲线(实际上是一直线)作为其渐近线的,如图11-12所示。

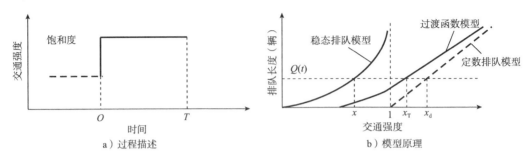

图 11-12 过渡函数模型

当交通量接近通行能力时,使用这个新的模型做出的延误估计比稳态模型更具有现实意义。下面几项观测促进了这种方法的发展:

(1)在饱和度较低时($x \ll 1$),产生的延误几乎与交通强度恒定时相同;

(2)在饱和度较高时($x \gg 1$),延误可以通过下面的确定性模型进行较准确的描述,并可以达到一定的精确度:

$$d = d_1 + \frac{T}{2}(x - 1) \tag{11-69}$$

式中:d_1——交通强度很小时产生的延误(正常相位延误);

T——交通流恒定时的分解周期。

如图11-12所示,单位交通强度 $x = 1$ 时,稳态延误模型是渐进的逼近 Y 轴(产生无限延误)。通过式(11-69)中的第二项将最初的稳态曲线进行坐标转换,使其渐进的逼近于确定的过饱和延长线。最终延误曲线到渐进线的水平距离与到稳态曲线的水平距离是相同的,并且垂直线 $x = 1$。

上述表达式的应用有两个限制条件:

(1)初始时刻车辆排队长度为0;

(2)在$[0,T]$交通强度是恒定的。

正如模拟试验所示的一样,时间决策模型的可行范围是$[0,T]$。因此,这项技术在实际应用中是非常有用的。除了上述的限制条件(1)和条件(2)之外,他的主要缺点是缺乏理论基础。

11.5.3 金伯-霍里斯模型

金伯和霍里斯(Kimber and Hollis,1979)针对随机到达车辆,一般服务时间和单一服务通道的系统提出了计算预期排队长度的运算法则。初始排队长度可以根据其分布定义,为了计算简便,只有当平均初始排队长度与平衡时的排队长度有很大差别时才使用。在这种情况下,应该使用完整的运算法则。非固定到达过程和突变函数非常相似,一个时刻内总的延误应结合队列的大小进行计算。通过坐标转换法得:

平均延误 d_d:

$$d_d = \frac{[Q(0)+1] + \frac{1}{2}(x-1)CT}{C} \quad (11\text{-}70)$$

稳态延误 d_s：

$$d_s = \frac{1}{C}\left(1 + \frac{Bx}{1-x}\right) \quad (11\text{-}71)$$

转换为与时间有关的公式：

$$d = \frac{1}{2}[(a^2+b^2)^{1/2} - a] \quad (11\text{-}72)$$

相关参数：

$$a = \frac{T}{2}(1-x) - \frac{1}{C}[Q(0) - B + 2] \quad (11\text{-}73)$$

$$b = \frac{4}{C}\left[\frac{T}{2}(1-x) + \frac{1}{2}xTB - \frac{Q(0)+1}{C}(1-B)\right] \quad (11\text{-}74)$$

坐标转化法中，基于两点原因，稳态公式无法充分反映交通信号控制的特性：(1)公式的第一项（均衡交通排队）需要进一步研究；(2)对不能准确符合排队论模型假设的情况，常数 B 需要校准。

11.5.4 阿克塞利克模型

前文介绍了过渡函数，该模型的建立不仅解决了准饱和状态下车辆受阻程度的定量分析问题，而且也弥补了被定数理论所忽略的随机延误情况。按照这种模型计算出的信号交叉口控制效果参数（延误时间和排队长度）均包括三部分：正常相位部分、随机部分和过饱和部分。

阿克赛利克(Akcelik)利用协调变换的数学方法得出了平均过饱和排队车辆长度的过渡函数：

$$Q_0 = \begin{cases} \dfrac{Ct}{4}\left[(x-1) + \sqrt{(x-1)^2 + \dfrac{12(x-x_0)}{Ct}}\right] & x > x_0 \\ 0 & x \leq x_0 \end{cases} \quad (11\text{-}75)$$

式中：Q_0——平均过饱和排队长度（包括车辆到达率随机波动构成的排队长度）；

x_0——由式(11-38)求得。

在面控系统 TRANSYT(8) 程序所使用的数学模型中，平均过饱和车辆排队长度采用以下公式：

$$Q_0 = \frac{Ct}{4}\left[(x-1) + \sqrt{(x-1)^2 + \frac{4x}{Ct}}\right] \quad (11\text{-}76)$$

式(11-76)的计算值可以视为过饱和排队车辆长度的上限值计算式。而对于每辆车的平均延误则有下列公式：

$$d = \begin{cases} \dfrac{c(1-g/c)^2}{2(1-q/S)} & x < 1 \\ (c-g)/2 & x \geq 1 \end{cases} + \dfrac{Q_0}{C} \tag{11-77}$$

综上所述，车辆在交叉口的延误时间由三部分组成，即正常相位延误、随机延误和过饱和延误（当饱和度小于或等于1时，只有前两项）。图11-13作为一个典型实例清楚地描绘出了这三部分延误时间的相互关系。由图可知，当饱和度在1左右时，随机延误与饱和度之间的关系十分敏感。例如在该图中，饱和度从0.95增至1时，随机延误时间增加近80%。因此，在这种情况下，要求采集的交通量数据非常准确，而且通行能力的参数也要确定得十分切合实际，否则计算出的延误时间就会与实际相差甚远，而延误时间则左右了信号配时方案的优选。所以有时宁愿采用延误时间的上限函数式，这样可以避免某些信号相位的绿灯时间设置过短。

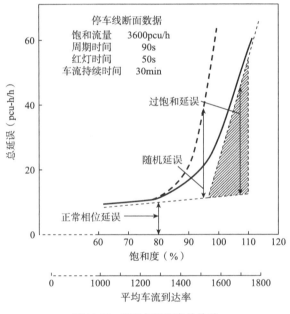

图 11-13 延误与饱和度的关系

11.5.5 综合模型

综合多位学者的研究成果，应用不规则马尔科夫链技术，利用到达分布 $P(t,A)$ 和通行能力分布 $P(C)$ 来计算随机排队分布。在一个周期内排队长度从 i 变化到 j 的可能性用下式表示：

$$P_{i,j}(t) = \sum_{C=0}^{\infty} P_{i,j}(t,C)P(C) \tag{11-78}$$

并且：

$$P_{i,0}(t,C) = \begin{cases} \sum_{k=0}^{C-i} P(t, A = k) & i \leq C \\ 0 & 其他 \end{cases} \quad (11\text{-}79)$$

$$P_{i,j}(t,C) = \begin{cases} P(t, A = j - i + C) & j \geq i - C \\ 0 & 其他 \end{cases} \quad (11\text{-}80)$$

时间为 t 时的排队状态转换可能性可以写成转换矩阵 $p(t)$ 的形式。用行矢量 $p_Q(t)$ 表示的过饱和排队分布来定义时间为 t 时的系统状态。$t=0$ 时的可变分布系统状态假设为：$p_Q(t) = [p_i(0), p_1(0), p_2(0), \cdots, p_m(0)]$，$p_i(0)$ 表示时间为零时，系统可能的排队长度 i。任意周期 t 内的可能的状态矢量都可以在下列乘法矩阵中求得：

$$P_Q(t) = P_Q(t-1) P(t) \quad (11\text{-}81)$$

公式(11-81)可用于计算任意初始时间排队可能性的情况。

习题

1. 简述信号交叉口的交通特性。
2. 简述信号交叉口的车流运动特性。
3. 简述车辆在信号交叉口受阻滞的过程。
4. 以图的形式说明完全停车与不完全停车的联系与区别。
5. 最经常使用的延误类型包括哪些？并解释其含义及区别。
6. 简述稳态理论的基本原理及假设。
7. 简述定数理论的基本原理及假设。
8. 以几种经典延误公式为例，说明影响车辆延误或车均延误的各种因素。

第12章 行人和非机动车交通流理论

→ 12.1 行人交通流特性

12.1.1 步行交通特性

步行是一种绿色环保的交通方式,其行为的主体称为行人。行人(Pedestrian)步行交通具有出行目的多元性和随机性的特点。步行既可以是有明确目的的单纯交通通行行为,如通勤,也可以是漫无目的的散步,或者是两者的结合,如购物逛街。基于不同的出行目的,行人的步行速度与交通服务要求也有明显差异,如表12-1所示。

三种典型步行目的及步行特征   表12-1

出行目的	图示	典型行为	步行速度(m/s)	交通服务要求
具有交通出行目的的两点间位置移动	 ●→○	通勤交通	1.3~2.5	快速通过、便捷
伴随其他行为目的的移动	 ●↻○	购物、游园	0.7~1.3	舒适的、有吸引力的空间环境
移动过程即为目的的移动	 ●∿○	散步	0.8~1.2	

12.1.2 行人交通特征指标

为了理解行人在公路和城市道路上行走、停留过程中的安全设计和人性化设计需求,必须了解行人空间通行尺寸要求、步行速度、行人过街的等待时间、过街绕行阈值、车撞人伤害程度等关键指标。

1) 空间通行尺寸要求

人们行走时随着身体重心在两脚间转换,人体会出现横向摆动,不带行李的标准行人行走横向宽度为75cm,轮椅推行时横向宽度为100cm。在行走过程中所需的纵向空间由步幅区(生理需求)与感知区(心理需求)组成,如图12-1所示。通常平均步幅区长度取64cm,

感知区主要受行人视觉、心理和安全感等因素影响,水平通道上以正常行走速度与舒适视觉角度前进,感知区取值应大于210cm。因此,舒适行走需要的通行空间为2.2m²/人以上。

人的通行空间是最能反映人员密集程度的指标,也是表达客流风险最直接的因素。目前对人群拥挤的安全密度尚无统一的标准。国内外文献指出,8~10人/m²是大多数人开始感觉

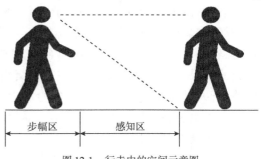

图12-1　行走中的空间示意图

到拥挤和不安的阈值,人群开始出现波动情况,有可能发生事故。

2)步行速度

影响行人步行速度大小的因素有:行人个体因素,包括人种、年龄、性别、行动能力、健康程度等;出行因素,包括出行目的、路线熟悉程度、行李携带情况、出行距离等;行人步行交通设施因素,包括设施类型、坡度、安全出口等;环境因素,包括周围环境、天气条件和人流密度等。

在交叉口信号配时中,行人步行速度取值应具有可靠性,即保证85%的行人步行速度不低于该取值;应注意老年人步行速度取值,例如,上海老年男性的平均步行速度为1.01m/s,老年女性的平均步行速度为0.96m/s;同时还应考虑适用于具有生理障碍的行人。关于不同障碍、不同辅助器具类型的行人步行速度研究见表12-2。我国的《城市道路交叉口规划规范》(GB 50647—2011)中规定行人设计步速为1.0m/s,行人过街绿灯时长不得小于行人安全过街所需的时间。

具有生理障碍的行人步行速度　　　　表12-2

伤残/辅助器械	平均步行速度(m/s)	伤残/辅助器械	平均步行速度(m/s)
手杖/拐杖	0.8	膝下截肢	0.7
助步器	0.6	膝上截肢	0.6
轮椅	1.1	髋关节炎	0.7~1.1
膝关节固化	1.1	类风湿性关节炎(膝盖)	0.7

3)行人过街的等待时间

行人过街的等待时间(Waiting Time)是行人过街的重要影响因素之一。行人等待时间包括:行人平均等待时间、行人最大等待时间、行人可忍受等待时间阈值。

(1)行人平均等待时间:是指在一个信号周期内,所有行人的等待时间总和与行人数的比值,也是行人平均延误,这一指标可用于评价信号控制交叉口行人服务水平。

(2)行人最大等待时间:是指一个信号周期内,行人等待行人绿灯点亮所需的最长时间,等于信号周期时间与行人路灯显示时间的差值。

(3)行人可忍受等待时间阈值:是指人对等待时间存在一定的容忍限度,超过此限度行人会感到不适,甚至闯红灯过街。该时间限度即为行人可忍受等待时间阈值。当行人最大等待时间小于或等于行人可忍受等待时间时,认为行人基本能够按照信号灯色通行,行人交通流的可控性较好;反之,行人交通流的可控性较差,强行穿越机动车流的行人比例很高。

德国《信号控制规范》(RiLSA)通过实测,给出行人可接受等待时间阈值为60s。美国

《道路通行能力手册》(2016版)指出行人平均等待时间大于40s时,行人闯红灯概率高。我国浙江省《城市道路人行过街设施规划与设计规范》(DB 33/1058—2008),以及安徽省《城市道路交叉口信号控制设计规范》(DB 34/T 2423—2015)列出了同济大学在杭州、合肥调查研究的结果:在交通流量较大的主支相交路口,行人最大可忍受等待时间为90s,超过此时间限值,行人过街处于不可控局面;安全岛上行人的最大可忍受等待时间为50s。刘光新等调查研究中给出路段控制人行横道可忍受等待时间在主干路为50～60s,次干路为40～50s。

4) 过街绕行阈值

过街绕行距离指总步行距离减去直线距离。步行者由于体力、心理因素,对过街绕行距离存在一定的容忍限度,超过此限,步行者往往会铤而走险,该容忍限度即为过街绕行阈值(Detour Threshold)。城市干路过街设施间距规划的约束因素包括:过街绕行阈值、道路等级、用地类型、慢行优先权。道路等级越低,慢行优先权越高,步行过街设施间距宜取小值。

同济大学对上海市居民在干路上的过街绕行距离阈值调查结果显示,主干路绕行阈值最大为180m,最小约为60m;次干路绕行阈值最大为100m,最小约为40m。基于过街绕行阈值调查,结合道路等级、用地类型、行人数量等要素,干路过街设施间距阈值推荐值为:在居住、商业等步行密集区域主干路过街设施间距不应大于250m,次干路过街设施间距不应大于200m;在工业园区等步行活动较少区域主干路过街设施间距不宜大于500m。

《城市道路交通组织设计规范》(GB/T 36670—2018)中规定:在人流密集商业区,或生活性道路,结合过街需求,宜间隔150m～250m设置一处行人过街通道;主干路或交通性道路,宜间隔300m～400m设置一处行人过街通道。路段行人过街通道优先采用平面过街方式。在快速路上,应采用立体行人过街通道。

5) 车撞人伤害程度

车撞人时,行人所受的伤害程度取决于车辆速度:当车速低于30km/h时,行人有90%的存活机会;超过30km/h时,行人罹难的概率会呈指数增长;超过50km/h后,其死亡概率则高达80%,如图12-2所示。因此,国内外通常将城市重要街区的车辆速度限制于30～50km/h,以免伤害超过行人的生理承受阈值。为了更好地理解车撞人的危险性,基于动量原理估算不同车速下行人被撞的等效坠落高度,如表12-3所示。虽然车撞人与高空坠落风险相近,但是行人对车撞人的危险认识远低于对高空的恐惧。

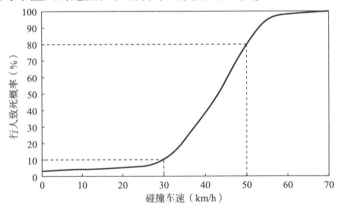

图12-2 行人致死概率与撞击车辆速度的关系

行人被不同车速车辆撞击后的等效坠落高度 表 12-3

撞击时车速(km/h)	20	30	40	50	60	80
等效坠落高度(m)	1.6	3.5	6.3	9.8	14.2	24
等效坠下的楼层	1 楼	2 楼	3 楼	4 楼	5 楼	9 楼

12.1.3 行人交通流量、密度、速度关系

1) 基本概念

步行交通流特性包括行人流量、行人密度、行人速度等。步行者群体的交通特性是规划、设计行人交通设施的重要依据。

(1) 行人流量:在单位时间内通过某一点或某一断面的行人数量,单位是人/(h·m)、人(min·m)、人/(s·m)。

(2) 行人密度:指单位步行空间里行人个体的数量,单位是人/m²。

(3) 行人速度:指单位观测时间内行人的平均步行速度,单位是 m/s。

(4) 行人占据空间:每个行人的占用面积,单位是 m²/人,是行人密度的倒数,更适用于人行设施的分析。该空间的大小与人的活动有关,一般随步行速度的增加而增加。静态空间与动态空间具有相当的差异。

静态空间(表 12-4)应考虑以下三个因素:
① 行人站立的空间需求(按照人体椭圆面积计算),如图 12-3 所示;
② 行人携带行李物品时的空间需求修正;
③ 感觉舒适的空间需求(考虑行人站立时的心理缓冲空间)。

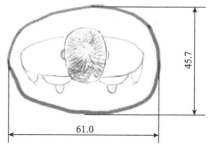

图 12-3 人体椭圆图尺寸(尺寸单位:cm)

静态空间要求 表 12-4

考虑的因素	行人站立	携带行李	感觉舒适
空间需求(m²/人)	0.21	0.40~0.55	0.74~0.95

注:携带行李空间需求考虑的是行人携带轻物或大人带一小孩同行的最小面积。

动态空间(表 12-5)应考虑以下三个因素:
① 人群按照理想的期望速度对应的空间需求;
② 穿越或超越(横向、纵向)行人群的空间需求;
③ 行人舒适行走的空间需求(考虑心理缓冲空间)。

动态空间需求 表 12-5

考虑的因素	人群按照期望速度行走所需空间	穿越行人群	舒适行走
空间需求(m²/人)	>1.40	>1.67	2.20~2.26

注:当行人空间值小于 1.40m²/人时,人群中所有的行人都不能按自己的期望速度行走。

2）速度-密度关系

通道行人流量、密度、速度三者之间的定量关系反映了行人流的宏观运行特征。由于行人流中每一个体总是根据其邻近其他个体的状态调整自身步行行为，因此速度-密度关系是交通流三参数中最重要、最本质的模型，刻画了不同密度下个体间相互作用的强度。流量-密度关系则描述了不同聚集密度下步行设施单位宽度在单位时间内行人通过的数量，是确定设施通行能力和服务水平的重要依据。速度-流量关系反映不同流量条件下行人的平均步行速度。

和机动车宏观交通流特征类似，行人在固定宽度的路侧步行道或封闭通道内步行时，速度和密度存在相关关系；以上海市为例，如图 12-4 所示，随着行人密度的增加，速度会相应降低。单向水平通道在行人流密度较低（≤0.5 人/m²）阶段，为自由流状态，速度保持稳定，基本不随密度变化；密度大于 0.5 人/m² 后，速度会随密度增加而缓慢保持下降。

行人在步行通道上并非以均匀分布的方式行走，往往是通道中轴线附近的人流密度高，而靠近两侧的人流密度低，从而导致通道两侧附近的人流速度高，中轴线附近的人流速度低。这种现象被称为行人流速度分布的边缘效应，如图 12-5 所示。

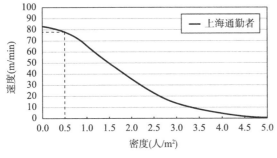

图 12-4　行人密度—速度关系曲线

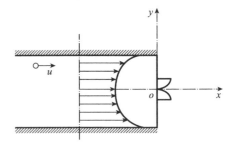

图 12-5　行人流速度分布边缘效应

3）流量-密度关系

单向水平通道的行人流量-密度曲线如图 12-6 所示。流量最大时对应的密度点为最佳密度点。当行人密度从低逐渐增加到最佳密度，流量逐渐增大；当行人密度从最佳密度逐渐增大，流量逐渐减少。

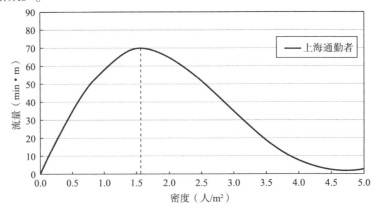

图 12-6　单向水平通道行人流量-密度关系曲线

4) 速度-流量关系

行人速度和流量的关系如图 12-7 所示(以上海市为例)。当行人流量较少时,即密度较低时,速度较高,随着人流量的增加,直至达到最佳流量,即最佳密度时,速度逐渐较低;当流量超过最佳流量时,即超过通行能力时,由于行走空间受限,流量和速度均减少。由于行人对流量的敏感性低于密度,因此,速度随流量增加的变化幅度并不显著,在行人交通流中"流量=密度×速度"并不完全适用。

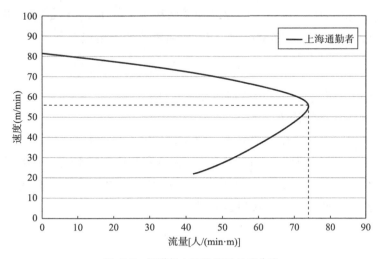

图 12-7 通道行人速度-流量关系曲线

12.1.4 行人连续模型和离散模型

依据行人移动空间的定义形式,可将常见的行人仿真模型分为连续模型和离散模型。在连续模型中,行人的移动空间是连续的,行人依据连续场的作用在空间上移动。在离散模型中,行人的移动空间被划分为离散的网格状位置,行人依据一定的移动规则和条件在位置之间移动。

1) 连续模型

在连续模型中,主要用函数或微分方程来描述人员运动过程,如流体力学模型、磁场力模型、社会力模型等。社会力模型是赫尔宾(Helbing)等人于 1995 年提出的一种基于牛顿力学的连续模型,模型中利用"社会力"的概念,可以更好地重现行人流现象,模拟结果也更加准确,受到很多研究者的青睐,因此以下重点介绍该模型的规则。

在社会力模型中,行人由于自身动机、周围行人和环境的影响,共受到如图 12-8 所示的三种作用力,即自身驱动力(f_i^0)、人与人之间的作用力(f_{ij})、人与障碍物之间的作用力(f_{iw}),三种力的共同合力共同作用于当前行人 i 而形成的加速度,公式如下所示:

$$m_i \frac{d\boldsymbol{v}_i}{dt} = \boldsymbol{f}_i^0 + \sum_{j(\neq i)} \boldsymbol{f}_{ij} + \sum_w \boldsymbol{f}_{iw} \tag{12-1}$$

(1) 自身驱动力

自身驱动力 f_i^0 指行人主观意识对行为的影响所转化为的作用于自身的社会力,反映了行人希望达到其期望速度的一种意愿,其关系表达式如下:

$$f_i^0 = m_i \frac{v_i^0(t) e_i^0 - v_i(t)}{\tau_i} \tag{12-2}$$

式中 m_i 为行人 i 的质量；$v_i^0(t)$ 为期望速度；e_i^0 为在期望方向上的单位向量；$v_i(t)$ 为行人的步行速度；τ_i 为弛豫时间，指的是行人 i 为避让其他行人和障碍物而导致运动状态改变的持续时间，反映了行人调整自身速度的持续时间。

2005 年 Helbing 等人进一步指出，行人的期望速度与其紧张程度密切相关，并提出用参数 $n_i(t) = 1 - v_{id}(t)/v_i^0(0)$ 反映行人的焦躁和紧张程度。其中 $v_{id}(t)$ 是行人步行速度在期望方向上的投影值，$v_i^0(0)$ 是初始期望速度。因此，期望速度表达式如下：

$$v_i^0(t) = [1 - n_i(t)] v_i^0(0) + n_i(t) v_i^{\max} \tag{12-3}$$

式中，$v_i^{\max}$ 为行人可实现的最大期望速度。

(2) 人与人间的相互作用力

人与人间的相互作用力 f_{ij} 主要包括行人间试图保持一定间距所产生的社会排斥力 f_{ij}^s（当行人中心点的间距大于两人的半径和时产生）和身体的接触力 f_{ij}^p（当行人中心点的间距小于两人的半径和时产生），如图 12-9 所示。其中身体间的接触力 f_{ij}^p 包括身体间的挤压力 f_{ij}^{p1} 和摩擦力 f_{ij}^{p2}，如式(12-4)~式(12-6)所示：

$$f_{ij} = f_{ij}^s + f_{ij}^p \tag{12-4}$$

$$f_{ij}^s = A_i \exp\left(\frac{r_{ij} - d_{ij}}{B_i}\right) n_{ij} \left[\lambda_i + (1 - \lambda_i) \frac{1 + \cos\varphi_{ij}}{2}\right] \tag{12-5}$$

$$f_{ij}^p = f_{ij}^{p1} + f_{ij}^{p2} = kg(r_{ij} - d_{ij}) n_{ij} + \mu g(r_{ij} - d_{ij}) \Delta v_{ji}^t t_{ij} \tag{12-6}$$

式中 A_i 和 B_i 为常数，行人 i 和行人 j 的半径和为 $r_{ij} = r_i + r_j$，行人 i 和 j 间的距离 $d_{ij} = \|r_i - r_j\|$。此外 $n_{ij} = (n_{ij}^1, n_{ij}^2) = (r_i - r_j)/d_{ij}$，$\Delta v_{ji}^t = (v_j - v_i) t_{ij}$，$t_{ij} = (-n_{ij}^2, n_{ij}^1)$，$\cos\varphi_{ij} = -n_{ij} e_i$，$e_i = v_i/\|v_i\|$。$\lambda_i$ 引入了行人在运动过程中视野域各向异性的效果，$0 \leq \lambda_i \leq 1$。这里假设 $\lambda_i = 0.3$，因此视野域内前方行人比后方行人对当前行人的决策会产生更大的影响。

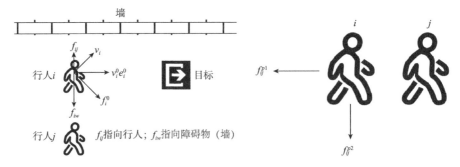

图 12-8　社会力模型示意图　　图 12-9　行人间身体接触力示意图

(3) 人与障碍物之间的相互作用力

人与障碍物之间的相互作用力 f_{iw} 主要包括行人与障碍物间试图保持一定间距所产生的排斥力 f_{iw}^s（当行人与障碍物的间距大于人的半径时产生）和身体与障碍物间的接触力

f_{iw}^p(当行人与障碍物的间距小于人的半径时产生)。其中,身体与障碍物间的接触力 f_{iw}^p 包括身体与障碍物之间的挤压力 f_{iw}^{p1} 以及摩擦力 f_{iw}^{p2},如式(12-7)~式(12-9)所示:

$$f_{iw} = f_{iw}^s + f_{iw}^p \tag{12-7}$$

$$f_{iw}^s = A_i \exp\left(\frac{r_i - d_{iw}}{B_w}\right) \boldsymbol{n}_{iw} \tag{12-8}$$

$$f_{iw}^p = f_{iw}^{p1} + f_{iw}^{p2} = kg(r_i - d_{iw}) \boldsymbol{n}_{iw} + \mu g(r_i - d_{iw}) \Delta \boldsymbol{v}_{wi}^t \boldsymbol{t}_{iw} \tag{12-9}$$

式中,$\Delta \boldsymbol{v}_{wi}^t = -\boldsymbol{v}_i \boldsymbol{t}_{iw}$。

在社会力模型中涉及的参数值见表12-6。

社会力模型中各参数 表12-6

符号	含义	数值
m	行人体重	80kg
A_i	社会排斥力强度(人-人)	2000N
B_i	社会排斥力特征距离(-人)	0.04m
A_w	社会排斥力强度(人-墙)	2000N
B_w	社会排斥力特征距离(人-墙)	0.08m
μ	滑动摩擦系数	40000kg·m^{-1}·s^{-1}
k	身体压缩系数	120000kg·s^{-2}

2000年Helbing等人提出用社会力模型在自我驱动多粒子系统的框架下模拟群体恐慌逃生现象,研究中考虑了人群的从众心理和恐慌急躁心理等因素对疏散的影响。Helbing等人通过模拟,进一步对恐慌逃生时行人的行为特性做了相关总结:

①行人比平时运动更快;
②行人开始相互挤压,此时行人间的相互作用成为群体自然特征;
③继续保持运动,但通过瓶颈时开始变得不协调;
④在出口处人群会产生拱形;
⑤容易产生堵塞现象;
⑥在拥挤人群中,行人间的相互作用力互相叠加,可产生高达4450N/m的压力,此压力足可挤弯钢铁屏障或推倒砖墙;
⑦摔倒或受伤的行人会成为疏散过程中的障碍,行人运动的速度整体会变得缓慢;
⑧行人有从众心理;
⑨在恐慌的情况下,紧急备用出口经常被忽略或未得到充分利用。

近年来,很多学者通过改进社会力模型的规则和参数,展开了一系列行人流动态特性分析和疏散方面的研究。社会力模型将恐慌时产生的各种因素等都考虑在内,模拟准确度较高。但社会力模型规则烦琐,计算量较大,对计算机性能要求较高,不易直接应用到工程实践中。

2)离散模型

离散模型中行人运动的空间、时间和状态参量是不连续的。行人运动的速度等状态参量往往是离散的数值,在行走过程中行人依据设定好的规则进行运动。由于考虑了行人微观运动特征,可以较好地重现行人运动和疏散的过程,并且离散化的参量和简单的算法使得模型计算效率较高,故而可以广泛应用到科学研究和工程实践中。

离散模型中重要的一类是元胞自动机模型，以下介绍应用在行人运动领域的几种有代表性的元胞自动机模型。

(1) 格子气模型

格子气模型(Lattice Gas Model)是元胞自动机在流体力学和统计物理学中的具体应用。最早的格子气模型是由Hardy等人于20世纪70年代建立的HPP格子气模型。这个模型由简单、离散的粒子构成，这些粒子保持动量守恒和粒子数守恒，在二维网格上发生运动和碰撞，模拟结果非常接近描述流体运动的Navier-Stokes方程。在不断发展改进后，格子气模型也逐步应用到行人流研究中，Muramatsu、Tajima和Nagatani等人建立了行人运动的有偏随机无后退格子气模型，并用来研究行人在直通道、十字路口、存在瓶颈的通道以及房间等场景内的运动规律。

模型遵循体积排斥原则，在同一时刻一个格点只能被一人占据，行人在运动中按照一定的运动概率向相邻的空格点移动。运动方向具有一定的偏向性和随机性，即行人有偏向靠近目的地格点移动的趋势，但最终是否移动由概率随机决定。在最初的格子气模型中，行人在运动中不能后退，只选择前、左、右三个相邻方向移动。如图12-10所示，行人的目的地在上方，所以向上走为前向运动。行人在行走过程中具有向前行走的偏好，但考虑到周围格点的占据情况，行人一共会面临8种可能状态。各种状态下的行人运动概率P为：

① 周围无人：$P_{前} = D + (1-D)/3$；$P_{左} = (1-D)/3$；$P_{右} = (1-D)/3$。
② 左侧有人：$P_{前} = D + (1-D)/2$；$P_{左} = 0$；$P_{右} = (1-D)/2$。
③ 右侧有人：$P_{前} = D + (1-D)/2$；$P_{左} = (1-D)/2$；$P_{右} = 0$。
④ 前方有人：$P_{前} = 0$；$P_{左} = 1/2$；$P_{右} = 1/2$。
⑤ 前方无人：$P_{前} = 1$；$P_{左} = 0$；$P_{右} = 0$。
⑥ 左侧无人：$P_{前} = 0$；$P_{左} = 1$；$P_{右} = 0$。
⑦ 右侧无人：$P_{前} = 0$；$P_{左} = 0$；$P_{右} = 1$。
⑧ 前左右均有人：$P_{前} = 0$；$P_{左} = 0$；$P_{右} = 0$。

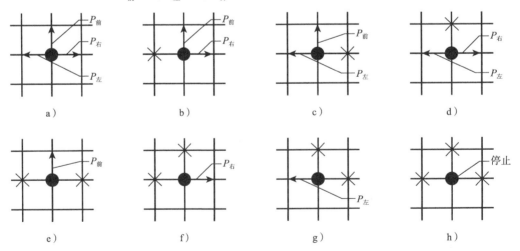

图12-10 格子气模型中运动行人可能会面临的8种状态

注：圆圈代表行人；箭头表示可移动的方向；叉号表示格点被人占据。

此处公式中的 D 表示行人往期望方向运动的偏向程度，D 值越大，行人往目的地运动的欲望越强烈，移动的确定性越强，行走路径也越短。

格子气模型的简单规则使得模拟的计算效率较高，但没有考虑行人之间的相互作用力关系，并且一个行人占据一个格点使得计算的精度不够高，无法体现一些复杂的行人流现象。因此，宋卫国等人提出了多格子模型（Multi-grid Model），将网格细化，一个行人可以占据多个格子，行人在单个时间步内可以根据自身期望速度大小移动多个格点，而且在运动过程中考虑了自驱动作用、行人间以及行人与障碍物之间的相互作用，可以重现出口处的拱形分布、堵塞以及间歇性人流等典型人员疏散现象。

(2) 两步骤更新模型

两步骤更新模型（Two Processes Model）由 Blue 和 Adler 在 2001 年提出。在双向行人流仿真中，行人的期望速度分别为 4 元胞/s（快速度），3 元胞/s（中等速度）和 2 元胞/s（慢速度），对应行人所占的比例分别为 5%、90% 和 5%。模型允许行人完成左右换道、向前移动、与对向行人交换位置这三个基本的行为。模型通过左右换道使行人移动速度达到其期望速度，通过与对向行人交换位置避免发生面对面的死锁。它采用分步骤的并行更新规则，把行人换道过程和行人移动过程分开。在一个时间步长内（通常为 1s），模型首先利用换道的并行更新规则实现行人换道，然后利用并行的行人移动规则实现行人向前移动，再进入下一个时间步长。

模型主要包括行人移动间隙计算规则、行人换道规则和行人移动规则三部分。

① 行人移动间隙计算

a. 行人向前搜索 $v_{max} \times 2 = 8$ 个元胞。

b. 如果前方行人与自己移动方向相同，那么 gap_{same} = 两者距离，否则 $gap_{same} = 8$。

c. 如果前方行人与自己移动方向相反，那么 gap_{opp} = 两者距离 $\times 0.5$，则 $gap_{opp} = 4$。

d. 计算间隙：$gap = \min(gap_{same}, gap_{opp}, v_{max})$。

② 行人换道（并行更新）

a. 避免位置冲突：侧向相邻的两个行人之间不可交换位置。当两个行人一起换道，即将共同占用一个元胞位置时，分别以 50% 的概率随机分配给其中一人。

b. 计算前方移动间隙，如第 a 步所示。

c. 判断换道必要性：

当在前方搜索的 8 个元胞空间内存在有移动方向相反的行人时，$gap = 0$ 可以使行人移出目前通道，使行人避免对向冲突。

当行人移动间隙 $gap = 0$ 时，行人可以选择通道内移动间隙 $gap = 0$ 且 $gap = gap_{same}$ 通道作为换道目标，跟随在移动方向相同的行人身后。

当行人每个移动通道前方间隙 gap 最大值相同时：如果行人临近的左右通道前方间隙相等，则分别以 50% 的相等概率换道；如果行人当前通道的前方间隙与其临近通道前方间隙相等，分别以 80%、20% 的概率保持原有通道或换道；如果行人当前通道与左右通道的前方间隙全都相等时，分别以 80%、10% 和 10% 的概率保持原有通道或换道。

换道移动：所有的行人执行完第 a 步和第 b 步后，每个行人 p_n 选择相邻的左右通道平移或保持原有通道不变。

③行人移动(并行更新)

a. 更新速度:如果 $gap \geq 2$,那么前进速度 $v(p_n) = gap$。

b. 交换位置:如果 $gap = 0, 1$ 且 $gap = gap_{opp}$,那么行人之间以概率 P_{exc} 发生换位,并设定 $v(p_n) = gap + 1$;如果不能换位,则令 $v(p_n) = 0$。

c. 所有的行人在执行完第 a 步和第 b 步后,每个行人 p_n 向前移动 $v(p_n)$ 个元胞。

两步骤更新模型的基本思路非常类似于车辆交通流元胞自动机模型,将运动过程分为跟驰和换道两个阶段,因此,容易和车辆模型对接。而主要缺点是行人运动方向固定向前,不易用于描述紧急疏散的情况。

(3)场域模型

场域模型(Floor Field Model)由 Burstedde 等人在 2001 年提出,随后 Kirchner 等人对其进行了修正,有时也被翻译为地面场模型。场域模型通过静态场域(Static Floor Field)和动态场域(Dynamic Floor Field)实时地调整行人的移动概率,从而实现行人运动过程中的相互作用。

模型首先需要确定行人的移动选择[图 12-11a)],并建立相应的偏好矩阵[图 12-11b)],以及相应位置的静态场域矩阵[图 12-12a)]和动态场域矩阵[图 12-12b)],静态场域仅仅与行人移动的交通环境有关,与行人流的实时状态无关,不随系统演化时间的变化而变化。一般行人选择位置的静态场域值越大,选择进入该位置的概率就越大。动态场域反映行人流实时动态的特征和行人之间的相互作用,其值随系统演化时间的变化而变化。

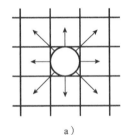
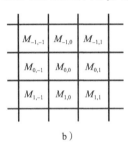
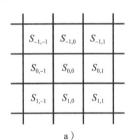
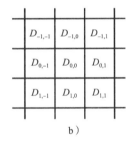

图 12-11　行人移动选择及其相应的偏好矩阵　　　图 12-12　行人的静态场域和动态场域矩阵

在 Burstedde 模型中,行人的移动概率 P_{ij} 为:

$$P_{ij} = NM_{ij}D_{ij}S_{ij}(1 - n_{ij}) \quad (12\text{-}10)$$

在 Kirchner 模型中,行人的移动概率 P_{ij} 为:

$$P_{ij} = N\exp(k_D D_{ij})\exp(k_S S_{ij})(1 - n_{ij}) \quad (12\text{-}11)$$

上述两式中,M_{ij} 为行人移动的偏好参数;n_{ij} 为元胞位置占据标志,如果元胞被占据则 $n_{ij} = 1$,否则 $n_{ij} = 0$;k_D、k_S 分别为动态领域和静态领域的敏感调整系数;D_{ij}、S_{ij} 分别为动态领域和静态领域值;N 为标准化系数:

$$N = \left[\sum_{(i,j)} \exp(k_D D_{ij})\exp(k_S S_{ij})(1 - n_{ij})\right]^{-1} \quad (12\text{-}12)$$

在场域模型中,当多个行人同时向一个元胞位置移动时,就会发生位置冲突,此时拥有较大移动到位置概率的行人将占据该位置。发生冲突的行人占据冲突位置的概率 $p_{(i)}$ 为:

$$p_{(i)} = \frac{p^{(i)}}{\sum_{n=1}^{M} p^{(n)}} \quad (12\text{-}13)$$

式中：$p_{(i)}$——第i人被选择移动到冲突位置的概率；
　　　$p^{(i)}$——第i人在移动选择中选择移动到冲突位置的概率；
　　　M——发生位置冲突的行人个数。

近年来在场域模型的基础上,很多学者也进行了一系列改进,如 Kirchner 等人引入了反映行人之间竞争与协作行为的摩擦系数；Henein 等引入了受力领域(Force Flood Field)的概念,分析在紧急情况下行人受到挤压发生伤害的情况；黄海军等人针对具有障碍物和多出口的房间提出了改进的场域模型。

12.1.5 人行设施通行能力和服务水平

1）基本概念

（1）行人设施通行能力：某人行设施能够通过或容纳的最大行人数量,用单位时间内通过的人行数量或单位面积内容纳的人数表示。

（2）行人设施服务水平：是评估行人活动空间通行能力和舒适性的有效手段。服务水平分级主要基于行人自由选择期望速度与超越其他行人的能力,同时还衡量行人交通特有的一些属性,如穿越横向人行交通流的能力、与主要人行方向逆向行走的能力。

2）人行设施基本通行能力

《城市道路工程设计规范》(CJJ 37—2016)规定的人行设施基本通行能力如表 12-7 所示。

人行设施基本通行能力和设计通行能力　　　　表 12-7

人行设施类型	基本通行能力	设计通行能力
人行道,人/(h·m)	2400	1800～2100
人行横道,人/(hg·m)	2700	2000～2400
人行天桥,人/(h·m)	2400	1800～2000
人行地道,人/(h·m)	2400	1440～1640
车站码头的人行天桥、人行地道,人/(h·m)	1850	1400

注：hg 为绿灯时间。

3）人行道服务水平分级

（1）《城市道路工程设计规范》(CJJ 37—2016)按照人均占用面积、人均纵向间距、人均横向间距、最大服务交通量四个指标,给出四级人行道服务水平分级标准,如表 12-8 所示。人行道设计宜采用三级服务水平。

人行道服务水平分级　　　　表 12-8

指标	服务水平			
	一级	二级	三级	四级
人均占用面积(m^2)	>2.0	1.2～2.0	0.5～1.2	<0.5
人均纵向间距(m)	>2.5	1.8～2.5	1.4～1.8	<1.4
人均横向间距(m)	>1.0	0.8～1.0	0.7～0.8	<0.7
步行速度(m/s)	>1.1	1.0～1.1	0.8～1.0	<0.8
最大服务交通量(人/h·m)	1580	2500	2940	3600

(2)美国《道路通行能力手册》(2016版)中,人行道的服务水平以出行者的感知研究作为基础,如通过调查行人对城市特定街道上的服务质量的评价和行人在人行道上平均占用的空间大小来评估服务水平。A级代表最优质的服务,F级代表最差的服务,A~F级是由行人的出行体验及对服务质量的感知确定。

(3)《城市步行和自行车交通系统规划标准》(GB/T 1439—2021)中,规定沿城市道路布置的人行道,依据步行交通特征、周边用地与环境、所在交通分区、城市公共生活品质等因素,可划分为两级:

①步Ⅰ级:人流量大,街道界面友好,是步行网络的主要组成成分。主要分布在城市中心区和功能区,中型及以上公共设施、轨道车站、交通枢纽周边,人员活动聚集区等地区。

②步Ⅱ级:以步行直接通过为主,街道界面活跃度较低,人流量较小,是步Ⅰ级网络的延伸和补充。

12.2 非机动车交通流特性

现行的《中华人民共和国道路交通安全法》规定:非机动车是指以人力或者畜力驱动,在道路上行驶的交通工具,以及具有动力装置但设计最高时速、空车质量、外形尺寸符合国家标准的残疾人机动轮椅车、电动自行车等交通工具。因此,我国道路上的非机动车道,实际上主要是供人力驱动的自行车与电动自行车行驶的混行车道。

为了理解两种车辆在公路和城市道路系统中的安全设计和人性化设计的需求,必须了解非机动车的尺寸、骑行速度、动力特性以及非机动车绕行时空阈值等指标。

12.2.1 非机动车交通流特征指标

1)非机动车车型尺寸

自行车、电动自行车尺寸如表12-9所示。

电动自行车、自行车车型尺寸　　　　　表12-9

车型		车长(cm)	车宽(cm)	车高(cm)
小型车	轮式电动自行车	138~180	50~65	100~125
大型车	踏板式电动车及燃气(油)助动车	180~196	65~80	120~125
26型脚踏自行车		182	55~60	100
28型脚踏自行车		194	55~60	125

2)骑行速度

(1)自行车

自行车的骑行速度与骑车人的体力、心情和意志的控制有关。影响自行车骑行速度的其他因素有:自行车类型、自行车道路的路面类型、道路坡度以及自行车道上与其他车辆或行人混行的情况、天气情况。据观测,纵坡度为1%时,青壮年骑车者上坡速度为10~15km/h;纵坡度为2%时,上坡速度为7~12km/h;纵坡度为3%时,上坡速度约为5km/h。正常路段行驶时,整体速度分布于 10～20km/h。

(2)电动自行车

电动自行车的行驶速度与道路条件、交通状况、车辆状况,骑行人身体平衡的掌握、心情、天气、环境等因素有密切联系。

《中华人民共和国道路交通安全法》中规定电动自行车在非机动车道行驶时,速度不得超过 15km/h。而实际运行中,很多电动自行车的行驶速度超过了该限定值。目前的电动自行车在有限速装置的情况下,最高速度可以达到 25km/h,拆除限速装置后速度可以达到 35km/h 以上。因此,路段上自行车和电动自行车的平均运行速度差别显著,实地调查显示自行车速度约为 15km/h,电动自行车速度约为 23km/h,电动自行车的车速为自行车的 1.5～1.7 倍。自行车、电动自行车运行速度都近似呈正态分布(Normal Distribution),自行车的速度范围较电动自行车集中(自行车速度标准差(Standard Error)<4km/h,电动自行车速度标准差≈6km/h)。上海武宁路机非实物隔离设施条件下自行车与电动自行车速度分布频率如图 12-13 所示。

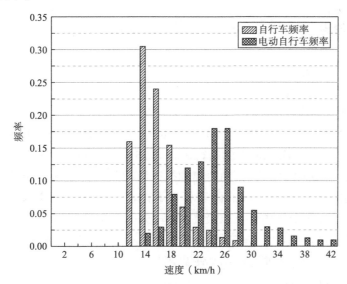

图 12-13　机非实物隔离设施条件下自行车与电动自行车速度分布频率图

3)动力特性

(1)自行车

普通自行车行进时的动力是由骑行者自身提供的,成年男子付出的功率约为 0.22kW。若持续蹬车 30min 以上,成年男子只能付出 0.15kW,成年女子能够付出的平均功率约为男子的 70%。行驶时间越长,骑车人所发挥出的功率越小,速度越慢,所以普通自行车不适合用于远程交通。

山地自行车可以通过变速系统来调整骑行者踩踏出力和轮胎扭力之间的转换及踩踏数与骑行距离的比例,使得山地自行车适应不同环境,达到骑行的耐久性与舒适性。山地自行车在平地行驶可以达到 40km/h 以上。

国家标准《自行车安全要求》(GB 3565—2005)给出了普通自行车和山地自行车的试验速度与制动距离,如表 12-10 所示。

自行车试验速度和制动距离　　　　　　　表 12-10

实验条件	试验速度（km/h）	使用的车闸	普通自行车制动距离（m）	山地车制动距离（m）
干态	25	使用 2 个车闸	7	6
		单用车闸	15	10
湿态	16	使用 2 个车闸	9	5
		单用车闸	19	10

（2）电动自行车

电动自行车的动力性能由电动机和驱动系统决定。电动机驱动后轮产生驱动力，克服行驶阻力使电动自行车持续行驶。电动自行车的驱动力为：

$$F_\mathrm{t} = \frac{M_\mathrm{t}}{r} = \frac{Mi\eta}{r} \tag{12-14}$$

式中：F_t——驱动力；

　　　M_t——驱动轮驱动力偶矩；

　　　r——驱动轮半径；

　　　M——电动机的转矩；

　　　i——传动系统传动比；

　　　η——电动自行车运行效率。

电动自行车的动力来源为蓄电池。目前国内电动自行车电池电压一般为 36V，一般充电器功率为 300W 左右，一次充电后的续行里程为 25km，适宜中长距离的骑行。

制动距离包括制动迟滞距离、滚动距离和抱死滑动距离。制动迟滞距离、抱死滑动距离与重量无关，滚动距离与重量相关。国家标准《电动自行车安全技术规范》（GB 17761—2018）规定电动自行车在干态条件下以最高车速 25km/h 电动骑行时，使用 2 个车闸制动距离应不大于 7m，单用车闸制动距离应不大于 15m。这是一个保证骑行安全的关键指标。制动效能相同的电动自行车，车速越高制动距离越长。

4）非机动车绕行时空阈值

囿于体力、心理因素，骑行者对绕行时间与距离存在一定的容忍限度，该容忍限度即为非机动车绕行时空阈值。非机动车绕行时空阈值应作为城市干路机非分流规划的约束指标，为机非分流中骑行者的时空损失划定"底线"。

自行车、电动自行车的绕行时空阈值亦有不同，前者可接受的绕行时间略长些，后者可接受的绕行距离略远些。自行车、电动自行车绕行时空阈值如表 12-11 所示。其中，非机动车流量很大或骑行环境较差时推荐采用Ⅰ类指标，流量较低时可采用Ⅱ类指标。

机非分流条件下骑行者绕行时空阈值推荐指标　　　　表 12-11

骑车类型	Ⅰ类绕行阈值		Ⅱ类绕行阈值	
	距离（m）	时间（min）	距离（m）	时间（min）
自行车	300	13.5	400	4
电动自行车	625	2.5	750	3

12.2.2 非机动车交通流特征

非机动车车流的形态同机动车车流相比存在着根本的差别。机动车车身有相当的宽度,行驶在固定宽度的道路上不便也不宜在横向任意穿插,行动受到前车的严格限制。特别是在划分车道的道路上,机动车基本上除超车过程外均在一条车道上跟着前车行驶,车流总体上呈一条车道形成一条跟车行驶车流的形态。而非机动车车身狭窄,特别是车头、车尾远较车把更为狭窄,加上转向灵活,在道路上行驶时,前后车之间可互相任意穿插、绕越。即使在十分密集的情况下(红灯时停车线前的停车),后车的前轮尚可穿插在前车的后轮之间,不会也不必像机动车那样后车必须紧跟前车形成一条车流,而是在道路上成群成团行驶。交通量大时,特别是在信号灯交叉口下游路线上,自行车流在道路整宽上呈成团行驶的形态。

1) 非机动车总体运行特征

(1) 摇摆性。非机动车转向灵活、反应敏捷,在骑行过程中可以在非机动车道宽度方向随意行驶,没有固定的车道线来限制其前进路线,非机动车在前进过程中经常偏离原有的前进方向而呈现左右摇摆的"蛇行"前进状态。同时非机动车在行驶中也常因为超车、让车或避让障碍物等情况而出现横向摆动。

(2) 群体性。非机动车交通流在路段上并不严格保持有规则的纵向行列前进,而是经常出现成群前进。造成非机动车成群前进的原因有两个方面:一是受上游交叉口红灯的集聚作用,导致在路段上某一时间断面的非机动车流明显高于其他时间的非机动车流强度,而出现"集团式"的行进状况;其次是骑行者因为共同的出行目的而喜欢在道路上并排骑行,从而影响后面车辆的超越,形成非机动车成群前进的现象。非机动车团是一个动态的过程,当后面期望车速较快的非机动车寻找到空档完成超越后,非机动车团就消失,在下一个较慢的车辆集中处,又会形成新的非机动车团。

(3) 离散性。与成群性相反,有些骑行者为了不受非机动车群中其他骑行者的约束与干扰,或不愿在陌生人群中骑行,也不愿紧紧尾随在别人之后,往往选择车辆少、空档大的路段骑行,与其他车辆保持一定的距离,或者超前单行,或滞后一段单行,这样行驶起来可以自由、机动,这一点在女性群体中尤为显著。

(4) 多变性。由于非机动车机动灵活、易于转向、加速或减速,因此骑车速度与非机动车流向经常发生变化。骑行速度较快者经常穿插空档,因此非机动车的速度、方向呈现多变的特点。速度与方向的变化与非机动车流量大小有关。当流量较低时,非机动车能够自由骑行,此时非机动车的速度不会发生太大变化,而方向则会呈现自由摆动。当流量上升到一定程度后,非机动车的速度变化增加,方向变化则更加明显,主要方向变化在于寻找前方的空档超车穿行。但流量继续上升后非机动车行驶受到限制,基本没有空当可以穿插,这时车队的速度都保持较为均一,方向变化也减少。

(5) 连续性。连续性假设是非机动车流流体力学分析的理论基础。真实流体的连续性本质上是相对的概念,非机动车车流也可以相对地把它看作连续介质,这其中只是一个时间或空间粒子的大小选取的问题,或者是典型时间和典型长度的选取问题。

非机动车车流密度为 $0.01 \sim 0.7$ 辆$/m^2$。正常流动的非机动车流,其密度就以 $0.05 veh/m^2$ 计,车辆与车辆之间的平均距离为 9m,至少也要 900m 左右的典型长度才能将非机动车流看作是连续的,而这900m的距离实际上往往是道路上两个交叉口之间的距离。因此,典型长度意义上的严格的连续的非机动车流是不存在的。严格来说,理论上的非机动车流不能作为一种连续流,但是从工程的角度出发,也不排斥应用非机动车流的连续性假设解决实际问题。

(6)胀缩性。由于在交叉口非机动车的加速与减速随意性很强,加力与制动均是在自我保护的意识下完成的,非机动车在路段上和交叉口上都可以很快地完成自我调节。因此非机动车交通流具有可压缩性。非机动车流的密度是随通行空间的宽度和非机动车流量而变化的。

(7)行为性。非机动车流的每一个"质点"(单辆非机动车)都是由人力驱动控制的,渗透了人的某种行为现象在其中。每个人都有自己的目的地和期望车速,即非机动车流的行为性。

2)非机动车流路段运行特征

(1)非机动车流沿车道的横向分布特征。高峰时间内非机动车流的横向分布是不均匀的,非机动车交通流主要集中在非机动车道的靠近机动车道的部分。非机动车交通与机动车交通在路段上的相互干扰主要源于非机动车交通对行驶空间的需求。对于空间的需求越高,非机动车插入机动车道行驶的可能性越大,进入机动车道的非机动车也越多。当非机动车道负荷度较大时,骑行者的自由行驶空间受到限制,这时非机动车往往要借助机动车道来完成超越其他非机动车的行为。公交站点及路边停车的设置占用了非机动车行驶空间,也会导致非机动车在路段上插入机动车道行驶。

(2)非机动车流的渗流运动特征。在机非混行的道路上,当机动车道上的车辆拥挤或排队时,由于机动车道宽度要宽于车辆本身,骑行者会利用机动车道慢慢向前移动,穿插入机动车交通流中,形成渗流运动。有研究表明非机动车的这种渗流运动能提高饱和流量,而很少带来机动车辆的延误。并且当机非混合交通流中非机动车比例为25%时,渗流运动使得饱和流量提高了40%,而对道路通行能力没有任何的影响。

3)非机动车流交叉口运行特征

交叉口内非机动车的骑行特性主要有以下几点:

(1)集群的离散与叠加

非机动车交通流在交叉口处呈现离散和叠加的趋势。绿灯点亮后非机动车以集群形式驶出交叉口,随着行驶时间的增加,由于速度上的差异,非机动车交通流表现出明显的离散趋势。当下一周期绿灯驶出的速度较快的非机动车汇入本周期非机动车集群中时,非机动车集群又表现出了局部的叠加趋势。但从整体来看,非机动车离散的趋势大于叠加的趋势。

(2)车速的自我调节

非机动车出行者在行驶过程中,会受到前方交叉口信号灯的提示作用而自行调节行驶速度,以便尽量不停车通过交叉口,从而形成了一种车速自我调节的机制。虽然随着流量的增大,这种调节机制有所减弱,但仍然非常显著。

(3)起动损失时间小

由于非机动车自身的特性,在交叉口的运行中,起动损失时间很小,完全可以忽略不计。非机动车交通流起动损失时间和绿灯损失时间很小,集群的离散趋势较大,并且车速的自我调节机制较强,因此一般对于相邻交叉口间不采用信号协调控制,而是采用较短的周期,以减少停车次数和等待延误时间,发挥非机动车对于车速的自我调节机制,避免因在交叉口处闯红灯抢行造成交叉口交通秩序混乱。

图 12-14 所示为混合交通流绿灯初期速度,图中的纵横坐标分别为距离和时间。图 12-15 是混合交通流的饱和状态比较。s 表示距离,t 表示时间,Q 表示流量。当时间 t 在 $A_1 \sim A_2$ 范围内时,机动车速度 < 行人速度 < 非机动车速度,而当时间 t 大于 A_3 时,机动车速度 > 非机动车速度 > 行人速度。混合交通流在绿灯的不同阶段,特别是绿灯初和绿灯尾阶段运行速度存在着较为显著的差异。

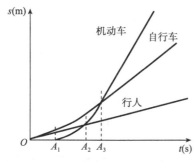 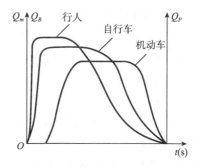

图 12-14　混合交通流绿灯初速度比较　　图 12-15　混合交通流饱和状态比较

由图 12-15 可以看出,绿灯点亮后行人和非机动车交通流比机动车交通流维持的饱和状态时间短,饱和状态出现的时刻则相对较早。城区的街巷体系中,机非混行的道路较多,应当充分利用混合交通流在起动时间以及饱和状态出行时间上的差异性,在时间资源上协调信号相位,在空间上减少交通流之间的相互冲突,有效地提高通行能力、通行效率和安全性。

12.2.3　非机动车交通流量、密度、速度关系

非机动车流(Non-motorized Traffic Flow)具备一般的交通流特性,但密度、流量、速度之间的关系与机动车流有明显区别。

1) 基本概念

(1) 非机动车流量:单位时间间隔内通过某一观测断面单位宽度的标准自行车的数量(即自行车数量与换算过的电动自行车数量之和)。研究流量、密度、速度三参数关系时的单位时间可以是 30s 或 1min。

(2) 速度:单位观测时间内非机动车的空间平均车速,单位 m/s。

(3) 密度:某一瞬间单位面积车道上的非机动车数量,单位辆/m²。当非机动车行驶于非机动车道的最右侧时,其右侧需要 0.25m 的侧净空;当行驶于非机动车道的左侧时,其左侧也需要 0.25m 的侧向净空。因此对于 1.5m 宽的非机动车道,其实际可供非机动车行驶的宽度仅为 1.0m,此为非机动车行驶的一般宽度。在我国的城市道路中,非机动车道的宽度往往有 1.5m、2.5m、3.5m 三种情况,其对应的非机动车道数即为单车道、两车道和三车道。研究车辆密度时,其中的道路面积为减去两侧的侧向净空之后的面积。

2) 自行车换算系数

自行车换算系数(Bicycle Equivalents,BE)定义为,以自行车为标准车,在特定道路交通

和管制条件下一辆电动自行车可以被等效替换的自行车数量。

在一段时间内,交通设施的时空资源是稳定的,交通设施能够服务的车辆数取决于车辆的时空占用率。采用速度的倒数表示时间资源占用率,车辆占用道路面积表征空间资源占用率,自行车数量换算系数 BE 计算公式为:

$$BE = \frac{\frac{1}{V_M} \cdot A_M}{\frac{1}{V_B} \cdot A_B} = \frac{V_B \cdot A_M}{V_M \cdot A_B} \tag{12-15}$$

式中:V_B——自行车的平均速度,m/s;

A_B——自行车占用的道路面积,m^2;

V_M——电动自行车的平均车速,m/s;

A_M——电动自行车占用的道路面积,m^2。

由于非机动车在道路上横向移动频繁,穿插行驶,在车辆长度方面,电动自行车与自行车在行驶时占用的车道空间差距不是很大,而宽度与自行车有区别,因此只考虑车宽因素对占用道路面积的影响。

在不同的电动自行车比例范围内,不同的交通流密度下,BE 的计算方法有所简化。在自由流状态下,由于密度小,自行车和电动自行车互不干扰,均能够保持期望速度自由行驶,并可以自由超车,故不考虑车辆面积对换算系数的影响,则 BE 的计算公式简化为:

$$BE = \frac{V_B \cdot A_M}{V_M \cdot A_B} = \frac{V_B}{V_M} \tag{12-16}$$

稳定流状态下,车辆之间的干扰较为明显,不能随意地超车和并排行驶。非机动车的速度随着密度的升高反而降低,不能保证自由流速度,计算公式见式(12-15)。

拥挤流状态下,车辆之间的间距已达到极限,没有超车现象,车辆处于拥堵状态,在较慢的速度下整体前行。自行车和电动自行车一同低速前行,二者速度毫无差异,则计算公式简化为:

$$BE = \frac{V_B \cdot A_M}{V_M \cdot A_B} = \frac{A_M}{A_B} \tag{12-17}$$

自行车换算系数的研究目前还处于起步阶段。通过对比不同地点 BE 值发现:

(1)BE 值随密度的增加而增大。自由流状态,BE 值为 0.55~0.75;稳定流状态,BE 值为 0.70~1.09;拥挤流状态,BE 值为 0.86~1.13。

(2)BE 值随电动自行车比例的增加而增大。

(3)BE 受车道坡度和宽度的影响,有下坡路段的 BE 值较水平路段的大。BE 值随宽度的增大而减小。

3)非机动车流量-密度-速度三参数关系

国内研究表明,没有电动自行车混入时,非机动车道自行车流的速度总是分布在接近期望车速的范围内,且与流率、密度无关,而速度的离散程度随着密度的增大而减少。自行车流速度-密度、流量-密度、速度-流量关系曲线如图 12-16 所示。

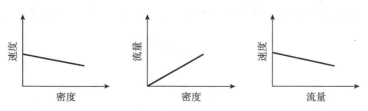

图 12-16 自行车流速度-密度、流量-密度、速度-流量关系曲线

混行非机动车流速度-密度、流量-密度、速度-流量关系曲线如图 12-17 所示。由于非机动车流压缩性大,且很少出现拥挤的情况,路段行驶时一般不会出现类似机动车速度-密度关系中堵塞密度下速度几乎为零的状态,路段车流速度-密度、流量-密度、速度-流量关系均是单调的。自由流时混行非机动车辆速度的离散性大于纯自行车流,在自由流状态下混行非机动车的车速总是分布在某一期望车速附近;随着密度增加,车辆间相互干扰加剧,车速的离散程度降低。在高密度状态下,混行非机动车速度与密度、流量呈负相关关系,即随拥挤程度增加,混行非机动车速度逐渐降低。混行非机动车流量与密度呈明显的线性关系。

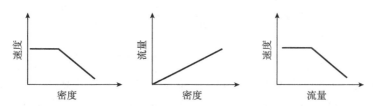

图 12-17 混合非机动车流速度-密度、流量-密度、速度-流量关系曲线

12.2.4 非机动车元胞自动机模型

在 CA184 模型中,每个元胞或者为空,或者被一辆车占据;车辆或者向前移动一个元胞,或者停留在原地不动。NaSch 模型对 CA184 进行扩展,车辆的速度可以取 0 到 v_{max} 之间的整数。多值元胞机模型也是对 CA184 模型的扩展,规定元胞的容量为 M,即每个元胞最多可以包含 M 辆车。此时,元胞状态(元胞上车辆的个数)的取值为 $0 \sim M$ 之间的整数。我们称这一类模型为多值元胞机(Multi-value Cellular Automaton, MCA)模型。

多值元胞机模型可以对具有 M 个车道的道路进行建模,而不用考虑具体的车辆之间的换道规则。而且在多值元胞机模型中,车辆的速度一般不会超过 2。在实际交通中,非机动车流具有换道灵活,速度小等特性,因此采用多值元胞机模型可以很好地对非机动车流进行建模和仿真。Nishinari 和 Takahashi 首先提出多值元胞自动机(Burers Cellular Automaton, BCA)模型和 EBCA(Extended BCA)模型两个重要的多值元胞自动机模型。

1) BCA 模型

1998 年,Nishinari 和 Takahashi 将宏观流体动力学模型中的 Burger 方程经过离散化处理,得到下述方程:

$$U_i(t+1) = U_i(t) + \min[U_{j-1}(t), M - U_j(t)] - \min[U_j(t), M - U_{j+1}(t)] \quad (12-18)$$

$U_j(t)$ 表示在 t 时刻元胞 j 上的车辆数;M 是整数,表示每个元胞能够容纳的车辆数。如果 $M=1$,那么 BCA 模型与 CA184 模型是等价的。

整个道路系统的平均密度 ρ 和平均流量 q 由式(12-19)确定,公式为:

$$\begin{cases} \rho = \dfrac{1}{KM}\sum_{j=1}^{N} U_j(t) \\ q = \dfrac{1}{KM}\sum_{j=1}^{K} q_j \end{cases} \quad (12\text{-}19)$$

式中,K 表示道路的长度,即整个道路由 M 个元胞组成,q_j 表示 t 时刻新进入元胞 j 的车辆数目。其基本图如 12-18 所示。可以看出当 $\rho < 1/2$ 时,流量值精确地落在 $q = \rho$ 上;当 $\rho > 1/2$ 时,流量落在直线 $q = 1 - \rho$ 上。在 $\rho = 1/2$ 处,存在一个从自由流到堵塞流的二阶相变。BCA 模型的基本图与 CA184 模型的基本图是一样的,而且 M 的取不同值时,基本图不变。

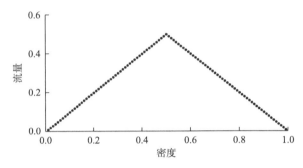

图 12-18　取 $M = 2$ 时,BCA 模型的基本图,道路长度 $K = 100$

需要指出的是,BCA 模型基本图中的点对应多重状态。对于 $M = 2$ 的 BCA 模型,在某些特定条件下,等价于 240、184、170 规则。当系统的密度比较小时,对所有 j,如果 $U_j(t) \in \{0,1\}$,由式(12-18)可以得出如下符号表达式:

$$\dfrac{U_{j-1}(t)U_j(t)U_{j+1}(t)}{U_j(t+1)} = \dfrac{000}{0}, \dfrac{001}{0}, \dfrac{010}{0}, \dfrac{011}{0}, \dfrac{100}{1}, \dfrac{101}{1}, \dfrac{110}{1}, \dfrac{111}{1}$$

此时,符号'0'和'1'都向右移,与 240 号规则是一致的。如果 $U_j(t) \in \{0,2\}$,符号表达式为:

$$\dfrac{U_{j-1}(t)U_j(t)U_{j+1}(t)}{U_j(t+1)} = \dfrac{000}{0}, \dfrac{002}{0}, \dfrac{020}{0}, \dfrac{022}{0}, \dfrac{200}{2}, \dfrac{202}{2}, \dfrac{220}{2}, \dfrac{222}{2}$$

此时,BCA 成为集合 $\{0,2\}$ 上的 184 号规则。如果 $U_j(t) \in \{1,2\}$,那么

$$\dfrac{U_{j-1}(t)U_j(t)U_{j+1}(t)}{U_j(t+1)} = \dfrac{111}{1}, \dfrac{112}{2}, \dfrac{121}{1}, \dfrac{122}{2}, \dfrac{211}{1}, \dfrac{212}{2}, \dfrac{221}{1}, \dfrac{222}{2}$$

此时为 170 规则,符号'1'和'2'向左移。

在 CA240 中,系统中的元胞只存在 0 和 1 两种状态,在每个时间步,所有由数字"1"表示的车辆向右移动一个元胞。而且此时系统的密度 $\rho < 1/2$,因此数据点落在直线 OA 上(图 12-20)。同理,在 CA170 中,只存在 1 和 2 两种状态,数字"2"表示元胞处于饱和状态,其向左移动。此时系统密度 $\rho > 1/2$,数据点落在直线 AB 上。如果最终的稳定状态只包括 0 和 2 两种状态,流量落在三角形 OAB 的顶端因此,直线 OA 上的点对应 CA240 和 CA184 两个模型中的稳定状态;而直线 AB 对应 CA170 和 CA184 两种模型中的稳定状态。虽然各模型的规则不同,但是它们在稳定状态下对应基本图中相同的点,也就是说基本图中的一个点

对应几种不同的稳定状态,这种现象称为多重状态。

然而,BCA 模型过于简化,并不能够描述具有复杂特性的堵塞流状态。实测的交通数据显示从自由流到堵塞流的相变是不连续的,而且在相变点附近,同一个密度对应不同的流量值。但是 BCA 模型中这种相变是连续的,并不能够捕捉到从自由流到堵塞流的相变的内在机制。

2) EBCA 模型

在 BCA 模型中,车辆在每个时间步最多向前移动一个元胞,也是就是说最大速度为 1。随后 Nishinari 和 Takahashi 又对 BCA 模型进行了扩展,提出了 EBCA1 和 EBCA2 模型。在这两种模型中车辆的最大速度为 2。因此车辆可能以速度为 1 向前移动,也可能以速度为 2 向前移动。EBCA1 和 EBCA2 的区别就在于速度为 1 的车辆和速度为 2 的车辆的优先权不同。

(1) EBCA1 模型

在 EBCA1 模型中,速度为 1 的车辆具有优先权,车辆的更新按照以下两个步骤进行:

① 如果前面紧邻的元胞上有空位,车辆移动到下一个元胞上。

② 在步骤①中的移动的车辆,如果此时其前面的元胞还有空位,继续向前移动一个元胞。

因此,EBCA1 模型元胞状态的演化方程为:

$$U_j(t+1) = U_j(t) + b_{j-1}(t) - b_j(t) + c_{j-2}(t) - c_{j-1}(t) \tag{12-20}$$

式中,$b_j(t) = \min[U_j(t), M - U_{j+1}(t)]$ 表示 t 时刻元胞 j 上在步骤①中移动的车辆数;$c_j(t) = \min[b_j(t), M - U_{j+2}(t) - b_{j+1}(t) + b_{j+2}(t)]$ 表示步骤②中移动的车辆数。

在统计流量时,$q_j = b_{j-1} + c_{j-2}$。图 12-19 为 EBCA1 的基本模型图。初始状态时,车辆随机分布在车道上。当 $\rho < 1/3$ 时,车辆都能够以最大速度 2 行驶。为自由流;在中间密度区域,同一密度对应不同的流量值。这是由于在这一密度区域,初始分布不同会产生不同的稳定状态,从而导致系统流量的差异。因此在 EBCA1 模型中,也存在多重状态。下面对 EBCA1 模型中的多重状态进行详细的分析。图 12-20 是由一些特殊的稳定状态得到的基本图。例如"…1110201110210…","…121212…","…002002…","…2222…"分别对应图 12-20 中的 B、C、D 和 E。在密度较高的堵塞区域存在两个分支:BC 和 DE。还有一些稳定状态不在图 12-20 中的直线上,比如"…211211…"也是一个稳定状态,其对应的密度为 2/3,流量为 1/2。

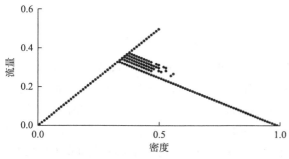

图 12-19 EBCA1 模型的基本图,取 $M=2, K=100$

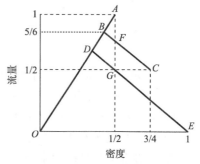

图 12-20 通过对特殊状态进行分析得到的 EBCA1 模型基本图

均匀分布状态"…1111…"对应图 12-20 中点 A,密度为 1/2,最大流量为 1。采用以下设定扰动的方法研究 EBCA1 模型中交通流的稳定性。把局部状态 11 变成 20,定义为小扰动;把局部状态 1111 变成 2200,定义为大扰动。这两种扰动并没有改变系统的密度。小扰动导致了时走时停波的产生,最终系统中只存在两种状态"…111020111020…"和"…121212…",分别对应图 12-20 中的点 B 和 C。点 B 对应流量为 5/6,密度为 5/12;点 C 对应流量为 1/2,密度为 3/4。如果假定在最终的稳定状态,整个道路上状态"…121212…"所占的比例是 α,那么可以计算此时对应密度 $\rho = 5(1-\alpha)/12 + 3\alpha/4$,流量 $Q = 5(1-\alpha)/6 + \alpha/2$。因此,对于图 12-20 中直线 BC 上的点,至少存在一个稳定状态与之对应。而大扰动直接导致运动堵塞的产生,最终系统中只存在两种状态"…002002…"和"…2222…",分别对应图 12-20 中的点 D 和 E。同理,对于图 12-20 中直线 DE 上的点,至少存在一个稳定状态与之对应。

(2) EBCA2 模型

在 EBCA2 模型中,速度为 2 的车辆具有优先权,演化方程为

$$U_j(t+1) = U_j(t) + a_{j-2}(t) - a_j(t) + d_{j-1}(t) - d_j(t) \tag{12-21}$$

式中,$a_j(t) = \min[U_j(t), M - U_{j+1}(t), M - U_{j+2}(t)]$ 表示移动两个元胞的车辆数;$d_j(t) = \min[b_j(t) - a_j(t), M - U_{j+1}(t) - a_{j-1}(t)]$ 表示向前移动一个元胞的车辆数,如果取 $M = 1$,那么 EBCA2 模型等价于 FI(Fukui-ishibashi)模型。

统计流量时 $q_j = a_{j-2} + a_{j-1} + d_{j-1}$。图 12-21 为 EBCA2 模型的基本图。可以看到,EBCA2 模型也存在多重状态。图 12-22 中点 D 和 A 分别对应状态"…1212…"和"…202020…"。$M = 2$ 时,EBCA2 模型的基本图在密度较大区域只存在一个分支,对于均匀状态"…1212…",小扰动和大扰动的影响是一样的,都产生运动堵塞。

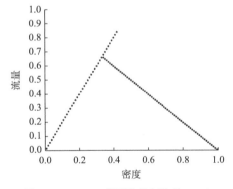

图 12-21 EBCA2 模型的基本图,取 $M = 2$

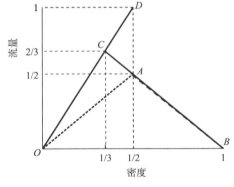

图 12-22 通过对特殊状态进行分析得到的 EBCA2 模型基本图,取 $M = 2$

图 12-23 为 $M = 7$ 时,通过理论分析得到的一个基本图。假定在初始状态所有元胞上的车辆数或者为 n 或者为 $M - n$($0 \leq n < M/2$),采用变换 $V = (U - n)/(M - 2n)$,将 U 用 V 表示。$V = 0$ 对应 $U = n$,$V = 1$ 对应 $U = M - n$。显而易见,关于 V 的演化方程可以通过将式(12-21)中的 U 用 V 替换,M 用 1 替换获得。而取 $M = 1$ 时,方程(12-21)等价于 FI 模型。因此,如果在初始状态时各元胞上的车辆数 U 被设定成 n 或 $M - n$,那么在演化的过程中 U 也是在这两个数中取值。将 n 用 0 替换,$M - n$ 用 1 替换,这种具有特殊初始条件的 EBCA2 模型的演化就可以用 FI 模型的演化来表示。

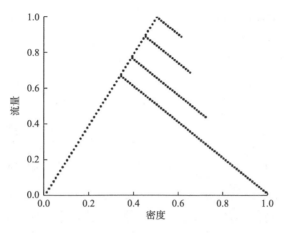

图 12-23 EBCA2 模型理论分析得到的基本图，取 $M=7$

对于 FI 模型中的任意一个初始状态，假设密度为 ρ'，流量为 Q'。将 0 用 n 替换，1 用 $M-n$ 替换，可以得到一个相应的 $M>0$ 的 EBCA2 的初始状态。该状态的密度为 $\left(1-\dfrac{2n}{M}\right)\rho'+\dfrac{n}{M}$，流量为 $\left(1-\dfrac{2n}{M}\right)Q'+\dfrac{2n}{M}$。FI 模型的基本图由两条线段组成，这两条线段的起止点为 $(0,0)$，$\left(\dfrac{1}{2},1\right)$ 和 $\left(\dfrac{1}{3},\dfrac{2}{3}\right)$，$(1,0)$。因此，对于 $M>0$ 的 EBCA2 模型至少包含由点 $\left(\dfrac{n}{M},\dfrac{2n}{M}\right)$ 和 $\left(\dfrac{1}{3}+\dfrac{n}{3M},\dfrac{2}{3}+\dfrac{2n}{3M}\right)$ 以及点 $\left(\dfrac{1}{3}+\dfrac{n}{3M},\dfrac{2}{3}+\dfrac{2n}{3M}\right)$ 和 $\left(1-\dfrac{n}{M},\dfrac{2n}{M}\right)$ 构成的线段 $\left(0\leqslant n<\dfrac{M}{2}\right)$。

12.2.5 非机动车道通行能力与服务水平

1) 非机动车道通行能力

非机动车道通行能力，即单位时间内通过的非机动车道某一观测断面单位宽度的最大标准自行车数量。

国内外对于一条自行车道的路段进行设计时采用的通行能力标准如表 12-12 所示。

非机动车道通行能力 表 12-12

出处	通行能力 [辆/(h·m)]	设施情况		备注
美国《道路通行能力手册》(2016 版)	2000	单向自行车道或自行车专用道	间断流，饱和流量	
《城市道路工程设计规范》(CJJ 37—2016)	1600~1800	有分隔设施	不受交叉口影响	设计通行能力推荐值 [辆/(h·m)]
	1400~1600	无分隔设施		
	1000~1200	有分隔设施	受交叉口影响	
	800~1000	无分隔设施		

续上表

出处	通行能力 [辆/(h·m)]	设施情况		备注
《交通工程手册》	2100	实体隔离	不受交叉口影响	建议通行能力 [辆/(h·m)]
	1000~1200		受交叉口影响	
	1000~1200		交叉口进口路段	
	1800	标线隔离	不受交叉口影响	
	800~1000		受交叉口影响	
	800~1000		交叉口进口路段	

获取非机动车道通行能力的方法主要有三类：通过安全间距理论计算得到的理论通行能力；根据实际调查得到的最大流率；通过计算机仿真方法获得单位时间内的最大流率并转换为通行能力。

2) 非机动车道服务水平

不同国家关于非机动车道的服务水平分级结果存在显著差异，因为非动车交通流服务水平不仅受交通内部因素（如流量、密度和速度等）的制约，同时还受诸多外部因素（如气候、遮阳、路面质量、有效通行宽度等）的制约，且这些外部因素对自行车出行者感受到的服务品质影响较大。因此，非机动车服务水平分级，需要考虑更多的环境因素对非机动车服务水平的影响。

(1)《城市道路工程设计规范》(CJJ 37—2016)的自行车道路段和交叉口的服务水平分级见表12-13 和表 12-14 的规定，更多地考虑了外部因素（骑行速度、占用道路面积、负荷度）。在工程设计中宜采用三级服务水平。

路段自行车道服务水平分级　　　　　　　　　　　表12-13

指标	服务水平			
	一级自由骑行	二级稳定骑行	三级骑行受限	四级间断骑行
骑行速度(km/h)	>20	20~15	15~10	10~5
占用道路面积(m²)	>7	7~5	5~3	<3
负荷度	<0.40	0.55~0.70	0.70~0.85	>0.85

交叉口自行车道服务水平分级　　　　　　　　　　　表12-14

指标	服务水平			
	一级	二级	三级	四级
停车延误时间(s)	<40	40~60	60~90	>90
通过交叉口骑行速度(km/h)	>13	13~9	9~6	6~4
负荷度	<0.7	0.7~0.8	0.8~0.9	>0.9
路口停车率(%)	<30	30~40	40~50	>50
占用道路面积(m²)	8~6	6~4	4~2	<2

(2)《城市步行和自行车交通系统规划标准》(GB/T 51439—2021)规定沿城市道路布置的非机动车道,依据自行车交通特征、所在交通分区、城市道路等级、周边用地与环境因素,可划分为两级:

①自Ⅰ级:自行车流量较大、贯通性好,是自行车交通的主要通道。

②自Ⅱ级:自行车流量较少,以集散和到发为主。

习题

1. 试结合行人交通特征指标,分析行人违法过街的主要原因。
2. 模拟行人流基本图,和前人已有的数据对比,关注基本图差异性。
3. 机动车连续流与行人、非机动车流的流密速关系有什么差异?
4. 通过开展控制实验研究非机动车流特性,其主要优点和缺点是什么?
5. 模拟非机动车流基本图,和前人已有的数据对比,关注基本图差异性。

第13章 道路交通流的理论发展与展望

进入21世纪以来,随着交通检测技术、智能交通技术的发展,交通流理论研究呈现出许多新的进展。其中,最具代表性的发展方向有三相交通流理论、智能网联交通流建模等;而且自动驾驶也是未来交通发展的重要方向。本章对自动驾驶车辆加入交通流后对交通拥堵的影响进行了介绍;给出了交通流理论目前存在的问题、重点研究方向及对今后一段时间内的展望。

13.1 三相交通流理论

对于交通流不同状态的划分,通常最简便的做法就是划分为拥堵和非拥堵。以经典的Greenshields模型为例,如图13-1a)所示,基本图的左分支上流量随密度单调递增,视为非拥堵(Uncongested);基本图右分支上流量随密度单调递减,则视为拥堵(Congested)。根据实测数据发现,左右分支通常并非对称形态,如图13-1b)所示,而拥堵和非拥堵的概念的区分方法却一直沿用至今。

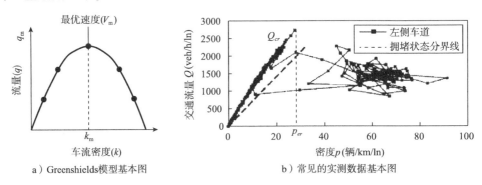

a) Greenshields模型基本图　　b) 常见的实测数据基本图

图13-1　经典交通流基本图

1996年,德国学者Boris S. Kerner提出了新的观点认为交通流应该分成三个不同的相:自由流(Free Flow,简称F)、同步流(Synchronized Flow,简称S)、堵塞(Jam,简称J)。同步流和堵塞都属于拥堵状态,但彼此间有着本质差异。这一新观点引起了广泛关注,同时也带来了很多争议,至今在交通流领域未能形成共识。

在三相交通流理论发展至今的近30年时间里,Kerner本人及其团队提出了大量的观点和结论,内容在不断变化,时有前后不一致的现象,因此,本节只概述三相交通流理论最核心的内容。

13.1.1 堵塞和同步流定性区别

堵塞的下游阵面固定在瓶颈处,上游阵面可以以恒定速度向道路上游不断传播,且不受上下匝道等瓶颈的影响,在各种数据中测量得到的速度通常都为15~20km/h。在周期边界条件下,基本图里的堵塞数据会落在一条直线上(J线),如图13-2所示,它的恒定斜率即堵塞传播速度Q。另外,在某些文献中曾出现过窄运动堵塞(Narow-moving Jam)的说法,但以上描述的典型堵塞都是指宽运动堵塞(Wide-moving Jam)。

同步流的上下游阵面比较复杂,在某些模式如局部同步流(Localized Synchronized Flow Pattern,LSP)中会固定在某处,而在另一些模式如宽同步流模式(Widening Synchronized Flow Pattern,WSP)及移动同步流模式(Moving Synchronized Flow Pattern,MSP)中会向上游或者下游传播,并且其传播速度不确定,容易受到固定瓶颈的影响而改变状态。不论在何种边界条件下,基本图里的同步流数据都会无规律地散布在一个宽广的二维平面内,如图13-2所示。换言之,在给定密度下不存在唯一的流量和速度,也没有固定的流量—密度或者速度—密度关系,因此Kerner认为交通流不存在固定唯一的基本图。

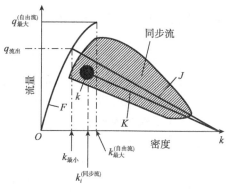

图13-2 符合三相交通流理论的概率性基本图

13.1.2 相变特征

Kerner认为,$F{\rightarrow}S$和$S{\rightarrow}J$两个相变都应该是一阶相变而非连续相变,并且不存在直接发生的$F{\rightarrow}J$相变。粗略地说,在连续相变中流量会在相变密度附近连续变化,而一阶相变中流量会在相变密度附近发生突变。以$F{\rightarrow}S$相变为例,流量会在一段密度区域内发生突降;突降前的流量是自由流,属于亚稳态(Metastable States);而突降后的流量属于同步流,属于稳态;两种流量在同一密度区域能共存,构成"Z形结构"。因为$S{\rightarrow}J$相变的基本结构也与之相同,所以当基本图上同时具备这两个一阶相变的形态时,会呈现出典型的"双Z结构"。Kerner认为一个典型的三相模型不仅要能模拟出二维平面内同步流数据点的无规律散布,也要能模拟出$F{\rightarrow}S$和$S{\rightarrow}J$两个一阶相变和"双Z结构"。但Kerner本人提出的KKW模型规则过于复杂,而且在$F{\rightarrow}S$相变的模拟结果上不够明显,因此,此处以中国学者姜锐等人提出的改良的舒适驾驶型模型(Modified Comfortable Driving,MCD)模型和带有一阶$F{\rightarrow}S$相变MCD的(FMCD)模型为例进行介绍,如图13-3所

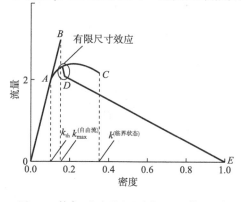

图13-3 符合三相交通流理论的FMCD模型基本图

示。AB 是自由流分支,AC 是同步流分支,DE 是堵塞分支。AB 和 AD 在一段密度内可以共存,但 AB 不够稳定,会发生 F→S 一阶相变;DC 和 DB 在另一段密度内可以共存,但 DC 不够稳定,会发生 S→J 一阶相变。由此就得到了基本图上的双 Z 结构。

13.1.3 上匝道堵塞模式

Kerner 认为,支持三相交通流理论正确性最有效的场景是在孤立上匝道的上游堵塞模式中。在这种体系中,最核心的模式如下:

(1) 一般模式(General Pattern, GP):当主道和匝道流量都较高时,会得到最常见的 GP, 堵塞和同步流会同时出现在瓶颈上游,堵塞会不断以 15～20km/h 的恒定速度向上游传播, 如图 13-4a)所示。

(2) 宽同步流模式 WSP:当主道流量较高,匝道流量较低时,可能产生这种纯粹的同步流模式,它的下游阵面固定在瓶颈处,上游阵面不断向上游传播,内部相对均匀,如图 13-4b)所示。

(3) 局部同步流模式 LSP:当主道流量较低,而匝道流量较高时,会产生这种模式,同步流一直局限在瓶颈附近一带而不传播,同步流区域长度比较稳定,如图 13-4c)所示。

(4) 移动同步流模式 MSP:当主道流量较高,匝道流量很低时,有可能产生这种同步流模式,它的上下游阵面都不固定,会向上游或者下游传播,容易消散,内部并不稳定,如图 13-4d)所示。

(5) 消退的一般模式 DGP(Disolving General Pattermn):在某些情况下,可以观测到一般模式中的堵塞逐渐消散,然后形成纯粹的同步流,即发生 J->S 相变。严格来说它不是一个独立模式,而是介于 GP 和 WSP 之间的过渡状态,如图 13-4e)所示。

(6) 其他:当主道和匝道流量都很低时,自然会得到自由流(Free Flow)。在 Kerner 的其他论文中,提到另外一些模式,包括交替同步流模式 ASP,相邻匝道共同作用导致的扩展模式 EP 等。

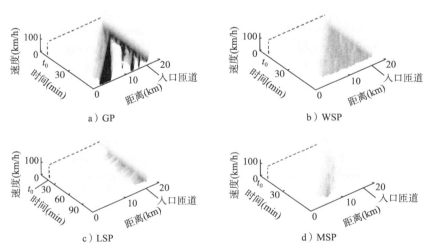

图 13-4

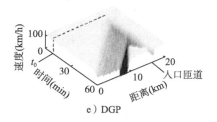

图 13-4 三相交通流理论中有代表性的上匝道堵塞模式时空图

→ 13.2 智能网联交通流

13.2.1 智能网联交通特性

1) 智能网联车辆特性

智能网联交通流是由智能网联车辆构成的新型交通流。智能网联车辆(Autonomous and Connective Vehicle)包含自动驾驶和网联通信两大技术特征。自动驾驶技术基于先进的车载传感器实现对路线、路况、环境以及交通状态的感知,并通过车辆动力控制器内置算法,实现对车辆运动的自主控制。网联通信技术则通过车辆与车辆之间、车辆与路侧设施之间的通信实现信息的传递。

与人类驾驶行为相比,自动驾驶技术和网联技术能够更为迅速和精准地获取周围车辆的交通流的状态信息,加上其深度融合网联通信技术,能够显著缩短人类驾驶过程中的反应延迟时间,有利于提升交通流稳定性。

2) 智能网联车辆纵向运动控制系统

在智能网联车辆控制技术中,纵向运动控制的研究工作开展最早,发展也较为成熟。智能网联车辆的纵向运动控制系统包括早期的自适应巡航控制系统(Adaptive Cruise Control, ACC)和更先进的协同自适应巡航控制系统(Cooperative Adaptive Cruise Control, CACC)。

ACC 是一种通过车载测量设备获得与前车的实时车间距离及速度等信息,并应用加速度优化算法控制车辆与前车保持稳定车间时距行驶的车辆纵向跟驰控制技术。对 ACC 的研究始于 20 世纪 60 年代,自从 20 世纪 90 年代起在美国、日本和欧洲开始进入实用化阶段。ACC 控制系统仅关注车辆沿车道线方向的纵向行驶控制,其控制系统通常分为上层控制和下层控制,如图 13-5 所示。其中,上层控制根据车载设备获得的车间距、速度差等行驶状态,负责输出下一时刻的目标加速度;下层控制负责调整车辆内部动力系统以实现上层控制的加速度优化目标。下层控制系统主要研究车辆内部动力系统的具体机电控制过程,属于车辆工程领域,而交通流理论则更关注上层控制系统的设计,即 ACC 系统的跟驰模型。

ACC 车辆车载设备在检测前车位移、速度等行驶状态时,车载设备的内部处理过程存在一定的延时,若延时过大,易诱发交通流不稳定。此外,由车载设备检测得到的位移与速度信息在精度上亦存在一定误差,若对检测得到的位移与速度信息做差分处理得到前车加速度的信息,则会放大车载设备的检测误差,不利于 ACC 车辆控制的稳定。

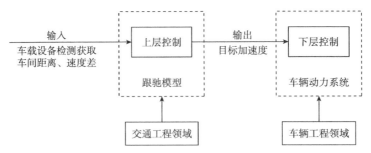

图 13-5　ACC 控制系统示意

因此,为了有效缩短对前车行驶状态的感知延时,以及能够有效获取精确度较高的前车加速度信息,在 ACC 技术基础之上,CACC 控制技术得到发展。CACC 车辆不再通过车载设备检测前车行驶状态,而是应用车-车无线通信技术,由前车无线通信装置将其速度、加速度等行驶状态发送至跟驰车辆。与 ACC 车辆的车载检测设备相比较,CACC 应用车-车通信技术获取前车行驶状态,一方面可有效缩短前车信息获取中的延时;另一方面能够获取精确度较高的前车加速度信息,使得 CACC 车辆可以采用比 ACC 车辆更小的车间时距行驶。与 ACC 系统一样,CACC 车辆控制系统同样分为上层控制与下层控制,且与 ACC 车辆具有一样的控制功能。

CACC 系统功能的实现同样具有一定的局限性,CACC 车辆控制系统的实现需要车-车无线通信的环境,若 CACC 车辆紧跟前车为传统人工驾驶车辆,则需要传统人工驾驶车辆安装车-车无线通信设备,即要求前车是网联车。因此,在传统人工驾驶车辆安装车-车无线通信设备比例较低的阶段,CACC 车辆的前车出现非网联车的概率较大,这时 CACC 车辆的系统功能将无法实现。

ACC 车辆和 CACC 车辆均以保持稳定的车间时距为行驶目的,ACC 技术可使得车辆对前车的反应延时缩减 1~2s 的时间范围。如前所述,车-车通信技术使得 CACC 车辆比 ACC 车辆可进一步缩减对前车的反应延时,使得 CACC 车辆的车间时距可缩减 1s 以内。加州大学伯克利分校 PATH 实验室通过真车实验,研究了传统驾驶人对 ACC/CACC 车辆车间时距的接受程度,见表 13-1。由表中可以看出,对于 ACC 车辆而言,有超过 50% 的驾驶者接受 ACC 车辆具有 1.1s 的车间时距。同时,接受 CACC 车辆具有 0.6s 车间时距的比例接近 60%。

ACC/CACC 车间时距接受比例　　　　表 13-1

车辆类型	车间时距(s)	驾驶人接受比例(%)
ACC	1.1	50.4
	1.6	18.5
	2.2	31.1
CACC	0.6	57.0
	0.7	24.0
	0.9	7.0
	1.1	12.0

13.2.2 智能网联交通流跟驰模型

研究智能网联车辆跟驰模型既可以为车辆纵向控制的上层控制器提供设计依据,又可以为智能网联交通流的微观交通仿真提供基础动力学模型,十分有意义。目前,智能网联车辆跟驰模型有三种常用的建模方法,特点如下:

1) 类人跟驰行为的建模方法

有一种观点认为,一个理想的自动驾驶控制系统应该具有与优秀人类驾驶人相类似的行为表现。因而,基于传统跟驰模型进行 ACC/CACC 跟驰建模是一种重要的建模思路。ACC/CACC 车辆跟驰要求保持稳定的车头时距,而智能驾驶模型(Intelligent Driver Model,IDM)含有能够反映车头时距的参数,且 IDM 模型具有理想的跟驰特性。因此,应用 IDM 模型描述 ACC 车辆跟驰模型得到学者的普遍认可,基于 IDM 的 ACC 跟驰模型公式为:

$$a_i = a \left[1 - \left(\frac{v_i}{v_0} \right)^{\delta} - \left(\frac{s_1}{s} \right)^2 \right] \tag{13-1}$$

$$s_1 = s_0 + T v_i + \frac{v_i \Delta v_i}{2 \sqrt{ab}} \tag{13-2}$$

式中:下标 i——第 i 辆车;

a_i——车辆 i 的输出加速度;

v_i——车辆 i 的速度;

Δv_i——车辆 i 与前车的速度差;

v_0——自由流速度;

s_1——期望车间距离;

s——实际车间距离;

s_0——静止安全间距;

T——安全车头时距;

a——最大加速度;

b——舒适减速度;

δ——常数项幂系数;其值可由模型标定获得,一般情况建议 δ 取为 4 较为合理。

因此,只需改变 IDM 模型中安全车头时距 T,即可实现传统跟驰模型和 ACC 车辆跟驰模型之间的转换。这类 ACC 跟驰模型被广泛认可的参数取值见表 13-2。另外,基于 IDM 模型的 CACC 跟驰模型只需在 ACC 跟驰公式中增加对前方车辆加速度的考虑。

基于 IDM 的 ACC 跟驰模型参数取值　　表 13-2

文献	参数	数值
Extending adaptive cruise control to adaptive driving strategies(2007)	$a(\text{m} \cdot \text{s}^{-2})$	1.4
	$b(\text{m} \cdot \text{s}^{-2})$	2.0
	$v_0(\text{km} \cdot \text{h}^{-1})$	120.0
	δ	4.0
	$s_0(\text{m})$	2.0
	$T(\text{s})$	1.5

续上表

文献	参数	数值
Modeling cooperative and autonomous adaptive cruise control dynamic responses using experimental data(2014)	$a(\mathrm{m\cdot s^{-2}})$	1.0
	$b(\mathrm{m\cdot s^{-2}})$	2.0
	$v_0(\mathrm{km\cdot h^{-1}})$	120
	δ	4
	$s_0(\mathrm{m})$	0.0
	$T(\mathrm{s})$	1.1

2) PATH 实验室模型

加州大学伯克利分校 PATH 试验室针对 ACC/CACC 跟驰模型进行了长期研究,所提模型结构简单,并通过真车实验验证了所提模型的可靠性。这类跟驰模型的基本模型公式,参数取值等见表 13-3。在表中,下标 i 为第 i 辆车,即跟驰车辆;x_i 为跟驰车辆的位移;x_{i-1} 为跟驰车辆前车的位移;v_i 为跟驰车辆的速度;v_{i-1} 为跟驰车辆前车的速度,v_{iprev} 为跟驰车辆前一时刻的速度;a_i 为跟驰车辆的加速度;a_{i-1} 为跟驰车辆前车的加速度;T 为车头时距;e 为实际车间距离与期望车间距离的差;$\dot{e}$ 为车间距误差 e 对时间的微分项;k_0 为前车加速度项权重系数;k_1 为车间距误差项权重系数;k_2 为速度差项权重系数;k_3 为车间距误差微分项权重系数。

PATH 实验室模型 表 13-3

文献	跟驰公式	参数	ACC/CACC
Impacts of cooperative adaptive cruise control on freeway traffic flow(2012)	$e = x_{i-1} - x_i - T v_i$ $a_i = k_1 e + k_2(v_{i-1} - v_i)$	$T = 1.1\mathrm{s}$ $k_1 = 0.23\ \mathrm{s^{-2}}$ $k_2 = 0.07\ \mathrm{s^{-2}}$	ACC
	$e = x_{i-1} - x_i - T v_i$ $a_i = k_0 a_{i-1} + k_2(v_{i-1} - v_i)$	$T = 0.6\mathrm{s}$ $k_0 = 1.1$ $k_1 = 0.23\ \mathrm{s^{-2}}$ $k_1 = 0.07\ \mathrm{s^{-2}}$	CACC
Modeling cooperative and autonomous adaptive cruise control dynamic responses using experimental data(2014)	$e = x_{i-1} - x_i - T v_i$ $v_i = v_{iprev} + k_2 e + k_2 \dot{e}$	$T = 0.6\mathrm{s}$ $k_1 = 0.45$ $k_2 = 0.25$	CACC

PATH 试验室模型能够从本质上体现 ACC/CACC 恒定车间时距的跟驰特性,且模型跟验特性得到小规模实地真车实验的验证,使得基于该模型的交通流研究能够较为客观地反映 ACC/CACC 对交通流动态特性的影响。不足之处在于,PATH 试验室目前较多地关注恒定车间时距的 ACC/CACC 跟驰要求,针对其他跟驰策略下的 ACC/CACC 跟驰模型研究,尚未形成系统的研究成果。

3) 基于控制论的跟驰模型

从优化控制的角度进行建模是这一类 ACC/CACC 跟驰模型的特点。应用的主要方法包括比例微分(Proportional-derivative,PD)控制,模型预测控制(Model Predictive Control,MPC)、人工智能方法。这类跟驰模型的典型文献见表 13-4。

控制论跟驰模型　　　　　　　　　　表 13-4

文献	建模方法	ACC/CACC
Microsimulations of Freeway Traffic Including Control Measures(2002)	MPC	ACC
Jam-avoiding adaptive cruise control (ACC) and its impact on traffic dynamics(2007)	人工智能	ACC
Effects of adaptive cruise control systems on highway traffic flow capacity (2002)	方法综述	ACC
Mixed manual/semi-automated traffic：a macroscopic analysis(2003)	PD 控制	CACC
Effect of adaptive cruise control systems on traffic flow(2004)	PD 控制	CACC
Incorporating human-factors in carfollowing models：a review of recent developments and research needs(2014)	MPC	CACC

应用 PD 控制方法进行跟驰建模的控制框图如图 13-6 所示，该图表示的是具有 3 辆车的 CACC 建模框图。其中 x_0 为第 1 辆车的期望参考位移；x_1、x_2、x_3 分别为第 1 辆车、第 2 辆车、第 3 辆车的位移；$\ddot{x}_1$、$\ddot{x}_2$、$\ddot{x}_3$ 表示位移量的二次微分，即第 1 辆车、第 2 辆车、第 3 辆车的加速度；s^2 表示拉普拉斯变换算子；e_1 为第 1 辆车以参考位移量 x_0 为基准的实际车间距与期望车间距的误差；e_1 和 e_2 为第 2 辆车和第 3 辆车的实际车间距与期望车间距的误差；k_1、k_2、k_3 为第 1 辆车、第 2 辆车、第 3 辆车控制系统的反馈控制器；F_2 和 F_3 为第 2 辆车和第 3 辆车控制系统的前馈控制器；u_1 为第 1 辆车反馈控制器的目标加速度输出量；u_2 和 u_3 为第 2 辆车和第 3 辆车反馈控制器以及前馈控制器的目标加速度联合输出量；G_1、G_2、G_3 为第 1 辆车，第 2 辆车、第 3 辆车控制系统中的执行控制器；H_1、H_2、H_3 为第 1 辆车、第 2 辆车、第 3 辆车控制系统的车头时距控制策略；D_2 和 D_3 为第 2 辆车和第 3 辆车基于车—车无线通信技术获取前车加速度信息的时间延时。以第 2 辆车为例，第 1 辆车通过车车无线通信，将第 1 辆车的加速度 $\ddot{x}_1$ 传递至第 2 辆车。建模时将第 1 辆车的加速度作为第 2 辆车 CACC 控制系统的前馈控制信号，同时将第 2 辆车与第 1 辆车的车间距误差 e_2 作为反馈控制信号，并对反馈控制信号通过反馈控制器 k_2 进行 PD 控制，将车间距误差量转换为加速度项，该加速度项与第 1 辆车加速度的前馈控制输出量联合确定第 2 辆车的目标加速度输出量 u_2。而后通过执行器 G_2 将目标加速转变为位移量，并通过车头时距控制策略 H_2 得到第 2 辆车的期望车间距，同时与第 1 辆车位移相比较，计算实际车间距与期望车间距的误差 e_2 进而形成 CACC 闭环控制系统。基于此框架的 ACC 控制原理，只需将基于车—车通信获得的前馈信号去除即可。

MPC 方法应用预测模型、滚动优化、反馈校正等控制策略，提高鲁棒性，同时可兼顾多控制目标和系统约束，有利于满足车辆行驶中多个控制需求，缺点是模型结构较为复杂。人工智能方法主要包括模糊控制、人工神经网络等，其建模思想是通过样本训练，建立输入车间距、速度差、加速度等信息与输出目标加速度的关系，缺点是模型的结构难以描述。

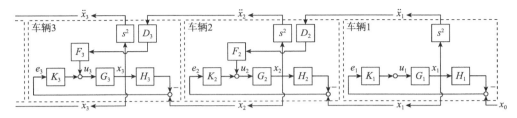

图 13-6 CACC 跟驰建模 PD 控制结构框图

这类模型不受具体模型结构限制,建模较为灵活,对于 ACC/CACC 控制系统的实现具有一定的推动作用。这类模型普遍缺点是模型仅能应用于纯 ACC/CACC 车辆的同质交通流特性研究,难以用于研究不同 ACC/CACC 车辆渗透比例对传统人工驾驶交通流的影响作用。

13.3 ACC 交通系统的流量-密度关系

Bose 和 Ioannou 对 ACC 车辆和普通车辆混合的交通系统的流量密度进行分析,并与全是普通人工驾驶车辆的系统进行了对比,发现系统引入 ACC 控制能够改善流量。

通过理论分析,Bose 和 Ioannou 分别推导出了三种系统的流量—密度关系,即:100% 普通车辆交通系统、100% ACC 车辆系统,以及人工驾驶车辆和 ACC 车辆混合系统。

普通车辆采用如下的 GHR 跟驰模型:

$$a_{n+1}(t+\tau) = \lambda [v_n(t) - v_{n+1}(t)] \tag{13-3}$$

式中:τ——反应时间的延迟;

$\lambda = \lambda_0 \dfrac{v_{n+1}^m(t+\tau)}{[x_n(t) - x_{n+1}(t)]^l}$ 为敏感系数,$m=0$,$l=1.5$。

根据前文所述,忽略时间延迟,可以得到 100% 普通车辆交通流的速度-密度关系:

$$v = v_f \left(1 - \sqrt{\dfrac{k}{k_j}}\right) \tag{13-4}$$

以及流量-密度关系:

$$q = kv = kv_f \left(1 - \sqrt{\dfrac{k}{k_j}}\right) \equiv Q(\rho) \tag{13-5}$$

式中:v_f——自由流的平均速度;

k_j——堵塞密度。

对 100% ACC 车辆的系统,车辆的车头时距 $s = h_a v + L$,其中 h_a 为车头时距,L 为车辆的长度。而在稳定状态下的交通流量为 $q = k v_f$。当交通流密度增加到临界值 $k = k_{ca} = \dfrac{1}{h_a v_f + L}$ 时,ACC 车流将达到最大流率。因此,交通流量 q 和密度 k 的关系只有在 v_f 和 h_a 变化时才会发生变化。

假设 ACC 车流速度为:

$$v = \dfrac{1}{h_a}\left(\dfrac{1}{k} - L\right) \tag{13-6}$$

则此时交通流的交通流量为：

$$q = kv = \frac{1}{h_a}(1 - Lk) \tag{13-7}$$

不难看出，ACC 车辆系统的流量—密度曲线存在一个临界密度 k_{ca}；在该密度之前，速度恒定为 v_f；而达到临界密度 k_{ca} 后，速度将随着交通密度的增加而减小。因此得到全部为 ACC 车辆的交通系统的流量—密度关系：

$$q = \begin{cases} k v_f & k < k_{ca} \\ \dfrac{1}{h_a}(1 - L\rho) & k \geqslant k_{ca} \end{cases} \tag{13-8}$$

根据式(13-3)和式(13-8)分别得到道路上全是普通车辆和全是 ACC 车辆时的流量—密度图，如图 13-7 所示。显然，全部是 ACC 车辆的交通系统要比全部是普通车辆的交通系统的流量高。

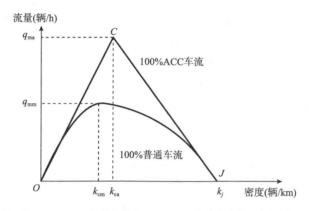

图 13-7　100% 普通车流和 100% ACC 车流的流量—密度图

假设普通车辆与 ACC 车辆交叉分布在道路上，在中等密度条件下稳定状态交通流的平均车间距为：

$$\bar{s} = p s_a + (1 - p) s_m \tag{13-9}$$

式中：　p——ACC 车辆在混合交通流中的比例；
$s_a = h_a v + L$——ACC 车辆在速度为 v 和车头时距为 h_a 时的车头间距；
$s_m = h_m v + L$——普通车辆在速度为 v 和车头时距为 h_a 时的车头间距；
　　　　L——车辆的平均长度。

由于 ACC 车辆使用了感应器，在给定速度、普通车长和 ACC 车长相同的情况下，$h_a < h_m$，$s_a < s_m$。所以整个混合交通流的密度为：

$$k_{mix} = \frac{1}{\bar{s}} \equiv f(p, s_a, s_m) \tag{13-10}$$

混合交通流稳定状态下的速度由系统中的慢车所决定，假设普通车辆和 ACC 车辆以相同的方式跟随前车，那么可以用全部车辆为普通车辆时的基本图考察普通车在混合车流中的特性，用全部车辆为 ACC 车辆的基本图考察混合交通流中的 ACC 车辆的特性，故而各种

车辆的密度为 $k_m = \dfrac{1}{s_m}$，$k_a = 1/s_a$，用式(13-4)和式(13-6)分别描述普通车辆和 ACC 车辆的速度。

Bose 和 Ioannou 按以下两种情况对混合交通的流量—密度关系进行了分析：

（1）在混合交通流的平均速度等于普通车辆的速度，即 $k_a \leqslant k_{ca}$ 的情况下，随着 ACC 车辆比例 p 的增加，根据式(13-9)，当 $p \to 1$，有 $k_m = \rho \to 0$ 且 $v \to v_f$ 从式(13-10)可得 $k_{mix} \to k_a$，则有 $q = \lim\limits_{p \to 1} k_{mix} v = k_a v_f$。

（2）在混合车流的平均速度等于 ACC 车辆的速度，即 $k_a > k_{ca}$ 的情况下，根据式(13-6)，当 $p \to 1$，有 $v \to \dfrac{1}{h_a}\left(\dfrac{1}{k_a} - L\right)$ 且 $k_{mix} \to k_a$，得到 $q = \lim\limits_{p \to 1} k_{mix} v = \dfrac{1}{h_a}(1 - k_a L)$。

图 13-8 为当 ACC 车辆占一定比例时的混合交通流的流量-密度图。图中从上至下的曲线分别为 100% 的 ACC 车辆系统、ACC 车辆和普通车辆混合的系统、100% 普通车辆系统。在密度较小时，流量—密度曲线与 100% ACC 车辆和 100% 普通车辆的流量—密度曲线相吻合，表明在这一区域所有车辆以平均自由流速度行驶并且没有车辆间的干扰。每一个确定的 p 对应着一个确定的流量—密度曲线。混合交通流的流量比 100% 普通车辆的交通流系统的流量大。

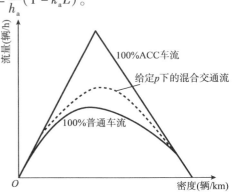

图 13-8　不同种类车流的流量-密度图

13.4　交通流理论展望

交通流理论是采用模型描述道路上车辆(或非机动车/行人)与道路设施和环境交互运行规律的基础科学，也是交通工程学的基础。自 1935 年 Green Shields 等提出流量—速度关系模型以来，交通流理论已经有 80 余年的发展历史。为反映交通流理论最近研究趋势及研究热点，本节主要围绕微观交通流、中观交通流理论、宏观交通流理论三个部分展开。

13.4.1　微观交通流理论

微观交通流理论是针对个体车辆(或非机动车/行人)交通运行特性进行分析与建模的理论与方法，是解析、描述和预测交通流运行规律的重要手段之一。

1) 存在问题

从 19 世纪 50 年代车辆跟驰模型提出至今，微观交通流理论经历了近 70 年的发展历程，取得了重要的研究进展。但尚存在以下几方面的不足：

（1）微观模型的构建大多基于对微观驾驶行为特性的分析与建模，微观交通流理论缺乏与宏观交通特性的统一；

（2）现有模型缺乏对人因的考虑，包括性格、习惯、认知等多方面特性对微观模型的影响；

（3）将微观驾驶行为模型分解为跟驰和换道两个过程，缺乏复杂环境下综合驾驶行为模型的研究；

（4）多数微观模型缺乏标准、可靠的验证，尤其缺乏大样本微观实测数据的参数标定与检验；

（5）缺乏对模型参数标定所需的数据样本及数量的规范标准以及相应的统一数据库，特别是缺乏适应中国驾驶人特性的微观驾驶行为数据库构建；

（6）国外微观交通仿真软件不适应中国的道路交通条件，集中表现为对于国内交通流仿真模型存在不足以及仿真软件不能科学地应用到国内实际等两类问题。

2）重点研究方向

微观交通流建模研究的终极目标是使模型能够同时在微观和宏观水平上与实际交通特性相吻合。因此，微观交通流模型的重点研究方向包括：

（1）应用认知心理学、视觉、知觉理论深入研究驾驶过程中驾驶人的行为及其心理、生理特性，在微观交通流模型中更多地考虑人的因素；

（2）构建宏微观一体化的微观交通流模型，实现微观模型与宏观现象的统一；

（3）研究 VACS 环境下的混入自动网联车辆的驾驶行为及交通流建模；

（4）构建适合中国的微观驾驶行为数据库，基于大样本实测数据的建模与模型参数标定；

（5）研发适合中国国情的微观交通仿真系统，即仿真系统中的驾驶人行为等模型适用于中国，特别是研发对交叉口共享空间、快速路瓶颈点、机非混行车道等网络对象的高精度仿真模型。

3）展望

微观交通流理论是整个交通流理论的重要基础，中国在这方面的理论研究起步较晚，相关重要成果多但仅限于统计物理角度的理论模型，较少涉及微观驾驶行为数据的采集与分析以及微观交通仿真软件的开发。由于中国交通状况、驾驶行为特性等都与国外有着较大的差异，因此，开展微观驾驶行为基础数据研究就显得尤为迫切，通过建立较为先进、完善的微观驾驶行为轨迹数据库，可为建立适合中国交通流特性的微观交通流模型研究奠定基础。同时还需要坚持产学研相结合，开发适应中国道路交通特性的开源微观交通仿真软件。

13.4.2　中观交通流理论

中观交通流模型中，大量车辆被视为可压缩连续流体。进一步引入 t 时刻 x 位置的车辆密度 $k(x,t)$、流率 $q(x,t)$ 和平均速度 $u(x,t)$ 的概念，就可以建立关于密度和速度的偏微分方程组，并通过求解这些方程组来研究交通路段上各个位置和各个时刻的交通流动力学行为。

1）存在问题

中观交通流模型对交通流动态特性进行了高度简化，可以较好地突出一些交通流的主要动力学行为。然而，对于某些交通现象，中观交通流模型存在过度简化、难以精确描述实际观测到的交通流动态现象等问题。为了解决这一问题，有学者主要针对离散化过的中观交通流方程进行了改进。鉴于 CTM 模型形式简单,易于应用,因此后续不断有学者对 CTM 模型进行改进。例如 Muñoz 等考虑相邻元胞间不同的状态组合,将 CTM 分段线性化,得到了状态切换模型(State Switching Model,SSM),以使 CTM 模型计算更为简便。

2) 重点研究方向

近年来的中观交通流模型研究主要考虑了以下 4 个方面的问题:

(1) 如何考虑多车道多车种构成的混合交通流

目前有几种不同的处理方式:

① 关注平行的不同车道元胞之间换道的 LWR 密度差模型。该模型不是分别建立两个相邻车道(以 i 和 $i+1$ 表示)之间换道流量 $q_{i+1\to i}$ 和 $q_{i\to i+1}$ 的函数表达式,而是关注它们之间的净换道流量 $s_{i\to i+1} = -s_{i+1\to i} = q_{i\to i+1} - q_{i+1\to i}$。这类模型中,净换道流量表达成相邻车道的密度差或者加权密度差的函数。例如 Munjal-Pipes 模型假设两个相邻车道之间的净换道流量正比于实际密度差偏离平衡密度差的程度,并推导了相应的偏微分方程组。

② 关注不同车道的元胞向下游相邻元胞换道的改进 CTM 模型,可理解为车辆在换道同时向前运动。代表性的模型如 Laval 和 Daganzo 提出的离散多车道 LWR 模型,对每种车辆建立了独立的运动描述方程,可以解释快慢车混合交通流中出现的移动阻塞现象。

③ 还可以只允许慢车出现在慢车道,快车既可以出现在快车道,也可以短时间换到慢车道以实现超车,这样就可以分别对每个车道建立独立的偏微分描述方程来求解。这方面的代表模型是 Tang-Huang。

(2) 中观交通流模型如何推广到网络上,处理好汇流的建模

目前,研究人员对于 LWR 模型的汇流建模研究得较深入,而高阶中观交通流模型的汇流建模尚待完善。

(3) 理论上,交通波方程如何处理不连续的初始条件或者边界条件

相关研究主要从 Daganzo 建立的 LWR 模型变分法解释出发,分析一阶和高阶交通波方程在复杂条件下解的特性。

(4) 如何将微观交通流模型常见的随机性引入中观交通流模型

目前常见的做法分为两种。一种是直接引入随机项,将确定性的偏微分方程改成随机偏微分方程。另外一种是在离散化过的中观交通流方程中引入随机项。例如 Sumalee 等基于 Muñoz 提出的 5 种状态组合,定义了一组随机项来表征各状态发生的概率,得到了随机 CTN 模型(SCTM),模型的这一改进可以较好地应用于供需具有随机特性的路网。

3) 展望

中观交通流模型是交通流研究中的重要组成部分,与基本图理论和微观交通流模型一起构建了交通流研究的核心,为交通状态估计和预测、交通管控和出行信息服务等提供方法论上的支持。随着自动驾驶技术的不断发展,中观交通流研究也将会发生一定的改变,新的关于自动驾驶车辆的中观交通流模型将引领下一个十年该领域的发展。

13.4.3　宏观交通流理论

宏观路网交通流理论主要的应用范围是对宏观交通路网总体运行状态进行评价,而在宏观交通路网评价方面,最为关键的是建立反映路网运行状态的科学合理的评价指标。此

外,随着大数据技术的进一步推广,一些新的数据融合手段对于宏观交通流发展起到了巨大的推动作用。

1) 存在问题

目前,对交通拥堵评价指标的研究主要基于行程速度、道路交通密度、交通量和出行时间等方面,从道路最大交通量与最大通行能力的比值、拥堵时间比等角度挖掘出适合宏观交通流分析的评价指标。因此,国际上一些城市采用道路交通指数来综合评价交通路网的整体运行质量。城市道路交通指数主要描述某一时间段的城市路网交通状况的优良程度,它是一种对城市交通状态的综合性评价指标,其直接影响因素有交通密度、路段平均车速、交通流量和交通延误;间接因素有天气状况、交通突发事故、交通秩序以及国家政策等。

2) 重点研究方向

(1) 道路情况判断指标

为衡量道路交通密度、拥堵强度和持续情况,1994年,美国得克萨斯州交通研究院的Boarnet提出道路拥堵指数(Roadway Congestion Index,RCI)的概念,Boarnet认为交通流量和交通密度在一定程度上能很好地反映某路段交通的运行状态。经过多年发展经历了拥堵持续指数(Lane Kilometer Duration Index,LKDI)、拥堵延时指数(高德地图创立)、拥堵里程比(北京、广州使用)、道路交通指数(上海使用)。研究人员在上述指标基础上提出道路交通状态指数(Traffic State Index,TSI),解决了之前用颜色无法表达各种状态的程度差异以及无法区分同一颜色的状态差别的问题。

(2) 基于交通指数云图宏观交通流分析

由于城市交通路网日趋复杂,相邻路段之间彼此关联,从宏观角度对整个城市的交通系统进行统一调度管理变得很难实现。而实际路网中的交通流是随时间动态变化的,相邻路段之间的流量变化相互关联,进而影响整个路网的变化。将交通网络视为一个整体,确定科学合理的宏观网络交通状态分析方法,对描述路网运行状态的变化特征与掌握路网运行质量影响规律有重要意义。使用交通指数云图可对宏观路网的交通流进行分析。所谓交通指数云图是受气象卫星云图的启发,将路网区域某一时刻的交通指数分布映射到连续的颜色空间,再与地图进行融合,最后得到的图像称为该时刻的交通指数云图。

3) 展望

城市交通系统作为典型的宏观复杂巨系统,借助复杂网络理论从网络拓扑结构角度深入探究城市交通状态演化机理(如交通流动态特性、道路网络级联动力学、路网空间复杂性、路网可靠性研究等)、城市路网规划关键技术(如路段重要性评估、基于复杂网络自组织理论的路网容量、路网节点重要度测算、路网均衡结构辨识等)及与交通需求系统复杂互动关系(如复杂网络性质与城市用地空间分布相关性、路网基于尺度规律与城市效率关系、交通路网与城市发展演变)等相关研究多年来也在不断发展完善。

在各类城市智能交通系统管控领域,连续移动数据的应用已十分普及,因而也催生出各种大规模数据处理需求,其中最常见的一项地理对应任务就是把 GPS 轨迹匹配至道路网络,即地图匹配(MM)技术,一般包括在线地图匹配(On-line MM)、离线地图匹配(Off-line MM)。

习题

1. 简述三相交通流的含义。

2. 简述智能网联交通流与传统人工驾驶车辆交通流的主要区别。

3. 阐述 ACC 车辆对交通拥堵的影响主要体现在哪些方面。

4. 随着未来国家"双碳"政策及交通强国战略的深入,你认为交通流理论会向哪些方面发展?请说明理由及依据。

参 考 文 献

[1] 张生瑞.交通流理论及方法[M].北京:中国铁道出版社,2010.
[2] 王昊.交通流理论及应用[M].北京:人民交通出版社股份有限公司,2020.
[3] 姚荣涵.交通流理论[M].北京:人民交通出版社股份有限公司,2019.
[4] 张亚平.交通流理论[M].哈尔滨:哈尔滨工业大学出版社,2016.
[5] 李力.现代交通流理论与应用[M].北京:清华大学出版社,2011.
[6] 张生瑞.交通流理论[M].北京:人民交通出版社股份有限公司,2015.
[7] 邵春福.交通流理论[M].北京:电子工业出版社,2012.
[8] 过秀成,崔莹.城市步行与自行车交通规划[M].南京:东南大学出版社,2016.
[9] 于雷,宋国华.城市交通流理论[M].北京:北京交通大学出版社,2016.
[10] 孙剑.城市快速路交通流理论与运行管理[M].北京:科学出版社,2020.
[11] 张水潮.混合非机动车交通特性及安全性提升措施[M].北京:人民交通出版社股份有限公司,2015.
[12] 郑义.车联网环境下无信号交叉口车辆协同控制算法研究[D].长春:吉林大学,2020.
[13] 郑子茹.车路协同系统中无信号交叉口优化控制方法研究[D].北京:北京交通大学,2015.
[14] 郑学胜.智能网联汽车无信号交叉口协同直行控制策略研究[D].长春:吉林大学,2021.
[15] 黄艳国.城市道路交通拥堵机理及控制方法研究[D].广州:华南理工大学,2015.
[16] 梁小文.考虑车辆在交叉口延误时间的干线协调控制研究[D].南昌:华东交通大学,2018.
[17] 刘天阳.基于元胞自动机的无信号交叉口主路左转交通流仿真建模研究[D].哈尔滨:东北林业大学,2021.
[18] 刘方勋.宏微观交通流模型的建模与密度波分析[D].宁波:宁波大学,2017.
[19] 李金阳.基于元胞自动机的变道交通流特性研究[D].哈尔滨:哈尔滨工业大学,2015.
[20] 马晓龙.基于驾驶人行为的交通流建模[D].杭州:浙江大学,2016.
[21] 王涛.基于格子流体力学模型的交通流建模及仿真研究[D].北京:北京交通大学,2015.
[22] 曹静.城市快速路交通拥堵特征与实时排队长度确定方法研究[D].西安:长安大学,2016.
[23] 陈诚.交通事故影响下的交通流研究[D].广州:暨南大学,2012.
[24] 俞斌.道路交通事故的影响范围与处理资源调动研究[D].南京:东南大学,2006.
[25] 《中国公路学报》编辑部.中国交通工程学术研究综述·2016[J].中国公路学报,2016,29(6):1-161.
[26] 侯树展,孙小端,贺玉龙,等.高速公路交通事故严重程度与交通流特征的关系研究[J].中国安全科学学报,2011,21(9):106.

[27] 刘光新,李克平,孙剑.信号控制交叉口行人过街等待时间研究[J].中国安全科学学报,2009,19(09):159-166,179.

[28] 许伦辉,王祥雪.基于尖点突变的城市快速路交通流拥堵时空演化研究[J].公路,2016,61(12):12.

[29] 杨旭,周竹萍,刘博闻.基于突变理论的人车碰撞风险实时预警模型[J].南京理工大学学报(自然科学版),2021,45(5):606-613.

[30] 裴玉龙,刘广萍.自适应信号控制下交叉口延误计算方法研究[J].公路交通科技,2005(07):110-114.

[31] 马聪,张生瑞,马壮林,等.高速公路交通事故非线性负二项预测模型[J].中国公路学报,2018,31(11):176-185.

[32] 刘爽,赵明亮,包妮娜,等.基于交通结构发展情景分析的城市交通碳排放测算研究[J].交通运输系统工程与信息,2015,15(03):222-227.

[33] 卢升荣,蒋惠园,刘瑶.交通运输业 CO_2 排放区域差异及影响因素[J].交通运输系统工程与信息,2017,17(01):32-39.

[34] 陈亮,何涛,李巧茹,等.区域交通碳排放相关指标测算及影响因素分析[J].北京工业大学学报,2017,43(04):631-637.

[35] May A D. Traffic FlowFundamentals[M]. New York:Prentice Hall,1990.

[36] Ni D. Traffic flow theory:Characteristics, experimental methods, and numerical techniques[M]. Oxford:Butterworth-Heinemann,2015.

[37] Kerner B S. Introduction to modern traffic flow theory and control[M]. Berlin:Springer,2009.

[38] Elefteriadou L. An introduction to traffic flow theory[M]. Springer,2014.

[39] Chen X M, Shi L. Stochastic evolutions of dynamic traffic flow:Modeling and applications[M]. Berlin:Springer Berlin Heidelberg,2015.

[40] Chowdhury D, Santen L, Schadschneider A. Statistical physics of vehicular traffic and some related systems[J]. Physics Reports,2000,329(4-6):199-329.

[41] Edie L C. Car-following and steady-state theory for non-congested traffic[J]. Operations research,1961,9(1):66-76.

[42] Geroliminis N, Daganzo C F. Existence of urban-scale macroscopic fundamental diagrams:Some experimental findings[J]. Transportation Research Part B:Methodological,2008,42(9):759-770.

[43] L. F. Henderson. On the fluid mechanics of human crowd motion[J]. Transportation Research,1974,8:509-515.

[44] Helbing D, Molnar P. Social force model for pedestrian dynamics[J]. Physical Review E,1995,51:4282.

[45] Henein C M, White T. Macroscopic effects of microscopic forces between agents in crowd models[J]. Physica A,2007,373:694-712.

[46] Liu Y, Huang X, Duan J,et al. The assessment of traffic accident risk based on grey relation-

al analysis and fuzzy comprehensive evaluation method[J]. Natural Hazards,2017,88(3):1409-1422.

[47] Pipes, Louis A. An operational analysis of traffic dynamics[J]. Journal of Applied Physics,1953,24(3):274-281.

[48] Gao J, Dai L, Gan X. Traffic flow and safety analysis[J]. Theoretical & Applied Mechanics Letters,2018,8(05):13-23.

[49] Meisling T. Discrete-time queuing theory[J]. Operations Research,1958,6(1):96-105.

[50] Zhang F, Zhu Z. A discrete-time unreliable Geo/G/1 retrial queue with balking customers, second optional service, and general retrial times[J]. Mathematical Problems in Engineering,2013,2013:1-12.

[51] Lu J H. Analysis of road capacity based on traffic volatility models[J]. Advanced Materials Research,2014,926-930:4077-4080.

[52] Gipps P G. A model for the structure of lane-changing decision[J]. Transportation Research Part B Methodological,1986,20(5):403-414.

[53] Wang J S. Lane change/merge crashes: problem size assessment and statistical description [M]. US Department of Transportation, National Highway Traffic Safety Administration,1994.

[54] Mahmassani H, Sheffi Y. Using gap sequences to estimate gap acceptance functions[J]. Transportation Research Part B Methodological,1981,15(3):143-148.

[55] Daganzo, Carlos F. Estimation of gap acceptance parameters within and across the population from direct roadside observation[J]. Transportation Research Part B,1981,15(1):1-15.

[56] Herman R, Weiss G. Comments on the highway-crossing problem[J]. Operations Research,1961,9(6):828-840.

[57] Drew D R, LaMotte L R, Buhr J H, et al. Gap acceptance in the freeway merging process [J]. Highway research record,1967,208:1-36.

[58] Miller A J. Nine estimators of gap-acceptance parameters[J]. Publication of: Traffic Flow and Transportation,1971.

[59] Miller A J. A Note on the Analysis of Gap – Acceptance in Traffic[J]. Journal of the Royal Statistical Society:Series C (Applied Statistics),1974,23(1):66-73.

[60] Yousif S, Hunt J. Modelling lane utilization on British dual-carriageway roads: effects on lane-changing[J]. Traffic engineering & control,1995,36(12):680-687.

[61] Aycin M F, Benekohal R F. Comparison of car-following models for simulation[J]. Transportation research record,1999,1678(1):116-127.

[62] Kerner B S, Rehborn H. Experimental properties of complexity in traffic flow[J]. Physical Review E,1996,53(5):R4275.

[63] Kerner B S, Rehborn H. Experimental properties of phase transitions in traffic flow[J]. Physical Review Letters,1997,79(20):4030.

[64] Kerner B S. Experimental features of self-organization in traffic flow[J]. Physical review let-

ters,1998,81(17):3797.

[65] Kerner B S. Empirical macroscopic features of spatial-temporal traffic patterns at highway bottlenecks[J]. Physical Review E,2002,65(4):046138.

[66] Kerner B S,Klenov S L. Microscopic theory of spatial-temporal congested traffic patterns at highway bottlenecks[J]. Physical Review E,2003,68(3):036130.

[67] Kerner B S. Three-phase traffic theory and highway capacity[J]. Physica A:Statistical Mechanics and its Applications,2004,333:379-440.

[68] Kerner B. S. Control of Spatiotemporal Congested Traffic Patterns at Highway Bottlenecks [J]. IEEE Transactions on Intelligent Transportation Systems,2007,355(2):565-601.

[69] Saifuzzaman M,Zheng Z. Incorporating human-factors in car-following models:a review of recent developments and research needs[J]. Transportation research part C:emerging technologies,2014,48:379-403.

[70] Laval J A,Daganzo C F. Lane-changing in traffic streams[J]. Transportation Research Part B:Methodological,2006,40(3):251-264.

[71] Tang T,Huang H. Continuum models for freeways with two lanes and numerical tests[J]. Chinese Science Bulletin,2004,49(19):2097-2104.

[72] Jin W L. Analysis of kinematic waves arising in diverging traffic flow models[J]. Transportation Science,2015,49(1):28-45.

[73] Lebacque J P,Khoshyaran M M. A variational formulation for higher order macroscopic traffic flow models of the GSOM family[J]. Procedia-Social and Behavioral Sciences,2013,80:370-394.

[74] Li J,Zhang H M. The variational formulation of a non-equilibrium traffic flow model:theory and implications[J]. Procedia-Social and Behavioral Sciences,2013,80:327-340.

[75] Sumalee A,Zhong R X,Pan T L,et al. Stochastic cell transmission model (SCTM):A stochastic dynamic traffic model for traffic state surveillance and assignment[J]. Transportation Research Part B:Methodological,2011,45(3):507-533.